KB036977

산의 비밀

지은이 **쿠르트 딤베르거** Kurt Diemberger

8,000미터의 카메라맨 쿠르트 딤베르거(1932년 오스트리아 잘츠부르크 출생)는 현존하는 산악인 중 자이언트 2개를 초등한 유일한 사람이다. 그는 1957년 브로드피크(8,047m), 1960년 다울라기리 (8,167m)를 초등했고 모두 6개를 올랐다. 수정을 캐는 소년으로 산을 오르기 시작한 그는 열여섯 살 때부터 본격적으로 산을 오르기 시작했다. 1956년 그랑 제브루 정상에 있는 거대한 커니스 '메링거' 초등은 유럽 산악계의 주목을 끌었고, 그가 히말라야로 진출하는 발판이 되었다. 그는 자신의 경험을 담은 영화 「K2—꿈과 운명」으로 트렌토산악영화제에서 대상을 받았다. 또한 2013년 황금피켈상 평생공로상, 2018년 국제산악영화협회 그랑프리를 수상했다. 현재 이탈리아 볼로냐에 거주하고 있는 그는 히말라얀클럽, 영국산악회, 미국산악회, 오스트리아산악회, 이탈리아산악회 그리고 한국산서회 명예회원이다. 그의 이 책은 독일어, 이탈리아어, 영어, 폴란드어 그리고 이번에 한국어로 소개됐다.

옮긴이 **김영도**

1977년 한국에베레스트원정대 대장, 1978년 한국북극탐험대 대장, 한국등산연구소 소장 등을 지냈다. 그는 『우리는 산에 오르고 있는가』 『나는 이렇게 살아왔다』 『산에서 들려오는 소리』 등을 집필했으며, 『검은 고독 흰 고독』 『제7급』 『8000미터 위와 아래』 『죽음의 지대』 『내 생애의 산들』 『세로 토레』 『무상의 정복자』 『나의 인생 나의 철학』 『RICCARDO CASSIN』 『하늘에서 추락하다』 등을 우리말로 옮겼다. 현재는 한국산서회 고문을 맡고 있다.

SPIRITS OF THE AIR

Copyright © Kurt Diemberger 2018
First published in Great Britain by
Hodder and Stoughton
a division of Hodder Headline PLC
338 Euston Road, London NW1 3BH
Korean Translation Copyright © Haroojae Club 2019

* 이 도서의 국립중앙도서관 출판예정도서목록(CIP)은 서지정보유통지원시스템 홈페이지
(http://seoji.nl.go.kr)와 국가자료종합목록 구축시스템(http://kolis-net.nl.go.kr)에서
이용하실 수 있습니다. (CIP제어번호 : CIP2019031446)

산의 비밀

쿠르트 딤베르거 지음

김영도 옮김

하루재클럽

> 아버지에게
>
> 오직 하늘의 정기만이 산 너머에 무엇이 있는지 알겠죠?
> 그러나 저는 오늘도 개들과 함께 계속 달립니다.
> 앞으로 또 앞으로 …

나의 존재 이유는 이 오래된 에스키모 격언에 있다. 꼭 그린란드에 있을 때만이 아니다. 나는 '고산의 유목민'이라 불려왔다. 나는 수정을 캐는 소년으로 산을 처음 오른 이래 전설적인 마터호른을 오르기 위해 할아버지의 자전거를 타고 친구 둘과 그곳으로 가기도 했다. 하지만 나는 미지의 세계를 찾아 지평선을 넘어가고 싶었다.

마지막 산자락을 넘으면 샹그릴라가 있을까? 그런 곳이 정말 존재하긴 하는 걸까? 이런 의문은 누구나 품기 마련이다. 새로운 비밀을 찾고 싶어서. 그러나 변하는 건 아무것도 없다. 아무리 멀리 가도.

에스키모들은 개썰매를 몰며 이렇게 말한다
"오직 하늘의 정기만이 당신 앞에 무엇이 있는지 압니다."

인생이란 그런 것이다.

1994년, 쿠르트 딤베르거

이 책을 읽는 독자들은 놀랄지도 모르겠습니다. 왜냐하면 이 책에는 나를 아는 전 세계의 산악인들이나 2개의 8천 미터급 고봉 초등(브로드피크와 다울라기리), 또는 진정한 나의 파트너 줄리 툴리스Julie Tullis를 비롯한 13명이 생명을 잃은 K2에서의 '블랙 서머Black Summer'에 대한 이야기가 없기 때문입니다. 나는 등반의 기술이나 스타일 같은 문제로 독자들을 머리 아프게 만들고 싶지도 않았습니다.

그렇습니다. 이 책에서 나는 내가 '산의 비밀'이라 부르는 수수께끼를 풀어보고 싶었습니다. 하지만 이것은 정상과 그곳에 있는 사람을 집어삼키며 신비하게 흐르는 구름처럼 강렬하고 투명하기도 해서, 일단 그 안에 갇히면 비밀은 어디든 있다는 사실을 깨달아, 마침내 깊은 생각을 통해 이 알 수 없는 비밀을 찾아낼 때까지 점점 더 멀리 나아가게 만듭니다. 산이 주는 이 선물은 그랜드캐니언의 깊은 계곡, 데스밸리의 모래언덕과 마칼루와 그 너머같이 고산지대에도 있었습니다. 물론 그런 일은 오직 '하늘의 정기'를 믿을 뿐 자신 앞에 무엇이 있는지도 모른 채 개썰매를 모는 그린란드인들처럼 불안하기 짝이 없는 것이었습니다. 그러나 나는 혼자라고 느껴본 적이 없습니다. 우리는 알지 못하는 끈으로 항상 다른 사람과 연결되어 있습니다.

나는 그런 인간적인 이해가 한국인들의 정서라고 생각합니다. 나는 K2의 한국 팀으로부터 그런 것을 알게 되었습니다. 그때 그들은 정교한 계획으로 스스로의 운명을 결정지었을 뿐 아니라, 다른 사람을 구조하기도 했습니다. 특히 정덕환 박사는 동상에 걸린 내 손을 보살펴주었습니다.

　이 책은 중간도 좋고 아무 곳이나 펴서 읽으면 됩니다. 그러나 이 책을 다 읽게 되면 산이 가진 비밀스러운 수수께끼의 또 다른 양상을 발견하게 될 것입니다. 그러면 정상 부근을 흐르던 신비한 구름이 벗겨지지 않을까요?

　황량한 샥스감 계곡 깊은 곳의 얼음과 바위의 황무지, 꽃은 고사하고 풀 한포기 없는 그곳 5,000미터에 나비 한 마리가 있었습니다. 이 신비한 현상은 무얼 의미하는 걸까. 그 나비는 산들바람을 타고 주위를 하늘하늘 날아다녔습니다. 그리고 마침내 내 앞에 앉았습니다. 너무나 가까워 손으로 잡을 수 있을 것만 같았습니다. "나는 알고 싶어요."라고 그 나비는 말하는 것 같았습니다. 그 순간 줄리의 책에 있는 스케치가 머릿속에 떠올랐습니다. 어쩌면 이렇게 똑같을 수 있을까! 나비는 왜 여기에 있지? 그럼 나는…. 아, 맞아. 나 역시 무언가를 알고 싶어 했으니까. 나는 혼자가 아니었습니다. 우리는 이미 서로를 알고 있었습니다.

끝으로 이 책의 한국어판 발간에 도움을 준 많은 분들에게 감사의 말을 전하고 싶습니다. 발행인 변기태 대표, 번역을 맡아주신 김영도 선배님 그리고 하루재북클럽의 회원들, 모두 고맙습니다.

2019년 7월 10일, 쿠르트 딤베르거

{ 감사의 말씀 }

별도의 표기가 없는 모든 사진은 쿠르트 딤베르거 자료실에서 나왔다. 이 책에 언급된 몇몇 동료들에게 고맙다는 말을 전하고 싶다. 알프레트 베게너Alfred Wegener 원정에 대한 카를 바이켄Karl Weiken 교수의 역사적인 사진은 큰 도움이 되었다. 다른 사진들은 로베르트 크로이징거Robert Kreuzinger(알프레트 베게너 추모동판), 다카하시 사다마사Takahashi Sadamasa(힌두쿠시에서 기타 치는 장면), 더그 스콧Doug Scott(웨스턴 쿰에서의 하늘의 정기), 헤르만 와트Hermann Warth(눈보라가 몰아치는 마칼루 8,000미터에서의 등반 장면)로부터 도움을 받았다.

+

개념도에 대해서도 당연히 고맙다는 말을 해야 하는데, 그중 아들 이고르Igor와 딸 카렌Karen은 그런 것들을 이 책에 적용시킬 수 있도록 도와줬다.

+

나는 대부분의 사진을 라이카 R3와 SL2로 찍었다.

+

그린란드에서의 역사적인 작업에 대해선 아버지에게 특별히 고맙다는 말을 전해야 하며, 그린란드원정대 보고서를 빌려주고 이 책의 문장을 검토해준 카를 바이켄 교수에게도 당연히 고맙다는 말을 전해야 한다. 나는 또한 악셀 토러Axel Thorer에 대해서도 고맙다고 해야 하는데, 그는 카트만두에 있는 어느 호텔 바의 분위기를 익살스럽게 풀어낸 자신의 글을 인용할 수 있도록 허락해줬다. 그의 글은 1980년 5월에 발행된 『펜트하우스Penthouse』 독일어판에 실리기도 했다.

+

마지막으로, 오드리 살켈트Audrey Salkeld는 이 책을 영어로 옮기는 데 특별한 감각과 재능을 보여줬다. 그리고 모든 걸 면밀히 검토해준 매기 보디Maggie Body는 부드럽지만 정교한 화신이었다.

{ 목차 }

1부

나는 산을 떠나선 살 수 없다

힐데가트Hildegard와 나는 낭가파르바트 디아미르Diamir 벽의 그레이트 쿨르 와르Great Couloir 안으로 들어갔다. 우리 뒤쪽으론 거대한 산 덩어리에서 뻗 어 나간 마제노Mazeno 능선의 톱날 같은 얼음들과 가파른 바위들이 우뚝 드 러나 있었고, 아래쪽으론 파란 디아미르 계곡이 햇빛에 반짝이고 있었다.

그늘진 이곳은 사방이 가팔랐다. 물론 우리에겐 피켈과 크램폰이 있 었다. 인류학을 전공한 스물다섯 살의 딸 힐데가트는 금발의 믿음직한 산 악인으로, 특히 산간지역 주민들에게 관심이 많았다. 이번에 그 애는 나 를 따라 헤르만 불Hermann Buhl의 꿈이 서려 있는 산에 왔다. 우리 둘이 과연 6,000미터까지 올라갈 수 있을까? 며칠이 지나면 나는 7,000미터까지 올 라갈 수 있을지도 모르지만, 사실 그렇게까지 바라진 않았다. 지난날 K2에 서 입은 동상으로 그만한 고도를 이겨낼 자신이 없었기 때문이다. 오른쪽 손가락 절단 수술을 받은 것이 크리스마스 직전이었다. 더구나 발가락까지 손상을 입었기 때문에 정상은 아예 염두에 두지도 않았다. 그러나 밑에서 만 머물고 싶은 생각도 없었다. 나는 산을 떠나선 살 수 없다.

우리 팀에 합류한 프랑스의 젊은 스피드 클라이머 베노아가 아래쪽 사 면에서 시야에 들어왔다. 하나 둘, 하나 둘…. 그의 움직임은 시계 바늘같 이 정확했고, 쿨르와르의 가파른 얼음에서 그가 보여주는 프런트포인팅과 피켈의 놀림은 대단히 율동적이었다. 그는 8,126미터의 낭가파르바트를 하루 만에 오르려 하고 있었다. 그러나 오늘은 훈련일 뿐 그날이 아니었다.

그가 빠른 걸음으로 우리를 따라붙었다.

낭가파르바트의 환상적인 디아미르 벽

"천천히 가는 사람이 멀리 갈 수 있다." 이런 격언은 어디서 온 걸까? 아마도 늙은 가이드의 지혜에서 왔겠지만 지금과는 맞지 않는다. 하나 둘, 하나 둘…. 베노아는 멋진 친구다. 그는 유별난 재주를 가졌음에도 보기 드물게 겸손하다. 체구가 자그마한 그는 기술도 훌륭하지만 다정하다. 그는 가끔 등골이 오싹해지는 의견을 내기도 하는데, 그래도 나는 그를 좋아한다. 물론 내가 그의 의견을 받아들이는 건 마지못해서다. (고소에서 논쟁하고 싶진 않으니까! 그런데 이렇게 뛰다시피 올라가는 이유가 무얼까? 이 높은 곳에서 세우려는 그런 기록들은 도대체 누굴 위한 걸까?) 물론 그에겐 분명 나름대로의 생각이 있을 것이다.

베노아 샤무Benoît Chamoux*가 여기 있다. 스피드의 예술가! 그는 하나의 현상現象이다. 가쁜 숨을 내쉬는 그가 우리에게 웃으며 인사한다. 나는 배낭 속에서 16밀리미터 카메라를 꺼내든다. 나의 일은 영상을 찍는 것으로, 나는 이걸 무척 즐긴다. 나는 고소에서 일어나는 일을 많은 사람에게 보여주고 싶다. 나에겐 이것이야말로 의미 있는 등산의 일부분이다. 물론 이것이 전부는 아니다.

나는 허구가 아닌 사실을 담아가고 싶었다. 만약 산을 뛰듯이 올라간다면 아주 잠깐 동안은 행복할 것이다. 그렇다 해도 그는 여전히 낭가파르바트라는 세계의 일부일 뿐이다. (나의 딸은 오랫동안 그렇게 생각해왔다. 아마 산을 민족학적으로 관찰해서 그런 것 같다)

나는 베노아를 카메라에 담았다. 뷰파인더로 보는 그의 등반 장면은 환상적이었다. 그래서 나는 그를 몇 번 오르락내리락 하게 했다. 촬영을 하다 보면 어쩔 수 없는 일인데, 나에겐 그가 훈련 중이라는 핑계거리가 있었다.

내가 다른 장면들을 찍으려 하자 먹구름이 몰려들기 시작했다. 날씨가 변하는 걸까? 물론 낭가파르바트에선 흔한 일이다. 우리는 내려가기로 결정했다.

---

* 8천 미터급 고봉 13개를 오른 그는 1995년 가을 칸첸중가에서 사망했다. [역주]

베이스캠프는 초록의 세상이었다.

오직 하늘의 정기만이 내 앞에 무엇이 있는지 알까? 검붉게 변한 발가락을 따뜻한 물에 담근 나는 상념에 빠졌다. 내 발가락을 걱정스러워하는 마음씨 착한 주방장 알리Ali가 소금을 500그램 정도 물에 타는 것이 좋겠다고 한다. 하지만 얼마나 오랫동안 그렇게 해야 좋아질까? 몇 달? 아니면 몇 년?

이제 막다른 골목에 다다랐다고 생각한 것이 한두 번이 아니었다. 지난날 헤르만 불이 초골리사Chogolisa에서 죽어 혼자 하산할 때도, 내가 '두 번째 생일'이라 부르는 찰리Charlie와의 비행기 불시착 때도 내 생명은 그저 가냘프게 이어졌다. 그럼 이번에는 어떨까?

나는 여전히 등산을 즐기지만 예전과는 다르다. K2 때의 컨디션으로 돌아갈 수는 없다. 우리가 꿈에 그리던 그 산의 정상 부근에서 나는 줄리Julie를 잃었다. 오랫동안 그녀는 세계의 높은 봉우리들에서 별빛과 폭풍, 희망과 기쁨을 함께 나눈 나의 동료였다. 얼마나 자주 우리는 함께 별을 헤고 함께 구름의 표정을 읽었던가!

그해 여름 K2에선 너무나 많은 사람들이 죽었다.* 줄리와 나는 컨디션이 아주 좋았다. 고소에 완벽히 적응한 우리는 단 하루도 시간을 허투루 낭비할 수 없었다. 그러나 생각의 수레바퀴를 다시 돌리고 싶진 않다. 다 끝난 일이고, 과거를 되돌릴 수는 없으니까. 꿈의 정상은 우리의 것이었는데, 모든 것이 그대로 끝나버렸다.

인생이란 어떻게든 흘러가게 마련이다. 친한 친구처럼 산은 언제나 내 곁에서 나를 도와줬다. 과거에는 그것이 가능했는데, 과연 앞으로도 그럴까?

우리의 K2 원정대장이었던 아고스티노 다 폴렌차Agostino da Polenza는 며칠 전까지만 해도 이곳 베이스캠프에 있었다. 그는 다른 프로젝트로 베

---

* 소위 '블랙 서머Black Summer'라 불리는 1986년의 K2 재앙에선 모두 13명이 사망했다. [역주]

이스캠프를 급히 떠났는데, 나는 그 일에서도 카메라맨 역할을 하기로 돼 있었다. 그 일은 이탈리아조사협회(CNR)가 에베레스트와 K2의 고도를 다시 측량하는 것으로, 엄밀히 말하면 아르디토 데지오Ardito Desio 추모 프로젝트였다. 저명한 데지오 교수는 오래전인 1929년 카라코람의 8천 미터급 고봉 뒤쪽에 있는 신비스러운 샥스감Shaksgam 계곡으로 들어갔지만, 캬가르 빙하Kyagar Glacier의 무수한 빙탑에 막혀 되돌아서야 했다. 그건 사실이었다. 산의 정상만 신비스러운 것이 아니었다.

산 너머에도 신비스러움이 있었다. 나는 지난날 정글과 그린란드뿐 아니라 캐나다와 그랜드캐니언같이 보다 '문명화된' 지역에서도 모험을 했다. 마치 시간이 바위로 굳어버린 것 같은 그랜드캐니언의 풍경과 데스밸리Death Valley는 아직도 기억에 생생하다. 그리고 힌두쿠시로 간 원정에선 알려지지 않은 빙하를 처음 가보고, 티리치 미르Tirich Mir를 한 바퀴 돌기도 했다.

나의 두 번째 8천 미터급 고봉 등정과 세 번째 사이에는 18년이라는 시간의 간극이 있다. 그러나 나는 조금도 후회하지 않는다. 그 시간을 보람되게 보냈으니까.

"과르다 라수Guarda lassù!(저기에 그들이 있어요!)" 흥분한 힐데가트가 카메라 삼각대에서 고개를 들었다. 그러자 그 아이의 긴 금발이 바람에 날리듯 출렁거렸다. "보세요!" 힐데가트는 낭가파르바트의 정상 부근을 가리켰는데, 그곳은 이 먼 거리에서도 나무 꼭대기 위의 하늘을 꽉 채웠다. "거의 다 올라갔어요!" 힐데가트의 눈동자가 빛났다. 우리는 목동들과 여인들과 아이들로 북적거리는 디아미르 계곡의 작은 마을에 있었다. 가축들이 있는 사방은 염소 천지였다. 200마리? 아니, 300마리? 염소의 울음소리가 하도 시끄러워 말소리도 제대로 들을 수 없을 지경이었다. 파리 떼도 수백만 마리가 될 정도였지만, 이상하게도 그놈들은 힐데가트에겐 달라붙지 않았다. 나는 이마에 붙어 성가시게 구는 그놈들을 쫓아버린 다음 1,200밀리미터

렌즈가 붙은 카메라의 뷰파인더에 왼쪽 눈을 바짝 댔다. 그들이 보였다. 사다리꼴 모양의 가파른 정상 부근 한가운데서 세 개의 작은 점이 보였고, 그 아래쪽에서 하나가 보였다. 그들은 이제 정상을 코앞에 두고 있었다.

우리는 몹시 기뻐했다. 그들은 오스트리아인들의 말마따나 운이 좋은 녀석들, 벼락감투를 쓴 놈들이었다. 그리고 오늘이 바로 그런 날이었다. 그들과 함께 올라가지 못한 나는 서글펐다. 그러나 그런 감정도 오래가지 않았다. 저 높은 곳에서 한 걸음 한 걸음 힘들게 움직이는 동료들을 지켜보자니 오히려 나 자신이 행복의 감정으로 충만했다. 그런데 숫자 하나가 부족했다. 우리는 순간적으로 긴장했지만 그건 틀림없이 베노아일 터였다. 그는 다른 사람들이 고소캠프에 도착할 때까지 기다린 다음 베이스캠프를 떠났다.

그는 분명 오래지 않아 동료들을 따라잡을 것이다.

그때 구름이 모든 걸 삼켜버렸다.

우리는 그들이 내려오기 전에 베이스캠프로 돌아가려고 주위를 서둘러 정리했다. 우리는 그들을 따뜻하게 환영해주고 싶었다. 등정 축하파티라고나 할까.

이틀이 지나자 모두가 베이스캠프로 내려왔다. 소로Soro와 지안니 Gianni, 툴리오Tullio는 구름이 우리의 시야를 가린 직후 정상 등정에 성공했다. 아래쪽에 있던 지오반나Giovanna만이 그 지점에서 발걸음을 돌렸다. 그럼 베노아는? 그는 저 위쪽에서 진정한 서사시를 쓰고 있었다.

처음에는 모든 것이 잘 되었다. 계획대로 그는 베이스캠프에서 단 하루 만에 정상에 올랐다.(낭가파르바트 등정에는 보통 사흘이 걸린다) 그러나 그때 불운의 쇠사슬이 그를 옥죄기 시작했다. 하산을 하던 그가 거대한 바진 Bazhin 분지에서 어둠에 간히고 만 것이다. 그는 7,000미터 부근에서 밤새 이리저리 헤맸다. 가벼운 장비만 준비한 그는 하룻밤의 비박을 위해 앉아서 쉴 생각도 하지 못했다. 그는 다음 날 아침이 돼서야 고소캠프를 찾았다.

유령처럼 초췌한 모습의 베노아가 마침내 베이스캠프로 비틀거리며 돌아왔다. 그러나 그의 눈은 여전히 믿을 수 없는 의지로 불타오르고 있었다. 우리는 그를 두 팔로 꼭 껴안았다.

베이스캠프의 경사진 초원을 가로지르는 작은 물줄기가 햇빛을 받아 반짝거린다. 베이스캠프 자리는 낭가파르바트와 마제노 능선의 봉우리들에서 쏟아져 내리는 엄청난 눈사태의 후폭풍을 막아줄 모레인 지대가 있어 안성맞춤이다. 고도 4,500미터인 이곳은 밤새 작은 물줄기들이 얼어붙어 멋진 얼음 수정들이 만들어진다. 그러나 아침이 되어 태양이 거대한 산 덩어리 위 검푸른 하늘로 떠오르면, 수정과 얼음판이 갈라져 사방이 반짝반짝 빛나고 점차 소리를 내며 작은 물줄기를 이뤄 텐트 사이로 흘러내리기 시작한다. 항상 붙어 다니는 지안니와 툴리오는 초록의 잔디를 거닐다 물줄기 앞에서 무릎을 꿇고 차가운 물에 손을 담가 얼굴을 씻는다. 그들은 얘기를 나누며 활짝 웃는다. 소로와 지오반나는 몸을 쭉 펴고 햇빛을 즐기고, 힐데가르트는 무언가 생각에 잠긴 듯 모레인 지대를 천천히 걷는다. 베노아는 여전히 깊은 잠에 곯아떨어져 있다. 그럴 만도 하다. 마음씨 착한 알리가 아침식사를 준비한다. 우리의 연락장교 샤 제한Shah Jehan은 덥수룩한 수염을 드러낸 채 눈을 가늘게 뜨고 햇빛 속으로 걸어 나와, 지난날 카라코람에서 잡은 아이벡스ibex 얘기를 자랑스럽게 다시 늘어놓는다. 그러나 우리가 아는 이 사람은 파리 한 마리 해치지 못하는 위인이다.

내가 이곳으로 처음 원정을 온 1982년 여름, 나는 그를 데리고 디아미르 벽을 6,500미터까지 올라갔었다. 그러나 1985년에는 불행하게도 그가 우리와 함께하지 못했다. 그때 줄리와 나는 7,600미터까지 올라갔었다. 500미터만 더 올라가면 정상이었지만, 마지막 시도를 앞두고 날씨가 우리를 도와주지 않았다.

나는 사다리꼴 모양의 가파른 정상 부근을 올려다봤다. 이제 그림자가 진 그곳은 검푸른 색으로 변해있었다. 언젠간 나도 그 정상에 올라보고 싶었다. 그러나 내 몸 상태가 좋아지려면 시간이 많이 걸릴 것이었다. 하지만 보라! 줄리와 내가 가까이 다가가고 있었던 저 정상을….

내가 저곳을 차지할 수 있을까?

내가 저곳에 올라설 수 있을까?

등정에 성공한다 해도 다시 내려올 수 있을까, 아니면 저 위에 영원히 머무를까?

비록 내가 저곳을 성공적으로 오르지 못한다 해도, 나는 구름을 뚫고 올라가는 경험을 다시 해야만 한다.

산을 떠나선 살 수 없으니까.

"난 그런 순간들을 위해 산을 올라.*라고 줄리가 말했다. "꼭 정상에 오르기 위해서가 아니라…. 그건 보너스에 불과해."

나는 다시 산을 오르고 싶었다.

그러자 나의 생각이 마칼루로 향했다.

몇 년 전이었는데, 나는 과연 마지막 시도를 할 수 있을지 의구심에 휩싸여있었다. 그 순간의 결정에 나의 온 미래가 달려있었다.

---

* 　쿠르트 딤베르거는 줄리 툴리스보다 일곱 살이 많다. 그러나 세계 최고의 영상 팀The Highest Film Team in the World으로 불린 이 둘은 친한 친구처럼 격의 없이 대화를 나눴다. [역쥐]

하늘의 정기 I

구름이 이상한 회오리를 일으키며 에베레스트 정상을 뒤덮는다. 바람에 베일이 이리저리 날리듯 신비로운 모습이다. 햇빛이 쏟아지자 일곱 색깔 무지개가 희미하게 빛난다. 빨강, 주황, 노랑, 초록, 파랑… 마치 만화경을 보는 듯하다.

폭풍의 전조일까?

그 모습을 지켜보자니, 진주 빛을 띤 구름이 있는가 하면, 모든 색깔을 다 뽑아내려는 듯한 구름도 있다. 그리고 이상한 경기병들이 전속력으로 질주하다 수없이 증식돼 점차적으로 온 하늘을 꽉 채우는 모습을 연출하기도 한다. 마칼루의 붉은 화강암 정상이 3,000미터 위에서 넓은 챙 모자를 쓴 듯, 한 마리 물고기같이 번들거린다. 나는 이런 구름들을 알프스의 몽블랑에서 가끔 본 적이 있어, 혹시 폭풍이 다가오고 있는 건 아닐까, 하는 생각이 들었다. 이곳 베이스캠프는 앙 차팔Ang Chappal의 룽다들만 가끔 펄럭일 뿐 고요하기 그지없다. 우리가 처음 이곳에 도착했을 때 그는 산의 신과 영혼에게 도움을 청하고자 깃발을 매단 줄을 두 개 쳤다. 그 깃발 건너편으로 작은 언덕에 케른이 있다. 이제 어떻게 해야 하나? 마칼루를 올라야 하나? 어떤 희망을 품고 정상에 올라야 하나? 내가 8천 미터급 고봉을 마지막으로 오른 것도 벌써 18년 전 일이었다.

룽다들이 이리저리 날리고, 위쪽 높은 곳에서 구름들이 거칠게 엉키기 시작한다. 무지개 색깔은 어느덧 사라졌지만, 빛과 그림자가 어우러져 장관을 이룬다. 잠깐 불덩어리를 보이더니 이내 창백한 원반으로 변한 태양이 계곡 끝에 있는 7천 미터급 고봉 바룬체Baruntse 능선 너머로 서서히 가라 앉는다. 비록 해발 5,400미터이긴 해도, 우리가 있는 이곳은 여전히 따뜻하다.

그럼 어떻게 해야 하나? 출발을 해볼까?

오늘은 확실히 아니다. 그러나 나는 곧 결정을 내려야 한다. 우리는 이미 포터들에게 철수를 지시해놓고 있었다. 캠프사이트의 한쪽에선 한스와 카를이 바닥에 드러누워 있다. 그들은 믿을 수 없을 정도로 고통스러운 하산을 한 끝에 완전히 파김치가 되어 헤르만과 셰르파들과 함께 이틀 전에 베이스캠프로 비틀거리며 돌아왔다. 그들은 사람의 모습이 아니었다. 동그란 고글을 쓴 한스는 유쾌하기 짝이 없는 친구인데, 그때 그의 얼굴은 암울하고 어두운 표정이 역력했다.

"쿠르트, 행운을 비네." 그가 속삭이는 것처럼 간신히, 그러나 무뚝뚝하게 말했다. "하지만 비박은 안 돼!"

한스는 한쪽 발의 모든 발가락에 동상을 입었다. 그리고 카를은 거의 초죽음이 되었다. 그는 절뚝거리며 겨우 걸었는데, 그것조차도 친구들의 도움을 받아야 했다. 더구나 왼손의 네 손가락도 이미 까맣게 변해있었다. 그가 뭐라고 중얼거렸지만 잘 알아들을 수가 없었다. 그들은 8,250미터에서 비박을 감행하고 내려오며 끔찍한 경험을 한 것이 틀림없었다. 그들은 고소캠프 넷을 그냥 지나쳐 고통스러운 한 걸음 한 걸음으로 베이스캠프까지 내려왔다. 나는 카를에게 약을 주고 붕대를 감아주면서 정상이 과연 이런 고통과 맞바꿀 만한 가치가 있는지 물어봤다. 잠시 생각에 잠긴 그가 말했다. "아, 물론 그럴 가치가 있지…." 그리고 쓸쓸한 웃음과 함께 퉁퉁 부어오른 발을 가리키며 이렇게 덧붙였다. "우린 결국 해냈잖아?" 곧 포터들이 올라오면 한스와 카를은 비참한 귀로에 오를 것이다.

만약 내가 정상에 오르려 한다면 더 이상 늦춰선 안 된다. 내일은, 아니 아무리 늦어도 모레는 출발해야 한다. 나는 우리 텐트 옆에 있는 부드러운

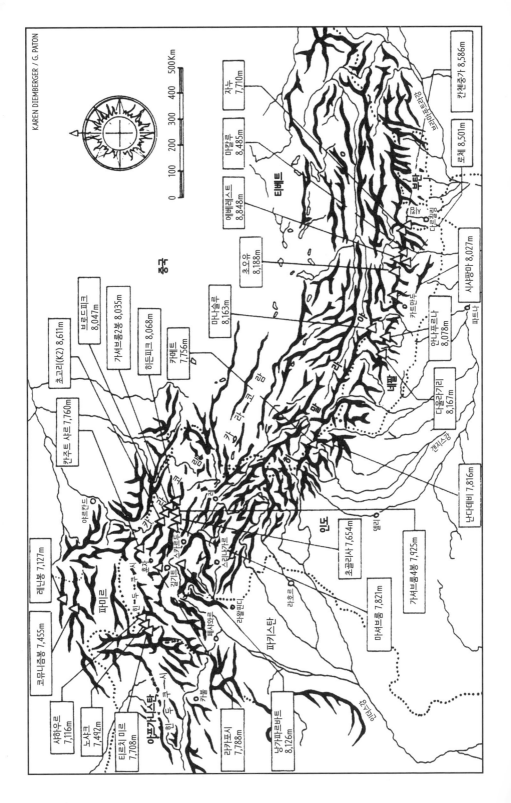

KAREN DIEMBERGER / G. PATON

중국

티베트

네팔

인도

파키스탄

파미르

아프가니스탄

0 100 200 300 400 500 Km

칸첸중가 8,586m
로체 8,501m
마칼루 8,485m
자누 7,710m
에베레스트 8,848m
시사팡마 8,027m
초오유 8,188m
마나슬루 8,163m
안나푸르나 8,078m
다울라기리 8,167m
낭가파르바트 8,126m
난다데비 7,816m
초골리사 7,654m
가서브룸4봉 7,925m
마셔브룸 7,821m
가서브룸2봉 8,035m
브로드피크 8,047m
히든피크 8,068m
가셔브룸 7,756m
초고리(K2) 8,611m
칸주트 샤르 7,760m
라카포시 7,788m
디스타길 사르

데니봉 7,127m
코뮤니즘봉 7,455m
사하우르 7,116m
노샤크 7,492m
티르치 미르 7,708m

모래 위에 주저앉아 꼬리에 꼬리를 무는 구름들을 쳐다봤다. 나처럼, 얼마나 많은 사람들이 저 구름들을 보며 다음 날 벌어질지도 모를 일에 대해 고민을 했을까? 그 순간의 결정에 운명이 달려있다는 걸 그들은 모두 잘 알고 있었을 것이다. 아마 그들에겐 결정을 피할 수 있는 핑계거리도 있었을 것이다. 그래서 한 발 비켜난다면, 해결책은 과연 무얼까? 내일 무슨 일이 일어날지 아는 사람은 아무도 없다. 그건 오직 하늘의 정기만 알고 있다. 그럼 어떻게 해야 하지? 내가 위를 쳐다보는 동안 이 오래된 의문이 되살아났다. 그런데 휘감아 도는 구름들을 넋 놓고 쳐다보는 동안 해결책이 서서히 떠올랐다. 그것이 무언지 말로 표현하긴 어렵지만 분명한 것만은 사실이었다. 이리저리 움직이는 베일의 향방에 내가 계속해서 시선을 두자 모든 의문이 사르라니 사라졌다. 나는 생각의 수레바퀴가 움직이는 걸 느낄 수 있었다. 만약 내가 그 생각에 복종한다면, 나는 여기가 아닌 저 위에 있을 것이다.

하늘의 정기! 도대체 이건 무슨 힘으로 무無에서 나타나 아주 비밀스럽게 그리고 재빨리 다시 사라지는 걸까? 안개가 휘감아 돌고, 작은 폭포들이 요란하게 떨어지며 물보라가 공중으로 가볍게 퍼져나간다. 갑자기 몰려든 안개는 마치 두 팔로 껴안는 것처럼 이상한 형상은 물론이고 새로운 물체의 덧없는 존재를 때때로 만들어내기도 한다. 그러나 이런 안개는 대부분 서로 뒤엉키기도 전에 사라진다. 하늘의 정기! 그 정기는 내일 일을 알고 있을까? 차갑고 투명한 공기 속에서 그건 어디에 숨을까? 고요한 대기를 머금은 산이 아침햇살에 파란 수정처럼 빛나거나, 하늘 높이 떠 있는 창백한 보름달이 능선 너머로 사라지면 그건 힘의 활력을 잃을까? 아마도 그건 언덕을 굴러 떨어지는 커다란 통처럼 능선의 저 너머로 태양이나 달을 따라 가라앉을지도 모른다.

그럼 그건 산 너머에 존재하는 걸까? 아마 그곳 어디에선가 서정시를 노래하고 있을지도 모른다. 그곳은 어딜까? 비밀은 산의 정상과 그 너머에 있다. "오직 하늘의 정기만이 당신 앞에 무엇이 있는지 알고 있다." 에스키모들은 오래전부터 이렇게 말해왔다. "그러나 나는 오늘도 개들과 함께 계속 달린다. 앞으로 또 앞으로 …" 얼마 전 내가 몸이 좋지 않아 숲으로 내려가 누워있었을 때 나는 이제 더 이상 높은 산을 오르지 못하리라고, 내 운명은 그들로부터 비켜나 그 너머 어딘가에 있는 것이 틀림없다고 믿었었다.

그러나 이제 나는 나의 운명이 저 높은 곳, 마칼루 정상에 있다는 걸 알고 있다. 만약 내가 이 등반을 시도하지 않는다면, 나의 미래는 없을 것이다. 따라서 나와 동행하려는 사람이 없어도 나는 가야만 한다. 혼자서라도. 자신의 의문을 스스로 풀지 못하는 사람에겐 미래도 없는 법이니까.

하늘의 정기가 나에게 명령했다. "올라가!"

두 번째 생일

나에게 어떤 일이 일어나든 그건 모두 보너스에 불과하다. 정상적인 기준으로 보면, 내 생명은 몇 년 전에 끝났어야 했다. 그런데 이 모든 일이 너무나 우연히 일어났다.

"찰리가 비행기를 샀대!" 소문이 들불처럼 퍼졌다.

어떻게 그토록 빨리 퍼질 수 있을까?

산악인들이란 강인하고 조용하며 결코 재잘거리지 않는 부류라고 생각해선 안 된다. 이건 진실이다. 그들은 피톤 하나의 위치를 놓고도 몇 시간씩 격렬한 논쟁을 벌인다. 그리고 만약 대단한 신루트 개척에 대한 것이라면, 산악인들은 (성공의 여부와는 전혀 상관없이) 순수주의자의 철칙에서 벗어난다. 그럼 소문은 속보보다도 더 빨리 퍼진다. 보통의 소문은 산에 관한 것이지만 찰리의 경우는 전혀 달랐다. 별 볼 일 없는 스키강사로 출발한 그가 몇 년 동안 미국과 오스트리아와 유럽을 전전한 다음 인스부르크에 조그만 등산장비점을 열었다는 것이 일반적으로 알려진 얘기였다. 특별할 것도 없었다. 그런데 지금 아주 갑자기 찰리가 많은 사람을 놀라게 했다.

"이봐, 친구들. 그 얘기 들었어? 찰리가 날개를 달았대!" 브란들러Brandler가 라디츠니그Raditschnig에게 말하고, 나이르츠Nairz가 그 말을 메스너Messner에게 옮기고, 슈티칭거Stitzinger는 슈트룸Sturm에게 전화하고…. 그 많은 돈이 어디서 났지? 어떻게 모으는지 알긴 할까? 목이 부러질 때까진 시간이 얼마나 걸릴까? 소문이 돌면서 이런 의문들이 꼬리에 꼬리를 물었다. 그러나 대부분은 조만간 한 번 타보고 싶어 했다. 조금 더 기다려보자고 신중론을 편 사람은 그리 많지 않았다. 찰리의 가장 오래된 친구로서, 나는 어느 정도 사실을 알고 있었다. 그 비행기는 엔진이 하나 달린 세스나 Cessna150이었다. 그리고 찰리는 그의 본명이 아니었다. 그는 카를 쇤탈러 Karl Schönthaler로 불리는 걸 싫어했다. 따라서 누구나 다 그를 '인스부르크의 찰리'로 알고 있었다. 만약 내가 그를 조금 다르게 언급한다면, 내가 누구를 말하는지 아는 사람은 거의 없을 것이다. 비행기에 대한 얘기는 그에 대한 것보다 더 쉽다. 비행기에는 고유번호가 있다. 그리고 같은 번호를 가진 건 대개 비슷하다. 그러나 찰리가 가진 비행기는 기종이 딱 한 가지였다. 그는 몹시 기뻐했다. 적어도 처음에는….

"오랜만이야!" 그 운명의 날에 찰리가 나에게 인사를 건넸다. 그는 신이 났는지 파란 눈을 찡긋했다. "이봐, 피츠 로제그Piz Roseg 등반 생각나? 며칠 전 거길 갔었지." 그에겐 쉬울 것이다. 그냥 하늘로 날아올라서 원하는 곳을 가면 되니까.

"지금 거길 가보면 어떨까?" 그는 스키 모자를 뒤로 멋지게 벗어젖히고 사뭇 도전적인 표정으로 나를 쳐다봤다. 이 악당은 변함이 없네! 그의 말을 따라야 하나? 나는 천성이 조심스러운 사람이었다. 그러나 그의 비행경력은 벌써 1년이나 되었고, 나는 산악인으로서의 그를 언제나 굳게 믿고 있었다. 이제 나는 오직 조종사로서의 그를 믿어보자고 나 자신을 설득했다. 그리하여 잠시 후 나는 인스부르크 비행장에 서게 되었다. 찰리는 눈을 가늘게 뜨고 깨끗하고 푸른 하늘을 올려다봤다. "좋아." 그는 만족한 듯 미소를 지었다. "가자! 베르니나Bernina까지 한 바퀴 돌아오자고, 우리의 그 루트*에 인사도 할 겸." 자신이 초등한 루트를 공중에서 내려다보면 얼마나 흥미진진할까? 위대한 과거를 스스로 축하할 수도 있고.(산악인들은 결코 쓸모없는 사

---

* 1958년 나와 카를 쇤탈러가 피츠 로제그 북동벽에 개척한 직등 루트. 그 당시 베르니나 산군에서 가장 어려운 곳이었다.

람들이 아니다. 물론 우리 둘도 마찬가지다) 이번에는 그가 한층 더 엄숙하게 말했다. "자, 가자. 우리들의 승리의 현장으로!" 그는 장갑을 끼고 반들반들 빛나는 비행기를 쓰다듬었다. 그러면서 단단한 눈매로 나를 쳐다봤다. "쿠르트, 비행은 만만찮아. 내 신경 거슬리면 안 돼. 사진도 찍지 말고. 분명하게 말하는데, 쓸 데 없는 질문으로 귀찮게 굴지도 마."

찰리는 남 티롤 출신이다. 그는 강조를 할라치면 언제나 강한 억양이 들어간 사투리를 쓴다. "그래, 좋아." 나는 그를 안심시켰다. "내가 앉은 쪽만 찍을게." 그리고 나는 카메라 두 대를 목에 걸었다. (조종사들은 사진가들이 조종을 방해할까 봐 상당히 두려워한다. 비행을 즐기는 이탈리아인 의사 친구는 내가 들판이나 마을을 더 잘 찍기 위해 문을 열어달라고 하면 신경질을 부린다) 찰리는 내가 시야를 가릴까 봐 걱정했다. 그러나 내가 보기에 그는 계기판을 주시하는 것 같지도 않았다.

그건 사실이었다. 비행기가 이륙하자 내 친구는 강의를 시작했다. "네가 뷰파인더로 들여다보는 것보다 내가 그 산을 얼핏이라도 보는 게 더 중요해. …" 좋아, 찰리. 무슨 말인지 알겠어.

내가 앉은 쪽으론 이미 인스부르커 노어트케트Innsbrucker Nordkette의 산악지대가 보였다. 찰리는 신이 나서 휘파람을 불었다. 그는 세상에 대해 — 물론 나도 포함해 — 마음이 편안한 듯했다. 그가 자기 비행기의 번들거리는 계기판을 하얀 장갑으로 사랑스러운 듯 부드럽게 닦아 내리는 모습을 보자, 혼자 힘으로 세상을 잘 살아왔다는 생각이 들었다. 이렇게 멋진 친구를 두다니! 그는 정말 치열하게 살아온 것 같았다. 스키강사에서 비행기를 소유한 사람으로, 감히 누가 생각이나 할 수 있을까. 그런 찰리는 언제나 조용하면서도 뜻밖의 천재성을 발휘하는 사람이었다.

나는 망원렌즈로 인Inn 계곡을 내려다보며 깔끔하게 정돈된 마을(아니면 작은 도시)을 찍을 작정으로 물었다. "찰리, 저기가 어디야?" 캡션이 달리지 않은 사진은 그다지 좋지 않다.

"가고 있잖아." 그가 신경질적으로 대답했다. "나도 잘 몰라. 우린 지금 공중에 떠 있다고. 어떤 마을인지 사람들이 어떻게 알아?" 그리고 그는 콧방귀를 뀌듯 이렇게 덧붙였다. "마을이 아냐. 어쨌든 저건 도시라고. 아마 텔프스Telfs일 거야. 맞아. 텔프스야!"

조종사에게 지리를 묻는 것이 아닌데 하고, 나는 혼자 생각했다. 놀랍게도 조종사들이 자기의 위치를 잘 모를 때도 있다. 한번은 이탈리아인 의사 친구가 나를 태우고 '스트라델라Stradella'라는 작은 도시 위를 선회했다. 그때 교회의 탑 위에 있는 황금색의 커다란 마돈나상이 토르토나Tortona에 있는 것과 신기하게도 똑같았다. 사실 우리는 토르토나 상공에 있었다. 내 친구가 창문을 제대로 열지 않은 것이 분명했다! 조종사들은 다른 비행기와 충돌하지 않도록 전방을 늘 예의주시해야 하기 때문에 스쳐지나가는 지상을 잠깐 내려다보고 그곳이 어딘지 대충 알기만 해도 행복해하는 것 같다.

이제 찰리 쪽으로 높은 산봉우리들에 둘러싸인 황량한 계곡이 나타났다. 오늘날까지도 나는 그곳이 카우너탈Kaunertal인지, 아니면 외츠탈Öztal인지 헷갈린다. 공중에서 내려다보면 전혀 달라 보인다. 찰리는 외츠탈 알프스라고만 말하고 나서 입을 굳게 다물었다. '너무 걱정할 일이 아니야. 곧 빌트슈피체Wildspitze가 나타날 거니까. 그럼 우리가 있는 곳을 알 수 있겠지.'라고 나는 속으로 생각했다. 이 근처에서 3,000미터로 우뚝 솟은 산은 그것뿐이니까. 찰리 역시 곧 빌트슈피체가 나타날 것이라고 장담했다. 나는 짐짓 헛기침을 했다. 그는 도끼눈을 뜨고 나를 보더니 중요한 건 산과 부딪치지 않는 것이라고 퉁명스럽게 잘라 말했다. (이건 인스부르크에 있는 모든 조종사들의 모토다) 그러더니 잠시 후 "최근에 한 사진가에게 좋지 않은 일이 일어났어. 사실대로 말하면, 그는 너보다 더 많은 카메라를 갖고 있었거든…." 내가 라이카 두 대만 가져온 걸 다행으로 여길 정도로, 그는 그 사건에 대해 자세히 알려줬다. "그 친구가 계곡 끝까지 날아가 보자고 우겼지.

막다른 곳까지 말이야. 조종사는 '이만하면 됐어.'라고 말하고 기수機首를 돌리려 했는데, 망원렌즈가 조종간 밑에 끼고 말았어. 그들은 비상착륙을 통해 가까스로 위기를 모면할 수 있었지. 그런데 말이야, 비행규칙 중 하나가 비상착륙 할 곳을 늘 눈여겨보는 거야." 내 친구는 어느새 강연 모드로 변해있었다. 그는 과장된 몸짓으로 창문 밖을 바라보더니, 만족한 듯 나를 향해 고개를 끄덕였다. 그러는 사이에 나는 서둘러 카메라 렌즈들을 무릎 위로 챙겼다. 그제야 그는 마음의 안정을 찾는 것 같았다. 우리는 이제 천천히 그리고 꾸준히 고도를 높였다.

"3,600미터." 그가 쾌활하게 말했다. "곧 빌트슈피체야."

내가 앉은 쪽으로 건초더미 헛간들이 있는 높은 계곡이 바로 밑에 보였고, 인강Inn River을 따라 나란히 형성된 아름답고 푸른 계곡도 보였다. 이제 그 계곡이 아스라이 멀어져가고 있었다. 높은 산속에 있는 그 두 계곡은 켈트족의 말에서 유래한 듯 옛날에 '차이Tschy'라 불렸다. (그때는 몰랐지만 그 계곡은 푼처 차이Pfundser Tschy였다. 찰리도 나보다 나을 것이 없었다. 우리는 농부들이 해발 1,500미터의 넓고 푸른 계곡에서 건초를 만들고, 커다란 낫으로 풀을 베어 말린다는 사실을 알지 못했다. 그곳은 외지인의 발길이 거의 닿지 않아, 여름에는 관광객이 손가락으로 꼽을 정도로 적은 곳이었다)

산들의 인상적인 실루엣과 검은 바위들이 찰리 쪽에서 떠올랐다. 그 모습은 마치 가위로 잘라낸 것 같았다. 카우너그라트Kaunergrat의 일부임이 틀림없었다. 나는 더 지세히 보려고 아주 잠깐 동안 몸을 기울였다. 그러자 찰리가 뭐라고 투덜대며 비행기를 한쪽으로 심하게 기울였다. 아, 맞아. 빌트슈피체! 저기 있네!

외츠탈의 빙하 세계는 정말 환상적이었다. 그때 엔진에서 조금 이상한 소리가 났지만, 찰리는 전혀 개의치 않는 듯했다. 나는 창문 밖을 계속 내려다봤다. 외츠탈의 봉우리들! 그곳에 가본 지도 벌써 20년 전, 젊은 시절의 일이었다. 곧 나는 옛 장소들을 알아볼 수 있었다. 찰리와 장난감 같은 그의 비행기 덕분에. 그러나 비행기는 반짝반짝 빛나는 빌트슈피체에 조금도 열정을 보이지 않았다. 이제 엔진소리는 사뭇 달라져 있었다. 마치 헛도는 것같이. 어떻게 된 일이지? 그럼 찰리는 분명 나에게 무엇이 잘못된 것 같으냐고 물었을 텐데…. 그는 말없이 앉아 몸을 조금 구부렸을 뿐 빌트슈피체로는 눈길도 주려 하지 않았다. 나는 그 봉우리의 사진을 찍었다. 그리고 안쪽 깊숙한 곳에서 나타난 에메랄드빛 호수도. 그 호수는 이상하게 침식돼 뾰족뾰족해진 능선에 둘러싸인 우묵한 바위지대에 자리 잡고 있었다.

저토록 깊은 심연이라니! 내려다보는 것만으로도 어질어질했다. 이봐, 이제는 엔진소리가 정말 이상해. 그때 찰리가 여러 개의 버튼을 분주히 만지는 모습이 보였다. 따라서 그가 풍경에 관심을 두지 않는 건 놀랍지도 않았다. 나는 머리카락이 쭈뼛했다. 이런, 젠장! 심각한 고장인가? 찰리가 나의 걱정에 기름을 부었다. "그 좆같은 카메라 좀 치워." 그가 마침내 폭발했다. "엔진이 고장 났단 말이야!"

그건 사실이었다. 나는 마른 침을 꿀꺽 삼켰다. 그리고 마음을 진정시키려 노력했다. "뭔가 문제가 있다고 생각했는데…."라고 내가 말했다. "폐차 직전의 소리와 똑같았다니까."

"말 같지도 않은 소리 하지 마." 내 친구는 딱 잘라 말했다. "이건 새 거나 다름없어. 그럴 리가 없어. 조금 조정하면 될 거야." 그는 다른 핸들 하나를 잡아당겼다. (우리와 함께 비행기를 타고 가는 독자 여러분께 나는 양해를 구해야 한다. 기술적인 것에 관한 한 나는 하찮은 사람에 불과하다. 나는 비행기가 어떻게 나는지도 몰라, 그 점에 대해선 찰리에게 의존하기 바란다. 어쨌든 그는 1년이나 비행기를 몰았으니까. 이제 가장 무식한 '랜드 러버landlubber'*일지라도 우리가 대단히 심각한 위기에 처했다는 걸 알 것이다. 우리는 '후파다-후파다-훕huppada-huppada-hupp!'을 더듬거리고

---

*   선원들의 은어로 육지 사람이란 뜻이지만 '육지의 바보'란 야유의 뜻이 다분히 내포돼 있다. [역주]

있었다. 이 말은 공중에서 비상 상황일 때 쓰는 것이다)

찰리는 무전기로 인스부르크를 호출했다. "찰리-맥-알파, 찰리-맥-알파. 엔진에 문제가 생겼다. 다시 반복한다. 엔진에 문제가 생겼다." 그는 다른 조종사들처럼 영어로 말해야 했다. 그러자 분명 실질적인 조언이 뒤따랐을 것이고, 그는 즉시 그대로 따르려 노력했다. 아주 잠깐 동안 그는 엔진이 '푸르륵 푹푹…' 소리를 내게 하는 데 성공했다. 그러나 우리의 희망도 곧 내동댕이쳐지고 말았다. 위로 솟구쳐 오르려는 걸 포기한 지 오래됐지만, 비행기는 앞으로 거의 나가지도 못했다. 이제 비행기는 가볍게 너울거리는 코모Como 호수의 보트처럼 좌우로 흔들렸다. (이 높은 곳이 아닌 그 호수라면 차라리 좋으련만)

"찰리" 내가 그를 불렀다. "기수를 돌려 인 계곡을 따라 내려가 보자."

"그게 유일한 희망이야." 그가 응수했다. "이제부터 날 방해하지 마." 그리고 그는 인스부르크를 다시 호출했다.

그 순간, 그러니까 비행기가 좌우로 흔들리고, 엔진이 다 죽어가는 소리를 내고, 날카로운 능선들이 아래와 옆으로 나타나고, 찰리가 마치 구원의 결정적인 해결책이라도 되는 것처럼 무전기에 매달리던 그 순간이 나에겐 영겁처럼 느껴졌다. 내 심장은 옴팍 줄어들기라도 한 것처럼 쿵쾅거렸다. 우리는 하늘에서 추락할까? 그러나 공포조차도 두려움과 기쁨을 동시에 갖고 있다. 무전기에 대고 마구 지껄이는 찰리는 규칙을 잊고 갑자기 티롤 사람이 되었다. 상대방 통제관은 우리의 심각한 상황을 전혀 알지 못하는 것이 틀림없어 보였다. "영어로 응답하라. 찰리-맥-알파" 그 사람이 말했다.

"영어는 때려치워!" 인내의 한계를 넘어 화가 잔뜩 난 찰리가 꽥 하고 소리쳤다. 프로펠러는 마지막으로 건성건성 돌고 있었다. 푸르륵 … 푸르르륵 … 푸르르르륵. 그리고 마치 이 세상에서 가장 자연스러운 일인 것처럼 조용해지더니 비스듬하게 멈췄다.

"이 빌어먹을 놈이 죽어버렸어!" 그는 심한 티롤 사투리로 무전기에 대고 소리쳤다. 규칙 따위는 안중에도 없었다. 프로펠러는 자세히 들여다볼 틈도 없이 완전히 죽었다. 비행기는 작은 보트처럼 여전히 가볍게 흔들렸지만, 천만다행으로 뒤집어지진 않았다. 아직은…. 따라서 곧바로 추락하진 않을 것 같았다. 그러자 여태껏 개입하지 않은 내 뇌의 일부가 작은 내면의 목소리를 내며 아주 잠깐 동안 안도감을 가져다줬다. 엔진이 멈추면 얼마 만에 추락할까? 몇 분 동안이나 시간이 있을까? 찰리는 넋이 나간 표정으로 말없이 조종간에 매달려있었다. 비행기는 계속 흔들렸다. 비행기의 무게는 폭스바겐 비틀과 같은 750킬로그램이었다. 아래를 힐끔 내려다보니 황량한 산과 협곡, 깊은 계곡에서 솟아오른 봉우리들과 그 너머로 햇빛을 반사하는 하얀 외츠탈 빙하가 있었다.

아니, 우리 둘은 호수의 흔들리는 돛단배에 있는 것이 아니라, 쉬익 소리를 내며 공기를 가르는 비틀(폭스바겐 자동차) 무게의 비행기에 있었다. 그것도 4,000미터 상공에! 프로펠러가 기울어진 비행기는 하얀 빙하와 대비되게 윤곽을 뚜렷이 드러내며 회색과 녹색의 심연 위에서 서서히 가라앉았다. 우리 밑은 어지러운 바위지대와 작은 호수가 있는 분지였다.

"비상착륙 할 데가 보이지 않아." 찰리가 착 가라앉은 목소리로 말했다.

이 상황을 벗어날 수만 있다면….

차가 고장 나면 간단하다. 마지막 순간에 차를 도로 옆에 대고 구조를 요청하면 된다. 그러나 이 상공에서 우리를 구조하기 위해 750킬로그램을 들어 올리려면 힘이 상당히 센 수호천사가 와야 할 것이다. 우리는 지금부터 얼마 후에 땅으로 곤두박질칠까?

마치 내 생각을 꿰뚫어보기라도 한 것처럼 찰리는 이렇게 말했다. "만약 우리가 충분한 추진력만 유지한다면 미끄러져 내려앉을 수 있을 거야."

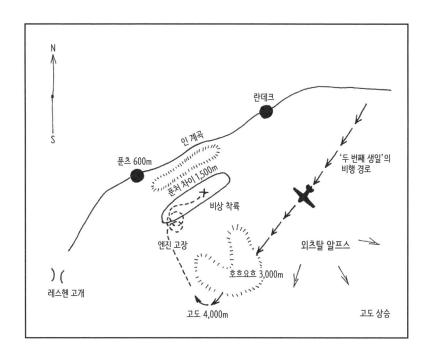

미끄러질 수 있다고? 이 무게로? 그럼, 왕풍뎅이처럼 꽈당 하고 미끄러지겠
군. 그러나 그럴 수도 있을 것 같았다. 찰리는 쉰 목소리로 우리의 위치를
인스부르크에 알렸다. "인 계곡으로 가겠다." 그는 그들에게 영어로 말했
다. 그리고 나를 돌아보며 말했다. "쿠르틀, 내가 공항에서 이걸 몇 번 연습
했어. 문제없을 거야… 착륙할 곳을 찾기만 하면… 난기류에 걸리지만 않
으면… 그리고 만약…."

　　이 골칫덩어리가 '관성'에 의해 내려간다는 생각이 들자 새로운 희망이
내 안으로 스며들었다. "가장 중요한 건," 내가 찰리에게 말했다. "침착해야
한다는 거야." 그는 필사적으로 인스부르크를 다시 불렀다. 그러나 나는 그
래봐야 아무 소용이 없다고 말했다. 우리 운명은 우리 손에 달려있었다. 지
금 이 순간 우리를 도와줄 사람은 아무도 없었다. 이제 우리는 정신을 바짝
차려야 했다. 지난날 피츠 로제그에서 우리 위의 80미터짜리 세락이 무너
져 내리려는 찰나에 우리가 대응했던 것처럼.

사방은 고요했다. 고요해도 너무 고요했다. 공기를 가르는 날개의 휘익 소리만 빼고. 찰리 내 친구, 침착해야 해. 나는 내 손을 그의 어깨에 가볍게 올렸다. 우리는 모든 걸 얻을 수도, 반대로 모든 걸 잃을 수도 있었다. 나는 이 골칫덩어리를 조종할 줄은 몰라도, 그를 패닉에 빠지지 않도록 도와줄 수는 있었다.

무슨 기묘한 인연으로 오늘 나는 찰리와 만났을까? 대단한 등반을 함께한 지 수년 만에 좋든 싫든 우리는 한 번 더 운명의 로프에 묶이게 되었다.

정말 미련하기 짝이 없는 우연의 일치라니! 또 다른 목소리가 내 마음속으로 파고들었다. 오늘 아침까지만 해도 이런 일이 일어나리라곤 꿈에도 생각하지 못했는데. 그런데 어째서 1년이나 비행했는데도 그 수많은 날들 중 하필 오늘, 우리가 함께 탔을 때 고장이 났을까? 이제 곧 모든 것이 끝나겠지 … 영원히 … 산에선 수많은 위기를 탈출했건만…. 신문은 뭐라고 쓸까? "비행기가 산에 충돌해 산악인 둘이 15년 전 자신들이 초등한 바로 그 산에서 사망." 우리 초상화 옆에 처참한 비행기 잔해의 섬뜩한 사진도 놓이겠지. 젠장, 생각할 수도 없는 일이야. 나는 아직도 할 일이 많아.

"찰리, 넌 할 수 있어." 나의 외침은 공기를 가르는 휘익 소리를 뚫고 그에게 전달됐다. 그는 고개를 끄덕인 다음 얼굴을 찡그리며 조종간을 꽉 잡고 인 계곡 쪽을 뚫어져라 내려다봤다. 그곳은 능선 너머에 있었다. 표정을 보니, 그는 우리가 '개구리처럼 폴짝 뛰어' 그 능선을 넘을 수 있을지 계산하고 있는 것 같았다. 다행히도, 우리는 4,000미터 이상을 등반한 경험이 많았다. 그런데 지금은 우리가 그 고도에서 '살고' 있었다.

"착륙은 누구나 다 할 수 있다!" 이건 조종사들이 농담처럼 하는 섬뜩한 말이다. 하지만 어디로 착륙하지? 비록 눈앞으론 초록색이 펼쳐지고 있었지만, 우리는 여전히 바위의 원형극장 위에서 점점 더 가라앉고 있었다.

인 계곡의 깊은 고랑을 막고 있는 능선을 지나갈 수 있을지 심각한 의구심이 들었다. 그러나 오늘 아침 본 바로는 그 높은 계곡에는 초원지대가 없었다. 나는 공포와 기대에 떨며 밑을 내려다봤다. 단단한 땅에 내려앉아 부드러운 잔디를 밟아보길 내가 이토록 갈망한 적은 여태껏 없었다. 그리고 땅이 내게 이토록 소중한 의미가 된 적도 없었다. 지금 이 순간은 오직 생각만으로 그 촉감을 느낄 뿐이었다. 그러자 생각이 흙과 바위와 숲과 하나가 되었다. 이 모든 것들이 시시각각 다가오고 있었다. 비록 내가 이런 망상에 빠져들지라도, 그것들과 만나는 순간은 거의 분명히 나를 무한의 세계로 순식간에 끌고 갈 것이다. 공간이 없는 세계로, 아주 먼 곳 너머의 세계로, 그리고 깊숙한 세계로. 내 아이들은? 나에게 일어난 일을 그들이 모른다면 얼마나 좋을까. 아마 그들은 지금 저 밑 잔디밭 어디에서 아름다운 날을 만끽하고 있을지도 모른다.

그들의 존재만으로도 나는 행복했다.

"찰리, 저 능선을 넘을 수 없을 것 같은데…"

안 돼, 안 돼! 연녹색 지대가 우리 앞으로 다가오고 있었다. 깊이 가라앉던 비행기가 삐죽삐죽한 나무들 위로 떠올랐다. 그러자 연녹색 지대가 점점 더 커지면서 아래쪽으로 넓게 펼쳐지더니 바로 눈앞에 언덕이 나타났다. 높은 계곡, 차이였다. 저길 봐! 약속처럼 위로 빛을 반사하는 저 모습을. 나무로 된 헛간들을 구분할 수 있었다. 계곡의 바닥에 작은 주사위처럼 반짝거리는 그것들이 분명하게 보였다. "찰리, 저기에 착륙할 수 있을 거야. 능선을 넘을 필요도 없어. 그 너머에 무엇이 있는지도 모르잖아. 저기에 착륙하자!"

내 친구는 아주 잠깐 동안 망설였다. "좋아, 가자!" 그러나 우리는 이미 거의 수직으로 가라앉고 있었다. 공기가 획획 소리를 내며 비행기 주위를 빠르게 지나갔다. 양 옆의 날개는 이미 차이의 바닥을 곧장 가리키고 있었다. "지금부터 빙글빙글 돌 거야." 소음 속에서 찰리의 고함을 들은 나는 이 갑작스러운 변화에 할 말을 잃었다. 그러자 재앙을 감각적으로 다루려는 회전이 시작됐다. 우리는 마치 나선형으로 도는 계단에 매달린 것 같았다. 계곡의 녹색 권곡으로 내려가자 눈과 귀가 온통 카오스 속으로 빠져들었다. 갑자기 놀라운 스키선수로 변신한 찰리는 미지의 금광 속으로 들어가려는 듯했다. 우리가 밑으로 내려갈수록 '게임'은 점점 더 어려워져, 끝을 알 수 없는 나선형 계단을 타고 급강하하는 동안 순간순간 내려야 하는 결정은 한 치의 실수도 용납되지 않는 생사의 문제가 되었다. 살아남아야 하는 이 순간에 금광 따위가 무슨 소용이 있으랴. 이제 찰리에겐 최고의 능력과 직관이 필요했는데, 겨우 1년의 비행경력을 가진 그가 감당하기에는 벅찬 요구였다.

우리가 산줄기 사이를 깊이 파고들어감에 따라 나선은 점점 더 줄어들었다. 우리는 비행기의 날개가 끊임없이 위아래를 오가는 사선의 세계에 있었다. 이마를 잔뜩 찌푸리고 전방을 뚫어져라 응시하는 찰리의 집중력은 대단했다. 내가 소리쳤다. "조심해. 뒤집어지면 안 돼!" 그러자 그는 닥치고 있으라는 듯 이렇게 쏘아붙였다. "공기역학은 하나도 알지도 못하는 주제에. 뒤집어지지 않아, 당연히." 우리의 섬뜩한 나선형 회전은 깊이를 더해가면서 거대하고 푸른 깔때기 속으로 빨려 들어갔다. 500미터 아래의 숲이 빙글빙글 돌자 나는 의자를 꽉 움켜잡고 나무 꼭대기들을 내려다봤다. 나는 우리가 기수부터 들이박지 않을지 여전히 자신하지 못했다. 찰리는 냉소적인 미소를 지었다. 애쓴 보람이 없다는 뜻일까? 그는 조종간을 단단히 움켜잡았다. "잘하고 있어." 내가 말했다. "계속 그렇게 해!" 내 자리가 얼마나 불편하든 그건 사실이었다. 우리는 아직 추락하지 않았으니까. 우리는 여전히 하늘을 날고 있었다. 그러자 계속 이런 상태를 유지할지도 모른다는 생각마저 들었다. 이제 땅이 가까워지자 모든 속박에서 벗어나고 싶다는 갈망과 함께 공포도 그만큼 커져갔다.

"비행기를 한 바퀴 뒤집을 거야. 엔진이 다시 걸리는지 보자." 갑작스럽게 선언하듯 말하는 찰리의 얼굴 근육이 잔뜩 굳어있었다.

"안 돼. 안 돼. 그러지 마!" 나는 고함을 쳤다. "다시 걸릴 리가 없어." 나는 지금까지의 나선형 관성에서 벗어나는 새로운 시도를 받아들일 수 없었다. 그러나 찰리는 한 번 마음먹으면 그대로 밀어붙이는 성격이었다. 우리는 이미 물구나무서길 하고 있었다. 300미터 아래로 건초더미 헛간들과 초원 위에서 움직이는 사람들의 모습이 작은 점들처럼 보였다. 공기를 가르는 날개에서 굉음이 들려왔다. 지붕이 가까워지고 사람들의 모습이 점점 더 커지고. 이제 그들은 사방으로 달아나기 시작했다. 이런! 나는 그들과 함께 있고 싶은데. 찰리가 점화를 시도했지만 프로펠러는 무기력하게 두어 바퀴만 돌았다. "시동이 안 걸리네…." 그가 저주를 내뱉었다. 그런데 갑자기 지붕들이 시야에서 사라졌다. 그리고 산의 급사면이 눈앞에 나타났다. 우리는 있는 힘껏 의자에 달라붙었다. 파란 하늘? 구름? 지금 어떻게 돼가고 있지? 정신이 혼미했다. 찰리는 죽자 살자 조종간에 매달렸다. 우리가 비행기를 한 바퀴 뒤집는 데 성공한 것이다. 나는 아주 잠깐 동안 나 자신에게 속삭였다. '찰리에게 뭐라고 해야 하는데….' 하지만 말이 목구멍 밖으로 나오지 않았다. 갑자기 온몸에서 힘이 쑥 빠지면서 나는 속수무책이 되었다.

"찰리…." 얼핏 보니 눈을 가늘게 뜬 그의 얼굴이 일그러져있었다. 그때 그랬잖아, 찰리. 안 그랬어? 그 순간 무중력 상태가 사라지고, 그 자리를 감당할 수 없는 압력이 대신했다. 나의 팔과 몸이 납덩어리가 되었다. 의자와 팔걸이가 나를 엄청난 힘으로 눌렀다. 중력의 반작용이었다. 그러나 우리는 추락하고 있는 것이 틀림없었다.

잠시 동안, 나는 무슨 일이 벌어지고 있는지 알지 못했다.

찰리가 심호흡을 한 다음 말했다. "아차 하는 순간이었어." 아니, 우리는 더 이상 추락하지 않고 공중을 한 번 더 옆으로 날고 있었다. "내려앉을 만한 곳을 찾아야만 해." 나의 찰리가 말했다. "시간이 얼마 없어." 그는 곡선비행을 유지했다. 나는 방금 전 내 생명이 돌아온 걸 느낄 수 있었다. 나는 생명이 이어지는 그 순간에 감사했다. 그러나 지금은 또 다른 결정을 내려야 했다. 위에서 봤을 때 매끄럽게 보였던 초원지대는 온통 장애물투성이였다. 그리고 계곡에는 건초더미 헛간과 치명적인 사각형 물체들이 널려있었다. 좁은 흙길 옆에는 도랑도 있었다. 우리는 그런 것들과 충돌하고 싶지 않았다.

"계곡을 타고 위로 올라가." 나는 본능적으로 요구했다. "찰리, 저기!" 그리고 나는 앞을 가리켰다.

"알았어. 좋아 보인다."라고 소리를 지른 그는 흙길을 따라 초원 위쪽으로 곧장 향했는데, 그곳이 더 좋아 보였다. 그곳은 우리 쪽으로 돌진하듯 빠르게 다가왔다. 이런, 젠장! 장애물이잖아! "이젠 어쩔 수 없어" 찰리가 중얼거렸다. "플랩flap을 내린다." 그러자 공기가 거세게 부딪치는 소리가 들렸다. 이제 곧 모든 것이 결정 날 것이다. 어느 쪽이든. 안도감이 밀려왔다. 땅이 가까워질수록 나는 희망에 부풀었다.

도로다! 농부가 도망치고 있었다. 그는 도랑 안으로 몸을 던졌다. 그러나 우리는 이미 그 위를 스쳐지나가고 있었다. 다시 찰리의 목소리가 들렸다. "착륙하면 곧바로 뛰어내려. 만약 그게 가능하다면." 그의 목소리는 다급했다. 지붕들이 아슬아슬하게 스쳐 지나갔다. 잔디가 뒤덮인 커다란 둔덕이 다가왔다. 저기였던가? 아니, 저기가 아니었다. 맞아! 하지만 선택의 여지가 없다. 시간도 없었다. 도로다! 여기도 도로변에는 도랑이 있었다. 우리는 여전히 시속 100킬로미터로 날고 있었다.

"무릎 사이에 몸을 처박아! 당장." 소음을 뚫고 찰리의 고함이 들렸다. 시간이 잘게 조각나고 부서졌다. 다시 녹색의 둔덕. 그 뒤에도 장애물이 있었다.

꽈당! 땅에 거칠게 부딪힌 우리는 가속이 붙은 채 다시 한 번 날아올랐다. 우리는 둔덕 위에 부딪힌 다음 적어도 40미터는 튀어 올랐다. 꽈당! 안전벨트에 묶인 나는 몸을 굽히고 다리를 붙잡았다. 우리는 축구공처럼 공중으로 튀었다. 결코 끝나지 않을 것처럼. 쿵! 이번에는 엄청 강했다. 우리는 한 번 더 공중으로 튀어 올랐다. 푸르릉! 마침내 멈춘 것 같았다. "뛰어내려. 빨리. 밖으로… 밖으로!" 나는 안전벨트를 재빨리 풀고 창문을 들어 올린 다음 밖으로 나왔다.

이제 세상은 더 이상 요동치지 않았다.

초원과 잔디와 평편한 땅.

내 두 다리는 땅에 닿아있었다. 내 몸의 세포조직을 통해 나는 생명의 환희를 느낄 수 있었다. 기적이었다.

"쿠르틀!" 찰리가 미친 듯이 웃었다. "우린 살았어!" 그는 머리카락을 날리며 초원을 빙글빙글 달렸다. 마치 정신병자처럼. 나도 잔디 위를 달렸다. 나도 좋아 어쩔 줄 모르며 고함을 치고 괴성을 질렀다. 우리는 서로의 목을 껴안고 뒤엉켜 다시 땅 위를 질주했다. 기쁨을 주체치 못한 우리는 제정신이 아니었다. 우리가 여기 있다. 우리가 여기 있어…. 우리는 살았어!

"쿠르틀!" 찰리가 느닷없이 소리쳤다. "넌 하늘을 날 줄은 몰라도 추락에는 최고의 동반자야! 네가 없었다면 난 정말 긴장했을 거야!"

"찰리…." 그러나 나는 아무 말도 할 수가 없었다. 갑자기 목이 메었다. 찰리, 네가 없었다면….

찰리는 내 생명의 은인이었다. 두 번째 생명. 사실 그의 이름은 찰리가 아니라 카를 쇤탈러였다. 나를 용서해, 카를….

달리 무슨 말이 필요할까?

순전히 운이었다. 우리는 믿을 수 없을 정도로 운이 좋았다. 비행기는 화재에 휩싸이지도, 앞으로 처박히지도, 뒤집어지지도 않았고, 우리는 어

초원에 비상착륙 한 후 찰리와 '두 번째 생일'을 축하하고 있다.

디 부러진 곳도 없었다. 전혀! 찰리는 믿을 수 없다는 듯 자신의 비행기 주위를 돌았다. "유일하게 망가진 게 받침대야. 그리고 뒤쪽이 조금 떨어져나갔어. 그게 전부야. 그리고 우린 살아났어!"

어안이 벙벙해진 우리는 행복에 겨워 야생화가 피어있는 해발고도 1,500미터의 '생일 초원'에 서 있었다. 이 아름다운 펀처 차이에 처음에는 농부들이, 그리고 남자와 여자는 물론이고 아이들까지 몰려들었다. 그들은 죽음에서 탈출한 우리를 구경하며 손을 흔들었다. 고개를 갸우뚱하는 사람도 있었다. 어떤 농부의 부인은 이렇게 신기한 기계장치에 앉아보리라곤 꿈에도 생각지 못했다며 감격스러워했다.

말을 많이 하지 않는 순박한 시골 사람들이 찾아와서 우리는 기뻤다. 사실 우리는 모든 것이 기뻤다. 말로 어떻게 표현할 수 없는 행복이랄까. 생일을 맞이한 천진난만한 아이들? 찰리가 방금 전까지 하늘에서 어르고 만져 안전하게 몰고 내려온 이 '신기한 기계장치' 그리고 그가 우리를 위해

'금'을 캐려 한 이 기구의 안을 나는 결코 들여다보고 싶지 않았다. 두 번 다시.

이 높은 계곡에 사는 사람들은 모두 이곳에 와봐야 한다. 비록 약간 비딱하게 서 있긴 해도 얼핏 보면 비상착륙 한 비행기인지 전혀 알 수 없다. 그러나 자세히 살펴보면 금이 간 받침대와 망가진 방향타가 보인다. 오후에 우연히 독일인 관광객 둘이 지나가다 다가왔다. 물론 그들은 우리의 드라마를 알 리 없었다. 새 모자에 샤무아 털로 면도솔을 붙인 뚱뚱한 남자가 자신의 아내에게 말했다. "빌헬미네Wilhelmine, 당신 아오? 오스트리아 농부들은 이제 비행기로 건초더미를 모아들이고 있소이다."

우리의 비행기가 계곡의 아이들에겐 유혹을 뿌리칠 수 없는 '장난감'이 되고, 이곳으로 몰려드는 사람이 더 많을 것이 뻔했기 때문에 나는 다음 날 보초를 섰다. 나는 무슨 일이 일어났는지 입이 아프도록 말해줘야 했다. 그러나 나는 몇날 며칠을 이 초원에 머문다 해도 전혀 상관이 없었다. 찰리는 정비사와 비행기를 건인할 수 있는 중장비를 알아보기 위해 인 계곡으로 내려가고 없었다. 비행기를 대형트럭에 실어 인스부르크로 끌고 내려가려면 아마 모두 분해해야 할지도 모르는 일이었다.

훗날, 나는 찰리에게 새 비행기를 사는 것이 좋겠다고 말했다.

제브루―더블 솔로

제브루Zebru는 거대한 물고기의 지느러미가 곧추선 것 같은 모습이다. 햇빛을 비스듬히 받는 그 북동벽은 빛을 발산하는 뼈대처럼 멋진 자태를 드러낸다. 그곳에는 벽을 지배하는 조건에 따라 모양을 달리하는 수많은 눈과 얼음의 줄기들이 있다. 오른편 위쪽은 온통 지저분하고 얼룩덜룩한 반점들, 즉 눈과 얼음의 얇은 막을 뚫고 나온 바위들에 의해 견고히 방어되는 물고기 이미지다. 지느러미의 꼭대기 부분은 어느 쪽으로든 정상까지 이어지지만 다소간 수평을 이루고 있다. 비록 남봉에 이르는 루트 하나가 개척되긴 했지만, 오른쪽으로 뻗은 지느러미 밑의 벽, 즉 북동벽은 여태껏 미답으로 남아있다. 거의 언제나 그림자가 지는 그곳은 온통 흰색 천지다. 지느러미의 밑 부분은 노출된 바위가 작은 현수빙하(이 빙하를 제외하면 이곳에 '작은' 건 아무것도 없다)에 둘러싸인 채 주초柱礎를 이루고 있다. 벽의 높이는 대략 700미터로, 내가 그 거대한 지느러미(북봉)를 오른 다음 다시 남봉을 통해 내려오는 데는 온갖 모험 속에 하루 종일이 걸렸다. 그러니까 둘 다 신루트에 의한 단독행이었다.

어떤 의미에서 이건 나의 또 다른 생일이었다.

내가 집으로 돌아갈 채비를 하기도 전에 친구 알베르트 모로쿠티Albert Morokutti가 이탈해 나는 어쩔 수 없이 혼자서 등반했다. 물론 나는 단독등반가가 아니다. 나는 다른 사람과 함께 모험하는 걸 언제나 좋아한다. 그렇다고 단독등반을 반대하는 건 아니다. 종종 더 위험하고 때론 그 정도가 매우 심한 단독등반은 단지 차원이 다른 경험일 뿐이다. 그건 사람을 극한상황으로까지 몰고 간다. 위기를 벗어날 수 있도록 도와줄 사람은 아무도 없다. 단독등반은 산과 자신의 게임이다.

✳

건초더미들이 있는 푼처 차이에 혼자 앉아 나는 이런 생각에 잠긴 채 사고가 난 비행기를 수습하기 위해 내려간 찰리를 기다리고 있었다.

　왜 이런 생각을 했을까? 수년 전 제브루를 단독등반 하는 동안 — 마치 제 구실을 하지 못하는 비행기 안에서처럼 — 발밑에 평평한 곳이 있길 애타게 갈망한 순간들이 있었다. 그러나 그런 곳은 너무나 멀리 떨어져있었다.

✳

30미터짜리 대마 로프를 어깨에 걸친 나는 피톤 몇 개를 배낭에 집어넣고 피켈을 집어 들었다. 그리고 발걸음도 가볍게 제브루로 향했다. 산장지기는 정성껏 만든 샌드위치 두 조각을 나에게 건네줬다. 사실 짐이랄 것도 없었다. 로프는 조금 어려운 곳을 통과할 때 자기 확보용으로 쓰거나 후퇴할 때 필요하다면 하강용으로만 쓸 수 있을 정도로 가늘었다. 그러나 어떻게 될지는 알 수 없는 노릇이었다.

　새벽 어스름에 나는 벽으로 다가갔다. 설사면과 바위의 성채가 군데군데 드러난 힌터그라트Hintergrat가 있는 오틀러Ortler의 거대한 모습이 오른쪽으로 창백하게 펼쳐졌고, 왼쪽으로 쾨니그슈피체Königspitze*가 하늘 높이 솟

---

* 이곳에는 그랑 제브루(쾨니그슈피체)와 제브루가 있다. 쿠르트 딤베르거가 처음으로 올라 대단한 찬사를 받은 오버행 커니스 '자이언트 메링거'는 그랑 제브루 정상에 있다. [역주]

아있었다. 불과 며칠 전 나는 알베르트와 함께 그 거대한 벽을 올랐었는데, 여태껏 아무도 극복하지 못한 정상 부근의 인상적인 커니스(자이언트 메렝거 Giant Meringue)가 여전히 나에게 손짓하고 있었다. 하지만 다른 사람의 도움이나 확보를 받을 수 없는 단독등반으론 그곳을 넘어설 가능성이 전혀 없어 보였다.

그리하여 인생이 종종 그런 것처럼 모든 것이 불확실했다. 그러나 불확실성에 빛을 비춰 그걸 어느 정도 걷어내는 것이 등산가의 모험이며, 인생에 대한 모험이다. 나는 모험 없이는 살 수 없을 것 같았다.

내가 크램폰을 찰 때 첫 햇살이 비쳤다. 그러나 그런 장관은 다른 때처럼 마음에 와 닿지 않았다. 나는 기대감에 들뜨기도 했지만 잔뜩 긴장했다. 이 제브루 북동벽에서 나를 기다리는 건 과연 무얼까? 그걸 어떻게 다룰 수 있을까? 그것도 혼자만의 힘으로.

지난여름 등반을 많이 해서 나는 컨디션이 아주 좋았다. 나는 완만한 경사를 이룬 빙하를 건너, 북봉에서 뚝 떨어진 가파른 벽으로 다가갔다. 사방에서 눈이 햇살을 받아 수정처럼 반짝거렸고, 밤새 얼어붙은 서리가 잘게 부서졌다. 그러나 히든크레바스가 있을지도 모르는 움푹 들어간 곳과 속이 빈 곳을 경계했다. 파트너와 연결된 로프도 없이 단독으로 등반하다 그런 곳으로 추락하면 대단히 위험하다. 보통은 어디로 사라졌는지 아무도 모른다. 부상을 당하지 않으면 어찌어찌 탈출할 수도 있지만, 확률이 높진 않다. 길고 넓은 크레바스가 길을 가로막았다. 밑에서 이미 나는 이곳에 크레바스가 있다는 걸 알고 스노브리지까지 눈여겨봐놨었다. 그러나 지금 가까이서 보니 마음이 영 내키지 않았다. 단단히 얼어붙긴 했지만 상당히 엉성했다. 피켈로 주위를 조사한 나는 달리 뾰족한 수가 없다는 걸 깨닫고 반동을 이용해 뛰어넘었다. 그때 바닥을 알 수 없는 검푸른 심연이 순간적으로 눈에 들어왔다. 이것 말고 빙하는 경사가 꾸준히 심할 뿐 별다른 문제가 없었다. 나는 네 발로 기다시피 한 걸음을 옮길 때마다 피켈을 깊이 찔러 박고 하얀 측면을 올라갔다. (내 피켈에는 해머가 달려있었다) 나는 크램폰의 앞발톱을 하얀 표면에 힘껏 박았다. 그리고 왼손으로 아이스피톤을 움켜잡아, 산과 맞닿는 곳이 최소한 삼지점이 되도록 항상 신경을 썼다. 두 손과 한 발이거나 한 손과 두 발이 되도록.

산악인이 아닌 사람에겐 이런 아크로바틱한 움직임이 복잡하고 위험한 과정처럼 보일지 모르지만, 오랫동안 등반을 해온 사람에겐 이미 몸에 배어있어서 크게 문제될 것이 없다. 즉 발걸음을 옮길 때마다 요구되는 정교한 움직임이 제2의 천성이 되는 것이다. 산에선 그렇지 않으면 언젠가 쓰라린 대가를 치르게 된다.

마침내, 나는 회색 바위가 있는 수직의 장애물에 도착했다. 오틀러나 쾨니그슈피체의 암질과 매우 비슷한 부서지기 쉬운 석회암이었다. 나는 잠깐 동안 가능성을 찾아봤다. 그리고 나서 홀드를 확인해가며 조심스럽게 위로 올라갔다. 이 바위를 손으로 잡은 사람은 여태껏 아무도 없었다. 따라서 내가 조심해야 하는 건 너무나도 당연했다. 홀드는 언제든 바스러져 떨어져나갈 수 있으니까. 나는 두려움으로 한껏 얼어붙은 채 바위조각들이 심연 속으로 사라지는 걸 지켜봤다.

아주 조심스럽게 바위 장애물 밑으로 되돌아온 나는 단단한 바위틈에 피톤을 하나 박았다. 그런 다음 여기에 로프를 걸고 다시 등반을 시작했다. 홀드를 잡아당기는 대신 누르는 힘에 체중을 싣고 살금살금 기어올라, 로프 길이를 늘이기 위해 작은 레지에서 한 번 더 멈췄다. 로프를 조금씩 풀어주는 파트너가 없을 때는 이렇게 할 수밖에 없다. 드디어 바위지대가 나타났는데, 그곳에 양호한 크랙이 있었다. 탕! 탕! 탕! 내가 피톤을 하나 더 때려 박자, 위아래로 움직이던 피톤이 기분 좋게 박혀 들어갔다. 나는 로프를 타고 내려와 첫 번째 피톤을 회수했다. 그런 다음 위쪽에 걸린 로프를 믿고 편안한 마음으로 비우호적이며 깨지기 쉬운 벽을 다시 기어 올라갔다. 이건 시간이 걸리는 기술이지만 피톤이 잘 박히면 안전하다. 위쪽 피톤을 빼내면서 나는 이처럼 혼자일 땐 피톤이 바로 동료라는 생각이 들었다. (동료를 의미하는 '프렌드'라는 확보장비가 후에 나오리라곤 미처 알지 못했다)

로프를 사리며 나는 아래쪽을 한 번 더 내려다봤다. 다만 다른 점이 있다면 관객이 없다는 것일 뿐, 나의 등반은 실수가 허락되지 않는 서커스 연기 같은 것이었다. 혼자라는 것에 전혀 개의치 않고 나는 균형을 잡아가며 평정심을 유지했다. 그러면서 주변을 한 번 훑어봤다. 조용한 가을날 아침 사방은 온통 푸른색이었다. 그때 한 사람의 관객이 있을지 모른다는 생각이 들었다. 힌터그라트의 산장지기 프리츠 당글Fritz Dangl. 나의 의도를 털어놓은 유일한 사람인 그가 망원경으로 나를 지켜보고 있을지도 모르는 일이었다. 이렇게 혼자 산에 있으면 기분이 좋다. 그러나 또 하나의 영혼과 비밀을 나누는 것 역시 멋진 일이다. 비록 그가 멀리 있다 하더라도.

곧 나는 등반을 이어가며 프리츠에 대한 생각을 잊고 벽과의 직접적인 관계에 집중했다. 그러자 새로운 걸 찾아나간다는 압도적인 기쁨이 시시각각 커졌다. 벽과 나의 존재로 인해 나는 전혀 외롭지 않았다. 3시간 동안이나 등반한 나는 어느덧 북봉 바로 밑에 있는 거대한 지느러미 위쪽의 바위 지대 한가운데에 있었다. 흰 눈이 덮인 가파른 벽에서 헐떡거리는 호흡을 가다듬을 때마다 나는 바위들이 섬처럼 드문드문 박힌 곳에서 윤곽을 희미하게 드러낸 움푹 들어간 곳으로 찾아들었다. 이제 벽의 높은 곳에 도달한 나는 상당히 만족했다. 벽은 나의 것이나 다름없었다. 나는 어린아이 같은 기분에 빠져 남봉의 북벽을 바라봤다. 혹시 노멀 루트 대신 저곳으로 내려갈 수 있을까? 그러나 무례할 정도로 가파른 그곳은 표면이 끊긴 곳도, 움푹 들어간 곳도, 쉴 곳도 없었다. 마 지아 케 시 발라, 발리아모 다베로Ma gia che si balla, balliamo davvero?(만약 춤을 춘다면, 잘 춰야 하지 않을까?) 나는 생각이 흔들려 정신을 바짝 차려야 했다. 위쪽에서 그곳을 다시 한번 내려다봤다. 물론 강박관념에 사로잡힌 건 아니었지만, 그곳으로 내려가고자 하는 유혹은 상당했다. 그럼 나는 반들거리는 삽에 붙은 한 마리의 벼룩 같은 꼴이 될 터였다. 언제 깊은 심연으로 나가떨어질지 모르는…. 이런 비유가 적절치는 않겠지만, 벼룩에겐 다리가 여섯이라 훨씬 더 안전할 것이다. 젠장, 이런 상상을 하다니!

시원한 바람이 불어왔다. 그럼 정상이 가깝다는 걸까? 이 흰 눈의 세계에 있는 마지막 바위지대를 가로지르는 한 줄기 바람. 건너편의 오틀러는 여전히 나와 나의 산보다 높이 솟아있었다. 그래서 어떻단 말인가? 산의 규모와 높이가 정말 중요한 걸까? 지금 이곳은 나의 산이고, 나의 발견이며, 나의 루트다.

그렇다 해도 아주 잠깐 동안만…. 영원한 건 아무것도 없으니까.

내 위쪽으론 정상 능선과 하늘뿐이었다. 마지막 몇 걸음을 기어 올라가자 행복이 온몸을 휘감았다. 이곳이 바로 나의 정상이었다.

나는 그 위에 두 발로 섰다.

'아무도 가까이서 본 적이 없는 길을 통해 내가 왔단 말이야!' 그때 탐험가의 희열이 나를 관통했다. 물론 모험에 성공했다는 만족감과 난관을 극복하고 이곳에 올라올 능력을 가졌다는 흐뭇함까지. 나에게 있어서 등산은 단순한 도박이 아니다. 그건 자연의 일부가 된다는 감정 그 자체다. 그 자연이, 가장 위대한 창조물인 산들이 이제 나를 조용히 감싸고 있었다.

정상에 앉아, 햇빛을 등지고 우뚝 솟아오른 쾨니그슈피체를 바라봤다. 아직 정오도 되지 않았으니, 나는 4시간 30분 만에 벽을 올라온 셈이었다. 쾨니그슈피체의 커니스는 보기만 해도 무시무시했다. 언제 저곳을 오를 수 있을까? 물론 나는 혼자서 가진 않을 것이다. 그러나 내가 제브루의 북봉과 남봉 사이를 잇는 날카로운 능선을 따라 갈 때 커다란 눈덩어리들이 계속 나의 넋을 빼놨다. 한숨을 짓거나 문제될 것이 없는 그곳은 양쪽으로 뚝 떨어진 환상적인 광경과 먼 파노라마를 바라볼 수 있는 다리였다. 노멀 루트로 내려가는 곳이 어디지? 나는 그에 대한 걸 깜박 잊고 있었다. 벽에 집중

하느라 여념이 없어 위쪽에 올라가면 찾을 수 있겠거니 대충 생각하고 만 것이다. 이런 실수를 하다니! 그러는 사이에 어느덧 남봉이었다. 여기서 보니 마구 휘저어진 크림 같은 눈덩어리들이 아주 가깝게 보였다. 나는 잠시 주저앉아 생각에 잠긴 다음, 다시 일어나 어떻게 내려갈지 고민하기 시작했다. 남봉의 북벽은 어떨까? 내가 올라올 때 그 하얀 경사에 대해 장난삼아 생각해보지 않았나? 그러나 지금 내가 있는 곳에선 그곳이 보이지 않았다. 정상 부근이 배처럼 불룩해 아래쪽을 제대로 보려면 어느 정도 내려가야 했다. 조심조심 나는 아래로 내려가 경사가 심해지는 곳에서 벽을 바라본 다음, 눈과 만년설을 올라갈 때처럼 네 발로 기다시피 하여 되돌아왔다. 여기까진 좋았다. 구부러진 팔 밑으로 마침내 나는 아래쪽을 한 번 내려다볼 수 있었다. 우와! 그곳은 완전한 허공이었고, 600미터 아래에 오늘 아침 내가 올라온 작은 빙하가 보였다. 물론 아찔한 고도감은 가파른 빙벽 때문이었다. 이런 곳에 매달리면 누구나 그렇게 느낄 것이다. 나는 벽에 세워진 반질반질한 삽에 붙은 한 마리 벼룩에 지나지 않았다. 나는 정상으로 살금살금 기어 올라왔다.

'무엇보다도 넌 지금 쉬어야 해.' 내면의 목소리가 나에게 말했다. 그래서 잠깐 주저앉았는데, 정상 부근을 지나는 가벼운 바람과 따뜻한 가을 햇볕으로 인해 깜빡 잠이 들고 말았다. 눈을 떴을 때는 어느덧 1시간이나 지난 후였다. 이런! 이제는 움직일 시간이었다. 여기서 내려가는 데 걸리는 시간이 다른 쪽으로 올라왔을 때와 같다면 결국은 하루 종일 등반하게 되는 셈이었다. 따라서 이제 우물쭈물할 시간이 없었다.

나는 더 이상 사치를 부리지 않고 깊은 심연으로 내려가기 시작했다. 정상에서 잠깐 꿈을 꾼 시간은 너무나 즐거웠다. 그러나 이제 다시 한 발 한 발을 조심해서 딛고 실수를 하지 않으려 노력하며 가파른 지형과 싸워야 했다. 가끔 나는 팔과 벽 사이의 틈을 통해 아래를 내려다봤는데, 아찔한 고도감이 오히려 내 집중력을 키웠다.

픽! 픽! 나는 크램폰의 앞 발톱을 다소 딱딱하고 가파른 하얀 표면에 차 넣었다. 동시에 피켈의 피크를 만년설에 박은 다음 내 체중을 그곳에 실었다. 그리고 다른 손으론 아이스피톤을 찔러 넣었으나 깊이 들어가진 않았다. 피톤 대가리의 링에 카라비너를 걸 수 있도록 짧게 쥐어 잡았다. 나는 비록 딱딱한 모자를 쓰긴 했지만, 작은 얼음조각이나 바윗덩어리들은 단독 등반가에겐 치명적일 수 있었다.

픽! 픽! …

픽! 픽! …

픽! 픽! … 내려가는 길은 끝이 없었다.

1시간쯤 지난 후 나는 쉴 만한 곳을 찾아보았다. 하지만 그건 헛된 꿈에 불과했다. 내 위와 아래는 온통 급경사뿐 아무것도 없었다.

결국 계속 내려갈 수밖에 없었다. 픽! 픽! …

픽! 픽! …

마침내 벽을 파내 작은 스탠스를 만든 다음 잠깐 숨을 돌렸다. 그곳에 기대어 보낸 시간이 얼마나 됐는지 나는 알지 못한다. 처음으로 바로 앞의 눈이 아니라 먼 곳을 쳐다봤다. 얼마나 더 가야 할까? 그러나 쉽사리 짐작이 가지 않았다. 수백 미터 아래에 작은 현수빙하가 스키 점프대처럼 튀어나와 있었다. 그리고 그 밑으로 계곡의 바닥과 멀리 힌터그라트 산장이 보였다. 일단 현수빙하까지만 내려가면 거의 다 내려간 것이나 다름없다. 그곳에서부터 밑으로 내려가는 건 아무 문제도 없을 테니까. 아래를 내려다보니, 내 크램폰 발톱 사이의 먼 아래쪽 작은 현수빙하 위에 바위들이 몇개 튀어나와 있었다. 저곳에서 쉴 수 있을까? 그러나 거기까진 여전히 먼 길이었다. 휴! 나는 다시 내려가기 시작했지만, 장딴지가 점점 더 아파오기 시작했다. 오늘 아침 햇살을 받으며 등반할 때와 어쩌면 이토록 다를 수 있을까!

픽! 픽! … 다시 두 걸음 더 …

그림자가 진 이곳은 춥고 음산했다. 심연의 깊이는 결코 끝나지 않을 것 같았다.

퍽! 퍽! …

이렇게 단조로운 반복이라니!

주의력이 점점 더 느슨해지진 않을까?

결국은 그랬다. 크램폰 한 쪽이 벗겨져 피켈과 아이스피톤 끝에 매달리고 만 것이다. 그러자 관자놀이에서 피가 솟구쳤다. 나는 바짝 긴장했다.

이 벽이 나를 놀라게 만드는 걸 훨씬 더 많이 갖고 있다는 사실을 이제야 알게 되었다. 내 밑은 썩은 얼음이었다. 제기랄! 이렇게 되면 얘기가 다른데….

가파른 빙벽에선 내려가는 것이 올라가는 것보다 더 어렵다. 더욱이 이렇게 가파르고 반반한 얼음에선. 게다가 썩은 얼음에 결코 짧지도 않다면?

나는 손으로 잡을 곳을 깎아내야 했고, 몇 군데에선 크램폰의 앞발톱을 걸치기 위해 작은 턱을 만들어야 했다. 이런 작업은 피켈의 자루가 짧아 결코 쉽지 않았다. 그래서 나는 다음 턱을 만들기 위해 허리를 굽혀야 했고, 그와 동시에 벽에 난 자국, 즉 조심스럽게 파낸 홀드를 손가락으로 잡고 매달려야 했다.

홀드를 만들고, 그다음 홀드를 만들고, 다시 또 하나를 제대로 만드는 건 무척 외롭고 위험천만한 작업이었지만, 나는 이런 홀드에 매달려 그 아래에 스탠스를 깎아냈다. 힌터그라트의 산장지기가 틀림없이 지켜보고 있으리라 생각하면서도 나는 외로움을 느꼈다. 난생처음 정말 외롭다는 감정에 휩싸였다. 이곳에서 내려가는 것보다 더 중요한 일은 이 세상에 없었다. 그러나 나는 점점 더 느려지고 있었다. 위에서는 평편하게 보이는 저 아래의 현수빙하 — 하얀 엘도라도 — 가 조금씩 가까워졌다. 그 표면이 나에겐 돌아가야 할 땅이었다. 나는 이제 얼마나 남았는지를 가늠하기 위해 아래를 자주 내려다봤다. 피로와 근육의 긴장에도 불구하고 나는 끊임없이 고도의 집중력을 유지해야 했다. 저 밑의 눈에 앉기만 하면 이 모든 고통은 한 마리의 새처럼 훨훨 날아가리라! 나는 그런 순간에 대한 생각을 계속하려고 노력했다.

서두르지 말고 여유를 갖고 정교해야 한다는 메시지가 머릿속을 채웠다. 그러나 서두르자는 유혹 또한 점점 더 커져갔다. 그때 갑자기 무언가 눈에 띄었다. 40미터 밑쪽에 검은 바위가 벽에서 튀어나와 있었다. 마치 설교대 같기도 하고, 방석을 깐 의자 같기도 했다. 그곳은 그야말로 자연이 선물로 준 휴식처였다. 하늘의 은총!

제브루의 남봉 북벽에 있는 편안한 의자인 그것은 이 벽에서 내가 발견한 가장 대단한 것이었다. 그건 미친 발견, 또는 말도 안 되는 농담이었다. 이 가파른 경사에서 앉아 쉴 수 있는 곳, 벽의 전 구간 중 유일하게 숨을 돌릴 수 있는 곳이었으니까.

나는 그 호의를 이용해, 앉아서 사방을 둘러보고 긴장된 근육을 풀며 30분 정도를 편하게 쉬었다. 이제 나는 이곳을 떠나고 싶지 않다는 생각이 들 정도로 세상에서 가장 아름다운 곳에 있다는 느낌이 들었다. 하늘이 준 이 설교대의 존재 덕분에 벽이 조금 더 친근하게 느껴졌다.

긴 휴식을 취한 다음 다시 출발하니 기분이 상쾌했다. 현수빙하가 지척이었다. 그곳은 눈 지붕으로, 가파른 절벽인 베르크슈룬트로 이어져 있었다. 나는 바위와 얼음으로 이뤄진 짧은 구간을 간신히 내려갔는데, 결코 쉽지 않았다. 나는 앵커용 피톤을 하나 박았다. 로프를 두 줄로 내려뜨리면 바닥까지 닿을까? 안 돼! 희망이 없어. 그럼 한 줄은 어떨까? 피톤에 로프를 묶고 얼음과 깨진 바위지대를 내려갔다. 그리하여 안도의 한숨과 함께 나는 현수빙하 위의 지붕처럼 생긴 눈 위에 설 수 있었다. 로프는 내가 피켈로 몇 번 내려치자 힘없이 끊어졌다. 나는 나머지를 배낭에 집어넣었다. (보

통은 로프를 이렇게 잔인하게 다루지 않는다. 그러나 그때는 달리 방법이 없었다)

이제 나는 비탈진 눈 지붕을 내려갔다. 휴, 저 밑에 있는 눈으로 내려갈 수만 있다면 얼마나 좋을까! 나는 여전히 네 발로 재빨리 기어 내려갔다. 이곳을 내려가는 건 거의 기쁨 그 자체였다. 이제 나는 베르크슈룬트의 위쪽 턱에 다다랐다. 이런! 깊이가 5미터나 되다니. 그러나 바닥이 평편했다. 그곳의 눈은 얼음이 없어 좋아 보였다. 잠깐 머뭇거린 나는 풀쩍 뛰어내렸다. 그러자 일순간 눈가루가 사방으로 날렸다. 그곳은 마치 푹신푹신한 침대 같았다. 나는 그대로 주저앉아 미친 듯이 웃어댔다. 너무나 행복했다. 마침내 해냈어! 마침내 해냈어!

이제 남은 건 계곡으로 날쌔게 도망치는 일뿐이었다. 그리고 산장으로 가서 프리츠를 만나야 했다. 할 얘기가 아주 많았으니까.

그러나 나는 잠시 동안 벽에 서서 거대한 지느러미를 올려다봤다. 나는 하루 만에 더블 솔로를 기록했다. 하나는 정상으로 올라간 것이고, 다른 하나는 심연으로 내려온 것이다. 마치 달의 빛나는 부분과 어두운 부분처럼. 두 번 다시 반복할 수는 없겠지. 더구나 혼자선….

✳

그 후 나는 종종 단독등반을 했지만 이런 의문에 휩싸이곤 했다. 네가 추구하는 것이 뭐지? 단독등반가는 산과 자신 사이에 낀 다른 사람의 방해를 받지 않고 산이 갖고 있는 위대한 힘을 오롯이 경험할 수 있다. 따라서 그는 또 다른 존재가 강요하는 한계 그 너머까지도 갈 수 있다. 하지만 그렇게 하면 그는 실질적인 수단과 방법을 쓸 수 없는 위험을 감수해야 한다. 그는 과연 혼자만의 초현실적인 세계를 구축하는 걸까? 사람들은 그를 어떻게 볼까?

제브루의 벽 밑에 섰을 때 나는 내 생각의 반향을 분명하게 느꼈다. 단지 벽에서뿐만 아니라, 또 하나의 마음에서 우러나와 변하고 얼룩진⋯. 나는 단독등반가가 아니다.

내가 제브루에서 숨 가쁘게 등반하고 있을 때 내 친구 볼프강 슈테판 Wolfgang Stefan은 여자 친구와 함께 돌로미테에 있었다. 비엔나 출신인 그는 서부와 동부 알프스에서 거의 언제나 나의 로프 파트너였다. 우리는 각자의 전문적인 활동이 둘 사이를 갈라놓기 전까지 불가분의 파트너십을 계속 이어왔다. 우리가 알고 지내는 친구들 중에는 뛰어난 단독등반가들이 있었다. 아무래도 내 마음에 제일 먼저 떠오르는 사람은 디터 마카트 Dieter Machart다. 나는 그를 비엔나의 숲속 바위지대인 파일슈타인 Peilstein에서 가끔 만났다. 그는 마터호른 북벽을 5시간 만에(만약 내 기억이 정확하다면) 단독으로 올랐다. 그 후 그는 아이거 북벽의 얼음 쿨르와르에서 낙석에 맞았다.

볼프강 슈테판과 나는 지금까지 살아남았는데, 우리는 운이 좋은 편이었다. 그러나 우리는 단독등반가의 모험을 결코 부러워하지 않았다.

나는 아이거에 대해 생각했다. 오랫동안 알고 지내는 누군가와 로프를 묶고, 그 벽을 오르지 못하도록 만드는 낙석과 악천후, 수직의 점판암 미로를 뚫고 함께 루트를 찾아나간다면 얼마나 큰 의미가 있을까. 누군가와 비박의 고난을 함께 나누고 함께 웃으며, 성공을 거두면 계획이 결실을 맺고, 친구가 기뻐하는 걸 보고⋯. 이런 것들을 단독등반가는 알지 못한다.

어떤 사람들은 아마 함께 도전에 나설 동료가 없는지도 모른다.

푼처 차이에서 깜빡 잠이 들었다. 그러나 소년 둘이 비행기가 방향을 어떻게 잡느냐고 묻는 바람에 나는 화들짝 놀라 깨어났다. 나는 최선을 다해 설명했지만, 그들은 별로 재미가 없었는지 마침내 자리를 떴다. 방향키는 — 물론 당연히 그래야 하지만 — 우리가 나선을 그리며 착륙하는 데 결정적인 역할을 했다. 결국 우리는 이상한 나선형 계단을 타고 이곳에 내려온 셈이었다.

햇볕이 기분 좋게 따뜻해 나는 다시 꾸벅꾸벅 졸기 시작했다.

세락! 빙빙 도는 아이스폴! 이런 젠장, 모든 것이 다시 빙글빙글 돌고 있었다. 아주 빠른 속도로. 그런데 이 빛나는 타워들은 도대체 어떻게 된 거지? 얼음은 수정 같은 모습이었다. 여기서 무슨 일이 있었던 거야, 찰리? 이런, 이런! 조종간을 잡고 있는 사람은 찰리가 아니고 제이Jay였다. 캘리포니아 출신인 그는 몽블랑 인근의 쿠르마예에 살고 있다. 그 역시 가끔 비행기를 몬다. 나는 금발에다 솔직한 성격을 가진 그를 데리고 가이드 등반을 한번 했었다. 그는 비행기를 급회전시키며 즐겁다는 듯 웃는 성격이다. 그럼 엔진은 으르렁거리는 소리를 내고, 브렌바Brenva 벽이 마치 폭풍을 만난 돛대처럼 휘어지는 모습으로 다가온다. 이제 에귀 누아르Aiguille Noire가 우리 위에서 빙빙 돌면서, 뾰족한 꼭대기가 검은 수정처럼 하늘을 배경삼아 실루엣으로 나타난다. 그리고 그 위쪽에서 미동도 하지 않는 것이 몽블랑이다. 나의 몽블랑!

몽블랑의 수정

꿈이 비눗방울처럼 몽글몽글 피어올랐다. 초원에 누워있다 눈을 뜬 나는 몽블랑에 대한 생각을 떨쳐버릴 수 없었다. 그 정상을 오르고 싶었지만 나는 언제나 실패했다. 그곳으로 수정을 캐러 간 나는 번번이 빈손으로 돌아왔다. 그러나 나는 크게 상관하지 않았다. 나는 그 하얗고 거대한 산을 사랑했다.

알프스에서 가장 멋진 그곳의 푸트레이 리지Peuterey Ridge는 계곡에서 솟아오른 일련의 수정이나 마찬가지였다. 날카로운 스카이라인으로 이어지는 그 리지는 8킬로미터에 달한다. 첫 번째 (어두운) 수정은 아찔한 에귀 누아르다. 두 번째는 끝이 뾰족한 3개의 하얀 봉우리로 이뤄진 에귀 블랑슈Aiguille Blanche다. 그곳은 가는 침봉들이 얼기설기 모여있는 곳 너머에 있는데 4,000미터가 넘는다. 그리고 마지막 수정이 콜 드 푸트레이에서 우아한 선을 그리며 가팔라지다가 마침내 희미한 빛을 발하며 크레셴도 crescendo*로 변하는 4,810미터의 둥근 몽블랑이다. 그 선이 빚어내는 실루엣은 미술적이다.

뱃머리처럼 생긴 데다 가파르고 검은 에귀 누아르가 폭풍의 바람을 가르며 우뚝 서 있었다. 특히 그 허리에서 구름이 깃발처럼 날리는 모습을 보니 꼭 그렇게 느껴졌다. 우리가 리지에 붙자, 사정없이 으르렁거리는 폭풍의 파도가 주위를 감쌌고, 총총히 흐르는 구름조각들이 눈이 있는 가장자리에서

---

* 셈여림 변화를 나타내는 음악용어로 '점점 세게'라는 뜻 [역주]

어지러이 춤을 추는 빛과 한데 어우러졌다.

　제프Sepp와 발터Walter와 에디트Edith. "푸트레이가 이렇게 거칠고 힘에 넘치는 모습은 처음이야." 나는 바람을 뚫고 그들에게 소리쳤다. "오늘 콜까지 갈 수 있다면 좋겠어." 우리는 이미 비박을 한 번 하고 난 후였다. 4,000미터가 넘는 이곳 에귀 블랑슈의 상태는 최악이었다. 바위에 신설이 쌓이고 날씨도 너무 추웠다. 9월이었지만 겨울이나 다름없었다.

　오늘 아침 에디트의 얼굴은 일그러져있었다. 차가운 바람이 밤새 서쪽에서 끊임없이 불어와, 비박을 하는 오랜 시간 동안 우리는 그녀를 보호하기 위해 가운데에 끼워 넣었었다. 어깨 위로 서리가 내려앉고, 주변 바위에 '얼음 꽃'이 만발했다. 곧 얼굴이 무감각해지고 몸이 뻣뻣해졌다. 우리는 소용돌이치는 구름 위에 있는 '돌 의자'에 앉아 밤을 지새웠다. 멀리 도피네 알프스Dauphiné Alps의 봉우리들 위로 번개가 번쩍거리더니 불꽃놀이가 몇 시간이나 계속됐다. 나는 우리와 거의 같은 높이에서 벌어지는 그 불의 바다를 바라보며, 그것이 그곳에 머물러있길 간절히 바랐다. 저기까지의 거리가 얼마지? 바람의 세기와 방향은? 이런 젠장, 만약 우리가 이곳을 떠나 가파른 사면을 내려간다면 큰 곤경에 빠질지도 모르는 일이었다. 다행스럽게도 폭풍은 바르 데 에크랑Barre des Ecrins 뒤쪽 먼 곳으로 물러갔다. 그러면서 구름이 다시 위아래로 부드럽게 춤을 추었다. 빛과 어둠이라는 침대보 전체가 벗겨지는 듯한 그 모습은 마치 달빛으로 숨을 쉬는 것 같았다. 우리는 조용히 앉아 주위를 감싸는 공기의 속삭임을 듣고, 수정 같은 봉우리들을 바라보며, 바싹 붙어서 서로를 껴안았다.

　그리고 시간이 흘러갔다.

얼음같이 차가운 무감각에서 무언가 느닷없이 나를 흔들어 깨웠다. 한밤중에 일어난 이런 현상을 나는 결코 잊지 못한다. 희미하게 빛나는 그랑 파라디소Gran Paradiso — 우리 앞 오른쪽으로 아주 가까이에 있는 — 뒤쪽에서 둥

근 구름덩어리가 어디에선가 부풀어 오르더니 천천히 그리고 꾸준히 커져 마치 원자폭탄의 버섯구름 같은 모양으로 변해갔다. 달빛 아래 날씨는 위협적일 정도로 추웠다. 달빛에 번쩍거리는 번갯불까지 받은 구름이 환해졌다. 버섯구름들이 여기저기에서 피어올랐다. 이제 이상한 모습의 구름기둥들이 점점 더 커지며 그랑 파라디소를 넘어 우리에게 다가왔다. 나는 패닉에 빠졌다. 만약 그 구름들이 산마루를 넘어오는 날에는 모든 것이 끝장날 터였다. 나는 부드러운 서풍이 온힘을 다해 그 구름들을 물리치길 바랐다. 지금 우리를 곤란에 빠뜨리면 안 돼! 바위틈에 웅크리고 앉아서 다음 번개가 내리칠 때까지 기다려야 하는 공포를 어떻게 말로 표현할 수 있을까. 번개가 연달아 내리치면 충격이 온몸의 구석구석까지 퍼진다. 그리하여 번개가 내리칠 때마다 마지막이라는 생각이 든다. 그런 순간은 기억에서 결코 지워지지도 않는다. 오래전, 저 아래 에귀 누아르의 검은 정상 바로 밑에서 우리는 천둥번개를 여덟 차례나 겪고도 살아남았었다. 그때 이틀 동안 전기를 잔뜩 머금은 구름을 두 번이나 만난 나와 토나Tona, 테렌치오Terenzio, 제프, 발터, 그리고 비앙카Bianca의 다운재킷은 불꽃으로 곳곳이 검게 변했었다.

커다란 버섯구름은 모자처럼 커지더니 동쪽으로 길게 늘어졌다. 그리고 거대한 배의 모습으로 아오스타Aoasta 계곡을 미끄러지듯 가로지르며 간헐적인 섬광에 빛을 더했다. 나는 안도의 한숨을 내쉬었다. 그때 토나가 생각났다. 에귀 누아르의 천둥번개에도 끝내 살아남았을 때 그녀는 나의 아내였다. 그 후 우리는 더 이상 함께하지 못했지만, 그녀는 여전히 산에도 다니고 원정등반도 갔다. 그녀 역시 에귀 누아르를 볼 때마다 나와 똑같은 생각을 할 것이다. 그런 고난을 함께 겪은 사람은 결코 타인이 될 수 없으니까. 더구나 우리에겐 몹시 사랑하는 두 딸이 있었다.

거대한 배의 모습을 한 구름이 멀리 흘러갔다. "어때?" 내가 침묵을 깼다. 그러자 발터와 제프와 그의 부인이 내가 있는 곳으로 몸을 숙였다. "좋아, 그런데 자리 좀 바꾸자. 이제 네가 바람이 불어오는 쪽에 앉을 차례잖아?" 우리는 자리를 바꾸었다. "차를 좀 끓여 마시면 어떨까?" 우리는 차를 끓여 마셨다. 9월의 밤은 결코 끝나지 않을 것처럼 계속됐다.

어느 곳에서도 번개는 더 이상 번쩍거리지 않았다. 이제 폭풍이 지나 갔다. 더불어 공포와 위험도 끝났다. 마치 구름바다 위에 떠있는 듯한 멋진 화강암 벤치에 그토록 오랫동안 앉아있어 본 건 처음이었다. 우리는 위험 에서 벗어났다. 얼마나 환상적인 밤이었는지!

드디어 날이 밝자 바람이 거세게 불어왔다. 공기는 살을 에는 듯 차가웠다. 우리는 콜 드 푸트레이로 가기 위해 에귀 블랑슈의 세 봉우리를 넘었다. 구 름에 싸인 우리는 빛과 그림자의 아라베스크한 분위기 속에서 햇빛에 반짝 거리는 눈 덮인 능선을 따라, 커니스가 리본처럼 늘어진 곳을 지나갔다. 나 는 때때로 얼음에 아이스스크루를 박고 확보를 보며 기다리는 동안 바람이 언제 잠잠해질까, 하는 궁금증이 들었다. 바람은 한 번 거세게 날뛰고 나서 조용해졌다. 거대한 몽블랑이 위쪽에서 어렴풋이 모습을 드러냈다. 돌풍이 바위를 때렸다. 그러자 번쩍거리는 섬광의 장막이 하늘 위로 사라졌는데, 그 속도가 놀라울 정도로 빨랐다. 우리는 콜에서 비박할 작정이었다. 달리 선택의 여지가 없었다. 우리는 말의 안장처럼 움푹 들어간 곳에 설동을 파 고 그 안에 웅크리고 앉아, 그곳에서 꼬박 이틀을 보냈다.

위로 올라갈 수가 없었다. 그 후조차도. 신설이 허리까지 내린 것이다. 위 쪽에선 폭풍이 으르렁거렸다. 옛날의 몽블랑이 좋았는데…. 하늘은 이루 말할 수 없이 청명했지만, 지금 이곳은 한겨울이었다. 우리는 그루버Gruber 라는 바위지대를 하강해 후퇴하기로 했다. 바닥에 닿으려면 500미터를 내려가야 해서 시간이 많이 걸릴 터였다. 그곳에는 발터 보나티Walter Bonatti와 피에르 마조Pierre Mazeaud가 동료들과 함께 프레네이 필라Frêney Pillar에서 탈 출하며 남긴 낡은 슬링들이 있었다. 심지어는 잘린 안전벨트 조각들까지 있었다. 그 하강에서 살아남은 사람은 일곱 명 중 셋에 불과했다. 우리는 그들의 슬링을 이용해 하강했다. 우리는 정상에 가지 못했다. 하지만 그런 건 전혀 상관이 없었다.

✳

긴 트레일러를 매단 트랙터 한 대가 푼처 차이를 지나 계곡을 꿈틀꿈틀 올 라오고 있었다. 나는 찰리를 발견하고 손을 흔들었다. 1시간 후 우리는 흰 색과 빨간색이 어우러진 비행기를 분해해 트레일러 위에 싣고, 험한 계곡 을 아슬아슬하게 내려갔다. 인스브루크 비행장에선 맥주 파티가 벌어졌다. 찰리의 친구들이 외쳤다. "프로지트Prosit!(건배!) 두 번째 생일을 위해!" 그때 찰리는 영어를 쓰지 않았다. 너무 지친 우리는 잠을 자기 위해 그의 집으로 도망쳤다. 원칙적으론 종지부를 찍었어야 할 생명이 이렇게 이어졌다. 내 일 무슨 일이 일어날지 아는 사람은 아무도 없다. 내가 잠에 사르르니 빠져 들 때 이탈리아의 집으로 건 전화와 뜻밖의 반응이 떠올랐다. "도대체 어떻 게 해서 비행기를 타게 된 거야? 집에 오지 않고 그곳으로 가서 죽을 뻔했 잖아."

나는 왜 결혼을 다시 했을까? 나는 항상 어딘가를 떠돌며 무언가(단언 컨대, 모험이라는 산의 심장)에 매달리는 사람 아닌가. 나는 한군데에 틀어박힐 직업이 없었다. 모든 사람이 그렇게 생각했다.

원칙적으론 그들의 말이 맞는지도 모른다.

그런데 이런 뒷골목도 있었다. 나는 신선한 빵 냄새가 나는 그 뒷골목 을 여전히 볼(냄새 맡을) 수 있다. 비아 산토 스테파노Via Santo Stefano의 빵집 근처에 있는 어두운 뒷골목. 아케이드들이 있는 자갈 깔린 거리를 질주하는 자동차들과 어슬렁거리며 등교하는 대학생들 … 다양한 색깔들이 뒤섞이고, 활발하며 수선스럽고, 조용하면서도 활기에 넘치는 … 이 도시에는 실루엣으로 드러나는 쌍둥이 탑 레 듀에 토리Le Due Torri가 있다. 오벨리스크처럼 하늘 높이 치솟은 이 탑들은 마치 술에 취한 건축가가 디자인을 한 듯 서로를 향해 기울어져 있는데, 볼로냐의 우정을 상징한다.

그 어두운 뒷골목 끝에 테레사Teresa가 살고 있었다. 그녀는 학생이었다. 볼로냐의 많은 학생 중에서도 그녀는 특별했다. 그녀는 항상 온화하고 부드러웠다. 그리고 자기 생각을 정확하게 말하는 스타일이었다. 크고 검은 눈을 가진 그녀는 용모가 말쑥했다. 그녀의 꿈은 판사였지만 변호사도 마음에 두고 있었다. 그와 같은 야망을 가진 여자를 조심해야 한다는 걸 알지 못할 남자가 있을까? 원칙적으론 맞는 말이지만, 어떤 남자들은 위험하게 사는 길을 택하며, 아니면 적어도 위험한 상황에 끌리는 자기 자신을 발견하게 된다. 나는 테레사에게, 그것도 장래 희망이 판사인 그녀에게 끌렸

예비판사인 나의 아내 테레사는 내가 구제불능이라는 사실을 알고 있다.

다. 그녀의 두 눈은 나를 바라본 지 5분도 지나지 않아 철저한 탐색에 들어 갔다. 그녀는 우선 법정의 참관인을 둘러본 다음 피의자의 심정을 헤아리 려는 판사 같았다. "투 세이 운 포 푸타노Tu sei un po puttano." 그녀가 나에게 처음으로 선언한 말이었다. 이 말의 의미를 어떻게 전달해야 하나? 여기서 '푸타노'는 도덕적 가치를 진정으로 지지하지 않는 사람 같다는 말이다. 나 는 할 말을 잊었다. 이탈리아에선 "레 푸타네 디 볼로냐Le Puttane di Bologna." 라는 말이 유명한데, 볼로냐의 뒷골목과 (때론) 길거리와 주요한 광장에 줄 을 서 있는 여자는 '접근'이 쉽다는 의미다. 이 말은 기울어진 쌍둥이 탑처 럼 볼로냐를 상징한다. 어쩌면 '푸타노'가 바로 그와 같은 의미는 아닐지 모 른다. 그러나 여자가 그런 말을 한다면, 분명 남자를 올곧은 사람으로 볼 수 없다는 뜻이다. 그래서 나는 그만 말문이 막히고 말았다. 그리고 그녀의 말이 맞을지도 모른다고 생각했다. 그런 판단에 직면한 나는 크게 신경 쓰 지 않았지만 얼굴 표정까지 감출 수는 없었다. 나는 그녀의 크고 검은 눈을 다시 쳐다봤다. 어쩌면 그렇게 차분하게도 나에 대해 거의 아이러니와 조 롱에 가까운 표정을 지을 수 있을까.

나에 대해 이런 식으로 말하는 이 여자가 누구지?

우리는 결혼에 성공했다.

테레사는 자연과 햇빛과 야생화를 사랑한다. 그녀는 인내심이 무척 강 하다. 그렇지 않았다면 그녀는 결코 나를 견뎌내지 못했을 것이다. 내가 집 에 거의 붙어있지 않는다는 걸 생각하면…. 테레사는 등산을 좋아하지 않 았지만 몽블랑에서 수정을 캐는 나를 가끔 따라다녔다.

예를 들면, 도라 발테아Dora Baltea의 급류 근처에 있는 작은 산딸기 밭 위에 집채만 한 바위가 있었다. 그곳에 수정이 있을 것이라고 상상한 사람 은 아무도 없었다. 그러나 그곳은 기가 막힌 곳이었다. 지금은 불행하게도 많은 사람이 그 사실을 알고 있다. 처음 그곳에 갔을 때 나는 수정의 벽이 눈앞에 펼쳐진 모습을 보고 놀라움을 금치 못했다. 은은하고 아름다운 석

영. 내가 딸 힐데가트와 함께 그곳에 갔을 때 우리는 그 바위를 '보석의 방'
이라 불렀다. 그곳은 성지처럼 경탄할 만한 곳이었다. 그러나 애석하게도
비밀은 오래가지 않았다. 처음부터 그곳에는 망치와 끌 자국이 있어, 적어
도 누군가 이미 알고 있다는 사실을 보여줬다. 그 역시 우리의 출현을 알아
차린 것이 분명했다. 며칠이 지나 우리가 다시 찾아갔을 때 커다란 수정덩
어리가 사라졌기 때문이다. 그때부터 우리는 같은 치즈를 갉아먹는 두 마
리의 쥐가 되었다. 더구나 그곳은 달마치Dalmazi 산장으로 가는 길과 가까
워, 우리의 움직임이 눈에 띄지 않을 가능성은 그리 크지 않았다. '보석의
방'에는 오늘날까지도 수정이 많이 있다. 그러나 바위에 달라붙어 수정을
캐려면 아주 번거롭다. 그 거대하고 하얀 산의 표면에 매년 얼마나 많은 보
석이 드러나는지 아는 사람은 아무도 없다. 추위가 바위를 부숴놓는 것이
다.

　순수한 석영의 프리즘은 완벽하게 투명하며, 흰빛이나 장밋빛 또는
와인 빛깔을 띤다. 석영은 점점 가늘어지며 육각형 피라미드 형체를 이룬
다. 수정을 캐는 건 일종의 정열이며, 그 기분은 말로 설명하기가 쉽지 않
다. 수정은 소유하는 것보다 발견할 때가 훨씬 더 흥미진진하고 행복하다.
나는 친구들에게도 많이 나누어줬다. 하지만 '보석의 방' 같은 특별한 바위
가 보호 받지 못하고 손을 타는 건 애석하기 짝이 없다. 아마도 길옆에 있
어서 그런 운명을 피할 수 없었던 것 같다. 몽블랑 빙하 위쪽 분지에서 나
는 비슷한 바위들을 발견했다. 그곳은 마치 수정의 잔디로 뒤덮인 듯 반짝
이는 뾰족한 돌들이 무수히 많았지만, 나는 그냥 바라보기만 했다. 집으로
가져오는 건 작은 부스러기에 불과하기 때문에 오히려 생각을 달리해 수천
개의 광채를 즐기는 편이 더 낫다고 판단했다. 자연은 높은 곳에 있는 이런
지역을 잘 보호한다. 눈사태의 위험으로 사람들이 잘 가지 않기 때문이다.

　몽블랑 산군 중 아주 거칠고 외딴 지역에는 이런 곳들이 여러 군데 있
지만, 노멀 루트에서 멀리 떨어져있어 아는 사람이 거의 없다. 나는 이런

곳을 언급하는 사람을 만나본 적이 없다. 쿠르마예 출신의 올리에Ollier라는 형제가 지난날 길이가 무려 50센티미터나 되는 은은한 석영을 집으로 가져왔는데, 그들은 날씨가 나쁘고 안개가 긴 밤에만 나가 전혀 눈에 띄지 않았다. 오라치오Orazio와 안니에Annie가 운영할 때 내가 가벼운 마음으로 종종 들른 스코이아톨로Scoiattolo 대피소가 있는데, 그곳에서 일하는 마리오Mario가 한번은 그들이 가는 곳을 냄새 맡았다고 생각했다. "쿠르트" 마리오가 나에게 속삭였다. "어제 누가 올리에 형제를 당 뒤 제앙Dent du Géant에서 목격했대. 그리고 에귀 마브레Aiguilles Marbrées에서도. 그곳의 베르크슈룬트에 몰래 가보면 어떨까?" 말할 필요도 없이, 마리오는 수정 채취에 넋이 나간 사람이었다. 나는 낙천주의자가 아니다. 많은 사람들이 올리에 형제의 은밀한 수정 채취를 알아내려 했지만, 모두 실패하고 말았다. 그러나 마리오는 정보를 제대로 알아냈다고 확신하는 눈치였다. 나는 그럴지도 모른다고 생각했다. 왜냐하면 침식으로 새로운 수정들이 늘 나타나기 때문이다. 만약 그 형제가 그곳에 있었다면, 우리는 곧 수정이 줄지어 있는 깊은 틈바구니에 대한 꿈의 열풍에 휩싸일 터였다.

한껏 기대에 부푼 마리오와 나는 그곳으로 접근해 코를 킁킁거렸지만 아무것도 찾을 수 없었다. 마침내, 나는 자갈이 박힌 베르크슈룬트 위의 벽에서 수수께끼 같은 동굴을 발견했다. 우리는 아이스스크루와 크램폰과 로프를 이용해 그곳으로 다가갔다. 나는 확보용 피톤을 동굴 가장자리에 박았다. 다행스럽게도, 그 바위는 아주 단단해 피톤이 믿음직스럽게 박혔다. 마리오는 동굴 안을 두더지처럼 파냈다. 그러나 아무것도 없었다. 행운을 잡기 바로 전에 포기하는 사람들도 있다. 하지만 우리가 그럴 수는 없었다. 내가 마리오의 뒤를 이어받았고, 그다음은 그가 다시 나섰다. 그럴 때마다 우리는 수정에 대한 환상으로 들떴다. 2시간이 지난 후, 마침내 우리는 장소를 잘못 골랐다는 사실을 인정하고 두 손을 들고 말았다. 나는 동굴 속으로 몸을 반쯤 집어넣고 마리오가 내려갈 수 있도록 확보를 봐줬다. 나는 그를 볼 수 없어서 그가 얼마나 빨리 내려가는지 알 수 없었다. 우리가 로프를 함께 묶은 건 그때가 처음이었다. 그런데 갑자기 그의 외침이 들렸다. "이오 바도Io vado!(나 가!)" 그러자 로프가 마치 송어 낚싯줄처럼 내 손에서 고약하게 빠져나갔다. 이런 젠장! 아오스타 녀석들은 빠르기도 하네. 그는 벽을 달려 내려가는 것이 틀림없었다. 아니, 무언가 잘못되고 있었다. 나는 나 자신을 질책했다. 그리고 그와 거의 동시에 거친 충격을 느꼈다. 그때 아래쪽에서 애처로운 소리가 들렸다. "포르카 미세리아Porca miseria!(빌어먹을!)" 소리가 들린 쪽으로 내가 목을 빼내자 그가 그토록 반긴 베르크슈룬트에 매달려 개구리처럼 꿈틀거리는 모습이 보였다. 그는 '이오 바도'라고 외치자마자 미끄러진 것이 틀림없었다.

오늘날까지도 마리오의 친구들은 '아오스타 질주'와 '이오 바도'를 언급하며 그를 놀려댄다. 우리는 빈 배낭을 메고 쿠르마예로 터덜터덜 돌아왔다.

다음 날 알레시오 올리에가 나에게 한쪽 눈을 찡긋했다. "그곳에서 좋은 시간을 보냈단 말을 들었지!" 나는 말을 얼버무린 다음 함께 한잔하러 갔다. 나는 그 비밀스러운 장소를 캐묻지 않았다. 물론 그 역시 솔직하게 털어놓지도 않았다. 그러나 그가 크고 은은한 몽블랑 보석을 발견한 장소를 나 혼자의 힘으로 발견할 날이 언젠간 올 것이라고 나는 믿었다. 안개가 낀 밤에.

행운은 가끔 뜻하지 않게 미소를 짓기도 한다. 내가 아내 테레사와 함께 트리올레 빙하Triolet Glacier에 있을 때가 그랬다. 우리는 해발 2,200미터에서 작은 개울과 크레바스들을 뛰어넘고 있었다. 그러다 우리는 갑자기 걸음을 멈췄다. 우리 앞에 마치 마술이라도 부린 듯 사람 키만 한 피라미드 모양의 화강암이 있었고, 그 위에 아주 아름다운 수정이 있었다. 투명한 장밋빛의 그 보석은 햇빛을 받아 반짝반짝 빛났다. 동화 속에나 나오는 장관이라고 할까. "판타스티코Fantastico!" 황홀경에 빠진 테레사가 중얼거렸다.

우리는 몇 센티미터나 되는 수정을 잘게 부수거나 파내지 않고 피라미드의 윗부분을 떼어낼 수 있는 최상의 방법을 궁리했다. 나는 2시간 동안 아내의 조언을 들으며 끌질을 했다. 심지어 우리는 충격을 최소화하고 위쪽이 갈라지는 걸 방지하기 위해 각각의 수정 위에 커다란 반창고를 붙이기까지 했다.

야호! 바위 윗부분 전체가 깨지지 않고 떨어져 나왔다. 그 돌은 겨우 들고 갈 수 있을 정도로 컸다. 그러나 나는 망치질을 하는 유혹에 더 이상 빠지고 싶지 않았다. 결국 우리는 폭풍을 뚫고 계곡을 무겁고 힘들게 내려왔다. 설상가상으로 테레사가 발목을 삐어, 돌을 짊어진 나는 그녀까지 데리고 내려오느라 완전히 기진맥진하고 말았다.

그 돌을 바라볼 때마다 신비한 일이 일어났다.

후에, 테레사와 나는 어린 아들 이고르Igor를 포대기에 싸서 등에 업고 미아지 빙하Miage Glacier의 호수를 지나 그곳으로 갔다. 그러자 아버지가 오스트리아의 가파른 숲으로 버섯을 따러 갈 때 나를 데려갔던 기억이 되살아났다. 이고르는 신기한 듯 산을 쳐다봤고, 산은 그를 내려다봤다.

나는 몽블랑에서 수정을 많이 캤다. 그러나 모두가 다 석영은 아니었다. 날씨가 수정처럼 맑은 날에는 바위에 얼음 꽃들이 피어있었다. 그곳에는 순진한 환상과 분명한 결정을 내렸을 때 받는 축복이 있었다. 우정과 행복 그리고 아마 행운까지도….

이 모든 것들이 수정 속에 들어있다는 사실을 사람들은 알기나 할까?

지난날 푸트레이 리지에서 나흘 동안이나 폭풍에 갇혀 거센 바람이 우리가 비박하는 곳의 벽을 사정없이 후려쳤을 때, 우리는 스펙트럼의 반대

▲ 망치와 끌로 수정을 캐는 모습. 나는 몽블랑에서 아주 많은 수정을 발견했다.

◀ 호기심 어린 표정의 아들 이고르

쪽이 어떻게 끝날지 모르는 두려움에 떨어야 했다. 그러나 공포와 불확실성은 기쁨과 행운만큼이나 등산의 본질이다. 산을 가까이 하며 살면 모든 감각이 고조된다. 그건 한껏 높아진 행복과 기쁨을 가져다줄 뿐 아니라 모든 걸 상실할 수 있는 높은 위험과 공포도 가져다준다. 등산은 극단적인 삶의 한 방편이지만, 일단 그것에 빠지면 결코 헤어날 수 없다.

✳

몽블랑은 나에게 아주 이상한 보물들을 안겨줬다. 프란츠 린트너Franz Lindner와 나는 1958년 가을 푸트레이 리지의 '인테그랄레intégrale'를 오르며, 트래버스 과정을 16밀리미터 영상에 담았다. 그건 과거에 어느 누구도 성공하지 못한 야심찬 작업이었다.(그 후에도 성공한 사람이 없다) 닷새 후 우리는 몽블랑 정상에 앉아있었는데, 프란츠가 한밤중에 이렇게 말문을 열었다. "너무나 아쉽게 이제 끝나버리네. 리지에서 지내는 게 아주 익숙해졌는데….." 나는 그 기록영상으로 트렌토산악영화제에서 난생처음 상을 받았다. 그 행운은 1971년까지 이어졌다. 폭풍에 휩싸인 에귀 누아르 사진 한 장은 나에게 믿을 수 없는 놀라움을 안겨줬다. 얘기는 이렇다. 친구의 제안으로, 나는 전 세계에서 15,000명 정도가 참가한 대규모 산악사진 콘테스트에 그 사진을 출품했다. 그런데 나는 그 사실을 깜빡 잊고 10년 동안 300,000킬로미터나 뛴 고물 비틀Beetle을 끌고 유럽을 돌아다녔다. 차에 빗물이 들어와 나는 바닥에 구멍을 뚫기까지 했는데, 그래도 그럭저럭 버텼다.(오스트리아의 차량검사는 독일보다 허술하다) 그러나 이번에는 의심의 여지없이 끝장이었다. 나는 그 차를 이탈리아의 과수원으로 몰래 몰고 들어가 버린 다음, 기념으로 번호판을 떼어냈다. 그리고 아버지에게 전화했다. "아들아, 걱정하지 마." 아버지가 말했다. "오늘 편지가 왔는데… 네가 BMW1800 새 차를 탔어. 몽블랑 사진으로 말이야. 입상한 게 틀림없다."

그 사진은 놀랍게도 그랑프리였다.

전화기를 내려놓고 나니 어안이 벙벙했다. 그리고 다리까지 후들후들 떨렸다. 하지만 나는 이런 충격을 극복하고, '필리포Filippo'(딸 카렌이 새 차에 붙여준 별명)를 몰고 방랑자 같은 여행을 계속했다. 그리하여 필리포를 보면 언제나 몽블랑이 생각났다. 특히 연례적인 자동차검사를 위해 수정 하나를 들고 갈 때는 더욱 그랬다. 결국 나는 그 차 역시 고물이 될 때까지 300,000킬로미터 이상을 몰고 다녔다.

필리포는 뒤축이 틀어지면서 종말을 맞이했다. 수리를 여러 번 했음에도 결국 오스트리아 차량검사를 통과하지 못하자, 내 친구는 나로 하여금 슬픈 결정을 내리도록 했다. 나는 무거운 마음으로 차를 몰고 고물상으로 갔는데, 너무 늦어 문이 닫혀있었다. 나는 필리포를 밖에 주차시켜 놓고 아쉬운 작별을 고한 다음 집으로 돌아왔다. 그런데 한밤중에 전화가 와서 깜짝 놀라 잠에서 깼다. "죄송합니다만…" 경찰의 목소리가 들렸다. "음주 운전자가 당신 차를 들이받았습니다. 그는 다행히 다치지 않았습니다만 당신 차는 박살났습니다."

이 모든 일이 우연찮게 일어났다. 그러나 확실히 필리포로선 — 나에게도 마찬가지겠지만 — 이런 갑작스러운 종말이 최선이었을 것이다. 나는 그 폐차에서 전조등을 떼어내 벽에 걸어뒀다. 그건 몽블랑에서 본 행운의 말발굽과 같은 곡선을 갖고 있었다. (정말 믿어지지 않는 얘기 아닌가!)

할아버지의 자전거를 타고 몽블랑을 처음 찾은 건 오래전인 스무 살 때였다. 1953년 7월 그 하얀 돔을 처음 보았지만, 그 후에도 내가 계속 그 산과 전문적으로 얽히리라곤 전혀 알지 못했다. 내가 선택한 인생의 길은 산에

가고, 그 숨결을 가까이서 느끼고, 적어도 그 그림자로 돌아가는 것이었다. 비엔나에 있는 상업대학을 졸업하고 나서 5년 동안 잘츠부르크의 국제관광아카데미Academy of International Tourism에서 학생들을 가르친 다음, 나는 삶의 방향을 180도 바꾸어 가이드가 되었다. 그때 나는 나이가 많았지만, 사람 좋은 쿠노 라이너Kuno Rainer, 유명한 페터 하벨러Peter Habeler 그리고 젊은 클라우스 호이Klaus Hoi가 나의 시험관이었다. 물론 나는 오스트리아에 살면서도 몽블랑 산군을 정기적으로 들락거렸다. 나는 외부에서 손님을 자주 데려가는 편이 아니었기 때문에 그 지역 가이드들의 질투를 전혀 받지 않았다. 가끔 멀리서 손님이 갑자기 찾아오면 나는 그 손님을 그들에게 넘겨줬다.

그 지역에서 겪은 가이드 경험에 관해서라면 나는 책을 한 권 쓸 수도 있다. 그 지역 사람들과 외부인들의 성격적 요지경은 등산에 대한 나의 가치관에 특별한 구도를 창출했다. 그랑드조라스 바로 아래에 있는 발 페레Val Ferret에서 젊은이들을 위해 휴일캠프 '돈 카밀로Don Camillo'를 연 돈 피노Don Pino라는 사람이 있었다. 그때 우리는 그가 좋아하는 블랙베리 슈냅스schnaps를 얼마나 많이 마셨는지 모른다. 그리고 쿠르마예의 의사인 도토 바시 박사Dr. Dottor Bassi는 두려움을 전혀 모르는 조종사였다. 그가 비행기를 들이받은 후 가이드들은 그를 위해 오행시를 하나 지었다. "도토 바시와 함께라면/ 조만간 당신은/ '콰트로 아시quattro assi'에 있는/ 자신을/ 발견하게 될 것이다." 콰트로 아시는 4개의 나무판, 즉 관이라는 뜻이다.(이것이 그의 의사자격증에 시비를 거는 건 아니다. 그는 많은 산악인의 생명을 구했다) 나는 이 책을 쓰기 전에 그를 만났다. 그때 그는 내가 풍경사진을 찍을 수 있도록 자신의 비행기 창문에 발을 걸쳤다. 그 지역 관광사무소의 비서인 반다Wanda라는 여성도 있었는데, 그녀는 당 뒤 제앙Dent du Géant의 뾰족한 꼭대기가 어떻게 생겼는지 몹시 궁금해했다. 그녀는 나와 함께 그곳에 갔다. 해발 4,000미터인 그곳은 테이블보다도 넓지 않은 데다 사방이 1,000미터 낭떠러지여서, 구름에 휩싸인 그녀는 똑바로 서지도 못했다. 무엇보다도 우리는 갑자기 동전 던지기를 해야 했다. 맙소사! 그 봉우리에는 정상이 둘이었다. 그래서 나는 복잡한 확보를 통해 다른 곳으로 갔다. 마지막으로, 그렇지만 앞의 얘기만큼 중요한 것이 이탈리아 밖에서 오는 많은 손님들에 대한 것이다. 나는 그중 특히 한 사람을 잊지 못한다. 악셀! 비록 내가 여태껏 자네를 몽블랑 정상에 올리진 못했지만, 걱정하지 말게. 언젠간 꼭 그리 할 테니까…

하여간 나는 그를 무척 좋아했다. 만약 비판적인 저널리스트가 없다면 세상이 얼마나 끔찍할까! 그럼 사람들은 다른 사람들을 생각하지 않고 제멋대로 날뛸 것이다. 만약 누군가 언론에 큰 영향력을 행사한다면, 그것보다 끔찍한 일도 없을 것이다. 악셀 토러Axel Thorer 같은 자유기고가가 있어서 얼마나 다행인가. 그는 상상이 아니라 자신만의 스타일로 과장된 인물들을 꿰뚫어봤다. 얼마나 많이 그들은 하마의 가죽 안에 숨거나, 그럴듯한 미모사mimosa 꽃으로 치장했던가. 그러나 자신이 먹는 만큼 남에게 좋은 음식을 내놓는 악셀은 탄력 있는 후피 동물 그 이상이었다. 그런데 조금 걱정되는 건 그가 여기의 내 말을 빌미삼아 어느 날 몽블랑 정상에 데려가 달라고 하지 않을까, 하는 것이다. 왜? 그는 남들처럼 몸을 가누지 못해 사람을 놀라게 하진 않는다. 그는 잘츠부르크 자연의 집Salzburg House of Nature에 있는 바다사자처럼 굳세고 자세가 바르다. 그리고 그의 빳빳한 콧수염은 양 끝에 피켈을 매달아도 될 정도로 질겨 보인다. 그러나 이렇게 대단한 악셀을 상상하는 건 부질없는 짓이다. 마치 나의 삼지점 앵커가 아무 소용이 없는 것처럼. 이제 누군가 우리 둘의 무덤에 멋진 '수정'을 올려놓는 일만 남았다. 왜냐하면 악셀이 전속력을 내기 시작하면 아무도 그를 막을 수 없기 때문이다.

내가 사는 곳에서 몽블랑이 아주 멀진 않다. 오랫동안 나는 그 거대한 산군의 벽과 능선을 탐험해왔다. 히말라야에서조차도 나는 몽블랑이 그곳의 산과 비견될 만한 유일한 봉우리라고 생각했다. 나를 결코 놓아주지 않는 그 산은 나에게 있어선 위대한 산의 전형이다. 마찬가지로, 등반의 파트너십을 생각할 때면 언제나 마음속에 떠오르는 사람이 바로 볼프강 슈테판이다. 나는 대부분의 알파인 등반을 그와 함께했다. 환상적인 바위나 얼음 못지않게 중요한 것이 동료를 잘 이해하는 것이다. 나는 알프스에서 볼프강과 그런 우정을 만끽했고, 훗날에는 히말라야에서 줄리 툴리스Julie Tullis가 그 역할을 대신했다. 그녀는 내 인생 후반기의 '촬영 동료'였다. 나는 이 두 사람과 불가분의 파트너십을 구축했다. 우리는 로프로 굳건히 연결돼 있었다. 멋진 봉우리만으론 산에서 행복을 찾을 수 없다.

또 다른 것도 있는데, 언제나 산으로 돌아가는 것이 중요하다. 물론 그 이유를 설명하는 건 쉽지 않다. 나는 그걸 '산의 비밀'이라 부르고 싶다. 그건 굉장한 석양을 보거나, 아니면 거센 폭풍에 휩싸여 있을 때 느끼는 어떤 것이다. 봉우리와 동료와 그곳에 있는 비밀… 이런 것들이 하나로 어우러지는 것이 산의 진정한 마음이고, 사람으로 하여금 산으로 다시 돌아가게 만드는 것이다.

나는 몽블랑 아래 있는 발 베니Val Veni를 돌아다니며, 꽃향기를 맡고 개울 물소리에 귀를 기울였다. 햇빛에 반짝이는 석영덩어리도 캤다. 그건 아주 선명한 한 조각의 몽블랑이었다. 그런데 이상하게도 내가 그 돌을 햇빛에 들어 올리자, 작은 물결넓적꽃등에 한 마리가 손가락 끝에 내려앉았다. 마치 이런 말을 전하고 싶어 하는 것처럼. "이봐요! 날 잊지 말아요. 나도 몽블랑의 일부랍니다."

"이봐요! 날 잊지 말아요. 나도 몽블랑의 일부랍니다."라고 말하는 것처럼 작은 물결넓적꽃등에 한 마리가 손가락 끝에 내려앉았다.

여기 몽블랑의 수정이 있다. 그건 다름 아닌 세월과 사람과 경험의 모자이크로 여전히 진화하고 있다. 내가 히말라야로 진출하기 전에 몽블랑은 나에게 두 번째 산의 고향이었다. 그럼 첫 번째는? 그건 잘츠부르크 근처에 있는 호헤 타우에른Hohe Tauern의 고산지대였다. 그곳에는 수정을 캐는 소년이 처음 정상에 오른 산이 있다. 그 소년은 어떤 의문을 풀어줄 수 있을 것 같은 먼 곳의 봉우리들과 지평선을 경외심을 갖고 바라봤었다. 그러나 "오직 하늘의 정기만이 산 너머에 무엇이 있는지 알고 있다."라는 격언은 여전히 유효하다. 브렌바 벽과 푸트레이 리지에서 나는 무비카메라를 들고 있었는데, 그때는 내 인생이 어떻게 펼쳐질지 미처 알지 못했다. 이 두 곳의 뿌리는 몽블랑이다. 그 후 어느 날 갑자기 나는 영화를 만드는 일에 뛰어들게 되었다. 그리고 이건 산 너머에 있는 온갖 종류의 모험으로 나를 이끌었다.

2부

마법의 양탄자

맞은편에 앉은 사람은 성격이 아주 독특했다. 단어를 강조할 때마다 그는 눈꼬리가 약간 올라가고 어두운 눈을 깜박거린다는 사실을 나는 알아차렸다. 그의 말을 들으며, 나는 그가 상기시키는 것이 뭔지 생각하려 애썼다. 삐쩍 마른 그는 키가 유난히 컸다. 사람들이 북적거리는 이탈리아 도로변 레스토랑에서 그는 다채롭고 시끄러운 주위를 한눈에 굽어볼 수 있을 정도로 남달랐다. 마치 한 마리의 타조가 저녁을 먹으러 병아리 농장에 뛰어든 것 같았다. 꼭 새를 닮은 것 같은 그의 외모는 비교적 작은 머리로 인해 더욱 도드라졌다. 마리오 알레그리Mario Allegri는 짧은 머리에 깔끔한 코르덴 옷을 입고 있었다. 그는 차분한 데다 서두르는 법이 없었지만, 키가 크다 보니 그런 태도가 오히려 인상적이었다. 내가 밀라노에서 강연할 때 친구들이 그가 발터 보나티와 함께 남미로 원정등반을 몇 번 갔었다고 귀띔해 줬기 때문에, 나는 그가 적어도 '모험가' 같은 외모일 것이라고 생각했었다. 그러나 나의 예상은 보기 좋게 빗나갔다. 그때는 유명한 산악인인 발터 보나티가 전천후 모험가의 길을 걷기 위해 가이드라는 직업을 그만둔 직후였다. 그는 이제 『에포카Epoca』라는 잡지의 전속 사진가가 되었다. 마리오 알레그리는 밀라노에 살고 있었지만, 외모나 독특한 눈매를 보면 그가 순수한 이탈리아 혈통이 아니라는 걸 금방 알아차릴 수 있다. 훗날, 그는 할머니가 브라질의 마토 그로소Mato Grosso 출신이라고 털어놨다.

알고 보니 마리오는 이미 몇 번의 원정 촬영을 조직한 경험이 있었다. 그는 조바심이 났는지, 대규모 팀에는 모험의 중압감을 견디지 못하는 누군가 끼게 마련이라고 말했다.

"아리플렉스Arriflex를 다룰 수 있습니까?" 그는 마치 조사라도 하듯 검은 눈을 날카롭게 뜨고 갑작스러운 질문을 던졌다.

아리플렉스라고? 그 카메라는 전문가용이었다. 그것이라면 누구나 좋은 결과를 얻을 수 있었다. 나의 매제 헤르베르트 라디츠니그Herbert Raditschnig가 늘 그걸 써서, 물론 나는 본 적은 있었다. 내 안의 이성이 주의를 주었다. '쿠르트, 이건 대박이야. 걷어차면 안 돼!' 마리오는 위험이나 어려움 따위를 아랑곳하지 않는 촬영 동료를 찾고 있는 것이 분명했다. 그럼 나는? 나 역시 더 넓은 세계, 더 모험적인 세계를 원하고 있었다. 나는 단순한 산악인 그 이상이 되고 싶었다. 그 질문이 여전히 귓가에 맴돌고 있을 때 '아주 조심스럽게 접근해야 해!'라고 내 안의 목소리가 속삭였다. '그 일을 원한다면 절대 약한 모습을 보이지 마!'

"물론입니다." 나는 확신에 찬 어조이길 바라면서 대답했다. "아리플렉스 정도야 당연히 다룰 수 있죠."

"베니시모Benissimo(대단히 훌륭해요). 그럼 한 대를 더 구해야겠네요."

"음, 내가 그걸 갖고 있지 않다는 건 사실입니다." 나는 조심스럽게 말했다. "하지만 시간을 좀 주면, 하나를 준비하겠습니다."

나는 한 발 더 진보했다. 이제 모험 카메라맨이 된 것이다. 나는 기뻐서 펄쩍펄쩍 뛰었다. 카메라 말고, 그 일로 얻을 수 있는 것이 없다는 현실도 나는 전혀 개의치 않았다. 온 세상이 내 발밑에 있었다. 완전히 새로운 지평선이 열린 것이다. 이건 이 대륙에서 저 대륙으로 우리를 가볍게 실어 보내는 마법의 양탄자가 될 터였다.

새 카메라를 갖고 나는 날마다 연습했다. 나에겐 물론 새 것이었지만 당연히 중고였다. 티베트 노인의 품 안에서 잘 보존된 골동품 같은….

마침내 위대한 순간이 다가왔다. 세계에서 가장 작은 촬영 팀이 밀라

마법의 양탄자를 타고 출발하기 직전의 세계에서 가장 작은 촬영 팀. 마리오는 주연이었고 나는 엑스트라였다.

노에서 출범한 것이다. 마리오와 나. 그는 주연이었고 나는 엑스트라였다. 그럴 리는 없지만 혹여 우리가 가장 작은 팀은 아니었다고 해도, 분명 우리는 가장 모험적인 팀이었을 것이다. 우리의 첫 행선지는 스칸디나비아였다.

눈먼 사람의 술래잡기

민들레가 핀 코펜하겐의 오슬로는 사방이 푸르렀다. 멋진 도시였다. 대기실의 TV 화면에 담장 높이만큼 쌓인 눈을 치우는 제설차가 등장했다. 지금 겨울 영상을 틀어주다니, 참 이상하다고 나는 생각했다. 저기가 어디지? "아, 북쪽 끝이에요." 노르웨이 승객 하나가 미소를 지으며 자신 있게 말했다. "여기서 아주 멀어요!" 그곳이 우리가 향하고 있는 곳일까? 아마 그럴 것 같기도 했다.

2시간의 비행 끝에 우리는 트롬쇠Tromsø에 도착했다. 비행기가 이륙했을 때는 날이 어두워서 우리는 멋진 피오르와 많은 섬들은 물론이고, 오랫동안 얼음에 뒤덮인 풍경 속 깊이 파인 계곡들을 볼 수는 없었다. 물론 마법의 양탄자가 우리를 영국이나 뉴펀들랜드Newfoundland로 데려간다면, 그런 모습을 볼 수 있을 것이다.

우리가 점차 북극권으로 다가가자 날이 밝아오기 시작했다. 희미한 여명 속에 비행기가 트롬쇠 활주로에 착륙할 때 회색빛 얼음조각들이 사방으로 튀어 올랐다. 와! 여긴 춥네. 한겨울이야! 우리는 곧 비행기를 갈아타고 알타Alta로 향했다. 사방은 눈 천지였다. 여기도 눈, 저기도 눈. 차라리 크리스마스라면 좋았을걸! 무더운 열기가 가득한 밀라노나 민들레가 꽃밭을 이룬 코펜하겐은 이제 비현실적으로 느껴졌다. 우리 밑으로 언덕이 많은 하얀 세계가 펼쳐졌다. 오직 피오르의 바닷물만이 얼지 않을 뿐, 그 밖의 모든 건 유빙 밑에 깊이 묻혀있었다. 스칸디나비아 텔레비전이 사실을 보여줬다는 건 의심할 여지가 없었다.

우리는 장비를 잘 갖추고 있었다. 우리처럼 세계 여행을 하려면 준비를 철저히 해야 하니까. 예를 들면, 깊은 눈에서 필수인 부츠와 목이 긴 게이터gater는 정글에서도 안성맞춤일 것이며, 어쩌면 바다에서까지 유용할지도 모른다. 단지 스타일과 개인적인 취향의 문제일 뿐이다. 물론 사막에선 선인장 가시와 방울뱀으로부터 확실하게 보호해줄 터지만 너무 더울 것이다. 그러나 그런 곳까진 이곳에서 너무나도 멀고, 우리는 곧 순록의 땅에서 그놈을 만날 예정이었다. 라플란드Lapland는 아이들까지도 잘 아는 순록의 세계다. 라프족은 순록을 중심으로 산다. 그들은 순록고기를 먹고, 순록 뿔로 도구와 생활용품을 만든다. 한편 그들은 수많은 순록 떼를 지키기 위해 털이 굵은 말을 몇 마리씩 키운다. 나는 지리수업을 통해 이런 사실을 분명히 알고 있었다. 그들은 순록 털로 된 옷만 입고 돌아다니진 않지만 분명 순록 털 위에 앉는다. 이 유목민들의 천막은 자작나무 막대기를 지주대로 쓰고 순록 가죽으로 그 위를 덮는다. 그리고 찬바람을 막기 위해 틈새를 순록 가죽으로 막는다.

우리는 알타의 작은 비행장 레스토랑에서 순록고기로 만들어진 슈니첼schnitzel을 먹었다. 거무스름한 고기가 아주 맛있었지만 값은 놀랄 정도로 비쌌다. 사방의 벽에는 나뭇가지처럼 생긴 뿔이 있었는데, 물론 당연히 순록의 뿔이었다. "이틀이면 여기서 마무리지을 수 있을 거야." 마리오가 나에게 말했다. 촬영을 부탁한 제작사가 깊이 있는 과학적 다큐멘터리를 요구한 건 아니었다. 그들은 오히려 마리오를 주인공으로 내세워 — 따라서 돈을 넉넉히 주고 — 세계 각지의 이모저모를 보여주고 싶어 했다. (솔직히 그는 그런 과정에서 비용을 많이 발생시켰다) 그건 선전용 영상이 돼야 해서, 우리는 가능하면 다면적으로 컬러풀하게 만들 필요가 있었다. 나는 이 영상을 '마법의 양탄자'라 불렀다. 왜냐하면 그건 — 마리오와 내가 지구를 반바퀴나 도는 30,000킬로미터의 여행과 더불어 — 하양, 초록, 빨강은 물론

이고 얼음과 정글 그리고 사막이라는 다채로운 소재로 꾸며져야 했기 때문이다. 마리오는 가능하면 빨리 끝내고 싶어 했다. 반면 나는 아주 오래도록 계속되길 원했다. 여기에서만 이틀을 머물며 모든 걸 담아야 한다는 건 나에게 무척 애석한 일이 되었다. 나는 노스케이프North Cape에 몹시 가보고 싶었고, 이 나라도 더 돌아다니고 싶었다. 그래서 순록 떼와 함께 있는 마리오를 사진 찍고 싶었다. 라프족 한둘로는 — 내가 좋아하든 아니든 — 이 커다란 작품을 다 채울 수 없었다. 이미 나는 마법의 양탄자의 첫 번째 조각을 구상하고 있었다. 검은색 물방울무늬가 있는 하얀색의 천공카드나 점무늬가 있는 크라바트cravat 같은…. 그 점무늬는 물론 순록이었다. 나는 라플란드 사람보다는 라퓨터 섬(『걸리버여행기』에 나오는 상상의 섬) 사람에 가까운 계획에 한숨을 짓지 않을 수 없었다.

점심식사가 끝나자 마리오가 주인에게 물었다. "이 근처에서 순록이 많은 곳이 어디죠?" 그러자 마리오가 기내한 빠른 대답 대신에 그 사람은 머리를 반사적으로 긁적이더니, 한참 있다가 카라스요크Karasjok에 가보는 것이 좋을 것 같다고 진지하게 말했다. "그곳 어딘가에서 볼 수 있을 겁니다. 라프족이 사는 마을이니까요…. 그곳의 모든 동물은 그들 소유입니다." 마을이라고? 집이 있는? 우리는 놀라지도 않았다. 시간이 흘러가는 건 어디서나 똑같으니까. 우리는 어디에선가 바스락거리는 천막 몇 동만 발견하면 될 터였다. 세상에, 가장 가까우면서도 검증이 된 순록 떼가 있는 곳까지 가려면 200킬로미터를 운전해서 가야 하다니! 마리오는 씁쓸한 표정을 지었지만 나는 환희에 찼다. 아! 나는 속으로 외쳤다. 어떻게 될지 보자. 노르웨이에서 많은 순록을 보리라 기대하는 이탈리아인은 바바리아의 레데어호젠Lederhosen과 오스트리아에선 누구나 샤모아 깃털을 달고 다닌다고 생각하는 미국 관광객과 다를 바 없다. 내가 노스케이프까지 가리라고 누가 알았겠는가? 물론, 카라스요크가 반대방향으로 거의 핀란드 국경 근처에 있다는 것만 빼고. 주인은 우리가 라크셀브Lakselv에 비행기로 내릴 수 있는지 알아봤는데, 그럴 경우 우리는 차로 70킬로미터만 가면 되었다. 그럴 가능성은? 어쨌든 우리는 차를 빌릴 필요가 있었다. 그리하여 우리는 곧 하나를 찾아냈다. 녹이 좀 슨 검은색의 낡은 비틀이었다. "스노타이어와 체인을 싣고 가세요."라고 차 주인이 우리에게 말했다.

"200킬로라서 그런 거 필요 없습니다." 마리오가 낮은 목소리로 대꾸하고 나서 이렇게 덧붙였다. "이래 봬도 왕년에 내가 시운전을 한 사람이었습니다." 그리고 우리는 출발했다.

사방에 눈이 쌓여있었다. 도로는 그 자체가 한겨울이나 다름없었다. 마리오는 마치 여름의 이탈리아인처럼 차를 몰았다. 아마 사람들은 이걸 보고 직업적 용기라고 말할 것이다. 나는 단단히 견뎌야 한다고 속으로 생각했다.

그러나 나는 곧 이해했다. 마리오가 한겨울에 보통 타이어를 갖고도 정말 운전을 잘 한다는 걸. 나는 모험을 함께하는 내 동료에 대해 많이 알 필요가 있었다. 그런데 어떻게 시운전까지 했던 사람에게 말을 걸지 않을 수 있단 말인가? "한때는 페라리를 몰았지." 마리오는 간결하게 설명하면서 굽이진 길을 미끄러지듯 돌아나갔다. 자작나무 묘목이 눈 위로 수척하게 삐져나온 언덕들을 지나자 마침내 평원이 나타났다. 도로가 일직선이 되자 마리오가 속도를 한껏 올렸다. 그는 진정한 예술가였다. 나는 예술가를 시기해선 절대 안 된다고 나 자신에게 말했다. 그러는 동안 우리는 100킬로미터나 달려 어느덧 중간 지점을 지났다. 마리오는 자신의 인생 얘기를 주절주절 늘어놓기 시작했다. 그러나 나의 유일한 희망은 빙판과 만나지 않는 것이었다. 내가 그에 대해 아는 것이 뭐지? 모든 것이 내 기억과는 딴판이었지만, 그것도 잠시뿐이었다. 그의 얘기는 마치 지금 일어나고 있는 것처럼 생생했다. 시운전은 모험을 향한 자신의 탐구 중 단지 하나의 에피소드에 불과하다고 마리오가 말했다. "발터 보나티와도 비슷한 일이 있었어…." 그가 극적인 효과를 노려 잠시 말을 멈춘 바로 그 순간 차가 도로 옆으로 미끄러졌다. 맙소사! 우리는 눈 더미 속으로 빠르게 내려가며 뒤집어지려 했다. 아무것도 보이지 않았다. 마치 눈 속에서 수영을 하는 것처럼. 나는 손잡이를 꼭 잡았는데, 무릎에 충격이 느껴졌다. 그러나 그것이 전부였다. 우리가 멈추자 사방이 쥐죽은 듯 조용했다. 우리의 얘기꾼은 보다 극적인 침묵을 바로 그곳에서 구사했다. 그러나 그는 전혀 동요하지 않았다. "이런 일은 늘 있지."라고 말한 그는 잠시 후 얘기를 이어갔다. 그러는 동안 나는 강한 충격을 받은 무릎을 손으로 문질렀다. 우리는 도로에서 6미터를 미끄러져 깊은 눈 속에 처박혔다.

나는 어안이 벙벙했다.

"차는 고장 난 데가 없겠지?" 마리오가 대답했다. "독일제니까."

"확실해?" 무릎을 끌어안은 나는 속이 터졌다. 그리고 차는 독일제일지 모르지만 우리를 이 지경으로 만든 건 뭣 같은 이탈리아 스턴트맨의 작품이라고 말하고 싶었지만, 겨우 참았다. 히지만 그 말을 참은 건 잘한 일이었다. 적어도 뒤집어지진 않았으니까. 우리가 마침내 차 밖으로 간신히 빠져나왔을 때 진력이 난 나는 마리오의 시운전 대부분이 이처럼 가혹한 것이었나, 하는 의문을 가지지 않을 수 없었다.

"천만에. 훨씬 더했지." 그는 나에게 큰소리쳤다. "이건 도로를 벗어난 것도 아냐. 자, 등을 대고 밀어!" 결코 움직이지 않을 텐데…, 나는 차에 압력을 주며 생각했다. 차는 꿈쩍도 하지 않았다. 단 몇 센티미터도. 우리는 오도가도 못 하게 되었다.

우리가 어쩌다 길을 떠난 첫날 이런 불운을 만났을까? 차의 번호판에는 우연히도 '13'이라는 숫자가 있었다. 아이거 북벽을 13번째로 오른 후 나는 항상 그 숫자를 행운으로 여겼다. (훗날 나의 등반은 15번째로 밝혀졌다) 우리가 스칸디나비아에서 이틀을 더 보내야 하는 건 이제 확실했다. 나는 그 차에 대해 곰곰이 생각하지 않을 수 없었다. 물론 모든 건 사건을 어떻게 보느냐에 달려있지만⋯. 13이라는 숫자까지도.

　트렁크에서 눈삽을 찾다 실패한 마리오는 이렇게 툴툴댔다. "포르카 미세리아!" 나는 여전히 숫자의 미스터리에 대해 저울질하고 있었다. 과연 어떤 숫자가 다른 숫자에 비해 행운이거나 불행일까? 미신적 비관주의자는 우리가 도로에서 미끄러진 이유가 바로 그것이라고 의심하는 데 주저하지 않을 것이다. 내가 마리오에게 이탈리아의 시운전자들은 과연 13이라는 숫자를 행운이라고 여기는지, 아니면 어떤 나쁜 징조로 여기는지 물으려는 순간, 통통, 통통, 통통 ⋯ 고독한 겨울 풍경을 뚫고 트랙터가 다가오는 소리가 들렸다. 결국 그날은 우리에게 행운이었다. 제설차 두 대와 다른 차 다섯 대를 제외하고, 우리는 그날 하루 종일 어떤 차도 보지 못했었다. 우리는 트랙터 운전기사가 구세주라도 되는 것처럼 기쁜 마음으로 신호를 보냈다. 마리오는 이탈리아어와 영어를 섞어 마구 지껄였고, 나도 독일어로 거들었다. 그러나 누가 우리에게 닥친 일에 관심을 가지랴. 그 사람은 고개를 가로 젓고, 윙크를 하고, 혀를 쯧쯧 차며 우리로선 알아들을 수 없는 말을 중얼거렸다. 그 사람은 자기 트랙터에서 기어내리더니 긴 로프를 꺼냈다. 나는 그가 이런 일에 익숙하다는 걸 직감적으로 알아챘다. 곧 비틀은 움푹 파인 자국을 따라 보덴호Lake Constance의 백조처럼 눈 위로 살살 모습을 드러냈다. 그리고 결국에는 도로로 돌아왔다.

　이제 마리오는 상당히 조심스럽게 운전했다. 우리는 라크셀브라는 작은 마을에서 스노타이어로 바꾸었다. 하늘은 온통 구름으로 뒤덮였고, 사방은 단조로운 잿빛 천지였다. 그리고 가도 가도 끝이 없는 자작나무 숲이었다. 이곳은 믿기 어려울 정도로 적막했지만, 아름다움만큼은 비할 데가 없었다. 우리가 어쩌다 이탈리아의 여름에서 이처럼 깊디깊은 한겨울로 들어서게 되었을까? 그에 대한 어색한 변신은 감정적 혼란을 초래했다. 우리는 사고를 한 번 겪어 정신이 얼떨떨했지만, 어쨌든 카라스요크의 수많은 순록

때는 점점 더 가까워지고 있었다. 나는 그 동물들이 나타날까 봐 흐릿한 밖을 종종 뚫어져라 쳐다봤다.

그런데 어느 순간 모퉁이를 돌자, 그 마을이 눈앞에 나타났다. 작은 집들과 붉은색 지붕의 깔끔한 교회와 사람들. 그러나 어느 곳에도 순록은 눈에 띄지 않았다. 노인 하나가 순록 뿔이 쌓여 있는 곳 옆의 의자에 앉아 무언가를 조각하고 있었다. 우리는 심호흡을 한 뒤 그에게 다가가, 손짓 발짓을 동원해, 그 동물들이 도대체 어디에 있는지 물었다. 그 라프족 노인은 온화한 얼굴에 주름을 짓기도 하고, 우리의 몸짓에 고개를 끄덕이기도 하더니 허허벌판을 향해 큰 손짓을 했다.

그가 의미하는 건 여기가 아닌가? 지금은 없다거나, 아니면 전혀 없다는 말인가? 우리는 그에게 다시 졸라댔다. 그러자 그의 손짓이 조금 더 정교해졌다. 그는 '노스케이프'처럼 들리는 말을 내뱉으며 북쪽을 가리켰다. 순록은 여기에 없었다. 너무나 분명하게도, 그놈들은 해안가에 있거나, 아니면 그리로 이동하고 있었다. 일순간 마리오의 얼굴이 어두워졌다. 그러나 나는 감정을 애써 숨겼다. 내 친구는 어깨를 으쓱하더니 이렇게 인정했다. "노스케이프로 가라는 말이네. 자, 가자!" 그곳까진 200킬로미터에 페리도 한 번 타야 했다. 아, 라플란드. 순록의 땅!

바로 그때, 그 노인이 부른 것 같은 소년이 내 소매를 잡아끌더니 길을 가리켰다. 기대에 들뜬 우리는 그를 따라 마당으로 갔다. 그러자 그곳에는 정말 순록 한 마리가 있었다. 카라스요크에 있는 단 한 마리. 그것도 여기에 있는 이유가 병이 들었기 때문이었다. 우리는 그 사실을 빨간 보닛bonnet을 뒤집어쓴 친절한 라프족 여인의 다양한 몸짓과 말로 겨우 이해할 수 있었다. 나는 마리오와 병든 순록 그리고 둥글고 호감이 가는 얼굴의 그 여인을 찍기 위해 카메라를 꺼냈다. 그러나 마리오는 미동도 하지 않았다. "이건 우리가 원하는 게 아냐."라고 그는 통명스럽게 말했다. 그의 짧은 머리는 어느 때보다도 더 곤두서 보였다. "자, 여길 빠져나가자."

마리오에게 카라스요크는 실망 그 자체였다. 곧 우리는 다시 시운전의 속도로 길을 따라 내달렸다. 우리는 그날 내로 노스케이프에 도착할 가망성이 전혀 없었기 때문에 결국 출발 지점인 라크셀브로 돌아왔다.

✳

호닝스보그Honningsvog. 빨갛고 노랗고 푸르고 파랗기까지 한 다채로운 집들이 바위산들에 둥글게 둘러싸여 넓은 잿빛 피오르를 굽어보는 곳. 제멋대로 흔들거리며 춤을 추는 배들의 거울에 비친 듯한 이미지와 수면을 수놓는 다양한 색상의 물보라. 우리를 마게로이Mageroy의 섬으로 태우고 온 페리가 방파제에 밧줄을 묶었다. 우리가 만난 노르웨이인 하나는 순록이 본토와 섬을 갈라놓은 이 해협을 헤엄쳐서 건널 수 있다고 주장했다. 실망스럽게도, 우리는 며칠 전에 그놈들이 실제로 그렇게 해서 지금은 섬의 산속 어딘가를 돌아다니고 있다는 사실을 알았다. 만약 행운이 우리 편이라면 우리는 그놈들을 찾을 수도 있을 터였다. 그러나 우리는 간발의 차이로 늦고 말았다.

따라서 우리는 좀 더 머무는 것으로 일정을 조정했다. 그러나 카메라와 촬영 장비를 몽땅 짊어지고 눈 덮인 산을 올라가는 것이 결코 소풍이 되진 않을 터였다. 우리는 어디로 가야 하지? 순록은 어디에 숨어있을까? 우리가 그놈들을 찾아낸다 해도, 카메라를 갖고 가까이 접근할 때까지 그놈들이 도망가지 않는다는 보장이 없었다.

나는 심사가 좀 뒤틀려 생각했다. 만약 독일인이라면 낙천적인 내 이탈리아 친구보다는 분명 더 철저하게 준비했을 것이다. 만약 독일인이라면, 그는 지역의 관계당국과 사전에 접촉해, 이런 곤경에 빠지진 않았을 것이다. 그러나 마리오는 — 나는 그 사실을 지금에야 알았는데 — 하늘에서 맨몸으로 뛰어내리려 하고 있었다. 그는 영혼의 뿌리까지 모험가다. 후에 나는 그의 즉흥적인 임기응변에 경탄하고 말았다. 이런 상황에서 그가 보인 반응이 그걸 웅변했다. "코펜하겐에서 사온 이 코냑 세 병으로 뭔가를 좀 할 수 있을 거야. 걱정하지 마." 알다시피 순록이 코냑을 마시진 않을 것이다. 그러나 라프족이라면 얘기가 달라질 수도 있다. 노르웨이에선 술에 대한 규제가 엄격해 인구의 거의 절반이 밀수입한 술에 의존하는 터라, 마리오의 아이디어는 정말 그럴듯해 보였다. 특별히 라프족들이 조만간 순록을 붙잡고 싶어 했기 때문이기도 했는데, 그들은 그 방법을 아주 잘 알고 있었고, 나는 그에 대해 조금도 의심을 품지 않았다. 문제는 그때까지 우리가 라프족을 전혀 만나지 못했다는 것이다.

마리오와 내가 해안가를 따라 조금 걷기 시작했을 때 일이 벌어졌다. 우리는 어떤 걸 발견하리라고 전혀 기대하지도 않고 그저 다리나 좀 풀 생각이었기 때문에 카메라를 갖고 나가지 않았다. 밤중이라 도로는 사람 하나 없을 정도로 고요했다. 물론 그렇다 해도 아주 어둡진 않았다. 우리가 있는 곳은 유럽의 최북단에서 10킬로미터 떨어진 노스케이프로, 이미 북극권이었다. 이곳을 처음 방문하게 되면 밝은 밤으로 인해 눈을 감기가 어렵다. 따라서 이곳에선 일어나서 움직이는 것이 상책이다. 그리하여 나와 마리오는 우리 임무의 첫 번째 항목인 순록 문제를 곰곰이 생각하며 해안가를 걸었다. 30분 정도가 지나 모퉁이를 돌자 작은 만이 나타났다. 반대편의 경사진 해변이 석양 속에 희미하게 빛났는데, 검은 점들이 돋보이는 줄무늬가 번쩍였다. 저게 뭐지? 마법의 양탄자에 있는 천공카드 줄무늬? 그것이었다. 내가 상상해온 것과 거의 정확하게 일치하는 바로 그것!

"순록이야!" 마리오가 순간적으로 소리쳤다. 우리는 너무 기뻐 서로를 껴안고 나서 잰걸음으로 달려갔다. 예상대로 그곳에는 라프족이 있었다. 그리하여 우리는 곧 모든 걸 영상에 담기로 그와 합의했다.

그러나 그 동물은 아주 특이했다. 우리가 가까이 다가가도 그놈은 전혀 움직일 기미를 보이지 않았다. "순록이 아니야!" 마리오가 욕지거리를 내뱉었다. "포르카 미세리아!" 그의 말은 일리가 있었다. 그 동물은 … 사실 묘지였다. 그것들은 다양한 색상의 조화가 놓여 있는 눈 속의 검은 묘비들로, 거의 다 같은 모양이었다. 우리는 멀리 떨어져 있었기 때문에 구분을 제대로 하지 못했다. 불길한 징조였다.

"이 얘긴 여기서 끝내는 게 좋지 않겠어?" 내가 마리오에게 말했다.

그 두 형제의 이름은 크누트Knut와 야콥Jacob이었다. 그들은 호닝스보그의 산 너머에 있는 작은 집 두 채에서 가족들과 함께 살고 있었다. 그리고 그들이 사는 곳에서부터 산이 시작됐다. 크지 않은 그 산은 거대한 빙하에 둥글고 부드럽게 깎여 두루뭉술한 원시의 모습을 그대로 간직하고 있었다. 스키어들에겐 아주 이상적인 곳으로, 순록에게도 마찬가지였다. 야콥과 크누트는 우리를 순록이 있는 곳으로 데려갈 수 있다고 호언장담했다. 혹은 만약 우리가 원한다면 순록을 우리에게 데려올 수 있다고 말하기까지 했다. 그리고 그런 일에는 이틀이 걸린다는 것이었다.

우리가 그 형제를 만났을 때 그들의 눈은 이미 열정으로 불타고 있었다. "이번에 우린 그 동물을 꼭 만나야 해." 마리오가 눈짓을 하며 나에게 속삭였다. 그리하여 그의 상자에서 술병 하나가 사라졌다.

부릉부릉 부르릉! 스노모빌이 아주 작은 불도저 트랙 같은 자국을 남기며 사면을 내달렸다. 오토바이보다 크지 않은 스노모빌은 느리게 움직이는 수송용이 아니라서 빠르게 달리면서도 순식간에 방향을 틀 수 있었다. 부릉부릉 부르릉….

라프족이 천막에 살며 털이 덥수룩한 조랑말을 타고 다닌다고? 아니, 그들은 집에 거주하며 스노모빌을 타고 다녔다. 우리라고 천막에 살고 싶어 할까? 그들에게 향수는 더 이상 없었다. 우리가 라프족이라 하더라도 우리 스스로의 신분을 향상시키려 했을 것이다. 다행히도 우리의 새로운 친구 중 하나가 겉핥기식 독일어를 할 줄 알았다. 그들은 여전히 말을 갖고 있을까? "두 마리!" 그들이 나에게 말했다. 라프족의 방식을 따라가다간 촬영을 위한 물류가 얼마나 어려울지 눈에 선했다. 그것이 우리의 목적이 아니어서 천만다행이었다. 작은 '원정대'가 꾸려졌다. 스노모빌 두 대와 조종사 둘, 모터가 작동하는 쪽에 언제든 매달 수 있는 긴 썰매 두 대, 개 한 마리(이놈은 산으로 들어갈 기미를 알아차렸는지 컹컹 짖기 시작했) 그리고 마리오와 나. 우리는 썰매 하나에 삼각대와 커다란 카메라가 든 금속 케이스, 털가죽과 다른 장비들, 두 번째 썰매에는 방수포, 로프(후에 보니 이건 올가미였다), 음식과 여분의 털가죽 그리고 마른 자작나무 가지를 실었다. 모터가 달린 썰매 두 대가 이 모든 무게를 끌고 언덕을 올라가는 힘은 대단히 인상적이었다. 마리오는 기분이 고조됐다. 그는 두 형제 중 동생인 야콥이 짐 수송용 썰매를 자신의 스노모빌에 매다는 모습을 지켜보며 그 주위를 부산하게 돌아다녔다. 그는 스노모빌을 시운전하고 싶어 안달이었다. 우리의 관심에 분명하게 존경을 표한 야콥이 무거운 썰매를 즉시 스노모빌에서 떼어냈다. 분명히 말하건대, 마리오가 보인 묘기는 환상이었다. 그는 한껏 묘기를 부리며 곡예적인 장면을 연출했다. 그리고 눈 언덕을 넘어가면서는 점프를 몇 번 했다. 마리오는 제정신이 아닌 듯 아슬아슬한 회전을 하기도 했다. 그러나 야콥은 눈길도 주지 않았다. 나는 오늘날까지도 여전히 의문을 품는 것이 있다. 이탈리아인이 '시험주행'한 캐나다산 스노모빌은 과연 인증을 받을 수 있을까?

낮은 태양이 사면을 부드러운 빛으로 물들였다. 분위기는 사뭇 낭만적이었다. 하늘 높이 황금색과 보라색 구름이 걸렸고, 그 아래는 — 대조로선 아주 이상하게도 — 젊은 폭주족이 자신의 기계로 황무지를 가로지르며 고래고래 소리를 지르고 있었다.

　서쪽으로 수 킬로미터를 달리자, 바다 밖으로 길게 뻗어나간 다음 급경사의 절벽으로 불쑥 떨어지는 반도가 보였다. 노스케이프가 틀림없었다. 내가 사진에서 본 모습과 똑같았다. 야콥이 스노모빌에서 수송용 썰매를 다시 떼어냈다. 그리하여 우리는 바다와 주위의 만을 조망하기 위해 완만한 산의 사면을 더 높이 올라갔다. 두 형제는 넓고 평편한 곳에 잠시 서더니 그곳이 캠프사이트로선 안성맞춤이라고 주장했다. 이제 그들은 우리가 기다리는 동안 스노모빌을 차례로 타고 나가 순록을 찾았다. 마리오와 내가 이렇게 남겨지는 것이 불편하긴 했지만, 라프족이 그 동물들에게 접근하기에는 우리가 없는 편이 분명 더 나을 터였다. 얼마나 오래 걸릴까? 하루 온종일 여기서 죽치고 있어야 할까? 그러나 독일어를 몇 마디 할 줄 아는 야콥은 자신도 알 수 없다는 말만 되풀이했다. 그런데 이번에는 크누트가 우리와 함께 있었다. 야콥은 자신의 스노모빌에 잽싸게 올라타더니 부릉부릉 부르릉 시동을 걸어 빠른 속두로 출발했고, 곧 작은 점으로 변해 다음 언덕을 넘어갔다.

　크누트는 이제 우리에겐 매우 특이하게 보이는 일을 했다. 짐 수송용 썰매 두 대에서 짐을 모두 내린 것이다. 왜 모두 내리지? 우리는 영문도 모른 채 그를 도와줬다. 그는 썰매 한 대를 단 한 번의 동작으로 눈에 똑바로 세웠다. 그러더니 나머지 한 대도 똑같이 했다. 다만 이번에는 커브가 진 앞쪽이 다른 썰매를 단단히 받치도록 했다. 그제야 우리는 이 라프족 청년이 정말 쉽고 효과적으로 피난처를 만든다는 걸 알고 깊은 인상을 받았다. 이토록 단단한 나무 '집'을 단 몇 번의 수고로움으로 만들다니! 그는 첫 번째 썰매의 각도를 조정해 폭풍에도 끄떡없도록 만들었다. (유명한 박스형 텐트를 디자인한 돈 윌런스Don Whillans가 라프족으로부터 영감을 받은 건 아닐까?) 벌써 크누트는 준비된 프레임 위에 방수포를 씌우고 있었다. 나는 이처럼 환상적이고 간단한 발명을 들어본 적도 없었고, 라프족들이 모두 이런 방법을 알리라고 자신하지도 못했다.

　크누트가 우리의 작은 '집' 바닥에 순록 털을 깔고 틈새도 그것으로 막아 눈이 들어올 구멍이라곤 작은 입구밖에 없었다. 그러는 동안 빛이 서서히 사라지고 있었다. 우리는 춥고 습도가 높은 밖에서 따뜻하고 안락한 순록 털이 반겨주는 안으로 기어 들어갔다. 우리 셋은 안락한 안에 웅송그리고 앉았다. 크누트는 자작나무 가지를 자기 앞에 쌓아 털을 태우지 않도록 조심하면서 작은 불을 만들었다. 그러자 곧 열기와 연기가 폐쇄된 공간을 가득 채웠다. 우리는 연기가 지독한 곳을 피해 바닥에 누웠는데, 다행히 연기는 지붕에 난 작은 구멍을 통해 밖으로 빠져나갔다. 이렇게 재주가 많은 크누트가 하품을 하더니, "그런데…"라고로 들리는 것 같은 무슨 말을 중얼거렸다. 먼저 마리오를 쳐다본 그가 의미심장하게 씩 웃었다. 그런 다음 그는 마리오의 배낭을 쳐다봤다. 그러자 그 의미를 분명히 알아차린 마리오가 배낭을 열었다. 내 짐작으로 그곳에는 코냑이 두 병 들어있었다. 크누트는 이미 그 사실을 알고 있거나, 아니면 유리병이 부딪치는 소리로 추론했거나, 어쨌든 둘 중 하나였다. 잠시 동안 우리는 순록을 잊었다. 첫 번째 병이 돌고 돌아 다 비워질 때까지 우리는 그 문제를 야콥에게 미뤄놓았다. 감동을 받은 크누트는 우리와 우리의 마음을 극진히 대했다. 그는 뜨거운 차를 준비해 코냑에 타서 돌리기까지 했다. 그는 동생과 달리 독일어나 영어를 한 마디도 하지 못해 우리는 많은 말을 주고받을 수 없었다. 그러나 그런 것쯤은 문제도 되지 않았다. 우리는 서로를 보고 따뜻하게 웃었다. 그리고 침묵이 너무 길어지면 병에서 코냑을 한 잔씩 따라 서로에게 권함으로써 어색한 분위기를 깼다. 분위기가 점점 더 무르익을 즈음 나는 마침내 잠에 스르르 빠졌다. 꿈속에 요란한 소리를 내는 순록 떼가 나타났다. 거칠게 소용돌이치는 엄청난 파도처럼. 거대한 뿔이 달린 수천 마리의 동물들이…

노스케이프에서 순록을 찾은 날 밤. 라프족 청년이 썰매로 윌런스 박스형 텐트의 로컬 버전을 만들었다.

부릉부릉 부르릉! 동생이 돌아왔다. 순록은? 여태껏 한 마리도 찾지 못했단 말인가? 그는 입구를 통해 알 몇 개를 건네주며 우리를 향해 활짝 웃었다. 아름다운 반점이 있는 검고 파란 알이었다. 그는 그것들이 있을 만한 장소를 분명히 아는 듯했다. 그는 먼 곳을 가리키더니 부릉부릉 부르릉 시동을 걸고 한 번 더 사라졌다.

크누트는 수심에 잠긴 듯한 미소를 지었다. 이 알들을 스크램블 해서 코냑을 마셔야 하나, 아니면 애드보카트advocaat를 만들어야 하나? 마리오는 코를 골고 있었다. 알에 대해 어느 누구도 결정을 내리지 못하고 있을 때 부릉부릉 부르릉 야콥이 돌아왔다. 마침내 순록을 찾은 것이다. 크누트는 한숨을 내쉬었다. 나는 마리오를 흔들어 깨웠다. 눈 속에서 밖에 웅크리고 있던 개도 살아났다. 이제 모든 시스템이 제대로 돌아갔다. 우리는 네 발로 피난처 밖으로 기어 나갔다. 나는 전망도 좋고 삼각대도 세울 만한 장소를 찾았다. 그러고 나서 "이런, 아이쿠!" 하며 무거운 카메라를 그 위에 장착했다. 크누트는 헐떡거리면서 올가미를 던져놓고는 마리오의 요구에 따라 뾰족한 끝이 세 개 달린 기이한 모자를 썼다. 그건 라프족 특유의 머리덮개였다.(사실인지 아닌지는 잘 모르지만, 순록을 잡을 때는 그렇게 한다고 분명히 들었다) 우리는 숨을 죽이고 기다렸다.

곧 순록이 다가오는 것이 보였다. 저기, 스카이라인과 작은 언덕의 부드러운 곡선을 따라 그놈들이 한 마리씩, 아주 많이 그런 다음 점점 더 많이 나타났다. 그놈들은 전부 순록이었다. 그건 파타 모르가나Fata Morgana였다. 신기루! 아니, 그건 현실이었다. 그놈들이 저기에 있었다. 며칠 동안 찾아 헤매던 순록들이! 동화 속 이야기처럼….

이제 나는 더 이상 그놈들에 대한 꿈을 꿀 필요가 없었다. 우리는 꿈에 시달리면 안 되었다. 이제 정신을 차리고 모든 걸 제대로 해야 했다. 망할 놈의 코냑 때문에 발밑의 땅이 들썩거려도…. 나는 벌써 망원렌즈로 순록 한 마리를 포착해 버튼을 누르고 있었다. 이제 그놈들은 나의 줌 안으로 들어올 것이다. 그놈들이 더 가까이 오면 환상적으로 보일 것 같았다. 한밤중의 햇빛이 사방을 황금색으로 물들이자 동물들의 그림자가 길게 뻗었다. 어떤 놈들은 뿔이 있었고, 어떤 놈들은 그렇지 않았다. 작은 놈들은 사이에 끼어 움직였는데, 새끼임이 분명했다. 천천히 다가오는 무리는 북쪽 풍경의 일부로, 그 장면을 묘사하는 건 결코 쉽지 않다. 어떤 놈들의 갈색 털은 눈 덮인 완만한 산에 박힌 바위와 조화를 이뤘다. 그림자가 진 설사면의 연회색과 북쪽 여명의 창백한 색조는 모두 그놈들의 털에 의해 다시 만들어지고 있었다. 그리고 그놈들은 자신들이 만들어내는 다채로움 속에서도 끊임없이 반복되는 이런 풍경의 형태와 조화를 이루며 하나가 되었다. 그건 차라리 하나의 그림이있다. 쿠르트! 집중해! 너는 영상을 찍으러 온 거야. 액션! 자, 이제 그놈들 뒤에 일정한 거리를 유지한 채 모터 썰매에 탄 야콥이 나타난다. 그는 때론 왼쪽에서 접근하기도 하고, 때론 오른쪽에서 접근하기도 하며, 일정한 거리를 유지한 채 느린 속도로 조심스럽게 그놈들에게 미끄러져간다. 내 근처에 있는 사람은 크누트로, 그 역시 방금 전 그놈들을 향해 움직이기 시작한다. 느리고 조심스러운 발걸음으로. 그 옆에는 개가 있고, 한 손에는 올가미가 들려있다. 그는 발걸음을 멈춘 채 꼼짝도 하지 않고 서 있다. 마리오는 내 앞 가까운 곳에서 약간 비켜서 있다. 적어도 한 장면 정도에는 그가 등장하기로 돼있기 때문이다. 이제 순록들이 멈춘다. 그놈들은 분명 크누트를 알아차린 것 같다. 이제 크누트가 큰 어려움 없이 그놈들에게 다가간다. 그의 팔이 갑자기 움직이더니 올가미가 공중으로 획 하고 날아간다. 뒤로 껑충 물러나는 놈들도 있지만, 크누트는 위태로운 자세로 첫 번째 시도에서 순록 한 놈을 낚아챈다. 믿을 수 없는 광경이다. 다른 놈들이 도망가지 않는 모습은 놀라웠는데, 아마도 그건 그놈들의 습성인 것 같았다. 그러는 사이에 나는 많은 영상을 찍었다. 내가 유일하게 놓친 건 야생에서 '뛰노는' 순록 떼를 연속으로 잡아내는 것이었다. 키가 190센티미터가 넘는 마리오가 그 동물들을 향해 살금살금 다가갔다. 하지만 그놈들에게 마리오는 괴물처럼 보였을 것이다. 왜냐하면 라프족은 키가 작은 편이며, 그놈들은 분명 그런 키에 익숙했을 것이기 때문이다. 그런데 갑자기 무리 속에서 소란이 일어났는지, 우리가 그 사실을 미처 알아채기도 전에 그놈들이 모두 이리저리 달아나기 시작했다. 그놈들은 쿵쿵 소리를 내며, 비록 눈 탓에 소리가 줄어들긴 했어도, 머리와 머리, 뿌리와 뿌리를 맞대고 내 렌즈 앞을 지나갔다. 아름다운 광경이었다. 나는 뷰파인더에 눈을 고정시키고 그놈들을 따라가며 줌과 망원렌즈의 버튼을 연신 눌렀다. 사진은? 없다. 단 한 장도. 영상과 사진을 어떻게 동시에 찍나? 경험을 해본 사람이라면 그것이 불가능하다는 사실을 알 것이다.

북극권에서 벌어진 눈먼 사람의 술래잡기 같았던 게임은 뜻밖에도 멋진 결과로 끝났다. 그리고 크누트와 야콥은 친절하게도 자작나무 줄기와 순록 털을 이용해 진짜 라프족 천막을 자신들의 집 옆에 쳐줬다. 그런 다음 모든 가족이 안으로 들어와 앉았다. 비록 전날 밤 우리가 경험한 그 형제들의 전형적인 '윌런스 박스형'은 아니었지만, 아이들은 아주 즐거워했고, 우리들 역시 마찬가지였다. 오랫동안 그 두 집의 가족들은 이방인인 마리오와 나에게 작별의 손을 흔들었다. 우리는 장비는 물론이고 순록 가죽을 잔뜩 싣고 '도시'인 호닝스보그로 돌아왔다.

우리는 알타로 차를 몰고 돌아오다가 길을 껑충껑충 뛰어 건너는 순록들을 세 번이나 보았다. 그놈들은 때에 따라선 사방에 있었고, 때에 따라선 어느 곳에도 없었다.

나는 야콥과 크누트에게서 산 가죽 두 개를 집으로 가져왔다. 하나는 검은 색이었고 하나는 흰색이었다. 그 후 집 안은 온통 털투성이었다. 스칸디나비아에 있는 모든 순록들의 털보다도 더 많다고 느껴질 정도로!

✳

마법의 양탄자의 다음 목적지는 1,000킬로미터의 래브라도Labrador 해안선을 따라가는 뉴펀들랜드였다. 어느 날 나는 얼음에 뚫린 구멍을 들여다보며 에스키모 맞은편에 앉아있었다. 그는 자신이 서 있는 바다 얼음에 구멍을 뚫었다. 그는 낚싯줄을 올렸다 내렸다 하며 다음 물고기를 기다렸다. 한 마리 또 한 마리…. 끝없는 인내심을 발휘하며. 다시, 나는 세상의 끝에 있다는 느낌이 들었다. 전혀 다른 끝에.

그러나 우리는 안타깝게도 오래 머물지 못했다. 마법의 양탄자는 곧 남미로 향했다.

친절한 마르게리타

마르게리타Margherita가 친절하냐 아니냐는 사람에 따라 생각이 다를 것이다. 왜냐하면 이놈은 거대하고 강하고 유연하며, 길이가 6미터에 굵기가 남자 허벅지만 한 암컷 뱀이기 때문이다. 나는 이놈이 내 친구를 칭칭 감지 않았다는 이유 하나만으로 우리에게 따뜻한 마음씨를 갖고 있다고 곧장 결론지었다. 인정컨대 마리오는 이놈의 3분의 1에 불과했다. 그러나 정글에서 기어 나온 지 얼마 안 되어 자존심이 강한 보아뱀에게 그는 이른 아침 워밍업 대상 정도가 돼줬어야 했다. 내가 과연 마리오가 다치길 원했을까? 비록 내 파트너가 영상을 찍는 대가로 이탈리아의 제작사로부터 1,600만 리라를 받기로 했다는 사실을 뒤늦게 알긴 했지만, 그는 정말로 친절했다. 동행자는 나뿐이었는데…. 한 사람의 생각을 전부 말할 필요는 없을 것 같다. 내 마음속에서 때때로 분출하는 판타지는 그냥 내버려두는 것이 좋다. 그 판타지에선 마리오를 쥐어짜도록 마르게리타가 나를 도와줬다.

　우리는 리마에 있는 호텔 크릴론Hotel Crillon의 침대에 누워있었다. 그곳은 높은 빌딩 17층 어디였다. 마리오가 발터 보나티와 함께 남미의 열대우림에서 겪은 모험담을 들려줬다. 인디오와 알록달록한 작은 개구리들을 만났는데, 그는 그 개구리들이 치명적인 독화살을 만드는 데 사용된다는 걸 나중에 알았다고 한다. 그리고 발터 보나티가 아나콘다에 의해 죽을 뻔한 상황에서 가까스로 탈출한 얘기도 들려줬다.*

---

* 　아나콘다는 성인 인디언도 삼키는 것으로 알려졌다. 『틸레벤Tierleben(동물의 세계)』에 따르면 아나콘다는 보통 8~9미터까지 자라는 반면 보아뱀은 4.5미터까지만 자란다고 한다. 우리의 '마르게리

"그런데" 내 동료가 말을 이었다. "우린 우리 것으로 거대한 뱀을 잡을 필요가 있어. 그들은 우리가 한 마리만 촬영하길 원하거든." 그는 이 일이 숲속에서 버섯을 1킬로그램쯤 따는 것만큼 쉬운 일인 것처럼 말했다. 나는 머뭇거렸다. 마리오가 이런 식으로 나를 놀라게 한 적이 어디 한두 번이었나.

"거대한 뱀에 접근하는 게 그리 쉬워?" 한참 있다 내가 물었다.

"전혀 문제없어." 마리오가 나를 안심시켰다. 인디오들이 그놈들을 숲에서 잡아오거든. 언제나. 내 친구 페드로Pedro가 한 마리를 손쉽게 잡아올 거야.

"그 친구 어디 사는데?"

"이키토스Iquitos. 아마존이지."

"그 친구에게 전보 쳐. 우릴 위해 멋진 놈을 하나 준비하도록."

"그럴 필요 없습니다, 교수님!"(마리오는 나를 이런 식으로 부른다) "페드로 집에 가면 그는 30분도 안 돼 8미터짜리 아나콘다를 끌고 와. 길들여진 놈도 아니고, 인디오들이 바로 잡은 놈으로. 우린 그놈을 정글로 끌고 가서 며칠 동안 놓아준 다음 다시 잡는 모습을 찍으면 돼."

"누가 그 뱀을 잡지?"

"내가." 마리오는 대수롭지 않다는 듯 말했다.

그럼 좋아, 친구! 우리가 이제 재미난 게임에 들어간다는 걸 알게 된 나는 혼잣말을 중얼거렸다.

'이퀴파도 콘 라다르EQUIPADO CON RADAR.' 레이더가 장착돼 있으니 안심해도

타'는 일종의 아나콘다일지 모르지만 어쨌든 보아뱀류에 속한다. 이키토스Iquitos의 뱀 판매업자는 이 놈이 보아뱀이라고 말했다.

된다는 걸 강조하려는 듯 페루의 모든 비행기에는 이런 문구가 쓰여있다. 그렇다 해도 이곳의 비행기를 언제나 믿을 수 있는 건 아니다. 마리오는 안전벨트를 단단히 매고 나서 "최근에 말이야, 한 대가 정글 속으로 사라졌대."라고 흥미로운 듯 말했다. 뭐라고? 그럼 레이더는 무슨 필요가 있지? 리마에서 이륙한 우리의 비행기는 아마존으로 가기 위해 안데스를 넘어야 했다.

비행기 아래를 내려다보니 해안선을 따라 펼쳐진 황량한 사막지대가 사라지고, 눈 덮인 봉우리들과 험악한 바위벽들과 깊게 파인 계곡들로 이뤄진 거친 산악지대가 나왔다. 이곳의 봉우리들은 6천 미터급이다. 동쪽으로 더 가자 뭉게구름이 잔뜩 피어올라 비행기 주위를 감쌌고, 증기를 내뿜는 흰 구름덩어리들 사이사이로 희미하게 빛나는 녹색지대가 끝없이 펼쳐진 광경이 보였다. 그곳의 강들은 뱀처럼 구불구불 휘돌아 흐르고 있었다. 푸른 숲 사이에서 반짝반짝 빛나는 물과 큰 강에서 떨어져 나온 작은 호수들도 보였다. 우리가 뚫고 지나가는 구름들은(우리는 상당히 낮게 날고 있었다) 환상적인 무지갯빛으로 반원형과 원형을 연출하며 형태가 끊임없이 바뀌었다. "우카얄리Ucayali야!" 마리오가 굽이굽이 흐르는 큰 강을 가리키며 소리쳤다. 그 강은 아마존을 적시는 상수원 중 하나다. "곧 마라논Marañon도 보게 될 거야." 그러면서 그는 이렇게 덧붙였다. "보나티와 내가 그곳 상류에서부터 강을 따라 내려갔지만 결국 성공하지 못했어. 목욕만 한 셈이었지." 리마에서 이키토스까진 수천 킬로미터로, 그곳 바로 직전에서 두 개의 상수원이 만난다. 만약 우카얄리까지 더한다면 아마존의 총 길이는 6,518 킬로미터가 된다. 남미에서 가장 크고 세계에서 두 번째로 긴 아마존은 넓은 저수지역을 품고 있다.

우리는 억수로 퍼붓는 스콜 속에 이키토스의 작은 비행장에 착륙했다. 덕분에 우리는 머리부터 발끝까지 흠뻑 젖고 말았다. 그러나 곧바로 해가 쨍쨍 났다. 마리오는 별 어려움 없이 페드로를 찾아냈지만, 시무룩한 표정으로 돌아왔다. "우리 뱀에 문제가 생겼어."라고 그가 중얼거렸다. "며칠 전에 모든 뱀이 동물선에 실려 갔대. 우린 우리 걸 찾아야 해. 적어도 8미터가 되는 놈이 꼭 필요한데… 보아뱀이든 아나콘다든 상관없어." 땀을 삘삘 흘리며, 우리는 호텔로 먼저 갔다.

하늘의 변덕에 따라 비를 맞기도 하고 태양을 보기도 하며 동물 판매업자 사이를 왔다 갔다 하는 사이 하루가 순식간에 지나갔다. 이키토스는 페루 아마존 지역의 중심지라서, 배들이 거대한 강을 따라 쉴 새 없이 들락거렸다. 이곳의 강폭은 무려 1,800미터였다.

　관광뿐만 아니라 열대우림의 동물은 이곳의 주요 수입원이었다. 우리가 하루 사이에 본 것만 해도 믿을 수 없을 정도로 그 종류가 많았다. 수족관을 돌아다니는 갖가지 이국적인 물고기들은 큰 것들도 있었지만, 반짝거리는 보석처럼 주로 작은 것들이었다. 그것은 마치 자연이 보석함을 뒤집어 놓고 마술을 부려 모든 보석에 생명을 부여한 듯한 모습이었다. 꽥꽥거리며 우는 수백 마리의 화려한 정글 새들과 팔다리를 그로테스크하게 꼬아 대며 그네를 타는 원숭이들, 빗장을 향해 쉿 소리를 내며 무섭게 뛰어오르는 점박이 재규어도 있었다. 빛나는 붉은색의 머리깃털들이 날리는 커다란 새장 밖에는 같은 종류의 새들이 있었는데, 그놈들은 그 안으로 들어가려 헛되이 발버둥치고 있었다. 이런 것들은 인간이 숲의 자유에 개입한 슬픈 결과였다. 이곳 정글은 ─ 이키토스는 문명으로부터 고립된 곳이라서 ─ 모든 생명체가 추방될 위기에 처해있었다. 그놈들은 자신의 운명을 알기나 할까? 나는 갑자기 대단히 화려한 생명력 위에 드리워진 보이지 않는 그림자를 느낄 수 있었다. 우리의 뱀은, 나 자신에게 맹세컨대, 촬영이 끝나면 자유를 다시 얻을 것이다.

　그러나 우리에겐 보아뱀이나 아나콘다는커녕 뱀 한 마리도 없었다. "너무 작아." 마리오는 동물 판매업자가 자신이 가진 최상의 상품을 보여줄 때마다 이렇게 말했다. 일정한 패턴을 그리는 화려한 색상의 줄무늬와 눈, 그리고 몸뚱이에 박힌 선들과 반점들을 보면 뱀이 가진 무한한 힘에 대한 힌트를 얻을 수 있다. 그러나 그놈들이 수동적으로 보인다고 해서, 둘이서만 팀을 이룬 우리가 그런 생명체를 다룰 수 있을까? 내 생각이지만 주전선수인 마리오가 몸뚱이를 비비 꼬아대는 아나콘다와 뒤엉켜 싸우는 모습이 눈에 선한데, 그와 나 둘이서? 코끼리를 방금 전에 통째로 삼켜 매우 만족해하는 보아뱀을 그린 생텍쥐페리 스케치가 기억났다. 뱀이 고무장화 안에 들어간 모습을 옆에서 그린 듯한 그 스케치는 둥근 모자처럼 보였고, 한쪽 창은 꼬리를 상징하는 것 같았다. 따라서 그 반대편이 대가리인데 그건 비교적 작았다. 그 스케치는 그렇게 큰 먹이가 작은 목구멍을 어떻게 통과했는지는 보는 사람의 상상에 맡겨놓고 있었다. 정글은 비밀이 가득하니까. 촬영 팀이 그 안으로 들어가도 되지 않을까? 아니면, 두 구성원 중 덩치가 큰 사람을 삼키면 충분히 만족해서 그다음 몇 주 동안은 잠만 잘까? 그러나 나는 꼭대기가 두 개 튀어나온 '엑쥐페리의 모자'는 본 기억이 나지 않았다.

정글은, 내가 이미 말한 것처럼, 온갖 비밀로 가득 차있다.

"마리오!" 내가 신중하게 물었다. "카메라 렌즈만 잘 고르면 4미터짜리 뱀으로도 만족할 만한 결과를 얻을 수 있지 않을까?"

"말도 안 돼. 반드시 8미터여야 한다니까." 우리 촬영 팀의 우정을 절반 이상 지배하는 그가 고집을 부렸다. 나는 한숨을 쉬었지만, 곧 마음을 진정시켰다. 어쨌든 나의 파트너는 월등한 키로 인해 뱀의 눈에도 '더 좋은 절반'으로 보일 테니까!

우리는 마침내 한 마리를 찾아냈다. 보아뱀이었다. 그놈은 잠을 자고 있었는데, 길이가 6미터쯤으로 측정됐다. 그놈의 몸 중 가장 두꺼운 곳은 두 팔로도 감싸 안을 수 없었다. 그러나 대가리는 뱀의 그것보다 크지 않았다. 그놈은 비늘에 덮인 온몸에 멋진 반점을 갖고 있었다. 대단히 만족한

BOA, versione libera, secondo Saint Exupery nel "Petit Prince"

BOA, versione Diemberger-Allegri

생텍쥐페리(위)와 딤베르거-알레그리 버전(아래)의 보아뱀 스케치

마리오는 그놈을 샀다. 판매업자는 그놈이 쥐 몇 마리만 먹었을 뿐이라고 우리를 안심시켰다. 그래서 그런지 그놈은 실로 평화로워 보였다. 내가 생텍쥐페리의 모자를 마음속에 그려보려는 순간 이런 속담이 기억났다. "제비 한 마리 왔다고 여름이 아니다." 따라서 쥐 몇 마리가 그 모자를 다 채울리도 없었다. 그러나 나는 아마존의 뱀은 아마도 이런 유럽의 속담을 모를 것이라고 혼잣말을 했다.

"이놈을 '마르게리타'라고 부르자." 하고 마리오가 말했다. 이제 우리는 페드로의 집으로 가기 위해 항구로 내려갔다.

우리가 탄 보트가 거대한 강의 흙탕물을 가르며 질주했다. 지루하게 스쳐
지나가는 건너편 강둑의 녹색 정글 위로 먹구름이 피어올랐다. 이곳 강 한
가운데는 햇빛이 아주 강했지만, 우리는 차양이 달린 모자를 쓰고 있어 그
사실을 알지도 못했다. 우리의 보트는 집에서 만든 원시적인 것이었다. 우
리는 보트를 빌리고 세 명의 선원을 고용했는데, 그들은 시커먼 흙탕물보
다도 피부가 훨씬 더 까만 원주민들로, 다 낡아빠진 옷을 아무렇게나 걸치
고 있었다. 마리오의 친구며 우리의 매니저인 페드로는 혼혈인이라서 그런
지 다른 사람들보다는 피부색이 상당히 밝은 편이었다. 그는 자부심을 느
끼는 듯한 작은 콧수염을 기르고 있었다. 그의 눈은 검은색이었다. 햇볕에
그을린 그의 얼굴은 챙이 뾰족하게 나온 야구 모자에 보통 반쯤 가려져 있
었다. 이제 그가 모자챙을 들어올렸다. 나는 그의 스페인어를 일부만 이해
할 수 있었다. 그는 지금은 거의 보이지도 않는 거대한 물고기에 대한 얘기
를 나에게 들려줬다. 괴물처럼 보인 그놈을 원주민 사냥꾼들이 작살로 죽
였다고 한다. 그 물고기의 이름은 피라루쿠pirarucu였다. 나는 그에 대한 얘
기를 마리오로부터 들은 적이 있었다. 그 괴물을 잡는 장면을 영상으로 찍
은 적은 여태껏 없다. 육식을 하는 전설적인 그 물고기는 겁이 아주 많다.
그럼에도 가끔 발견되는 우아한 비늘들은 직경이 5센티미터도 더 되어 목
걸이로선 값이 꽤 나간다. 사람들은 보통 형형색색의 씨앗과 달팽이 껍데
기를 함께 묶어 사용한다. 그 물고기의 뼈가 있는 혀는 과거에 — 그리고
아마 지금도 — 원시적인 인디오 부족들의 문장紋章으로 사용됐다. 그러나
인디오 사냥꾼들은 주로 고기를 먹기 위해 그놈을 잡는다. 그놈은 길이가
4미터 반이고 무게가 180킬로그램이나 나간다. 작살만으로 그놈을 잡는
건 격렬하고 위험한 모험이다. 우리가 그 물고기를 보게 될까? 이제 이 배
에 탄 가장 중요한 승객은 의심할 여지없이 우리의 마르게리타다. 이놈은

커다란 마대자루 속에 묶여있었는데, 만약 이 사실을 모르는 사람이라면 우리가 독이 전혀 없는 맛있는 감자를 갖고 있다고 생각할 것이다. 하지만 그 위에 앉아선 안 된다. 그래서 말인데, 마르게리타! 너는 이제껏 자고 있니?

갑자기 보트의 뒤쪽에서 회색 물체들이 물을 튀기며 공중으로 튀어 올라 위풍당당한 원을 그린 다음 다시 물속으로 사라지길 반복했다. 그러자 장난기 많은 페드로가 "돌고래야. 여기에 많이 나타나거든." 하고 말했다. 강물이 대서양으로 흘러들어가는 강어귀에서 여기까진 5,000킬로미터였다. 그런데 여기서 돌고래의 묘기를 보다니! 동시에 뿌리가 뽑힌 나무들과 수중식물들이 하나의 섬을 이뤄 먼 대양으로 떠내려가고 있었다. 수중식물들은 밝은 라일락 같은 꽃들을 갖고 있어서 나는 처음에 그것들이 페리윙클periwinkle인 줄 알았다. 굳은 땅에서도 아주 잘 자라는 그것들은 커다랗게 부풀어 오른 공기주머니와 꽃받침을 갖고 있었고, 해안가에서도 볼 수 있었다. 꽃과 그 공기주머니들이 물과 땅 할 것 없이 사방에 지천으로 널려있었다. 그건 양서류 식물로, 높이가 항상 바뀌어 광범위한 지대가 물에 잠기는 이 위대한 강을 위해 특별히 만들어진 것 같았다. 후에 식물학자는 그것이 부레옥잠water hyacinth이고, 전 세계 도처에서 자라고 있다고 나에게 알려줬다.

우리는 햇빛을 받고 하찮은 비를 맞으며 어두침침한 곳으로 무난히 들어갔는데, 우리가 만나는 대부분의 보트에는 우리 것과 비슷한 지붕이 있었다. 우리는 강변의 불빛을 보고 그곳에 보트를 댔다. 그러자 호의적인 인디오들이 자신들과 함께 밤을 보낼 수 있도록 해줬다. 기진맥진한 우리는 오두막의 마룻바닥인 나무 창살 위에 모기장을 쳤다. 이런 오두막들은 모두 4개의 기둥 위에 세워져 있었다. 나는 어느새 스르르 잠에 빠져들었지만, 여전히 강물에 흔들리는 듯한 느낌이 들었다. 그러나 내 가슴은 익숙한 지붕 밑의 피난처와 숲속에 사는 사람들에 대한 감정으로 뜨거웠다.

우리는 처음에 아마존을, 그런 다음 작은 지류인 리오 마니티Rio Maniti를 따라 사흘 동안 강을 거슬러 올라갔다. 우리의 목표는 이 뱀뿐만 아니라 그 주변의 환경도 가능하면 많이 영상에 담는 것이었다. 우리가 마니티에 들어서자 보트는 더 이상 보이지 않고, 강의 양쪽에 벽처럼 늘어선 숲들이 점점 더 가까이 다가왔다. 그 숲은 자신들의 세계로 우리를 받아줬다. 저녁에 우리는 마체테machete로 나무들을 잘라 작은 터를 만들고, 불을 피운 다음 해먹 안으로 기어 올라가 잠을 잤다. 그러자 별의별 동물들의 소리가 다 들려왔다. 마치 살아있는 커튼이 위에서 내려와 우리를 감싸는 듯했다. 나는 홍수를 이룬 이 야행성 소리를 하나로 포착하지 못했다. 단란함이라고나 할까. 동시에 일어나는 것도 아니고 리드미컬한 것도 아니며, 강렬함 속에 높낮이를 단조롭게 반복하는 소리. 나는 나 자신이 이 모든 것의 일부가 됐다는 이상한 감정까지 들었다.

이 감정은 나를 사로잡아, 팽팽한 긴장 속에 내가 존재하고 있다는 사실이 혈관을 통해 온몸으로 퍼졌다. 이곳의 열내우림만큼 생명력이 풍부하게 넘쳐나고 서로 밀접한 관계를 맺는 곳은 아마 전 세계 어디에도 없을 것이다. 죽음은 언제나 존재하는 하나의 구성요소지만, 천 배나 낭비되고 있는 이곳 앞에선 그 공포를 상실하게 된다. 이곳에는 모든 것이 살고 있기 때문에 죽음은 단지 미소 — 희미하게 사라져 가면 어느새 새롭게 나타나는 — 에 지나지 않는다.

정글은 도처에 위험이 도사리고 있어 몽상에 빠지면 안 되는 곳이기 때문에 나의 모든 신경조직은 경계를 게을리하지 않았다. 나는 많은 걸 제대로 이해하고 재빨리 반응할 필요가 있었다. 이곳은 혼란스러운 세계로, 정신을 집중해 상황을 이해할 필요가 있었다. 정글이 명백하게 고요하다 해도, 사람은 언제나 경계의 가면을 쓰고 있어야 한다. 정글에서도 집에서와 마찬가지로 꿈과 미소와 감정을 갖는다면, 그건 하나의 축복일 것이다. 그러나 오늘에서 내일까지 이걸 제공받는 사람은 아무도 없다.

하늘이 시나브로 밝아왔다. 영원 사이에서 어둠이 가고 빛이 돌아온 것이다.

아침에 마르게리타가 잠에서 깨어나, 쥐 몇 마리로 재빨리 허기를 달래줬다고 페드로가 말했다. 커다란 마대자루 안에 있는 우리의 조용한 동료는 무기력한 상태에 빠져있는 것 같았다. 그러나 보아뱀은 숲 근처에 풀어놓으면 곧 활기를 되찾는다며 페드로가 우리를 안심시켰다. 촬영 팀의 안전을 위해선 인디오가 몇 명 필요했다. 그리고 우리는 거대한 뱀을 쉽게 다시 잡을 수 있는 장소를 제대로 골라야 했다.

그날 우리는 작은 인디오 마을에 도착했는데, 이곳의 오두막들은 숲이 끝나는 강변에 기둥으로 높이 세워져 있었다. 건너편 강변의 우리가 내린 곳 근처에도 이와 같은 마을이 두 곳 있었다. 페드로가 이곳의 촌장을 알고 있어 우리는 따뜻한 환영을 받았다. 이곳이야말로 우리가 머물 곳이었다. 마리오는 악어는 물론 나타나는 선 모두 다 촬영하고 싶어 했다. 우리는 다음 날 밤 악어 한 마리를 잠깐 보게 되었지만, 그때는 카메라가 없었다. 모든 건 쏴야 한다는 의무감에 사로잡혀있는 페드로가 다행히 그놈은 건드리지 않았다. 대신 그는 밀림 위쪽에서 총을 두 방 쏴 뿔이 달린 돼지 한 마리와 포커파인porcupine 세 마리를 끌고 왔는데, 그놈들은 페드로가 보는 앞에서 강물로 뛰어들었다가 붙잡히고 말았다. 마치 검은색 뜨개바늘처럼 생긴 그놈들의 척추가 족히 30센티미터는 넘어 그놈들은 두 배로 가치 있는 전리품이 되었다. 다음 날 촌장의 부인이 요리한 '돼지고기 구이'는 등뼈가 없어 마치 어린아이처럼 보인다는 무시무시한 사실에도 불구하고 무척 맛이 있었다. 쇠꼬챙이에 꽂힌 그 어린놈을 뜯어먹기 위해선 대단한 노력이 필요했다.

적응이 되는 것들도 있었다. 그러나 인디오들이 소비하는 어떤 것들은 엄청난 반항심을 불러일으켰다. 새가 잡아먹는 사람 손만 한 거미들, 벌꿀 색상의 통통한 복부를 가진 개미들 그리고 세 발로 기어 다니는 별의별 것들까지. 개미는 흙 맛이 났고, 거미는… 음, 나는 겨우 다리 하나를 조금 뜯어먹을 수 있었다. 이것들은 별미로 간주됐지만, 나는 숲속에 오래 있고 싶진 않았다. 하지만 쇠꼬챙이로 구운 포커파인은 겉모습에도 불구하고 추천할 만했다. 그 후 날마다 우리의 요리가 되는 특별한 또 하나도 마찬가지였는데, 그건 바로 피라냐 튀김이었다. 피를 좋아하는 것으로 악명 높은 이 작은 물고기는 뜨거운 불 위에서도 황소의 사체를 벗겨 먹을 태세로 이빨을 드러냈다. 물론 이런 상태에서의 그놈들은 해가 없다. 물속에서조차 그놈들은 위협을 노골적으로 드러내지 않는다. 즉 피를 동시다발적으로 흘리게 하지 않는 것이다. 이런 상황은 빛의 속도로 일어난다. 면도날같이 예리한 이빨을 수백 개 가진 입이 덥석 물어서 살을 뜯어낸다. 그럼 물이 보글보글 부풀어 오르고, 곧 희생자의 앙상한 뼈만 남는다. 그렇긴 해도, 후에 마니티까지 거슬러 올라간 여행에서 인디오들이 아무런 두려움도 없이 숲의 강물로 뛰어드는 광경을 목격했다는 사실을 숨길 수는 없다. 마리오가 리오 마니티를 가로지르는 수영을 했는데, 강 한복판에서 물살을 거슬러 올라가려 오랫동안 엄청나게 허우적거렸다. 그러나 마리오는 역시 마리오였다. 그는 악어가 있든 피라냐가 있든 주저하지 않았다. 반면에 나는 강에서 등골이 오싹할 때마다 보트의 난간을 꼭 붙잡고 있길 좋아했다. 나는 될 수 있는 한 맨발을 물에 집어넣지 않았다. 그리고 그런 물에 사는 재미없는 두 서식동물에 대해 내 친구가 경고를 했기 때문에 나는 결코 수영복을 벗지 않았다. 하나는 강바닥에 사는 물고기인데, 독이 있는 가시를 밟을 위험이 있고, 날카로운 돌기로 덮인 다른 하나는 더 큰 어류의 아가리를 찾아내 의도적으로 그 안으로 들어가서 기생충 역할을 하는 놈인데, 그놈의 돌기는 끝이 작살같이 생겨 일단 박히면 빼내기가 거의 불가능하다.

너무나 더워서, 나는 어쩔 수 없이 강물로 뛰어들긴 했다.

다음 날 우리는 통나무 카누를 타고 상류로 올라갔다. 근처에 호수가 있다는 말을 들었기 때문에 마리오는 우리가 그곳에서 우리의 거대한 뱀을 찍을 수 있는지 알고 싶어 했다. 카누가 몹시 흔들려 우리는 균형을 잡는 데 신경을 써야 했다. 몸을 구부린 내 앞의 인디오가 작은 페달을 밟고 있었고, 내 뒤에는 마리오가 앉아있었으며, 그 뒤의 페드로 역시 페달을 밟고 있었다. 며칠 사이에 리오 마니티의 물이 강둑까지 차올라, 우리는 카누를 타고 작은 호수까지 접근할 수 있었고, 심지어는 열대우림을 그대로 가로지를 수도 있었다.

이건 아주 색다른 여행이었다.

페드로는 나무의 높은 가지 위로 기어 올라가 목숨을 구한 이런 저런 동물들을 가끔 가리키기도 했다. 대부분, 우리들은 그 동물의 존재를 소리나 움직임만으로 알 수 있을 뿐이었다. 나무 꼭대기와 가지들이 엉켜있는 곳들이 사실은 그들의 세계였다. 우리가 강을 떠나서 카누를 타고 물이 꽉 들어찬 숲을 관통해 지나가자 이런 사실은 더욱 명백해졌다. 우리는 풀이 무성한 곳에 이어, 큰 나무줄기들 사이를 이리저리 헤쳐 지나갔다. 물의 흐름이 잠잠해지면서 진흙과 물 위에 떠다니는 나뭇잎들의 썩은 냄새가 코를 찔렀다. 나는 몹시 불안했다. 숲에선 풋내기에 불과했지만, 카누를 타고 이런 숲의 바닥을 곧바로 가로지르는 것이 얼마나 비정상적인지는 인식할 수 있었다. 게다가 놀라운 숲의 세계를 수수께끼같이 미끄러져 들어가는 건 지상에서와는 다른 관점 안으로 들어가는 것이나 다름없었다. 우리가 거무스름하게 빛나는 주름을 가진 붉은색의 환상적인 난초들 중 손에 잡힐 듯 가까운 곳에 있는 걸 스쳐 지나갈 때 나는 내 앞의 인디오에게 잠깐 멈추도록 하고 싶은 마음이 굴뚝같았다. 보통 이 꽃들은 높은 나뭇가지 위에 자라고 있었다. 그러나 그건 일시적인 기분이었다. 그는 무표정하게 지나갔다. 그에게 그건 날마다 보는 것에 불과했다. 물이 점점 더 얕아지면서 물 밖으로 드러난 나무 밑동들이 기괴한 모습을 드러냈다. 사실, 이토록 비틀어진 물체를 나무라 부를 수 있을까, 하는 의문이 들었다. 상상을 초월할 정도로 수없이 엉킨 뿌리와 줄기와 가지에 대해선 할 말을 잊었다. 이것들은 모두 하나의 식물에서 나와 단단히 뒤엉켜 도망가지 못하게 서로를 껴안고 있었으며, 그 모습이 마치 생사를 결정하는 레슬링에 참가해 어떤 마법에 의해 갑자기 얼어붙은 것처럼 보였다. 형형색색의 난초와 양치류가 굴곡이 지고 속이 빈 곳에서 모습을 드러내고 있었다. 대롱대롱 매달린 공중의 뿌리들과 덩굴식물들…. 우리의 카누는 이런 '조각품들' 사이를 조용히 미끄러져 나아갔다. 이것들은 영원히 변하는 순열에 걸려든 라오콘Laocoon의 군상같이 보여, 그리스 신화에 나오는 사제 아버지와 그 아들의 성공하지 못한 싸움을 연상시켰다. 그들은 끝내 뱀에 의해 곤경에 빠지지 않았는가? 이따금 페달이 달린 곳의 물이 뽀글뽀글 올라와, 나무의 형상에 대한 이미지가 흐려지더니 없어졌다.

우리 앞이 환해졌다. 호수였다. 둥그런 원을 그린 수면은 거대한 고목에 빙 둘러싸여 있었고, 검은색 물은 마치 납으로 된 거울 같았다. 주위는 무척 고요했다. 보트 옆의 햇빛이 물에 닿는 곳은 투명한 진갈색이 황록색이 되어 검은색의 심연으로 녹아들어갔다. 바닥은 보이지도 않았고, 물에는 움직이는 물체들도 없었다. 이곳은 불길한 블랙홀이었다.

그때 갑자기 앵무새 한 무리가 몹시 꽥꽥대며 날개를 펄럭이고 소동을 부리더니 마치 이곳이 처음인 양 숲의 빈 공간을 가로질러 날아갔다.

마리오는 이곳이 촬영에 적합하지 않다는 결론을 내렸다. 나도 반대하지 않았다. 돌아오는 길에, 내 앞에서 페달을 밟던 사람이 페드로를 통해 자기 친구가 최근에 여기서 죽었다며, 몹시 꼬인 나무 '조각품' 하나를 어렴풋이 가리켰다. 그 친구는 나뭇잎들이 무질서하게 덮여있는 곳을 피하려다 작은 뱀에 머리를 물렸는데, 그 뱀이 치명적인 독을 갖고 있어 구조도 제대로 하지 못했다는 것이다. 그 인디오의 얘기가 실감나게 이어지고 있을 때 페드로가 갑자기 웃음을 터뜨리며 우리에게 이렇게 설명했다. "그는 죽음의 고통을 심하게 느끼지 않았을 거야. 술에 취해 있었거든." 지금에 와서 그때를 생각해보니 그날은 영 불길했지만, 그래도 어쩔 수가 없었다.

촬영에 적합한 장소를 찾는 데 애를 먹고 있을 때 행운이 찾아왔다. 공터의 가장자리에 새 오두막을 지으면서, 통나무 두 개를 교차시켜 고정한 기둥 몇 개가 있었다. 이 기둥들은 마리오가 그 사이에서 뱀을 잡을 때 보조요원들이 경계할 수 있는 기반을 제공할 수 있을 것으로 보였다.

문제의 그날, 마리오는 장난기 넘치는 평소와 달리 쓸데없이 긴장하고, 생각에 잠기고, 다소 성마른 모습을 보였다. 그는 결정적인 순간에 자신이 결코 비틀거려선 안 된다는 사실과 이 뱀은 양손으로 대가리 바로 뒤를 잡고 단단히 눌러야만 제압된다는 사실을 알고 있었다. 그 순간까지 그는 어떤 희생을 치르더라도 이 뱀에 칭칭 감기지 않도록 경계해야 할 터였다. 파충류에 물리는 것이 개에 물리는 것보다 더 나쁘진 않지만, 일단 몸이 감기게 되면 그건 곧 죽음을 의미하니까. 그토록 거대한 뱀이 대가리 바로 뒤가 정확히 눌리면 왜 힘을 전혀 쓰지 못할까? 그러나 땅꾼들은 그 기술을 알고 있다. 마리오에게 필요한 건 끝이 포크처럼 갈라진 긴 막대기일 것이다. 그는 마체테를 갖고 숲으로 가서 잽싸게 하나를 잘라 왔다. 나 역시 영상을 연속적으로 찍는 동안 이 날카로운 칼을 갖고 가까이 있을 것이다. 나는 싸움에 뛰어들 수도 있다. 재빨리! 이와 같은 신속한 보조가 필요하다는 건 인디오들도 알고 있었다. 비록 그들이 아나콘다와 보아뱀을 잡는 데 익숙하다 하더라도, 일이 항상 계획대로 되는 건 아니다. 한 사람만으론 거대한 파충류를 상대하기 벅차다.

나는 공사 중인 기둥의 가로대와 가까운 곳에 있는 오두막의 1.5미터 높이 널빤지 위에 삼각대를 설치하고 커다란 카메라를 장착했다. 그러고 나서 새 오두막의 기둥 옆에 놓여있는 불길한 마대자루에서 4미터 떨어진 곳에 자리 잡았다. 나는 줌 렌즈로 모든 장면을 잡고 싶었고, 위에서 비스듬히 내려다보며 찍는 좋은 장면과 함께 세부적인 액션도 모두 따라가며 잡고 싶었다. 비상 상황이 발생하면, 나는 마체테를 손에 들고 쉽게 뛰어내릴 수 있었다. 되도록이면 손에 카메라까지 들고. 물론 나는 마리오에게 약간의 동정심을 느꼈다. 그 순간 그는 진정한 영웅으로 보였다. 용기의 정수! 그리고 그가 계약한 1,600만 리라는 이제 더 이상 그렇게 큰돈으로 보이지 않았다. 나는 널빤지 위에 안전하게 있는지라 내가 받기로 한 금액에 만족했다. 1.5미터의 추가적인 높이가 사람의 관점을 그토록 완벽하게 바꾼다는 사실이 놀랍기만 했다.

물론 이 높이라 하더라도 정말로 안전한 건 아니다. 보아뱀과 아나콘다는 민첩하게 기어오르기 때문에 종종 나무에서도 발견된다.

결행의 순간이 다가올수록 공터 위로 하늘이 드러난 하얀 공간이 점점 더 어두워지는 것 같았다. 웅성거리던 원주민들도 조용해졌다. 심지어는 숲까지도 한 발 뒤로 물러서는 것 같았다. 나는 내 앞에서 벌어질 일에 신경을 곤두세웠다.

마리오도 마찬가지였다. 우리는 예측불허의 사태를 포함해 각자가 해야 할 일을 분명하게 인지했다. 새로 짓는 오두막의 가로대 위에 인디오 셋이 앉아있었다. 그들은 일단 마리오가 뱀 대가리 바로 뒤를 독특한 수법으로 누르는 데 성공하고 나면 거들 작정이었다. 마리오는 그들이 더 일찍 땅에 내려오길 바랐지만 그들은 거절했다. 페드로는 또 다른 오두막 뒤의 그늘진 곳에서 마체테를 갖고 언제든 뛰어들 태세로 서 있었다. 이제 모든 준비가 끝났다.

아주 잠깐 동안 사위가 쥐죽은 듯 고요했다. 그리고 마침내 갈색 마대자루가 꿈틀거리기 시작했다. 마르게리타가 자신이 갇힌 어두운 감옥 안으로 들어오는 희미한 빛을 눈치 채고, 환한 대낮에 현혹이라도 된 듯 입구로 대가리를 주저주저하며 내밀었다.

나는 마리오를 쳐다봤다. 한 곳을 주시하는 그의 얼굴은 가면처럼 얼어붙어 있었다. 그는 다섯 걸음 떨어진 곳에서 몸뚱이를 천천히 들어 올리는 보아뱀을 흘끗 살폈다. 그리고 마치 한순간에 뛰어오르려는 동물처럼 몸을 조금 앞으로 숙였다. 그는 끝이 날카로운 2미터 길이의 막대기를 오른손으로 잡고 있었다. 마르게리타가 순간적으로 멈칫했다. 마리오가 있다는 걸 알아챈 걸까? 그놈은 숨어있는 위험을 살피고, 자신이 숲으로 돌아가는 걸 방해하는 자에게 경고라도 하려는 듯 반들반들한 비늘의 갈색 대가리 앞으로 끝이 양쪽으로 갈라진 혀를 내밀어 몇 번 날름거렸다. 마리오는 끈적거리는 땡볕 속에서도 몸이 얼어붙어, 동상처럼 앞으로 숙인 자세를 유지했다. 얼굴이 땀으로 뒤범벅된 그는 움직임을 거의 보이지 않는 뱀에 시선을 고정했다. 나는 오두막 지붕의 그늘 아래에 있었지만, 흥분과 땡볕과 영상을 찍는 노력과 다음에 일어날 일에 대한 집중력으로 인해 온몸에 땀이 비 오듯 했다.

사방이 정적에 휩싸였다. 나는 모두가 숨을 죽이고 있다는 걸 알 수 있었다. 오두막의 가로대 위에 있는 인디오들까지도. 갑자기 마르게리타가 마음을 굳힌 듯했다. 커다란 뱀으로선 믿을 수 없는 민첩성과 속도로, 그놈은 마리오를 벗어나기 위해 지름길이 아니라 빙 돌아서 숲으로 향했다. 나는 그놈이 탈출에 성공했다고 믿었다.

그러나 마리오는 방심하지 않았다. 그는 재빨리 튀어나가 그놈 앞에 서서 날카로운 막대기를 내밀 자세를 취했다. 그럼 마르게리타는? 그놈은 주저하지 않고 노련하게 방향을 바꾸어, 마리오로 하여금 자신의 의도를 깨닫지 못하게 했다. 그리고 만약 마리오가 지금 덤벼든다면 그를 질식시킬 대가리를 둥글게 감은 몸뚱이 뒤쪽으로 돌렸다. 상황이 뜻밖에 팽팽하게 엉켰다. 아무튼 어떤 말로 표현해도 엉켰다고 할 수밖에 없었다. 그는 기어가는 그 나선형 몸체 주위를 적당한 거리를 두고 빙글 돌았다. 그러나 마르게리타가 어느 방향으로든 숲으로 탈출하는 순간 유리하게 이용할 수 있을 만큼 거리는 가깝게 유지했다.

그 보아뱀은 이제 점점 더 느리게 움직였다. 그것이 아니라면, 비늘이 달린 몸뚱이가 여러 번 중복되게 꼬여 발생한 단순한 착시현상이었을까? 이제 마침내 그 거대한 뱀은 마리오가 적이라는 사실을 깨달은 것 같았다. 숲을 향해 가는 자신의 길을 가로막는 장애물 그 이상이라는 걸. 그놈이 마리오를 향해 천천히 그리고 똑바로 다가오자 마리오의 얼굴에는 상황을 이해했다는 표정이 묻어났다.

그는 마음이 흔들렸을까? 그래도 계속해서 집중력을 유지할 수 있을까? 마리오는 한 발 두 발 뒤로 물러섰다. 막대기를 너무나 꽉 쥐는 바람에 하얗게 변한 그의 손가락 관절이 보였다. 옆에서 끼어들려는 페드로의 갑작스러운 움직임으로 바스락거리는 소리가 났다. 그러나 나는 마리오만 주시했다. 그가 끝이 날카로운 막대기를 들어 올려 뱀을 힘껏 내려쳤지만, 아뿔싸 땅바닥이었다. 그는 뱀의 대가리를 맞추지 못했다. 그러자 그 파충류가 갑자기 움직였다. 마리오는 헐떡거리면서 막대기를 다시 들었다. 그는 이 불공평한 결투로 인한 긴장으로 떨기까지 했다. 이제 그에게 두 번의 실수는 용납되지 않을 것이다. 그는 땅 위의 위대한 동물을 분석하며 다시 막대기를 아래로 내려 날카로운 끝을 보아뱀의 대가리 위로 정확히 조준했다. 그러자 비늘이 덮인 6미터 길이의 몸뚱이가 거대한 스크루처럼 칭칭 감기기 시작했다. 그건 보기만 해도 끔찍한 광경이었다.

이 모든 과정이 일일이 묘사하기 어려울 정도로 순식간에, 그리고 동시다발적으로 겹쳐 일어나 혼란스러웠다. 나는 마리오가 막대기를 두 손으로 잡고 뱀의 머리로 재빨리 내리는 걸 보았다. 거친 외침이 들려왔으나 나는 그 소리의 주인공이 마리오인지 아니면 페드로인지 구분하지 못했다. 보아뱀의 모가지를 성공적으로 제압한 마리오는 이제 대가리 바로 뒤를 온 팔과 손가락 힘으로 단단히 조였다. 그는 땅에서 50센티미터 위 그놈 옆에서 그놈의 대가리를 붙잡았다. 그러자 인디오들이 여전히 몸부림치며 나선형을 이룬 그 파충류의 몸뚱이를 풀었다. 마리오가 점점 더 세게 조이자 그 동물의 무한할 것 같던 힘이 맥없이 풀렸다. 이제 그들 넷은 힘을 합해 그 뱀을 커다란 바구니로 끌고 갔다. 나는 안도의 한숨을 내쉬었다. 그러나 촬영을 계속하고 있었기 때문에 그것도 오직 머리로만 할 수 있었다. 그들이 비비 꼬인 뱀의 두꺼운 몸뚱이를 꼬리부터 바구니에 집에 넣는 모습은 정말 믿을 수 없었다. 마리오는 재빠른 동작으로 거대한 타래 위에 그놈의 대가리를 던졌다. 그는 그때까지도 보아뱀을 조이고 있었다. 이제 고리버들 세공 위로 뚜껑이 닫히고 단단히 묶였다. 나는 그토록 거대한 뱀이 마대자루나 바구니 안에서 왜 심하게 몸부림치거나 물어뜯지 않는지 납득하지 못했다. 그러나 그런 동물들은 빛이 차단되면 빈 나무통 안에 있을 때처럼 이내 몸을 움츠린다고 페드로가 몇 번이나 말했다. 뱀의 마음을 아는 사람은 아무도 없을 것이다. 나는 숨을 깊이 들이마셨다. 지친 마리오가 등심초로 만든 매트 위에 주저앉았다. 땀을 쏟아내는 그는 긴장한 표정이 역력했다.

"잘했어." 내가 말했다.

그는 가쁜 숨을 내쉬면서 고개를 끄덕였다. 그리고 잠시 뜸을 들이더니, 갑자기 이렇게 말했다. "너는? 촬영 잘했어?"

마지막 10분간의 일들이 내 머릿속을 주마등처럼 스쳐지나갔다. 그건 흥미진진한 장면이었고 분명 매력적인 얘기였다. 그러나 양심적인 카메라맨이라면 누구나 다 어떤 촬영이라 하더라도 충분치 않다는 걸 안다. 그런 사실을 숨길 수는 없다. 거대한 뱀에 대한 것일지라도…. "멋진 장면이었어." 나는 눈에 보일 정도로 안도하고 있는 마리오에게 말했다. 그리고 잠시 후 이렇게 덧붙였다. "동시에, 나는 소형 카메라로 몇 장면을 클로즈업해서 찍었어." 침묵이 흘렀다.

"정말이야?" 마리오는 마치 내가 정신이 나간 사람이라도 되는 것처럼 눈을 휘둥그렇게 뜨고 나를 빤히 쳐다봤다.

"그래도 충분치 않아." 나는 양심에 기대어 대답했다. 그러고 나서 자애로운 목소리로 덧붙였다. "나도 이제 좀 쉴게."

마리오가 어떻게 생각했는지는 알지 못한다. 어쨌든 그는 결국 이렇게 말했다. "좋아, 한 번 더 찍자!"

비밀스럽게 덧붙이자면, 내 의도의 이면에는 마르게리타가 이번에는 숲으로 도망치는 데 성공했으면 하는 마음이 있었다. 나는 마리오가 그전과 같은 결과를 만들어내지 못할 걸로 기대했다. 그러나 내 예측은 빗나가고 말았다. 마리오는 이번에도 특별한 목 조르기를 구사해 그 뱀을 제압하는 데 성공했다. 이번에 나는 소형 카메라로 '손에 닿을락 말락'할 정도의 거리에서 클로즈업 영상을 찍었다. 그럼에도 모든 일이 너무나 순식간에 벌어져, 나는 한 번 더 찍어야 했다. 그러자 우리 모두는 기진맥진했다. 그럼 불쌍한 마르게리타는? 그놈은 자유에 대한 세 번째이자 마지막 기회에 모험을 걸었다.

우리는 정글에서 며칠 더 머물렀다. 우리는 인디오와 난초와 몇 가지 다른 것들을 찍었다. 그리고 마침내 이키토스로 돌아왔다.

그럼 마르게리타는?

나의 만류에도 불구하고, 마리오는 그놈을 인디오들에게 선물로 주었다. 물론 그들은 그놈을 잡아먹었다. 마리오는 이렇게 말했다. "우리가 그놈을 놓아줬다면, 우린 그들의 눈앞에서 용서받지 못할 죄를 저지르는 꼴이 되었을 거야."

정글의 법칙 중 하나는 다른 자의 힘에 굴복해선 절대 안 된다는 것이다.

만약 우리가 유럽의 동물원에서 마르게리타를 이키토스로 가져갔다면, 얘기는 다르게 끝났을 것이다. 그런 환경이었다면 실제론 더 좋았을지도 모른다. 그런데 우리는 왜 그놈이 어디론가 돌아갈 수 있도록 놓아주지 않았을까?

사실 그놈은 인디오들에게 주기로 약속돼 있었다. 그래서 한 번 더 인간의 법칙이 동물의 권리를 빼앗았다.

그 후 마리오와 나는 두 번 다시 함께 일하지 않았다. 우리가 만든 영상에 어떤 문제가 있어서 그런 건 아니었다. 결과에 만족한 우리는 마법의 양탄자를 타고 지구를 30,000킬로미터나 날아서 밀라노로 돌아왔고, 마리오는 그다음의 큰 프로젝트를 손에 넣었다. 그건 아프리카의 어느 강에 있는 작은 모래섬에서 악어들과 하루를 보내는 것도 아니고, 동료에게 카메라를 잠깐 빌려주고 마치 쇼의 주인공처럼 스턴트 역할을 하는 것도 아니었다. 시나리오는 우리 중 하나가 설벽이나 빙벽의 가장자리에서 떨어지는 것이었다. (물론 바닥까지 떨어지는 건 아니다. 로프를 사용할 수 있었는데, 마리오는 그런 역할에 내가 적합하다고 말했다) 그런데 정말 뜻밖에도 여행을 떠나려는 순간 마리오가 에티오피아의 다나킬사막Danakil Desert을 횡단하는 것이 더 낫겠다고 말했다. 그럼 우리는 아주 이상한 관습을 가진 원시적인 부족과 만날 수밖에 없었다. 그는 여성들이 상대방 부족의 아주 값나가는 '고상한 부위'로 만든 목걸이를 걸고 있는 사진을 갖고 있었다. 고백컨대, 그런 사람들이 나에겐 우호적으로 받아들여지지 않았다. 물론 지금 그들은 이런 관습을 당연히 버렸겠지만, 그들의 트로피 중 유럽인의 것이 없다는 건 그나마 다행이었다. 나는 소중한 아리플렉스 카메라를 그곳에서 잃어버리지는 않을까, 하는 불안감을 감출 수 없었다. 에티오피아는 피로 얼룩진 역사를 갖고 있다. 아비시니아전쟁Abyssinian War 기간 중에는 3,000명의 이탈리아인 죄수들이 거세됐다는 소문도 있었다. 물론 그건 지금으로부터 먼 과거의 일이다. 1969년 다나킬 바로 서쪽에 있는 세미엔semyen 고원지대를 내가 횡단할 때, 두 원주민 간의 싸움이 끝나갈 무렵 그와 유사한 보복행위가 있었다는 말을 나는 매우 믿을 만한 소식통으로부터 들었다. 뼛속까지 대담한 마리오는 만약 자신이 그런 부족을 찾아내는 데 실패하면 인생을 지배하는 자신의 법칙이 결국은 타협하고 마는 걸로 이해했다. 그러나 그 아이디어의 조건을 놓고 상의하면서 나는 모든 위험을 보상받을 수 있는 계약을 주장했고, 그는 나에게 의심의 눈초리를 보냈다. 이건 결국 그를 잘못된 방향으로 이끌었다. 여자들까지 이 논쟁에 끼어들자 그는 몹시 화를 냈다. 어느 날 나는 그가 다른 동료와 함께 떠날 것이라는 소문을 들었다. 나는 마음의 상처를 받았다. 그래도 나는 그에게 전화를 걸어 행운을 빈다고 말해줬다.

마리오와 그의 동료는 다나킬사막을 횡단하던 중 한 번 붙잡혔지만 다시 석방됐다. 그들은 킬리만자로에서 운명에 발목을 잡혔는데, 심한 눈보라를 만나 6,000미터에서 비박을 해야 했다. 그러나 끝이 좋지 않았다. 9명의 생명을 책임진 마리오가 아니라, 그의 동료가 아주 끔찍한 동상에 걸려 유럽으로 후송된 것이다. 그러자 마리오는 나머지 여행을 포기했다. 어느 날 나는 카를로 알베르티 피넬리Carlo Alberti Pinelli와 함께 로마의 한 카페에 앉아있었다. 영화감독인 그는 오리노코강Orinoco River의 발원지에 사는 인디오들을 찾아가고 싶어 했다. 그때 고개를 돌리자 작고 동그란 머리가 사람들 위로 삐죽하게 나온 모습이 보였는데, 그는 유난히 긴 코르덴 옷을 입고 있었다. 나에게 등을 보인 그는 머리가 헝클어져 있었다. 타조! 정말로 그는 마리오였다. 얼마 후 우리는 함께 피자를 먹었다. 마리오는 나에게 곧 남미의 열대우림으로 낙하산을 타고 뛰어내릴 계획이라고 말했다. 그는 자신이 오랫동안 찾아온 '잃어버린 도시'를 끝내 발견할 수 있을 걸로 믿고 있었다. 그는 태연하게 웃으며 그 말을 했는데, 그 웃음은 거대한 뱀을 잡으러 가자고 나에게 제안했을 때와 너무나 똑같았다. 그의 할머니가 마토그로소 출신이라서 그런지 그의 웃음은 사뭇 남달랐다.

이 말을 덧붙여야 할지도 모르겠다. 그때 우리 둘이 주문한 피자의 이름이 '마르게리타'였다.

몬세라트

'톱날 산'은 과학자들이 침식작용의 결과로 그렇게 만들어진 것이라는 사실을 밝혀내기 훨씬 이전에 실용적인 카탈루냐 농부들이 산이 마치 톱날처럼 생겼다고 해서 붙인 말이다. 아주 독특한 형태의 구성과 작은 조각상 그리고 생김새와 윤곽 등 자연이 빚어낸 그런 특별한 작품에 대한 이름치곤 결코 낭만적이라 할 수는 없다. 기묘하게 둥근 머리를 가진 것들이 높이 무리를 이룬 이곳은 거친 운동 중 다른 것들이 잠자는 동안 거대한 인형극이 펼쳐지다가 절대적이고 돌이킬 수 없는 어떤 명령에 의해 그대로 얼어붙은 듯하다.

고대 로마인들은 이곳에 신전을 지어 사랑의 여신 비너스에게 바쳤다. 그리고 카탈루냐 목동들이 서기 880년에 신비한 검은 마돈나 조각상을 발견했는데, 이건 그 후 스페인의 수호신이 되었다. 거의 천 년도 넘게 이곳은 종교적 성지라는 자리를 지켜왔다. 바위들이 일렬로 길게 늘어선 밑에서 수도원으로 올라가는 길이 하나 있다. 그 수도원과 검은 마돈나 조각상으로 인해 이곳은 순례자들이 찾는 성지가 되었다. 고고학자들은 몬세라트가 원시시대부터 신성한 곳이었다고 생각한다. 명백하게 남근 숭배적인 이상한 바위들은 우리의 조상들에게 오직 하나의 의미만 가졌을 것이다. 즉 지상에서 생명을 유지하는 창조적이며 영원한 힘에 대한 현시가 바로 그것이다. 이곳은 또한 같은 정도로 이교도가 생겨난 곳이기도 하다. 아주 신비하고도 성스러운 이곳은 그 중요성이 종교적 발전을 초월했다. 그리하여 오늘날까지도 젊은 남녀들이 사방에서 몰려들어 ― 카탈루냐 사람들은 물론이고 다른 스페인 사람들까지 — 자신들의 결합이 축복을 받고 결실을 맺길 기원하며 이곳에서 결혼식을 올린다.

바로셀로나의 클라이머들에게 몬세라트와 그 주변의 거대한 인형극장은 환상적인 놀이터다. 보이지 않는 실에 매달린 꼭두각시처럼 하늘과 땅 사이에 매달리면 얼마나 즐거울까. 그리고 중력에 저항하는 한 마리의 종달새가 되는 기분은 얼마나 환상적일까.

몬세라트의 바위들은 얼핏 홀드와 스탠스가 아주 많은 것처럼 보인다. 그러나 자세히 보면 작은 주름이 진 곳들이 모두 둥글다는 사실을 알 수 있다. 이 바위산을 불그스름한 집단으로 만드는 보라색, 하얀색, 회색 또는 갈색의 미끄러운 표면들은 어느 곳이든 잡기가 결코 쉽지 않다. 이곳은 잘 뭉개놓은 체리 케이크를 닮은 역암이다. 따라서 '체리'가 떨어져나간 구멍에 두세 개의 손가락을 집어넣고 잠깐 버틸 수 있을지 모르지만, 대부분이 수직이며 볼록한 바위의 특성과 둥글고 미끄러운 홀드에 더해 고도의 균형감각과 최고의 손가락 힘을 요구한다. 더구나 이곳은 자유등반이 안 될 경우 마지막 수단으로 피톤을 때려 박는 것이 선택사항이 되지도 못한다. 그렇게 하기에는 역암의 밀도가 너무 높다. 몬세라트를 등반하는 클라이머는 자신의 기술을 최고로 발휘해야 하며, 바위같이 단단한 신경을 갖고 있어야 한다. 따라서 이 지역이 등반의 세계에서 국제적 명성을 누리고 있다는 사실은 조금도 놀랍지 않다.*

그곳에 처음 갔을 때 신경을 항상 곤두세우며 이런 조건들을 기억하지 않

---

* 훗날 나는 어떤 사람들이 이곳에서조차 직등 루트를 만들기 위해 드릴로 볼트 구멍을 뚫었다는 사실을 알게 되었다. 인위적인 확보물이 널려있으면 어떤 것이든 가능하다. 그리고 우연히도 그토록 영광스러운 '꼭두각시'는 벽의 디자이너로 분류된다. 물론, 극단적이고 흥미로운 동작들이 구현될 수는 있다. 그러나 산의 독창성을 파괴하는 대가는? 그들은 스스로 홀드를 찾아낼 준비가 돼있지 않았던 걸까?

을 수 없었다. 그때 나는 아찔한 허공에 노출된 채 손가락으로 흘러내리는 홀드를 잡고, 한 발은 미끄러운 스탠스에 대고 다른 발은 수직의 케이크에 있는 '체리 구멍'을 더듬으면서 현기증이 나는 그 벽에서 몸을 조금씩 끌어올렸다. 마지팬marzipan 과자 냄새가 나는 아카시아 향기가 바위 밑에서부터 산들바람을 타고 올라와 사방에서 진동했다. 이봐! 또 다시 흘러내리는 홀드네! 피카소가 디자인했음 직한 풍경에 둘러싸여 손가락 끝으로 바위를 붙잡고 올라가는 동안 햇볕이 따갑게 내리쬐고 바위가 그 열기를 반사했다. 인형극장의 꼭두각시가 된 클라이머가 100미터쯤 떨어진 거리에서 조금 아래쪽에 있는 동료를 불렀다. "라 볼라la Bola!(둥글어!)" 이곳에는 기름을 넣는 병을 닮은 바위가 있는가 하면 아주 무거운 '부활절 달걀'이 높은 곳에 매달려있는 듯하기도 하고(얼마나 오랫동안 저렇게 균형을 잡고 있었을까!) 거인의 손가락 끝 같기도 한 바위에서부터 비교적 작은 정육면체의 바위 — 그래도 집채만 한 크기로 공간을 차지하고 있는 — 도 있었다.

"아익소 에스 엘 다이에트-로 뷔 프로바레?Aixo es el Daiet-lo vuoi provare?" 나의 동료 호세José가 카탈루냐어와 더불어 내가 더 잘 이해하리라 생각했는지 이탈리아어를 섞어서 말하고 나서, 대단한 농담이라도 되는 것처럼 활짝 웃었다. 그는 이제 집채만 한 정육면체 쪽을 가리키며 짓궂게 눈을 찡긋하고 독일어로 설명했다. 다이에트Daiet는 독일어로 말하자면 뷔르펠헨Würfelchen으로 '작고 멋진 입방체'라는 뜻이었다. 그는 내게 그곳을 올라보고 싶은지 물으면서도 여전히 무언가를 숨기고 있는 듯 밝게 웃었다.

'좋아! 안 될 것도 없잖아.'라고 생각한 나는 그의 제안에 동의했다. 그때 우리는 '비들라Bidglia'라는 둥근 바위 위에 서 있었다. 스키틀 핀skittle-pin 같은 그곳은 80미터 높이로, 그 밑에 있는 시시한 입방체는 나로 하여금 경외심도 불러일으키지 않았다. 물론 유명한 원정등반 산악인이며 국제적 사업가인 내 파트너 호세 마누엘 앙글라다José Manuel Anglada에겐 그 입방체가 대단한 문제도 아니었다. 그는 부인 엘리Elli나 영화제작자 호르디 폰스Jordi

Pons와 함께 이곳을 자주 등반한다. 당연히 그는 몬세라트의 교회에서 결혼식을 올렸다.

우리가 그 앞에 서자 입방체가 다소 도전적으로 보였다. "에 운 부온 퀸토É un buon quinto!" 호세가 윙크를 하며 말했다. "5+(10a)가 조금 넘을 거야!" 그가 입방체의 한쪽 면으로 다가가며 말했다. 그리고 첫 번째 홀드를 잡더니 "결코 쉽지 않네! 최근에 친구 하나가 여기서 떨어졌지."라고 덧붙였다. 그리고 그는 눈썹을 치켜 올리며 강조라도 하듯 고개를 끄덕이더니 이렇게 말했다. "그 대가가 2주 동안의 병원 신세였어. 그는 로프 끝까지 떨어졌지만 천만다행으로 잡목지대 위였지. 어제 봤잖아? 네 강연에서." 그는 이미 한 손가락으로 매달린 채 그 위쪽 구멍에 확보물을 설치하고 있었다. 그리고 하얗게 드러난 작은 스탠스에 스웨이드Suede 창이 달린 암벽화 끝을 딛고 나서 몸을 비비꼬며 능구렁이처럼 기어 올라갔다.

"아, 그래…." 나는 조심스럽게 지켜봤다. 그리고 깁스를 한 그 친구를 기억해냈다. 멜빵이 달린 바지에 셔츠만 입은 호세는 마치 숲속을 산책하는 것같이 쉽고 경쾌하게 올라갔다. 그러나 그의 집중력은 대단했다. 멜빵이 벗겨졌지만 호세는 즉시 그걸 다시 걸쳤다. 멜빵을 멘 사람들은 보통 정신력이 대단하고 유머감도 있으며 동시에 안전을 추구한다는 것이 몬세라트의 수직의 벽에서조차 사실이라고 나는 혼자 생각했다. 그러나 그것도 호세 마누엘 앙글라다라는 사람이 멜빵의 주인이었을 때만 해당될지도 모르는 일이었다. 나는 직관적으로 그런 생각이 들었다. 어쨌든 그 순간 멜빵을 멘 사람은 내 위에 있어서 나는 그 피치를 선등할 필요가 없었다. 나는 체리 바위의 벽이 가진 문제를 곰곰이 생각하며 올라갔고, 그럭저럭 잘 해냈다.

호세는 음흉한 미소를 지으며 나를 내려다봤다. "그래, 우리 입방체가 어때?"

내가 오늘날까지도 갈망하는 등반은 그곳의 60미터 필라 위에 위치한

30미터 구간이다. 그곳은 몹시 탐나는 곳이었다. 나는 그 꼭대기에 올라서 보고 싶었지만 그런 일이 성사되진 않았다. 무슨 일이든 뜻대로 다 되지는 않기 마련이다. 그러나 일생일대의 장소에서도 채울 수 없는 소망을 그대로 간직하는 건 언제나 바람직하다.

스페인은 내가 아는 한 가장 좋은 곳이다. 광활한 시골, 다채로운 색깔과 냉엄한 아름다움. 마세타Maseta의 끝없는 평원 위로 하늘이 손에 잡힐 듯 가깝게 느껴지고, 파란 하늘의 구름은 다른 어느 곳보다도 더 낮게 느껴진다. 창백한 불모지대와 빨간 양귀비꽃이 만발한 초원지대를 나는 기억한다. 그리고 가끔 나는 오스트리아의 스티리아Styria처럼 푸른 바스크 지방으로 돌아간다. 그곳은 친숙하기도 하고 특이하기도 하다. 바스크 지방 사람들의 노래와 요들과 춤을 나는 소중하게 여긴다. 그곳에서 우리는 함께 축제를 즐겼다. 그리고 마리 아브레고Mari Abrego나 호세마 카시미로Josema Casimiro와는 스페인에서 아주 멀리 떨어진 K2와 에베레스트에서 함께 시간을 보내기도 했다. 나는 그 지역 산악회 회장인 파치Patxi — 그는 스티리아 사람들처럼 얼굴이 둥글넓적한데 — 를 만나, 사뭇 거칠고 소란스러운 야단법석 속에서도 차분하면서도 '언제나 조용한siempre tranquillo' 말을 들을 수 있었다. 그 즉흥적인 연회는 철조망이 둘러쳐진 높은 곳에서 열렸다. 차분함에 대해서라면, 오직 '작은 페드루치오Pedruccio'만이 팍시를 능가할 뿐이었다. 전 세계가 마치 그의 거대한 체구를 중심으로 회전하는 듯했다.(그는 100킬로그램이 훌쩍 넘는다) 이 회전에서 면제된 사람은 거의 같은 체중인 그의 부인이 유일했다. 아주 건장한 이들 두 바스크인을 우리 오스트리아에선 '진정한 인간의 영혼'이라 부를 것이다.

고향은 단순히 사람이 태어난 곳이거나 어려서 자란 곳이 아니다. 고향은 점점 더 넓어진다. 따라서 세월이 흐르면 사람들은 자신의 뿌리를 많은 곳에 내리게 된다. 이건 선물이 되기도 하고 부담이 되기도 한다. 더 많이 그리고 더 잘 이해할수록 만족과 희망은 사람과 떼려야 뗄 수 없는 동료가 된다.

나는 바르셀로나 항구의 부둣가 옆에 있는 바위에 앉아있다. 파도가 밀려와 부딪치고 다시 밀려나간다. … 내 생각이 바다 저 멀리 어딘가를 표류한다.

3부

힌두쿠시―미니 원정대의 전술

요즘의 원정등반은 거의 대부분 정상을 목표로 한다. 따라서 그들은 곧장 등반에 들어가는 것으로 계획을 세운다. 만약 그 봉우리가 히말라야나 카라코람 또는 힌두쿠시에 있다면, 그들은 네팔이나 파키스탄, 중국의 관계 당국으로부터 사전에 받아야 하는 입산허가서의 조건을 따라야 한다. 그들은 일정한 지역과 명시된 봉우리를 벗어날 수 없다. 내가 1967년 디트마 프로스케Dietmar Proske와 함께 작지만 광범위한 힌두쿠시에서 수행한 모험은 전혀 색다른 것이었다. 우선 우리는 둘뿐이어서 공식적으론 원정대가 아니라 단순히 '스포츠적인 관광객'으로 여행했다. 두 번째론, 정신적인 면에서 그건 등반과 정찰이 포함된 광범위한 야심을 품고 있었다. 디트마는 그때가 아시아의 고산에 대한 첫 경험이었다. 나는 이미 세 번이나 아시아에 간 데다 치트랄Chitral의 산들로 비슷한 여행을 하면서 힌두쿠시를 일찍부터 알고 있었다. 그러나 내가 티리치Tirich 지역을 처음 방문한 이래 상황이 바뀌기 시작해, 지금은 입산허가서가 없으면 큰 곤경에 처한다. 이건 다른 사람들에게 묻지 않고 환상적인 봉우리들을 등반하거나 미지의 계곡들을 탐험할 수 있는 시대가 이제 끝났다는 말이기도 하다.

어떤 면에서, 나는 그 미니 탐험이 내가 이룬 가장 성공적인 원정등반이었다고 생각한다. 알파인 등반에 대한 헤르만 불의 개념, 즉 내가 1957년 브로드피크Broad Peak와 초골리사에서 취했던 등반 방식은 나에게 큰 영향을 끼쳤다. 그 개념이 결국에는 모든 산악지대에 적용됐다고 나는 믿고 있다.

당시의 사건들을 장황하게 늘어놓을 생각은 없지만, 간추린 원정일기와 개념도를 활용해, 우리의 다양한 목표물들에 대해 반복적으로 텐트를(그리고 물자의 비축을) 쳐가며 펼친 완벽한 전개과정을 나는 보여주고 싶다. 무엇보다도, 나는 다양한 목적을 가진 두 명의 미니 원정대가 어떻게 효과적으로 움직였는지, 그리고 환경에 따라 어떻게 반복될 수 있는지 보여주는 이 모든 활동을 위해 우리가 한 준비의 뒤편에 숨어있는 의미를 설명하려 노력할 것이다. 물론 디트마와 내가 우리의 상황을 최대한으로 이용해야만 할 때도 있었고, 행운이 결과적으로 적지 않은 역할을 한 적도 있었다. 그러나 어떤 여행이든 언제나 약간의 행운은 필요한 법이다.

파키스탄의 북서쪽에 있는 치트랄 지방의 중심지인 치트랄에서 북쪽을 바라보면, 계곡 높이 솟아올라 하얀 눈으로 빛나는 티리치 미르가 한눈에 들어온다. 7천 미터급 고봉이 몇 개 있는 힌두쿠시에서 이 산군이 가장 높다. 티리치 미르 자체는 7,708미터이다. 요새처럼 생긴 이 산군은 아프가니스탄의 와칸Wakhan과 파키스탄의 치트랄 사이에서 경계선을 이루는 힌두쿠시의 주능선에서 남쪽으로 뻗어나간다. 가까이서 관찰해보면, 이 산 덩어리는 거대한 빙하를 감싸는 능선들과 독립된 봉우리들로 돼있다. 그리고 빙하의 끝은 동쪽과 남쪽, 서쪽으로 향한 갈색의 메마른 계곡 안까지 길게 늘어져 있다.

힌두쿠시 제2의 고봉인 노샤크Noshaq(7,492m)와 깎아지른 듯 솟아오른 이스토르-오-날Istor-o-Nal(7,403m)은 둘 다 이곳의 능선들과 연결돼 있으며, 이 능선들은 하나의 체계처럼 여러 곳으로 갈라져, 상부 티리치 빙하를 감싸고 있다.

힌두쿠시의 7천 미터급 고봉들과 그보다 약간 낮지만 멋진 봉우리들이 조금 늦게나마 클라이머들의 관심을 사로잡았다는 건 놀랄 일이 아니다. 1960년이 돼서야 와칸 코리도Wakhan Corridor(옥서스강Oxus River을 경계로 하는 좁은 종주지형으로, 러시아와 영연방 인도라는 두 경쟁국의 정치적 완충지대)에서 주요 산맥의 등반을 시도하는 것이 가능했다. 그러나 그 이전에 영국의 관리들은 길기트Gilgit 전선을 유지하고 있었고, 조사관들은 그때 영국의 영향력 아래에 있던 치트랄에서 힌두쿠시의 산악지대를 탐사했다. 그리하여 일찍이 1929년과 1935년에 영국 관리들이 이스토르-오-날을 시도했지만, 정상이라고 여겨지는 곳에 도달한 건 1955년의 미국 팀이었다.* 티리치 미르는 1939년 마일스 스미턴Miles Smeeton이 이끈 팀이 오위르 빙하Owir Glacier 쪽에서 등반을 시도했는데, 그때 함께한 셰르파가 스물다섯 살의 텐징 노르가이Tenzing Norgay였다. 그러나 초등은 남쪽에서 도전한 아르네 네스Arne Naess의 노르웨이 팀이 차지했다.

1965년 나는 헤르비그 한들러Herwig Handler, 프란츠 린트너 그리고 아내 토나와 함께 이스토르-오-날 뒤편의 상부 티리치 빙하에 있는 산의 한가운데로 밀고 들어갔다. 알피니스트의 관점에서 본다면 우리는 개척자나 다름없었다. 우리 이전에는 레지날트 숌베르그Reginald Schomberg만이 1930년대에 그 지역을 지리적으로 탐사했었다.

　당시 우리는 넓은 빙하지대로 들어갔다. 그 일대는 정확하게 표현하자면 산들로 둥그렇게 둘러싸여 있었으며, 왼쪽에는 티리치의 북쪽 산군들이 형성돼있었다. 우리가 서 있는 곳에서부터 남쪽으로 길게 이어진 상부 티리치 빙하는 티리치 서쪽 산군의 요새 같은 화강암을 지난 다음 압도적인 티리치 미르를 향해 계속 위로 향하고 있었다. 우리 정면으로 그리고 서쪽

---

* 　진짜 정상의 등정은 그로부터 14년 후에 스페인 팀에 의해 이뤄졌다. 『히말라얀 저널Himalayan Journal』 29호에 아돌프 딤베르거Adolf Diemberger가 쓴 글을 참조할 것. 힌두쿠시의 뾰족뾰족한 봉우리들에 매료된 나의 아버지는 비록 그 산군에 가본 적은 없지만 그곳의 전문가가 되었다.

으로 길게 이어진 빙하의 끝자락에 솟아오른 것들이 굴 라시트 좀Ghul Lasht Zom의 하얀 봉우리들이었다. 우리 오른쪽으로, 가파른 측면과 날아오르는 듯한 버트레스로 이뤄진 이스토르-오-날은 밖으로(동쪽으로) 흐르는 빙하와 경계를 이루고 있었다. 그 빙하는 결국 눈이 녹은 물을 티리치 골Tirich Gol이라는 U자 형의 넓은 계곡을 통해 치트랄의 큰 강으로 흘려보내고 있었다. (이 강의 이름은 상황에 따라 유리한 쪽으로 변해왔다. 지금은 마스투이Mastuj다) 복잡하게 갈라지는 이 빙하 체계의 더 긴 줄기는 이스토르-오-날과 바로 옆에 있는 노바이숨 좀Nobaisum Zom 사이로 뻗어나간다. 그리고 다시 한번 노샤크와 신게이크Shingeik의 남쪽 측면 바닥에서부터 넓고 빠르게 흘러내려간다. 또 다른 지류인 아나골 빙하Anagol Glacier는 티리치 분지와 그 서쪽에 있는 두 개의 가지키스탄 빙하Gazikistan Glacier의 분수령으로부터 시작된다. 옛날에도 사람들이 이곳의 고개를 넘어 아카리Arkari 계곡 아래로 내려갔을까?

우리는 티리치 빙하의 지류들이 모두 합류하는 이곳을 카라코람의 발토로에 있는 유명한 콩코르디아에서 따와 콘코어디아플라츠Konkordiaplatz라고 멋대로 이름 지었다. 우리의 1965년 원정등반은 6,732미터의 티리치 북봉 초등이라는 영광을 안았을 뿐만 아니라, 굴 라시트 좀 인근에 있는 6천 미터급 봉우리 세 개도 초등하는 업적을 세웠다. 우리는 훌륭한 과학적 결과도 어느 정도 얻었다. 지질학자인 토나가 그 지역 최초의 지질도를 위한 예비조사를 한 것이다. 우리는 검은 점판암 속으로 화강암이 수없이 섞여 들어갔다는 사실을 밝혀냈다. (이곳은 결국 고생대 지층으로 판명됐다) 그것들은 투명한 암맥에 한때 고대의 해저였던 퇴적암이 되도록 힘을 가했다. (우리는 일부 지역에서 화석을 발견했다) 바위의 이런 결합으로 생겨난 아름다운 광물들이 도처에 널려, 전기석電氣石의 검은 빛깔 '태양 문양들'과 장밋빛 운모조각들이 비단처럼 희미하게 빛나고 있었다. 내 심장박동도 토나와 마찬가지로 환상적인 발견만큼이나 빨라졌다. 결국 오래전의 젊은 지질학자처럼, 나 역시 산으로만 가는 나의 발걸음을 재촉할 수 없었다. 등산의 대상

지와는 다르게, 그곳에서 우리는 풀리길 기다리는 지질학적 수수께끼를 많이 볼 수 있었다. 그리하여 유혹을 떨치지 못한 나는 2년 후 그곳으로 다시 돌아갔다.

그러나 이번에는 많은 것이 달라져 있었다. 전에는 우리가 상부 티리치 빙하를 찾아간 유일한 사람들이었는데, 1967년에는 티리치 지역이 뭇 산악인들의 관심을 끌고 있었다. 강력한 두 원정대가 앞뒤로 상부 티리치 빙하의 남쪽 지류를 지나갔다. 블라디미르 세디비Vladimir Sedivy가 이끄는 체코인들과 다카하시 케이Takahashi K.를 대장으로 한 일본인들이었다. 그 두 원정대 모두 서쪽에서 티리치 미르에 도전할 생각이었다. (그렇다면 이건 신루트가 되는 셈이다. 노르웨이인들의 1950년 초등은 남쪽 리지를 통해 이뤄졌다)

그 산군은 또한 한스 토마저Hans Thomaser가 이끄는 카린티아Carinthia 지역 출신의 오스트리아 그룹으로 인해 부산했다. 그들은 디르골Dirgol 계곡으로 들어가, 가파른 루트를 통해 티리치 미르를 남서쪽에서 공략하려 했다. 대장과 그의 동료는 정상을 공격하던 중 사망했다. 이쪽으로 등정에 성공한 건 1971년의 일본 원정대였다.

우리의 지역이었던 상부 티리치 빙하를 탐사하려는 잘츠부르크 출신의 3인조에는 내 친구 쿠르트 라푸츠Kurt Lapuch도 있었다. 그들은 이스토르-오-날의 북봉을 등정했는데, 나는 그 친구와 1967년 오스트리아 힌두쿠시 정찰대에 참가해 처음으로 7천 미터급 봉우리의 정상을 함께 밟았다. 기술적으로, 나는 될 수 있는 한 가벼운 짐을 메고 혼자 등반하는 1인조 원정대였다. 나는 디트마 프로스케와 함께 가는 1967년의 독일 힌두쿠시 정찰대에 재빨리 참가해, 1인조 원정대의 활동을 활발하게 펼쳤다. 비록 우리가 함께 여행하기로 합의를 보긴 했지만, 그곳에는 각자의 계획에 따라 별도로 갔다. 서로에 대해 사전에 알지 못했기 때문에 기본적으론 각자가 신중하게 움직였다. 즉 우리는 자유롭게 다른 팀에 합류하거나 아니면 혼자서 등반했다. 결국 디트마와 나는 며칠을 빼고 항상 함께 움직였는데, 2인조 원정대라 해도 무방할 정도로 서로의 협력은 기분 좋게 잘 이뤄졌다.

내가 그곳으로 다시 돌아간 강력한 이유 중 하나는 티리치 미르의 서쪽 봉우리들 때문이었다. 사람의 발길이 닿지 않은 그곳은 빙하의 남쪽 지류와 함께 유혹의 손길을 내밀었다. 그곳에는 아름다운 7천 미터급 봉우리들이 있었다. 1965년 그곳을 최초로 탐험하고자 한 우리의 시선은 티리치 빙하의 먼 곳, 그중에서도 특히 티리치 미르의 서벽까지 향했다. 결과적으로 디트마와 나는 동쪽으로 휘어진 빙하의 지류를 통과해 주변의 봉우리들을 차례차례 올랐다. 우리는 특히 아름다운 피라미드인 디르골 좀Dirgol Zom(6,778m)과 아카르Achar 봉우리들 한두 곳에 시선을 고정했다. (6천 미터급으로 초승달 모양이 실루엣으로 드러나는 그곳은 상부 티리치 빙하의 서쪽 가장자리와 3,000미터 아래에 깊게 파인 아카리 계곡을 갈라놓는 곳이다) 또한 우리가 티리치 미르 그 자체를 대규모 원정대에 의해 개척된 루트로라도, 아니면 더 좋게는 우리 자신의 신루트로라도 등반할 기회를 노리고 있었다는 건 두말할 필요도 없다. 이미 말한 바와 같이, 실망스럽게도 1965년부터 관료적인 어려움이 나타나기 시작했고, 그 결과 파키스탄 정부는 티리치 미르에 대한 원정등반의 공식적인 입산허가서를 받으라고 요구하기에 이르렀다. 따라서 우리는 체코 팀이나 일본 팀에 몰래 얹혀 들어갈 수는 없을까, 하는 생각도 해봤다. 우리는 파키스탄 정부의 조치를 무시할 수 없었지만, 그러기에는 티리치 미르가 너무나 아름다웠다.

그렇다면 다른 봉우리들은? 아무 문제가 없었다. 페샤와르Peshawar 지역 당국은 '스포츠적인 관광객'인 우리에게 멋진 허가서를 내줬는데, 고무도장이 찍힌 그 허가서에 의하면 우리는 낚시를 하고, 눈이 있는 곳이든 빙하지대든(이것이 중요하다!) 내키는 대로 자유롭게 돌아다니고, 스키를 탈 수 있는 지역을 탐사할 수 있었다. (이 정도면 관광으론 훌륭하다고 그들은 말했다) 나는 이걸 기본적인 입산허가서를 요구할 때 관광성이 제시하는 특별 목록

▶ 우리가 이곳 산군을 한 바퀴 돌 때 오위르 안Owir An 고개를 올라가면서 남쪽에서 바라본 티리치 미르 주봉과 동봉들. 과거의 사진과 비교해보니 빙하가 상당히 후퇴해있었다.

에 들어있지 않은 봉우리들은 어떤 것이든 등반이 가능한 것으로 해석했다. 그러나 그런 봉우리들이 어떤 것인지는 그저 추측만 할 수 있을 뿐이었다. 따라서 우리는 쓸데없는 질문을 하지 않도록 조심했다. 불행하게도 티리치 미르가 공식 허가서가 필요한 산이라는 걸 모르는 사람은 아무도 없었다.

그때는 과도기여서 많은 것들이 각자 해석하기 나름이었다. 우리가 하는 모험은 불법적이었을까? 아니, 아니! 그건 신만이 금지할 수 있는 것이다. 그렇다 해도 불의의 사건이 일어날 위험이 있었다. 어느 화창한 날 아침, 그라츠 출신의 지리학자이며 힌두쿠시에 헌신적인 내 친구 제럴드 그루버Gerald Gruber는 지역 경찰이 포터를 대동하지 못하도록 한 마을에 있었다. 그는 자신의 탐험을 끝내야만 했다. 바로 그런 이유로, 디트마와 나는 공식적인 대규모 원정대의 연락장교를 깍듯이 대했다. 그로부터 12년이 지난 1979년, 나는 우정과 로프로 연결된 우리의 연락장교 파야즈 후세인「ayazz Hussain 소령과 깊은 눈을 오랫동안 헤쳐 길을 뚫고 나아가 8천 미터급 봉우리 중 하나인 가셔브롬2봉의 정상에 올라서는 기쁨을 함께 만끽했다. 그러나 1967년의 디트마와 나는 그런 하모니를 기대할 수 없었고, 넓은 지역에서의(물론 우리는 높이 올라가길 희망했지만) 태평스러운 스포츠 활동에 대한 그럴듯한 해석을 특별 허가서에서 찾아낼 수 없었다. 그리하여 우리는 티리치 골 계곡 아래쪽에 있는 연락장교의 '차나 한 잔 마시러 오라'는 초청을 선뜻 받아들일 수 없었다. 바꾸어 말하면, 우리가 접근해선 안 되는 빙하의 세계에 대한 안전을 위해 그러겠노라고 받아들였지만, 우리는 몸이 좋지 않다는 핑계를 대고 차일피일 날짜를 미뤄야 했다. 우리는 우리의 '물고기'를 '잡을' 때까지 그 날짜를 연장했다. 결국 나는 실제로 차 한 잔의 초대에 응했지만, 다른 방향에서 계곡을 올라가 티리치 산군을 한 바퀴 돌아보자는 나의 소망을 이뤘다.

알파인 스타일을 더욱 발전시키다

나는 암석 표본들을 더 모아 지질도를 넓힐 수 있는 등반과 탐험을 하고 싶었다. 특히 굴 라시트 좀 봉우리들이 나의 관심을 끌었다. 왜냐하면 아노골 빙하Anogol Glacier로 향하면서 그 북쪽 지역에 대한 옛 '캄카르트kammkarte'는 너무나 잘못돼 있었고, 그 산군의 남쪽에 있는 6천 미터급 봉우리 하나는 여전히 미등으로 남아있었기 때문이다. 그건 1965년에 우리가 오르지 못한 유일한 봉우리였다. 그리고 우연히, 아노골 반대편은 어떻게 생겼을까, 과연 그곳으로 내려갈 수 있을까, 하는 호기심도 들었다.

그때까지 노샤크 남벽 등반에 성공한 사람은 아무도 없었다. 그리고 때가 묻지 않은 채 이름도 없이 P6999라는 기호로 남아있는 산이 인근에 있었는데, 그곳에선 7,000미터까지 고도를 올릴 수도 있었다. 따라서 목표에 또 목표가 생겨나며 가능성이 끝없이 이어졌다.

헤르만 불과 발토로 빙하에 간 다음부터 나는 알파인 스타일을 고집했지만, 1960년 다울라기리에 갈 때까진 그 스타일을 실현할 수 없었다. (그 등반에선 사용되지 않은 산소통이 그대로 남기도 했다) 1957년 우리가 여러 군데에서 알파인 스타일을 성공적으로 수행하지 못한 건 먼 거리의 모레인 자갈지대와 빙하지대를 통해 다른 산에 필요한 장비와 식량을 옮겨야 했기 때문이다. 그러나 원정등반을 시작할 때부터 다수의 목표를 받아들이고, 또한 히말라야에선 알파인 스타일을 추구하는 모든 산악인들이 포터를 고용해 장비와 식량을 산 아래의 베이스캠프까지 나르도록 한다는 전제조건도 받아들인다면, 어떻게 해야 하는가는 자명하다. 결국은 처음부터 적절한 데포(물자비축) 시스템을 구축해야 한다.

이미 말한 바와 같이, 1967년의 우리에겐 단 둘이서 알파인 스타일로 실현할 수 있는 목표나 가능성이 충분히 있었다. 오늘날의 개념은 보통 등산에 국한돼 있지만, 그 당시의 우리에겐 탐험과 발견까지도 포함돼 있었다. 하나 이상의 산군을 탐험하고, 성공적이면서도 수준 높은 등반까지 하려면, 이 스타일을 더욱 발전시킬 필요가 있었다. 의도한 캠프들을 위해 유기적으로 물자를 비축해야 하며, 필요하다면 언제든지 조정할 수 있는 선택권까지도 확보해야 한다. 따라서 사전에 계획을 잘 세워야 후에 부담을 줄일 수 있다.

다수의 목표를 위해 우리에겐 탄력성 있는 계획이 필요했다. 우리는 극히 제한된 숫자의 텐트만 갖고 있었다. 보통의 캠프용으로 큰 것 두 동과 고소의 가파른 사면에서 손쉽게 옮겨 칠 수 있는 경량 텐트(두 개의 폴을 수직으로 세워 칠 수 있는 드메종Demaison 텐트) 한 동이 전부였다. 이 경량 텐트는 우리에게 상당한 기동력을 안겨줬다. 우리는 더 높은 곳, 또는 적어도 다른 곳에서 위험한 비박을 하지 않고도 밤마다 이 텐트를 치며 여러 날 동안 앞으로 전진해나갈 수 있었다. 헤르만 불과 나는 그런 '반더링 고소캠프wandering high camp'를 그의 마지막 등반이 된 1957년의 초골리사에서 이미 적용했었다. 그때의 등반은 고소포터나 산소장비를 일절 쓰지 않는 초경량의 '서부 알파인 스타일west alpine style'*을 대변했고, 오늘날의 정의로 보아도 가장 순수한 알파인 스타일에 호응했다. 이 다이나믹한 등반기술은(물론 텐트의 사용 때문에 그렇게까지 정의될 수는 없지만 종종 비박이라는 개념으로 윤색되고 있다) 모든 종류의 횡단과 아주 멀리까지 들어가야 하는 탐험에 놀라울 정도로 효과적이라는 사실이 증명됐다. 우리는 티리치 미르를 외곽으로 한 바퀴 돌 때 우리의 경량 텐트를 사용했는데, 이건 또 하나의 7천 미터급 고봉인

---

* 고소포터나 보조산소를 사용하지 않는 등반 방식 [역주]

티리치의 네 번째 서봉은 물론이고 앞서 언급한 P6999와 같은 산에서 등반을 할 때도 똑같이 유용했다. 우리는 어떤 경우든 대규모 원정대가 하는 대로 캠프를 연달아 치는 것이 완전히 불가능했다. 어떤 의미에서, 우리의 방식은 영국인으로 전략의 대가인 크리스 보닝턴Chris Bonington이 주장한 '캡슐 스타일capsule-style'과 가까웠다.

자급자족을 해야 하는 우리의 작은 팀은 데포를 자주 이용했다. 우리는 더플백 하나와 알루미늄 박스 하나에 식량과 장비를 담아서 아노골 빙하와 상부 티리치 빙하의 남쪽 지류에 숨겨뒀다. 그리고 콩코어디아플라츠에 두 개, 티리치의 네 번째 서봉에 한 개, 노샤크 아래에 또 하나, 그밖에 몇 개의 은닉처를 더 만들었다. 이중 한 군데에 텐트를 놓아둔다는 건 언제든 즉각적인 캠프로 전환할 수 있다는 의미였다. 거꾸로 텐트가 다른 곳에서 필요하면 철수를 해서 다시 은닉처에 놓아두는 것 역시 간단했다. 산에서의 기술에 경험이 없는 사람이라 하더라도, 원정등반이 이전 중간거점의 도움으로 얼마나 유연성 있게 운용되는지 알 수 있을 것이다. 이런 거점의 배치가 물류 패턴을 따라가면 믿기 어려울 정도로 먼 거리까지 감당할 수 있다.

티리치 지역에서 두 달을 보내는 동안 우리는 무세라프 딘Musheraf Din이라는 포터 한 명만을 고용했다. 그리고 그때조차도 우리는 그가 쉴 수 있도록 마을로 자주 내려 보냈다. 이건 우리가 손수 많은 짐을 날랐다는 의미다. 우리가 그곳으로 걸어 들어갈 때는 12명의 포터를 고용했는데, 그들은 여러 군데에 짐을 부려놓아 우리들이 직접 그 짐들을 다시 날라야 했다. 명백하게, 포터들의 정직은 이 시스템의 필수적인 요구사항이다. 그러나 우리는 무세라프 딘과 그의 동료들을 믿을 수 있었다. 여러 원정대의 포터들이 모두 한 마을, 즉 샤그롬 티리치Shagrom Tirich 출신이라는 사실이 그래서 중요했다. 무세라프 딘은 그들의 우두머리였다.

그러나 이제 어떻게 전진해나가지? 조금 더 자세히 말하면, 선택한 등반을 위해 경량 전략을 어떻게 확장해나가지? 자기가 움직이는 곳을 중심으로 해서, 예를 들면 콘코어디아플라츠로 흘러들어가는 티리치 빙하의 남쪽 지류에서 은닉처를 캠프로 전환시키면 된다. (교대로, 가장 가까운 은닉처나 마지막으로 움직인 곳에서 필요한 장비를 가져올 수 있다) 그렇다고 해서 일이 아주 쉬운 것도 아니다. 날라야 할 필요가 있는 장비를 찾아야 하기 때문이다. 장비의 양이 많지 않은 경우 이런 물류 전략은 결코 안전장치가 될 수 없다. (한번은 우리가 서로 다른 세 군데에서 장비를 모아야 하는 경우에 처한 적도 있었다)

새로운 캠프를 세우고 나면 원하는 봉우리 밑에 조그만 '고소 베이스캠프', 즉 작은 전진베이스캠프를 추가한다. 그곳에서 경량 텐트만 갖고 순수한 알파인 스타일로 등반을 하거나, 또는 보통 권하는 바와 같이, 마지막으로 정찰을 하기 위해 더 높은 곳에 은닉처를 먼저 만들고, 조건이나 안전이 필요한 경우 고소텐트를 하나 치고 나서 그곳에서부터 '부챗살 등반'을 시작한다. 인생을 계속 살아가면서 이런 얘기를 하고 싶다면, 산에서만큼은 일반상식을 원칙으로 삼아야 한다. 은닉처를 만들 것인지, 그럼 어디에 만들 것인지는 상황에 따라 다르다. 티리치의 네 번째 서봉(7,338m)은 아름다운 화강암 성채인데, 우리는 이런 식으로 일주일 동안 탐험도 하고 등반도 했다. 우리는 거대한 얼음 램프와 북쪽 버트레스를 통해 그 산을 초등했다.

상부 티리치 빙하에서 보낸 두 달 남짓 동안, 우리는 차례대로 '베이스캠프'를 설치했다. 이스토르-오-날 밑에 하나(노샤크와 노바이숨 좀을 바라보고), 그 다음 하나는 굴 라시트 좀 봉우리들이 있는 곳 동쪽에, 세 번째는 티리치 빙하의 남쪽 지류가 시작되는 곳에, 그리고 마지막 하나는 먼 아나골 분지에 일종의 영구적인 위성으로, 이렇게 해서 우리는 모두 19개의 캠프를 설치했는데, 한번은 다른 팀이 버린 텐트를 쓰기도 했다.

이런 탄력적인 운용은 상당히 유용했다. 덕분에 우리는 티리치 미르 (7,708m)를 포함해 7천 미터급 고봉 3개를 등정하는 데 성공했다. 다른 두 곳은 티리치의 네 번째 서봉과 7,070미터로 밝혀진 노바이숨 좀(P6999)으로 둘 다 초등이었다. 그리고 이것 말고도 우리는 6천 미터급 봉우리들을 4개 올랐다. 이건 우리에게 땀과 임기응변적인 판단력을 요구했다. 우리는 아주 작은 팀으로 그 지역의 산들을 '정복'했고(아니면 우리의 것으로 만들었고), 상당히 먼 거리를 오가며 궁극적으론 그 산군을 한 바퀴 돌았으며, 상부 티리치 빙하에 있는 아름다운 봉우리들을 차례차례 성공했다. 이런 모험을 하는 과정에서 발생한 물류 문제를 극복한 데 대해, 오늘날까지 나는 디트마와 내가 다른 곳에 있는 8천 미터급 고봉을 등정한 것보다도 더 만족한다. 몇백 미터를 오르내리는 고도차는 큰 문제가 없지만, 모든 걸 고려하면 그런 건 별로 흥미롭지 못했을 뿐더러 훨씬 더 간단한 문제이기도 했다. 라인홀드 메스너Reinhold Messner의 도전, 즉 그가 페터 하벨러와 함께 우리보다 몇 년 후에 히든피크Hidden Peak(8,068m)에서 감행한 도전은 창의적이라고 널리 인정된 대단한 등반이었다. 그러나 그런 등반의 원칙은 일찍이 7천 미터급 고봉에서 적어도 한 번 이상 적용됐다. 사실 메스너의 '비박'은 실제적으로 캠프를 이용한 것이었고, 최고급 원단으로 만들어진 텐트와 침낭을 사용한 것이었다. 디트마 프로스케와 내가 힌두쿠시에서 보낸 그해 여름을 돌이켜보면, 서로간의 차이점은(내가 느끼기에) 그저 로프로 몇 피치 정도라고 할 수 있을 정도다. 히든피크는 마법의 8,000미터를 살짝 넘는 고도일 뿐, 물류적인 어려움은 비교의 대상도 되지 않는다. 나의 입장에서 보면, 메스너는 자신의 등반과 1957년의 브로드피크 초등 사이에서 적절한 비교를 이끌어내지 못했다. 그의 1975년 등반은 장비와 식량의 무게에 있어서 이미 우리가 해낸 것보다 10분의 1만 필요했다고 그는 말했다. 더구나 그는 그 원정등반에 의사도 데려가지 않았다. 최소한, 나는 그 언급에 대해 웃지 않을 수 없었다. 그러나 숫자상으로 우리는 둘이 아니라 넷이었다. 그때 발토로 빙하에는 우리뿐이었다. 더구나 그것도 거의 20년이나 빠른 시점이었다. 그동안에 장비만 따져도 얼마나 많은 발전이 있었던가! 무엇보다도 메스너는 등반을 시작하는 곳까지 12명의 포터를 고용했다. 1967년에 우리가 힌두쿠시에서 한 것처럼. 물론, 헤르만 불이 브로드피크에서 구사한 '서부 알파인 스타일'은 메스너와 하벨러가 히든피크를 등반할 때 적용한 방법보다 더 무겁고 덜 우아했다. 그러나 이런 독창적인 개념은 '헤르만 불'의 것이었고, 그 얼마 후 초골리사와 스킬 브룸Skil Brum에서 가장 순수한 알파인 스타일로 구체화됐다. 하지만 옛날 방식과 개념이 적용된 히든피크의 등반이 두말 할 것도 없이 더 빛났다.

발토로에서의 이 '정신적 여행' 이후 우리는 비교적 조용한 힌두쿠시로 돌아갔다. 파란만장했던 그 3개월은 대단한 시간이었다.

원정등반 기록

디트마와 나는 장비를 추리기 위해 6월 초에 만났다. 우리는 사흘간의 작업을 통해 500킬로그램의 무게를 420킬로그램으로 줄였다. 그러자 뒤축에 강력한 완충장치가 달린 차가 그럭저럭 버틸 정도가 되었다. 2주 동안 우리는 차를 몰고 터키와 이란, 아프가니스탄을 횡단했다. 파키스탄의 디르Dir에서 우리는 도난 방지책으로 누군가의 베란다에 차를 주차시켜놓고, 현지인들과 함께 가장자리에 널빤지를 때려 박은 다음 그곳을 빠져나왔다. 우리는 처음 이틀은 지프를, 그런 다음 또 이틀은 당나귀를 타고 가서 12명의 포터를 고용해 샤그롬과 티리치 계곡으로 걸어 들어갔다.

우리의 목표는 현지인들이 추르 바이숨Chur Baisum이라 부르는 루바르브 파치Rhubarb Patch였는데, 그곳의 하부 티리치 빙하는 상부 티리치 빙하가 있는 계곡으로 이어져 있었다. 하부 티리치 빙하는 티리치 미르 북벽과 티리치의 북쪽 봉우리들 사이에 끼어있어, 작고 좁았다. 루바르브라는 이곳은 티리치 미르의 북벽을 초등하는 데 알맞은 베이스캠프사이트였다.

원정등반 기록은 이렇게 시작된다.

7월 5일
디트마와 쿠르트가 체코인들이 이미 자리 잡은 베이스캠프에서 얼마 떨어지지 않은 곳에 텐트를 쳤다.

7월 6일

쿠르트가 체코 팀의 주방텐트에서 그들과 연락장교와 얘기를 나누는 동안, 일찍 출발한 디트마가 포터들과 함께 지나갔다. 우리는 '날' 또는 '말굽'이라 불리는 곳 바로 뒤에 있는 이스토르-오-날의 남쪽 사면을 따라 전진했다. 현지인들에 따르면 몇 년 전에 한 사람이 이곳을 따라 말들을 몰고 아프가니스탄으로 갔다고 한다. 그러나 오늘은 빙하의 상태로 인해 그런 일이 가능할 것 같지 않았다.

7월 7일

디트마와 쿠르트가 이스토르-오-날의 서쪽 사면을 돌아 상부 티리치 빙하의 북쪽 지류로 향했다. 이곳은 쿠르트 라푸츠가 이끄는 잘츠부르크 팀이 이스토르-오-날의 북봉을 등정하기 위해 베이스캠프를 친 곳이다. 이제 그들은 샤그롬으로 떠나고 없었다. 우리가 텐트를 치고 나자 라푸츠가 돌아왔는데, 쿠르트의 초청을 받은 그는 그들 중 두 명이 여기서부터 노바이숨 좀(P6999)에 도전할 것이라고 말했다. 콘코어디아플라츠에 모든 짐을 숨겨놓은 다음 무세라프 딘을 제외한 포터들을 집으로 돌려보냈다. 그곳의 짐들은 후에 남쪽과 북쪽으로 보내질 것이다.

7월 8일

노바이숨 베이스캠프에서 출발해 더 높은 곳인 5,800미터에 은닉처를 만들었다.

7월 9일

라푸츠와 쿠르트가 각자 정상 등정을 시도하기 위해 베이스캠프를 떠나 6,050미터에 경량 텐트를 쳤다. 노바이숨 좀에 올라가려면 이 산과 이스토르-오-날 사이의 골짜기를 따라 간 다음, 정상 능선으로 붙으면 된다. 디트마는 우리의 모험 중 또 하나의 목표인 노샤크를 정찰하러 가서 짐을 숨겨놓았다.

7월 10일

노바이숨 좀(아네로이드에 의하면 7,070미터)*을 초등했다.

---

*   나는 그런 고도에 적응이 되지 않아 상당히 애를 먹었다. 그해(1967년) 같은 시즌에 더그 스콧 Doug Scott은 그의 첫 아시아 원정등반에서 아프가니스탄 힌두쿠시에서와 비슷한 곤란을 경험했다.

7월 11일

노바이숨 베이스캠프로 하산했다.

7월 12일

라푸츠가 출발했다. 잠시 후 거대한 낙석사태가 일어나 이스토르-오-날 베이스캠프의 화강암 벽 아래로 떨어져 내렸다. 무세라프 딘이 식량이 든 배낭을 갖고 왔는데, 그건 노샤크를 등반하기 위해 숨겨놓은 것이었다. 노샤크는 정찰 결과 벽으로 접근하는 것 자체가 너무 복잡하고 위험한 것으로 드러났다. 따라서 이번에는 노샤크를 등반하지 않기로 했다.

7월 13일

이제 굴 라시트 좀의 봉우리들에 붙을 준비를 해야 했다. 쿠르트는 한쪽 다리의 정맥이 걱정스러울 정도로 두꺼워져서 잠시 노바이숨 베이스캠프에 머물기로 했다. 디트마와 무세라프 딘이 콘코어디아플라츠에 숨겨놓은 짐을 굴 라시트 좀 봉우리들 아래로 옮겼다. 4,950미터에 굴 라시트 좀의 베이스캠프를 구축했다.

7월 14일

어제와 같은 일을 반복했다. 그 후 무세라프 딘은 '휴가차' 샤그롬으로 내려갔다. 다행스럽게도, 약을 먹어서 그랬는지 쿠르트의 다리가 점점 좋아졌다. 부작용은 없었다. 후에 그는 이곳에 도착하자마자 곧바로 7천 미터급 봉우리에 도전한 것이 위험스러운 실수였다고 인정했다.

7월 15일

디트마가 파노라마피크(대략 5,600미터. 1965년 초등)를 등정했다. 쿠르트가 노바이숨 베이스캠프에서 도착했다.

7월 16일

디트마와 쿠르트가 스키와 스키 밑바닥에 붙이는 씰 스킨을 이용해 상부 티리치 빙하의 남쪽 지류를 5,500미터까지 올라간 다음, 스키를 타고 수 킬로미터를 내려왔다. 그 활강은 아주 어려웠는데, 작은 페니텐테penitente들이 길게 늘어서 있어서 스키를 타고 내려

힌두쿠시. 사람들이 살지 않는 가지키스탄 계곡으로 2,000미터를 내려가는 일은 사방에 널린 얼음의 페니텐테와 싸워야 해서 몹시 피곤했다. 건너편으로 굴 라시트 좀(6,665m)의 깎아지른 북벽이 보인다.

올 가치가 없었다. 1965년에는 남쪽 지류의 눈이 너무나 좋았지만, 그때는 우리에게 스키가 없었다.

7월 17일

상부 티리치 빙하의 북서쪽 지류인 아노골Anogol을 탐험하러 떠났다. 아노골은 아이스폴이 너무 많아, 차라리 왼쪽에 있는 가파른 바위지대를 넘어가는 것이 나을 듯싶었다. 페니텐테는 전진을 힘들게 만들었다. 아노골과 상부 가지키스탄 빙하 사이에 있는 안부까지 올라갔다. 이 빙하는 아카리 계곡의 발원지다. 안부(대략 5,500m)에서 둔덕(5,600m)까지 올라갔다. 그러자 전망이 아주 좋았다. 아노골에서 상부 가지키스탄 빙하로 내려가는 것이 매우 어렵긴 해도 가능성이 있어 보였다. 쉼베르거에 의하면, 목동들과 밀수업자들이 아카리 계곡을 거쳐 아프가니스탄으로 들어가는 길이 한때 이곳에 있었을지 모른다고 한다. 아마도 그때는 얼음 상태가 좋았을 것이다. 한 가지 사실이 더 밝혀진 건 아노골과 굴 라시트 좀 봉우리들 북쪽 아래에 있는 빙하 사이에는 장애물이 아무것도 없다는 것이었다. 단지 적은 양만이 하부 가지키스탄 빙하로 방향을 틀 뿐, 아노골 빙하의 얼음들은 결과적으로 상부 티리치로 흘러 들어가고 있었다. 아스프-에-사페드Asp-e-Safed 봉우리들의 남쪽 벼랑에서 발원하는 아노골 빙하의 왼쪽 모레인 지대 위에서 고생대의 바다나리가 눌려져 있는 돌덩어리들이 발견된 건 흥미로운 일이었다. 오늘 굴 라시트 좀 베이스캠프로 돌아왔다.

7월 18일

휴식. 디트마가 콘코어디아플라츠에서 식량을 가져왔다.

7월 19일

굴 라시트 좀 봉우리들을 향해 출발했다. 파노라마피크와 굴 라시트 좀 남봉, 데르토나피크Dertona Peak, 굴 라시트 좀 동봉으로 둘러싸인 빙하의 분지에 고소캠프(5,700m)를 설치했다.

7월 20일

디트마와 쿠르트가 고소캠프를 출발해 굴 라시트 좀 남봉(6,400m)을 초등했다. 티리치미르와 상부 티리치 빙하를 둘러싸고 있는 봉우리들의 전망은 환상적이었다.

7월 21일

베이스캠프로 하산했다. 휴가를 마치고 돌아온 무세라프 딘이 기다리고 있었다. 그는 계란과 새로운 스키스틱을 만드는 데 필요한 것들을 갖고 왔다.

7월 22일

아노골 좀의 초등을 위해 출발했다.(그 정상에선 사방이 아주 잘 보였다) 우리는 아노골 빙하에 고소캠프(5,700m)를 설치했다.

7월 23일

아노골 캠프에서 아노골과 하부 가지키스탄 빙하 사이의 안부로 올라간 다음, 남쪽 능선을 통해 아노골 좀(6,000m)을 등정했다. 남쪽 능선에서 가지키스탄 방향으로의 하산은 가능성이 충분해 보였다. 한편 안부는 거대한 빙하로 끝나는데, 그 아래쪽이 잘 보이진 않았지만 길이 하나 있을 것 같았다. 그곳 정상에서 노샤크와 티리치 미르, 그리고 굴 라시트 좀에서부터 아프가니스탄의 봉우리들까지 인상적인 전망을 바라본 다음 동쪽 사면을 통해 내려왔는데, 어느덧 밤이었다. 작은 봉우리들과 우리가 7월 17일에 도달한 안부에서 북서쪽 사면을 통한다면 아마도 상부 가지키스탄 빙하로의 하산이 가능할 것 같았다. 아주 늦게 아노골 캠프로 돌아왔다.

7월 24일

우리들의 활동이 끝나갈 무렵, 아카리 계곡으로 넘어가기 위해 아노골 캠프사이트에 알루미늄 박스를 하나 숨겨놓았다. 콘코어디아플라츠로 돌아가서 굴 라시트 좀 봉우리들 인근에 또 하나의 짐 은닉처를 만든 다음 우리가 예전에 머물렀던 노바이숨 베이스캠프로 올라갔다.

7월 25일

노바이숨 베이스캠프에서 바부Babu 캠프(상당히 좋은 장소로, 이스토르-오-날 남서쪽 사면에 있다)로 두 번에 걸쳐 무거운 짐을 날랐다. 대략 4,900미터인 그곳에는 꽃과 잔디와 작은 샘도 하나 있었다. 영국인의 동료였던 바부가 여기에 있었다고 무세라프 딘이 말했다. 우리는 바부 캠프에서 잤다.

7월 26일

바부 캠프에서 콩코어디아플라츠로, 다시 티리치 빙하의 서쪽 모레인 지대를 따라 파노라마피크 밑으로 전진해서, 이어지는 티리치 미르 베이스캠프를 위해 짐을 숨겨놓은 다음, 바부 캠프로 돌아왔다.

7월 27일

어제와 똑같이 운행했다. 이제 티리치 미르 베이스캠프를 설치하고 그곳에 자리 잡았다.

7월 28일

휴식. 무세라프 딘이 콩코어디아에서 더플백을 가져왔다. 더구나 그는 굴 라시트 좀 베이스캠프에 남겨진 것들을 우리의 새로운 티리치 미르 베이스캠프로 가져왔다.

7월 29일

우리는 거의 100킬로그램에 달하는 짐을 갖고 티리치의 네 번째 서봉 밑에 도착해, 그곳에 고소캠프를 설치했다.

7월 30일

무세라프 딘이 티리치 미르 베이스캠프에서 중간까지 짐을 갖고 와서, 디트마와 쿠르트가 다시 고소캠프로 올렸다. 무세라프 딘은 또 다른 휴가를 위해 샤그롬으로 내려갔다.

7월 31일

티리치 미르 네 번째 서봉의 고소캠프(또는 전진베이스캠프)에서 눈과 얼음 천지인 넓은 쿨르와르를 통해 커다란 얼음 발코니의 시작지점으로 무거운 짐(각자 20킬로그램)을 메고 올라갔다. 그런 다음 1캠프를 위해 짐을 숨겨두고 돌아왔다.

8월 1일

고소캠프를 해체한 다음, 우리는 짐을 숨겨둔 곳으로 올라가서 바위로 보호받을 수 있는 6,350미터에 2인용 텐트를 쳤다. 그곳 50미터 아래에 길이가 2미터 되는 얼음 호수가 있어 눈을 녹여 물을 만드는 수고로움을 덜 수 있었다. 동쪽 끝이 하부 티리치 빙하로 떨어지는 커다란 발코니를 따라 탐험했다. 티리치 북쪽 봉우리들 뒤로, 티리치 미르와 티리치 서봉 안으로 들어가며 빙하를 내려다보는 광경은 인상적이었다. 우리 위쪽의 검은 점판암과 화강암 광맥 사이의 루트를 찾아 쌍안경으로 오랫동안 관찰했다. 지질학적으로 서로 부딪치는 이곳은 암맥들로 만들어진 거대한 거미집 같았다. 1캠프로 돌아왔다.

8월 2일
정찰을 하러 북벽으로 올라가(부분적으로 IV급의 난이도) 6,650미터에 짐을 숨겨두고 1캠프로 돌아왔다.

8월 3일
짐을 어제의 은닉처까지 올린 다음 1캠프로 돌아왔다.

8월 4일
정상 공격에 나섰다. 우리는 경량 텐트, 장비와 식량을 갖고 은닉처까지 올라가서 더 많은 짐을 지고 현수빙하 위쪽으로 길게 횡단했다. 어두워지는 바람에 우리는 크레바스 속의 불편한 곳(6,900m)에서 하룻밤을 보냈다.

8월 5일
모든 짐을 널찍한 베르크슈룬트(대략 7,000미터의 2고소캠프)로 옮겼다. 그러나 이곳은 우리의 작은 텐트를 칠 만한 곳이 절대 아니었다.

8월 6일
초등을 노리고 정상을 향해 올라갔다. 동쪽이 화강암 보루로 돼있는 곳과 가파른 만년설 주위를 통과하는 길은 어려웠다. 우리는 오후 4시쯤 정상(7,300m)에 올라섰다. 아프가니스탄과 가까운 힌두쿠시 봉우리들의 전망은 훌륭했다. 그 지역에 대해 중요한 사진들을 찍은 다음 커다란 케른을 쌓았다. 쿠르트는 아름다운 석영 몇 개를 발견했다. 베르크슈룬트에 있는 2고소캠프로 돌아왔다.

8월 7일
1고소캠프로 내려왔다.

8월 8일

정말 뜻밖에도 날씨가 나빠서 해를 볼 수 없었다. 사방에 눈이 내려 휴식을 취했다.

8월 9일

1고소캠프에서 모든 짐을 갖고 티리치의 네 번째 서봉 밑으로 내려왔다. 그곳에 짐 일부를 숨겨놓고, 계속해서 디르골 좀과 아카르 좀 사이 안부에 있는 일본인 텐트사이트까지 내려와 우리의 캠프(대략 6,000m)를 설치했다.

8월 10일

휴식. 일본인들과 인사를 하고 대화를 나눴다.

8월 11일

안부에 있는 캠프에서 출발해 아카르 좀 2봉(일렬로 늘어선 아카르 좀 봉우리들 중에선 가장 높은 것 같았는데, 아카르 좀 1봉과 거의 같은 높이로 6,300미터쯤 되는 것 같았다.) 쿠르트가 두 명의 일본인(니시나Nishina와 쉰 살의 다카하시Takahashi)과 함께 체코인들에 이어 제2등을 해냈다. 쿠르트가 정상에서 조금 추락했지만 니시나가 로프를 붙잡아 위기를 모면했다. 쿠르트는 어둠속에서 미끄러진 다카하시를 두 번이나 잡아주기도 했다. 우울한 기분으로 캠프로 돌아왔다.

8월 12일

티리치 미르 캠프로 식량을 가지러 내려간 쿠르트가 한밤중에 돌아왔다.

8월 13일

남쪽 가지능선 끝에 있는 일본인들의 고소 베이스캠프(6,500m)로 올라가, 그 옆에 텐트 한 동으로 우리들의 '고소 베이스캠프'를 설치했다. 쿠르트가 쌀로 푸딩을 만들고 달콤한 우유를 준비해 일본인들을 초청했지만, 그들은 정중하게 거절했다.

8월 14일

디르골 좀(6,778m)을 디트마와 쿠르트, 곤도 마사키Kondo Masaaki가 등정했다. 그 강인한 일본 산악인은 크레바스 추락으로 입은 갈비뼈 부상 때문에 티르치 미르의 정상 공격조에는 끼지 못했었다. 고소 베이스캠프로 돌아왔다.

8월 15일

디트마가 안부 캠프에서 짐을 갖고 올라왔다. 쿠르트와 곤도가 티리치 미르와 티리치 미르의 첫 번째 서봉 사이에서 흘러내리는 사면의 6,900미터쯤에 티리치 미르 정상 공격을 위해 짐을 숨겨놓았다.

8월 16일

쿠르트와 콘도가 짐을 숨겨놓은 곳까지 올라가, 두 개의 쿨르와르 사이에 있는 7,000미터쯤의 '설교대' 위쪽까지 진입한 다음, 그곳에 경량 텐트를 치고 하룻밤을 보냈다. 설사를 한 디트마는 그 시도에 끼지 못했다.

8월 17일

정상 공격 시도에서 별다른 결실을 거두지 못하고 내려오는 일본인들을 만났다. 그들을 돌봐주어야 해서 오후 5시까지 출발이 지연됐다. 어둠속에서의 80미터 침니(Ⅳ급과 Ⅴ급) 등반은 어려웠다. 그런 다음 우리는 달빛을 받으며 티리치 미르와 서쪽 봉우리들 사이 안부(7,250m)에 남겨진 체코인들의 텐트까지 치고 올라갔다. 덕분에 우리는 텐트를 따로 치지 않고 그들의 텐트 안으로 기어들어갈 수 있었다.

8월 18일

안부에 머물렀다. 등정을 위해 정찰을 조금 했다. 마사키는 영어를 거의 이해하지 못했지만 우리는 그럭저럭 의사를 소통했다.

8월 19일

오전 8시에 티리치 미르 정상을 향해 출발했다. 7,400미터까지 체코 능선(북서릉)을 따라 올라간 다음, 쿨르와르를 횡단해 바위지대(Ⅲ급)를 통해 서쪽 사면으로 진입해, 눈과 바윗덩어리들을 오른쪽으로 사선을 그리며 횡단했다. 그 위쪽 사면을 완전히 올라가자 남쪽 능선마루가 나왔다. 그곳에서 1시간 동안 휴식을 취한 우리는 눈이 덮여있는 능선을 통해 정상까지 쉽게 올라갔다.(능선에 커니스가 있었다) 오후 1시 정상에 올라선 우리는 그곳에서 1시간 30분 동안 머물렀다. 운해에 뒤덮인 수많은 봉우리들은 장관이었다. 올라갈 때와 같은 루트를 통해 오후 6시 체코 텐트로 돌아왔다.

정상으로 떠나기 전 마지막으로 기타를 치는 모습

8월 20일

티리치 미르 고소 베이스캠프로 하산했다.

8월 21일

티리치 미르 베이스캠프로 하산했다.

8월 22일

티리치 미르 베이스캠프를 해체한 다음 우리 둘이서 90킬로그램의 짐을 갖고 콘코어디
아플라츠 남동쪽 가장자리(4,900m)에 있는 일본인 캠프로 하산했다.

8월 23일

그곳에서 바부 캠프로 내려와 짐을 꾸렸다. 우리는 샤그롬으로 옮길 짐을 박스 하나에
담아 바부 캠프에 남겨놓은 다음 나머지를 일본인 캠프로 옮겼다.

7천 미터급 봉우리 등반의 결정판이라 할 수 있는 티리치 미르. 이곳은 힌두쿠시의 왕이었다.

8월 24일

일본인 캠프에 있는 모든 짐을 꾸렸다.

8월 25일

무세라프 딘이 포터 4명과 함께 샤그룸에서 올라와 짐을 갖고 내려갔다. 그 짐은 쿠르트가 티리치 미르를 한 바퀴 돌아 다른 방향에서 나타날 때까지 일단 무세라프의 집에 놓아두기로 했다. 디트마와 쿠르트가 짐을 잔뜩 짊어지고 아카리 계곡을 건너 아노골 빙하의 은닉처에 도착해 경량 텐트로 아노골 캠프를 다시 설치했다.

8월 26일

캠프를 해체했다. 우리는 커다란 페니텐테들을 힘들게 가로질러 모든 짐을 아노골 좀의 남쪽 능선으로 옮긴 다음, 그것들을 5,800미터로 올렸다. 그리고 텐트를 다시 쳤다.

8월 27일

캠프를 허물고 나서 길게 뻗친 점판암을 넘어 하부 가지키스탄 빙하로 내려왔다. 그 빙하를 따라, 그리고 그 빙하의 북쪽 모레인 지대를 따라 야생화가 만발한 작은 연못가 (고도계로 4,250미터)에 도착했다. 두 달 만에 처음으로 텐트 없이 잠을 잤다.

8월 28일

쿠로바코 골Kurobakho Gol 계곡으로 내려왔다. 쿠르트는 그 계곡을 따라 혼자서 상부 가지키스탄 빙하의 4,300미터 지점으로 올라가 지질학적 표본들을 모으고, 아노골에서 상부 가지키스탄 빙하로 가로질러가는 것이 그 옛날에 과연 가능했는지 규명해보기 위해 사진을 찍었다.(눈 상태가 좋고 크램폰이 있다면 분명 가능했을 것이다. 말이 지나다니기에는 경사가 너무 가팔랐다) 쿠로바코 골에서 하룻밤을 보냈다. 식량이 거의 다 떨어졌는데, 그 근처에는 사람들이 살고 있지 않았다. 우리는 멀건 수프와 대황, 야생 양파로 버텼다.

8월 29일

계곡을 벗어나 와카나크Wanakach(3,300m)로 내려왔다. 사람들이 사는 곳으로 다시 돌아온 것이다. 먹을 것이 있었다! 그들은 우리를 보고 매우 놀랐다.

며칠 후 디트마는 일본인들과 다시 만났다. 그리고 내가 치트랄에 도착했을 때 그들은 티리치 미르를 등정했다는 공식서류에 자신들의 편리에 따라 나를 마사키의 동료로 기입했다.

　폭 넓게 성공을 거둔 원정등반이었다. 우리는 상부 티리치 미르 빙하를 최초로 스키를 타고 내려왔으며, 최초로 티리치 미르 산군을 걸어서 한 바퀴 돌았다. 우리는 굴 라시트 좀 지역에 대한 지도상 오류를 바로잡았고, 소중한 화석도 발견했다. 그것들은 바다나리와 지금까지 전 세계 오직 아홉 곳에서만 발견됐을 정도로 극히 드문 레셉타큘라이츠Receptaculites 화석

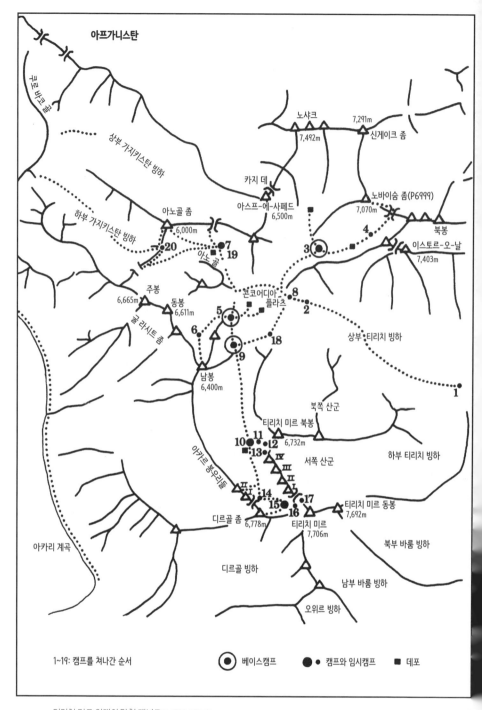

아프가니스탄

구즈가른 빙하

상부 가지키스탄 빙하

하부 가지키스탄 빙하

노샤크 7,492m 7,291m 신게이크 좀

카지 데
아스프-에-사페드 6,500m

노바이숨 좀(P6999) 7,070m

북봉

이스토르-오-날 7,403m

아노골 좀 6,000m **20**

■**7**
19 아노골

콘코어디아 플라츠

3

4

8
2

주봉 6,665m
동봉 6,611m

굴 라시트 좀

5

6

18

상부 티리치 빙하

1

9

남봉 6,400m

북쪽 산군

하부 티리치 빙하

티리치 미르 북봉 6,732m

아가르 봉우리들

10
11
12
13
IV
III
II
I

서쪽 산군

II
I
14
15
16
17

티리치 미르 동봉 7,692m

디르골 좀 6,778m

티리치 미르 7,706m

아카리 계곡

북부 바룸 빙하

디르골 빙하

디르골 빙하

남부 바룸 빙하

오위르 빙하

1~19: 캠프를 쳐나간 순서   ◎ 베이스캠프   ●● 캠프와 임시캠프   ■ 데포

티리치 미르 일대의 탐험 개념도(스케치: 이고르)

이었다. 등반에 대해서 말하자면, 나는 곤도 마사키와 부분적으로 신루트를 통해 티리치 미르의 제3등을 해냈고, 디트마와 북쪽의 어려운 루트를 통해 티리치의 네 번째 서봉의 초등을 달성했다. 또한 굴 라시트 좀 남봉과 아노골 좀도 초등했다. 아울러 우리 둘은 곤도 마사키와 디르골 좀의 제2등도 해냈다. 나는 쿠르트 라푸츠와 노바이숨 좀(P6999)을 초등했고, 니시나와 다카하시와 함께 아카르 좀 2봉의 제2등도 해냈다. 원정등반은 모두 석 달 반이 걸렸다. 그러나 치트랄로 돌아올 때 보니, 사실은 시간이 그보다 더 오래 걸렸을지도 모른다는 생각이 들었다.

두 햇병아리의 자업자득

"뭉친 실은 언젠가 빗에 걸린다." 이건 이탈리아의 옛날 베틀장인들이 하던 말이다. 그러니, 나쁜 짓을 하면 언젠가는 들통이 나고 만다! 고백컨대, 오스트리아 사람인 내가 전화기 너머로 "두 햇병아리의 자업자득Two chickens come home to roost"이라는 말을 들었을 때 나는 처음에 '루스트roost(보금자리에 들다)'가 아니라 '로스트roast(굽다)'라고 생각했다. 비너발더Wienerwalder* 버전으론 그렇다. 전화기 반대편에 있는 내 책의 영어 번역가 오드리 살켈트Audrey Salkeld는 디트마와 내가 힌두쿠시에서 한 (관광을 빙자한) 등반 시도에 대해 이탈리아의 이 속담이 잘 어울린다고 주장했다. 우리의 치트랄 귀환은 이 세 가지 표현이 모두 들어맞는 것 같았다.

사람들이 우리를 보고 옛날처럼 탐험의 황금시대를 보낸 것 같다고 말한다면, 그건 겸손한 표현이다. 티리치 미르 산군을 걸어서 한 바퀴 돌던 막바지에 나는 일본인들의 연락장교를 우연히 만났지만, 아주 나쁘게 헤어지진 않았다. 내 머리 위에서 날뛴 폭풍이 치트랄 사람들에겐 위엄 있는 꽃무늬처럼 보였을지도 모른다. 그들은 나를 향해 고개를 끄덕이더니 생긋 웃으며 "소트 좀sot zom…"이라고 감탄하는 듯한 말을 내뱉었다. 우리 모두는 그 지역에서 유명한 야생염소 사냥꾼이나 밀수꾼 신세가 되었다. '소트 좀'은 '7개의 봉우리'라는 뜻이었다.

　　내가 치트랄에 도착하자 어느새 디트마가 나를 기다리고 있었다. 나

---

* 　비너발더는 오스트리아에서 치킨을 만드는 공장 이름이다. [역주]

는 이상한 낌새를 느꼈다. 정부의 지방 주재관은 더없이 친절하게 굴었다. 그는 필요한 곳에 서명을 한 후 나에게 건네줬고, 우리가 무사히 돌아온 걸 축하해줬다. 그러나 다른 관리 하나는 우리를 그다지 달갑게 여기지 않았다. 아마도 일본인들이 나를 도와줄 셈으로 티리치 미르 등반에 대해 자신들의 일원이라고 신고한 모양이었다. 그러나 누군가 이 '산들hills'을 모두 오르고, 그 후에 전례 없이 이 산군을 한 바퀴 돌았다면, 그건 의심을 받아 마땅했다. 누군가 햇병아리를 잡으려 했는데 우리가 딱 걸려든 꼴이었다. 나는 귀한 돌멩이들과 지질도를 위해 찍은 사진들을 갖고 있어서 전전긍긍했다. 이 모든 노력이 수포로 돌아가는 걸까? 우리가 그곳을 마음대로 떠날 수 없다는 건 분명했다. 마을의 지프차 운전기사들 중 누구도 우리와의 동행을 수락하지 않을 것이다. 사무실 밖에는 보초가 서 있었다. 우리는 파수꾼에 의해 은밀히 감금된 두 명의 산악인이었다.

나는 이런 일에 몹시 화가 났다. 도대체 우리가 무엇을 잘못했단 말인가? 나는 그럴듯한 계획을 세웠다. 마을 밖에서 화물차 기사와 계약을 한 다음, 그에게 계곡으로 올라가 우리 짐을 재빨리 싣고 그곳을 곧장 떠나라고 말했다. 그렇게 하면 웃돈을 주겠노라고 제안했다. 총을 든 보초는 지방 주재관의 신호를 받고 모른 척했는데, 그 신호를 직접 목격한 나는 우리 짐을 모두 화물차에 싣고 그곳을 떠났다. 두 햇병아리가 탈출에 성공한 것이다. 우리는 만세를 불렀다. 그러나 훨씬 더 아래쪽에 있는 작은 마을인 드로시Drosh에서 우리는 경찰에 의해 제지당했다. 화물차에서 짐을 내리라는 걸 우리가 1시간이나 거절하자, 마침내 차단기가 올라갔다. 천만다행으로 치트랄에 있는 산악인들이 우리가 오스트리아 대통령과 개인적으로 친분이 있다고 엄포를 놓았다. 명백히, 치트랄에서의 그 전화는 대단히 효과가 있었다. 후에 듣자 하니, 그 불쌍한 보초는 심한 처벌을 받았다고 하는데, 우리에겐 제지당할 하등의 이유가 없었다. 우리가 스파이 같다고 누가 신고라도 했나? 군인들의 의중을 누가 알겠는가? 물론 그들은 임무를 다했을 뿐이다. 나는 후에 파키스탄 과학자들로부터 많은 칭찬을 받았고, 돌멩이들(귀중한 샘플들)이 든 박스는 밀라노의 권위 있는 데지오 교수에게 전달됐다.

✻

그 원정등반을 생각할 때마다 비엔나의 유명한 농담이 떠올랐다.

한 남자가 술집으로 급하게 뛰어들어 외친다. "빨리! 빨리! 게임이 시작되기 전에 진 좀 한 잔 줘!" 바텐더가 그에게 잔을 재빨리 가져다 놓자 그 남자는 눈 깜짝할 사이에 잔을 비우고 나서 소리친다. "빨리, 한 잔 더 줘! 고무풍선이 하늘로 올라가기 전에!" 그 남자는 첫 번째 잔과 마찬가지로 순식간에 그걸 다 들이킨다. 이제 기분이 좋아진 그는 웃으며 주인에게 이렇게 말한다. "큰 혼란이 일어나기 전에 한 잔만 더 마실 수 없겠소?" 그러자 당황한 바텐더가 다시 잔을 채운다. "도대체 무슨 문제라도 있는 겁니까?" 세 번째 잔을 비운 그 남자는 손으로 입가를 문지른 다음, 주인을 똑바로 쳐다보며 말한다. "문제는 지금부터 시작이라오. 미안하지만, 술값을 낼 돈이 없소."

돈 때문에 혹은 돈이 없어서, 우리는 아주 모호한 '스포츠적' 허가서를 받았다. 그리고 우리는 그 위쪽 빙하의 세계에서 이런 의문에 빠졌다. "조만간 아래로 내려가 연락장교와 '차'나 한 잔 마셔야 하지 않을까?" 그러나 나는 이렇게 주장했다. "조금만 기다려봐. 풍선이 날아가기 전에 하나는 붙잡을 수 있을 거야. 운이 좋다면 아마 두 개쯤…." 그것이 바로 티리치 미르였다.

세 번째 8천 미터급 고봉?

"쿠르틀, 세 번째 8천 미터급 고봉을 함께 오르면 어떨까요?" 옛 친구들을 만나기에 딱 좋은 트렌토산악영화제에서 라인홀드 메스너가 이렇게 제안했다. 1974년 여름 시즌 바로 전이었다. 티롤의 클라이머이자 원정대장인 볼프강 나이르츠Wolfgang Nairz도 그곳에 있었다. 그래서 우리는 마칼루 남벽에 대해 논의했는데, 만약 성공한다면 메스너와 나에겐 각자 세 번째 8천 미터급 고봉을 등정한 것이 될 터였다. 그 얼마 전 우리 둘은 인스부르크의 찰리가 주관한 합동강연에 참석했었는데, 주제가 '4개의 8천 미터급 고봉'이었다. (메스너 2개와 나 2개)

그 강연은 시간이 많이 걸렸지만 재미있었다. 그날 저녁 강연장에 있던 사람 중 몇몇 전문가를 제외하고 8천 미터급 고봉 도전에 계속 나설 사람은 아무도 없어 보였다. 그때는 모두들 '정당한 방식으로by fair means' 무사히 집에 돌아오길 바라는 분위기였다. 강연은 4시간 동안 계속됐다. (영국인들은 이런 일에 참을성이 많다. 1976년 벅스턴Buxton 회의에서 나는 내 슬라이드필름을 보여주며 6시간 동안이나 강연을 한 적도 있다. 그 회의 역시 재미있었다. 그때는 체사레 마에스트리Cesare Maestri가 남미의 극도로 어려운 화강암 타워 세로 토레Cerro Torre를 컴프레서 드릴로 볼트를 박아가며 오른 직후였다. 그 역시 벅스턴에 있었는데, 정말 활기찬 토론으로 분위기가 후끈 달아올랐었다)

1974년 여름 시즌 바로 전의 트렌토에선 나와 메스너가 마칼루 남벽에 함께 가는 것으로 얘기가 오갔다. ('함께' 오르느냐, 아니면 '각자' 오르느냐는 미정이었다) 나는 그 얼마 후에, 강경한 어조로 볼 때 볼프강 나이르츠가 쓴 것이 분명해 보이는 공식 서신을 한 통 받았다. 초청을 배제한다는 것이었다.[*] 원정대의 누군가(또는 몇몇이) 나의 참가를 원치 않는 것이 분명했다. 마칼루의 빛나는 벽을 가까이서 바라본 경험이 있는 나는 실망을 금치 못했다. 이제 그 문제는 더 이상 생각하고 싶지 않다. 사실은, 그 문제에 곁눈을 팔 시간도 없었다. 하지만 나는 반전을 이뤘다. 게르하르트 렌저Gerhard Lenser의 로체 원정대원이 된 것이다. 그러나 이 원정대는 처음부터 불운과 어려움에 빠져들었다.

스페인의 대규모 원정대가 에베레스트 입산허가서를 갖고 있었는데, 그들은 다른 사람이 자신들의 등반 루트에 끼어드는 걸 원치 않았다. 문제는 세계에서 가장 높은 산으로 올라가는 루트가 그 위성봉인 8,511미터의 로체 루트와 기본적으로 겹친다는 것이다.(두 봉우리는 오직 사우스콜로 분리된다) 그들은 나바라Navarra에 있는 건전지 회사 틱시미스트Tximist의 넉넉한 후원으로 영향력이 있었다. 그 루트를 사이좋게 함께 쓰자는 우리의 주장은 자존심이 강한 스페인 사람들에게 보기 좋게 묵살 당했다. 그들은 한쪽의 일방적인 성공을 두려워했다. 결국 네팔 관광성은 우리에게 이렇게 말했다. "좋습니다, 로체 입산허가서를 내주지요. 하지만 다른 쪽으로 올라가세요!"

이런, 이건 도대체 어떻게 되는 양보지! 2년 전, 게르하르트 렌저가 루클라에 남겨놓은 장비들은 모두 8천 미터급 고봉의 노멀 루트에 적합한 것이었다.

물론, 로체 남벽이라 할지라도 유용할 터였다.

그러나 우리 중 어느 누구도 그 죽음의 벽에서 위험을 무릅쓰고 싶어 하는 사람은 없었다. 눈사태, 눈사태, 눈사태…. 그곳은 눈사태가 끊임없이 일어나, 러시안 룰렛게임의 장소였다. 그래서 우리는 히말라야에서 가

---

[*] 쿠르트 딤베르거는 이 문장에서 'ex-vitation'이라는 조어를 썼는데, 이는 이른바 언어의 희롱이다. [역주]

장 대담한 트래버스 중 하나인 '그레이트 리지Great Ridge'를 시도하기로 했다. 바룬 빙하Barun Glacier에서부터 시작되는 그 로체 리지는 가능성이 있긴 했지만 그때까지 시도한 사람은 아무도 없었다. 날씨만 좋다면, 우리는 2개의 7천 미터급 미답봉인 샤르체Shartse(7,502m)와 피크Peak38(7,589m)을 넘어설 절호의 기회가 있을 것으로 예상했다. 그리고 여차하면 로체 샤르 Lhotse Shar(8,383m)까지도. 우리에겐 드디어 새로운 열정이 생겨났다. 멋진 루트와 (만약 성공한다면) 환상적인 성취!

의심할 여지없이 궁극적인 대상을 향해 첫 발을 내디딘 것에 불과했지만, 우리는 마치 미래의 개척자 같은 기분이 들었다. 그 엄청난 리지는 먼 미래의 도전 대상으로 남아있었다. 그 등반선은 더 길게 이을 수도 있고, 로체를 통해 에베레스트 정상으로 올라가서 티베트로 내려간다면 역사상 가장 위대한 8천 미터급 봉우리의 트래버스가 될 수도 있었다. 여기에 7천 미터급 봉우리 3개까지 포함시킨다면? 그런 과업은 분명 다양한 수준의 사람들이 작업에 참여하는 군대식의 입체적 조직이 필요할 것이다. 미래를 향한 한편의 서사시적 드라마라고나 할까.

엄청난 로체 리지를 등반하고자 한 우리의 꿈은 일부만 실현됐다. 최악의 프레 몬순에 갇히고 만 것이다. 따라서 높이 날고자 한 자신들의 프로젝트를 실현한 원정대는 거의 없었다. 스페인 원정대 역시 에베레스트에서 빈손으로 돌아갔다. (우리는 전혀 안타까워하지 않았다!) 라인홀드 메스너도 마칼루에서 퇴짜를 맞았다. 나는 로체도 로체 샤르도 오르지 못했다. 따라서 메스너도 나도 '세 번째 8천 미터급 고봉' 등정은 이루지 못했다.

그러나 산을 하나 성공함으로써 우리는 축복을 받았다. 에베레스트 동쪽에 있으면서 그 리지의 7천 미터급 미답봉 중 첫 번째 봉우리인 샤르체

마칼루에서 바라본 '그레이트 리지.' 샤르체, 피크38, 로체 샤르, 에베레스트.

를 초등한 것이다. (샤르'는 동쪽, '체'는 정상을 의미한다) 그 시즌에 네팔에서 이뤄진 초등 중 그 산이 가장 높았다. 그 등반은 대단히 위험했고, 내가 생각한 것보다 훨씬 더 어려웠다. 그 원정에서 나는 우정과 악천후와 질병의 기억을 갖고 집으로 돌아왔다. 내 일기의 일부는 이렇게 돼있다.

"이런 날씨가 계속되면 텐트가 부족할 텐데." 게르하르트 렌저가 투덜댔다. 그가 연속되는 불운을 겪은 건 이번이 처음이었다.

　폭풍이 불어닥친 어느 날 갑자기 2캠프의 멋진 자멧 텐트Jamet Tent가 쭉 찢겨나가며, 길을 잃은 돌풍이 그 사이를 뚫고 들어왔다.

　3캠프는 강풍에 텐트가 찢어지고 폴이 부러지는 등 쑥대밭이 되었다. 전에도 자주 이런 일이 있어서 보통은 텐트를 떠날 때 조심스럽게 쓰러뜨려 놓는데, 이번에는 어쩐 일인지 그렇게 하지 않아 화를 당하고 말았다.

　4캠프는 악마의 고삐가 풀려있었다. 커니스가 무너져 내린 텐트는 엄청난 양의 눈과 얼음에 깔렸다. 사람이 없었던 것이 그나마 천만다행이었다.

　5캠프는 슈바비안Schwabian과 헤르만 와트Herman Warth와 그의 짝인 나왕 텐징Nawang Tenzing이 한밤중에 쓸려 내린 눈에 파묻혔다. 그들은 가까스로 빠져나올 수 있었지만, 아침까지 공포에 떨어야 했다. 충격으로 텐트 폴이 모두 부러졌다. 그날 밤에 대한 얘기가 나오면 "아주 위험했어요. 하지만 아무도 죽지 않았어요."라고 체구는 작아도 강인하기 짝이 없는 그 티베트인은 웃으며 말했다. 앞으로의 정상 공격을 위해선 먼저 텐트를 수리해야 했다.

텐트가 부서지지 않은 곳은 베이스캠프뿐이었다. 고약한 모래폭풍이 텐트를 납작하게 만들긴 했지만, 재앙의 수준까진 아니었다.

　"솔직히 말해서, 날씨로 따지면 최악의 시즌이야." 게르하르트 렌저가 투덜댔다. 다른 사람들도 그렇게 생각한다는 걸 그는 알았을까. 그는 유럽보다 네팔을 더 그리워해서 자주 그곳에 간다. 그의 말은 과장이 아니었다.

마칼루 위의 밤하늘이 번쩍이는 번개(한 번 시작되면 몇 시간이나 계속됐다)와 천지를 울리는 천둥으로 벌겋게 타오르는 모습을 얼마나 많이 보았던가. 우리 주위의 샤르체에선 이 특별한 겨울이 만들어놓은 눈의 형태가 마술에 가까울 정도로 환상적이었다. 능선은 깨끗하고 하얀 눈이 단단하게 굳어 방금 세탁한 스님의 모자 마냥 40미터 높이로 형성돼있었다.

망원경으로 보니, 천사가 날개를 펼치고 내려앉듯 거대한 눈덩어리가 로체 샤르에서 밑으로 떨어져 내렸다.

그리고 우리가 있는 거친 능선의 먼 아래쪽에선 눈사람이 자신의 손을 비틀 듯 바람이 장난치고 있었다.

나는 몸이 아파 잔인한 운명에 욕설을 퍼부었다. 6,300미터에서 내 머리 위의 커다란 커니스가 무너져 내렸는데, 그걸 날씨 탓으로만 돌려야 하나? "내 오른쪽 폐가 모래주머니처럼 딱딱하게 느껴졌다. 나는 주로 왼쪽으로 호흡했다. 비록 열이 나진 않았지만, 그럼에도 불구하고 고통은 이루 말할 수 없었다."라고 나는 일기에 썼다. 알고 보니 갈비뼈가 부러져있었다. 그러나 내가 고통스러워 한 건 꼭 그것 때문만이 아니었다. 그런 상황에서도, 1974년 5월 23일 헤르만 와트와 나는 '우리의' 7천 미터급 봉우리인 샤르체의 정상에 올라섰다. 그건 장엄한 로체 리지에 있는 첫 번째 봉우리였다. 우리의 얼굴은 고드름으로 화려하게 장식됐다. 우리는 사람이라기보다는 차라리 괴물의 모습에 가까웠다. 헤르만은 정상에 올라가는 동안 손가락 두 개가 동상에 걸렸다.

그 어려운 봉우리는 로체 리지에 있는 '첫 번째 장애물'에 불과했다. 그나마 그 봉우리라도 올라 우리는 다행으로 생각했다.

그 원정으로 우리가 얻은 소득은 또 무엇이 있었지? 사실은 대단한 소득이 있었다. 그로부터 4년 뒤 헤르만 와트와 나왕 텐징과 내가 마칼루 정상에 올라설 수 있었던 건 샤르체에서 우리가 겪은 서사시적 드라마 덕분이라고 해도 과언이 아니기 때문이다. 고난을 함께 겪은 우리는 친구가 되

1974년 헤르만 와트와 함께 샤르체(7,502m)를 초등할 때 로체 샤르(8,383m)를 향해 그레이트 리지를 트래버스하고 있다.

었다. 우리는 우리의 승리를 바라지 않는 비우호적인 운명과 폭풍과 커니스와 날마다 맞서 싸웠다. 우리는 커다란 고통을 견뎌내야 했다. 그러나 우리는 그 험난한 모험을 하는 동안 환상적인 순간을 경험하기도 했다. 저녁 어스름에 가끔 뭉게구름이 피어날 때마다, 검은 삼위일체 같은 마하칼라Mahakala의 거대한 화강암 덩어리가 하늘에서 제물의 불꽃인 양 타올랐다. 그럼 우리는 서로를 텐트 문밖으로 나오도록 격려해, 불꽃이 사그라질 때까지 얼음같이 차가운 저녁의 고요 속에 그 광경을 올려다봤다.

마칼루… 마하칼라….

그때 그 산은 세상에서 가장 비밀스러운 곳이었다.

툼링타르Tumlingtar로 철수하기 전 어느 날, 우리는 아룬강Arun River이 있는 넓은 계곡으로 들어가, 가시덤불이 늘어선 길을 느릿느릿 걸어 다니며, 맛이 한창 오른 달콤한 노란 열매들을 따 먹었다. 네팔의 블랙베리는 왜 노란색일까? 그때 메일러너가 올라왔다.

편지! 나는 편지에 머리를 박고 읽고 또 읽었다. 내가 블랙베리에 대한 생각을 떨치지 못하고 있던 바로 그때 나는 아내 테레사가 처음으로 네팔을 방문한다는 사실을 알았다. 그녀는 블랙베리라면 환장했다. 나는 그녀를 어마어마한, 노란 딸기의 천국으로 안내하고 싶었다.

편지에는 이렇게 쓰여있었다. "비자를 받았어. 10일 후면 네팔에 도착해." 나는 다음 편지를 뜯었다. 와! 이건 뭐지? 그린란드에서 촬영하기로 한 프로젝트의 계약서였다. 그런데 하필 2주 후에 떠나야 했다.

오, 오! 불쌍한 테레사.

우리가 함께 네팔을 돌아다닐 기회가 언제 또 있을까?

메스너와의 대결

독자 여러분을 그린란드로 안내하기 전에 히말라야 얘기를 조금 더 하고 싶다. '그레이트 리지'에서 서사시적인 경험을 하고 나서 5년이 지난 후, 나는 다음과 같은 회고록을 썼다.

샤르체. 나의 '세 번째 8천 미터급 고봉'에 대해선 그쯤 하기로 하자. 나의 꿈은 이뤄지지 않았다. 한 사람이 8천 미터급 고봉 14개를 모두 오를 수 있을까? 아마 가능할 것이다. 상황이 잘 맞아떨어지고, 짐이 가볍고, 어프로치가 짧다면 가능성은 충분하다. 물론 행운도 따라야 한다.

아주 짧은 시간 동안 에베레스트와 마칼루와 가셔브룸2봉을 '수집한' 다음인 1979년, 나는 일기에 이렇게 썼다.

지금에 와서 드는 생각은 14개의 자이언트를 이미 오래전에 모두 오를 수도 있었을지 모른다는 것이다. 물론 이건 내가 살아남는다는 전제조건이 따라야 한다. 청년으로서 마지막으로 올랐을 때(1960년 다울라기리, 28세)와 다시 올랐을 때(1978년 마칼루, 46세) 사이에는 18년이라는 세월의 간극이 있었기 때문에 내가 그 사이에 나머지 9개를 오르기 위해선 2년에 하나씩만 오르면 되는 일이었다. 따라서 이건 얼마든지 가능했다. 라인홀드 메스너와 나는 15개월 만에 3개를 등정할 수 있다는 걸 보여줬다. 그런 속도라면 이론적으론 6년도 안 걸려 14개 모두를 거머쥘 수 있다는 말이 된다.* 그러나 나는 그렇

---

* 예지 쿠쿠츠카는 8년 만에 14개를 모두 올랐는데, 나도 거의 그렇게 예측하고 있었다.

게 한다고 해서 더 기쁠 것도 없다고 생각했다.

그럼에도, 나는 완전한 '수집'에 성공하는 사람들이 있을 것으로 확신한다. 만약 시간과 돈이 있고, 문제를 풀어나가는 데 있어서 진취적인 자세를 취한다면 말이다. 메스너와 내가 이미 그것이 가능하다는 광범위한 방향을 제시하지 않았나? 다울라기리와 마칼루 사이의 18년이란 긴 시간 동안 그런 도전에 나서지 않은 걸 나는 전혀 후회하지 않는다. 그 시간 동안의 내 삶을 되돌아보면 더욱 더 그렇다.

일기에서 말한 것처럼, 나는 3개를 15개월 만에 모두 올랐다. 당시 나는 메스너와의 경쟁을 즐길 수도 있었지만, 그에 필요한 조직과 자금 그리고 무엇보다도 열정이 없었다. 그건 내 생활에서 자유가 없어진다는 말이어서, 길들여지지 않은 내 영혼은 그런 굴레를 받아들이지 못했다. 훗날, 반다 루트키에비츠가 8천 미터급 고봉 8개를 오르고 나서 '꿈의 여정'이라는 프로젝트로 나머지를 빨리 끝내고 싶어 한 심정을 나는 충분히 이해할 수 있다. 그녀는 나머지를 1년 안에 끝내려 했다. 그러나 그녀는 칸첸중가에서 죽었다. 그리고 메스너 자신도 1986년 목표를 달성하고 나서 "이제 나는 자유다!"라고 기쁨을 인정했다.

우리가 (서로 다른) 8천 미터급 고봉 5개를 오르자 대중들이 관심을 갖기 시작했다. (산악계에선 이미 그 사실을 알고 있었다) 더구나 8천 미터급 고봉에 대한 나의 갑작스럽고도 뒤늦은 성공은 라인홀드 메스너를 자극한 것이 틀림없었다. 그렇지 않았다면, 내가 마칼루를 등정한 후, 그가 K2에 (이미 4개를 오른 내가 아니라 2개를 오른) 헤르만 와트를 초청한 사실을 어떻게 설명할 수 있단 말인가? 헤르만은 그 초청을 거절했다. 헤르만과 나 둘 다 전략적인 의도를 알아챘다. 의심할 여지없이 메스너는 자신이 단지 위대한 산악인이 되기보다는 8천 미터급 고봉 14개의 최초 완등자가 될 가능성이 충분하다고 판단하고 있었다. 그는 계산과 계획과 조직에 있어서 항상 수완이 뛰어났다.

신문기자 하나가 그 주제를 놓고 완전히 비산악인의 관점으로 산악계 전반을 조롱하면서 웃기지도 않는 풍자극을 썼다. 진실과 객관에 입각해, 나는 비현실적이며 비겁한 반칙이나 다름없는 문구 몇 줄은 여기에 싣지 않겠다. 어쨌든 메스너는 신문기자들과 논쟁을 잘 벌이곤 했다. 에베레스트 아래 모레인 지대에서 메스너와 나는 와인을 마시며 1980년 가을 얘기를 했는데, 그는 신문기자들이 우리 둘을 대결구도로 만들고 싶어 한다고 말했다. 그때는 우리 둘 다 로체에서 패퇴한 직후였다. 그러나 우리는 술잔을 부딪치며 미래를 위해 건배했다.

등산의 문외한이 그 당시 쓴 글은 「라인홀드 메스너의 말 못하는 공포—혹시 쿠르트 딤베르거가 이미 그곳에 있지 않을까?」라는 제목과 함께 이런 부제가 붙어있었다. "세계 최고의 두 산악인이 필연적으로 부딪친다고 상상해보라." 1980년 5월에 발행된 『펜트하우스』 독일어판에 실린 그 글의 필자명은 미카엘 P. 빈클러Michael P. Winkler로 돼있다. 내가 악셀 토러Axel Thorer라는 신문기자를(그는 메스너와 나를 개인적으로 알고 있었다) 호텔 나라야니Hotel Narayani의 바에서 우연히 만났을 때 나는 그 얘기가 그로부터 나왔다는 걸 확신했다. 그는 최근 나에게 그 사실을 털어놓으며, 내용을 정정해도 좋다고 말했다. '세계 최고의 산악인'을 인터뷰하기 위해 기다리던 그 기자가 쓴 글은 다음과 같다.

"카트만두의 호텔 나라야니에서 만납시다."라고 그가 전화를 걸어왔다. 파탄Patan에 있는 나라야니는 대부분의 히말라야 원정대가 출발지점으로 삼는 곳이다. 그곳은 '그 사람들'이 수개월 동안 침낭을 쓰기 전에 부드러운 침대 위에서 마지막으로 잠을 자는 곳이다.

나라야니의 바에선 와인 빛깔의 재킷을 입은 검은 눈의 인간 펭귄에게 일거수일투족을 감시받는데, 그는 휘파람을 불어 택시를 부르고 (마치 시계장치에 의한 것처럼) "굿 모닝, 무슈Good Morning, Monsieur!"라고 인사한다. 처음에 그는 "미스터Mister"나 "마인 헤어Mein Herr"를 쓰기도 했었다. 그러나 그건 프랑스의 전 체육부 장관 피에르 마조Pierre Mazeaud가 파리에서 수행원들을 이끌고 에베레스트에 오기 전의 일이었다. 1978년부터 그 인사말은 '무슈'가 되었다.

정사각형의 나라야니 바는 한쪽이 유리로 돼있어, 맥주를 열 잔쯤 마신 산악계의 스타들은 커튼에 바짝 붙어 은밀한 얘기를 나눈다. 어두침침한 가운데(네팔에선 빛이 희미해지면 멋진데, 빛이 거의 없으면 더욱 멋지다) 오른쪽에서 바 안으로 들어서면 작은 탁자들과 의자들 그리고 긴 의자들이 있다는 걸 어렴풋이 알 수 있다.

사람들 몇이 그곳에 앉아있다. 그들은 코르덴 니커보커knickerbocker 바지에 무릎까지 올라오는 선홍색 양말을 신고 있다. 그들 중 하나가 화장실이라도 가기 위해 자리에서 일어나 유리문을 통해 로비로 들어간다면, 새로 편자를 단 짐마차의 말이 자갈길 위를 딸그락거리며 달리는 소리가 날 것이다. 아, 그들의 부츠에는 징이 박혀있다!

그들은 뮌헨에서부터 그런 복장을 하고 있었을 터인데, 자신들의 여행이 중단된 곳인 적도 열기의 델리에서조차도 그런 복장을 유지하고 있었을 것이다. 최악의 경우, 그들은 그 대가로 물집이 잡혔을지도 모르지만, 그들은 초과되는 짐을 조금이라도 덜 생각만 했을지 모른다. 맞다. 그들이야말로 진정한 자연의 사나이들이다.

"진과 토닉." 내가 소리친다. 그러자 바텐더인 데벤드라Devendra가 흠칫 놀란 표정으로 나를 쳐다보며, 반 병의 진과 석 잔의 토닉을 카운터 밑의 얼음에 살짝 숨긴다.

"이봐, 이봐!" 내가 그에게 경고한다. "내가 다 봤어. 뭐 하는 거야?"

"죄송합니다, 선생님." 그가 변명한다. "그건 세계 최고의 산악인을 위해 준비해둔 겁니다." 누구지? 나는 묻고 싶은 유혹에 빠지지만 참는다. 초저녁부터 언쟁을 벌일 필요가 있을까? 게다가, 이탈리안 몇몇이 흥미롭다는 듯 쳐다보고 있다. 세계 최고의 산악인? 음… 그럼 그들의 것이거나, 아니면 오스트리아의 그 산악인 것이겠군.

토니 히벨러Tony Hiebeler의 『알프스 사전Lexicon of the Alps』에는 두 사람이 올라있는데, 그 124쪽에는 이렇게 돼있다. "쿠르트 딤베르거. 오스트리아 산악인이자 가이드. 1932년 3월 16일 잘츠부르크 태생. 그는 알프스에서 아이거와 마터호른과 그랑드조라스라는 3대 북벽을 모두 올랐다. 그리고 8천 미터급 고봉 5개를 올랐는데, 그중에는 브로드피크와 다울라기리 초등이 포함돼 있다." 그리고 277쪽에는 "라인홀드 메스너. 남티롤 출신의 이탈리아 산악인이자 가이드. 1944년 11월 17일 브릭센 태생. 그는 V급과 VI급 난이도의 루트를 20개 정도 단독 등반했고, 6개의 동계초등을 기록했다."

오랜 세월 산악인들의 술 시중으로 단련된 데벤드라는, 마치 축구선수들의 근육을 오일로 마사지하는 사람처럼, 맥주 한 잔을 나에게 내민다. 그러자 거품이 잔의 가장자리를 넘어 카운터로 주르륵 흘러내린다. '핑크 펠리컨Pink Pelican'이라는 이름의 맥주이다. 나는 맥주에 이런 이름을 붙일 수 있는 나라에 있다는 것이 정말 행복하다. 비록 네팔에는 펠리컨이 없긴 하지만 말이다.

나무로 된 바의 한쪽 구석 천장에는 등이 3개 매달려있다. 희미한 전구가 밖으로 드러난 그 등의 갓은 고리버들로 돼있어 불빛을 반이나 흡수해버린다. 세계의 지붕인 이곳의 전력 사정은 심각하다. 파탄에선 보잘것없는 40와트짜리 전구 3개에서 나오는 불빛이 전부일 뿐이기 때문이다.

클라이머 몇몇이 안으로 들어오자 다른 사람들이 밖으로 나가버린다. 그 모습은 마치 병력을 교대하는 것 같다. 로비에 있는 사람들이 유리문으로 바 안을 힐끗 들여다본다. 그리고 안에 있는 사람들은 혹시 아는 얼굴이라도 있는지 밖을 계속 주시한다.('아, 인스부르크에서 온 아무개가 여기 있군!') 이곳에 새로 온 사람들은 그 이전의 사람들과 똑같이 행동한다. 일단 배낭을 입구 한쪽에 내려놓은 다음, 손을 들어 "맥주 주세요!"라고 소리치는 것이다.

그럼 데벤드라가 진지하게 묻는다. "펠리칸 드릴까요? 라이온 드릴까요?" 네팔에는 동물 이름이 붙은 맥주만 있는 것 같다.

분위기가 조용해진다. 나는 누군가를 기다리고 있다. 가장 높은 봉우리이든, 아니면 가장 깊은 계곡이든, 어디에서든지 간에 앞으론 온갖 종류의 산소기구를 쓰지 않겠다고 선언한 사람이다. 산악계의 스타들 중 하나가 유리문을 열고 들어올 때마다 로비의 신선한 공기가 바 안으로 들어온다는 건 천만다행이다. 이곳의 왁자지껄한 대화는 독일어, 영어, 이탈리아어, 네팔어, 일본어, 프랑스어로 이뤄진 언어의 바벨탑이다. 그때 갑자기 경건한 분위기가 바 안을 가득 채우자 모든 사람이 동작을 멈춘다. 매니저가 유리문을 통해 한 손님을 자랑스럽게 안내한 것이다. 그러자 다시 왁자지껄한 목소리들이 시작돼 그 손님은 자신이 누군지 알아차렸다는 사실을 알지 못한다. 한 사람이 그를 깍듯이 대한다. 그러나….

나는 신장이 180센티미터쯤 되는 사람이 나타날 것이라고 귀띔 받았지만, 그리고 이것이 그의 성공의 비결일 것이라고 추측했지만, 이건 그의 다양한 자질이라기보다는 단순히 신장을 나타내는 것이라는 사실을 알고 실망했다. 마르고 호리호리한 그는 한창 유행인 '뉴 맨New Man' 청바지와 티셔츠 위에 면으로 된 겉옷을 입고, 수를 놓은 슬리퍼를 신고 있다. 그는 자신의 트레이드마크인 챙이 넓은 모자를 왼손으로 들고 있다. 그는 초과되는 짐 따위는 아무런 두려움이 없는 것 같다. 그는 주변을 두리번거리며 다가오더니 내 옆에 앉아도 되는지 묻는다. 내가 "좋을 대로 하세요."라고 대답하자 그는 그냥 의자 뒤에 선다. 혀짤배기소리를 내는 그는 짐짓 진지한 표정을 짓는다.

나는 그의 앞머리를 들어 올리고 턱수염 안을 들여다보아, 그가 정말 어떻게 생겼는지 알았으면 좋았을지도 모른다. 후에, 어떤 연상이 떠올랐다. 문명화된 예티나 단식투쟁을 끝낸 아름다운 젊은이 같은…. 바에 있는 손님 몇몇은 스스로를 자제하지 못한다. 독일인들이다. 그들은 구석에서 튀어나와 부츠 소리를 내며 그 사람 주위를 둘러싼다. "라인홀드야!" 그들 중 하나가 소리친다. "봐. 메스너잖아!" "여기에 어떻게 오셨나요?"

그는 흠잡을 데 없는 강한 독일어로 혀짤배기소리를 낸다. "휴가."

그러자 누군가 묻는다. "혹시 한네롤에 대한 얘긴 들었습니까?"

메스너는 사뭇 슬픈 표정을 지으며 "물론입니다. 하지만 자세한 건 모릅니다."라고 대답한다.

나는 한네롤 슈마츠Hannelore Schmatz를 기억하고 있다. 서른다섯인 그녀는 노이울름Neu-Ulm 출신 변호사의 부인으로, 1979년 10월 2일 에베레스트를 오르던 세 사람 중 하나였다. 그러나 정상에 오른 다음 하산하다가 미국인 레이 제넷Ray Genet과 함께 동사했다.

나는 맥주를 한 모금 들이켜고 나서, 머리카락 뒤에 숨겨진 그의 얼굴을 조심스럽게 쳐다본다.

"실례합니다만, 그 둘은 그곳에서 왜 죽었나요?"

"나이가 너무 많았습니다." 그는 수염을 쓰다듬으며 대답한다. "마흔여덟의 제넷은 그런 등반을 수행하기에는 너무 느렸지요."

사실이 그랬다.

나는 주위를 둘러본다. 사람들이 삼삼오오 무리를 지어있다. 세계 최고봉을 오르기에는 저들 모두 나이가 너무 많지 않을까?

차츰, 나는 하나의 엘리트 그룹 안으로 빠져들고 있다는 사실을 깨닫는다. 그들은 성으로 상대방을 부르지 않는다. 오직 이름만 들릴 뿐이다. 피터, 피에트로, 피트, 피에르, 페드로, 또는 루크나 진-룩 아니면 루이지 같은…. 그들 대부분은 목 주위에 잘 보이지 않는 라벨을 붙이고 있다. "마터호른 동벽 동계초등", 아니면 "7천 미터급 고봉 3개와 8천 미터급 고봉 2개." 한 사람이 다른 사람에게 묻는다. "로체에선 어땠어?"

"내 생각에," 머리가 부스스한 혀짤배기가 말한다. "여기 이 바 안에 있는" 그리고 그는 뒤꿈치로 몸을 돌리며, 마치 업무를 대하는 감정인처럼 억양이 없는 어조로 말한다. "사람들이 오른 8천 미터급 고봉을 모두 합하면 열다섯 개쯤 될 겁니다." 그는 잠시 침묵을 지키더니 이렇게 덧붙인다. "내 6개는 계산에 넣지 않고도." 6개라고?

그건 내가 기다리고 있는 사람을 놀리는 말이 틀림없다. 쿠르트 딤베르거!

데벤드라가 빈 잔을 가져가고 새 펠리컨을 제공한다. 나는 묻는다. "그 위쪽이 그토록 추운가요?" 그리고 에베레스트가 마치 호텔 바로 밖에 있기라도 한 것처럼 바의 천정을 멍하니 바라본다. 햇볕에 탄 피부가 한 꺼풀 벗겨진 턱수염 얼굴이 낮 동안 해가 나면서 바람이 심하게 불지 않고 운이 좋으면 온도계는 영하 25도를 웃돌 것이라고 대답한다. 용기를 얻은 나는 내가 직접 올라가서 경험을 해보리라 결심한다.

그때 메스너가 말을 잇는다. "밤엔 더 춥습니다. 영하 40도까지도 떨어지지요."

나는 새로 나온 맥주를 꽉 움켜잡는다. 잔이 차가운 바위벽처럼 느껴진다. 나는 손을 떼려 하지만 내 손가락은 얼어붙은 금속쪼가리에라도 닿은 듯 빠르게 달라붙는다.

"그런 온도에선," 메스너가 회상한다. "모든 감각을 잃습니다. 영하 30도에서 발이 꽁꽁 얼어붙었으니까요." 그는 내 발을 내려다본다. 내 오른쪽 다리는 무릎까지 이미 감각이 없다. 이탈리아인 하나가 호기심을 갖고 그 턱수염에게 자신들의 사투리로 인사를 건넨다. 메스너 역시 같은 사투리로 대꾸한다. 그렇지. 그는 남 티롤 사람이다.

"낭가파르바트에서였습니다." 메스너가 계속한다. "1978년 8월 9일, 내 오른쪽 정강이 위쪽에서 감각을 느낄 수 없었습니다. 나는 왼쪽 발로 그곳을 계속 찼습니다. 그러나 아무 소용이 없었습니다." 내 손은 맥주잔에 여전히 얼어붙어 있다. 말로 듣는 것만으로도 동상에 걸릴 것 같다고 느낀 건 바로 그때였다.

"나는 저 멀리 파키스탄에 있는 K2에서 얼마 전에 내려왔습니다." 그 혀짤배기 턱수염은 호주머니에서 열매 하나를 꺼내 내 맥주잔 주위에 매달아놓는다. 내가 쓰러지기라도 하면 그것이라도 붙잡으라는 의도인 것이 분명하다. 그리고 그는 계속 말을 이어간다. "7월이었습니다. 정확히 말하면 7월 12일. 나는 산소를 쓰지 않고 정상에 도달했습니다."

나는 숨을 깊이 들이마신다. "무산소라고요?"

"그렇습니다. 8,611미터. 아주 높은 곳이지요. 6,500미터가 넘으면, 고소적응이 안 된 사람은 생명을 유지하기 힘들 정도로 산소가 희박합니다."

"오…." 나는 탄식한다.

"운이 나쁘면," 그 혀짤배기가 계속한다. "뇌세포가 벽에 붙은 파리처럼 죽습니다. 그래서 그 고도에선 산악인들이 보통 보조산소를 사용합니다."

"하지만 당신은 아니잖아요?"

그는 내가 제대로 알아듣는다는 걸 알고 나에 대한 교육을 계속한다. "나는 몸을 잘 단련했기 때문에 오랫동안 사용돼온 기술적 보조수단을 버릴 수 있었습니다. K2에 가기 전 나는 에베레스트를 보조산소 없이 올랐습니다. 나는 8천 미터급 고봉을 다섯 개 올랐는데, 그중 하나는 두 번 오르기도 했습니다."

나는 거짓말을 하기 시작한다. "뒤에서 쫓아오는 사람도 없지 않습니까?"

메스너가 대답하기 전에 사람들이 웅성거린다. 유리문을 열어젖히고 작고 단단한 사람이 나타난 것이다. 이마가 벗겨지고 턱수염이 무성한 그는 고난의 세월을 헤쳐 온 듯 십자가상의 조각이 같은 모습이다. 그는 등에 배낭을 아무렇게나 둘러멨는데, 멜빵이 달린 바지 역시 마찬가지다. 그는 아무도 눈치 채지 못하게, 심지어는 비밀스럽게, 내 옆에 마지막으로 남은 빈 의자로 다가온다. 그러자 바텐더인 데벤드라가 진이 반쯤 담긴 병과 토닉을 꺼내와 잔을 채운다. 그리고 "선생님이 마실 건 여기 있습니다."라고 말한다. 정수리가 벗겨진 그는 행복한 미소를 지으며 고맙다는 인사를 건네고 나서, 단숨에 다 들이킨다. 나는 50대로 보이는 그가 내가 뮌헨에서 전화로 카트만두에서 만나기로 한 바로 그 사람이라는 걸 직감한다.

영국인들과 프랑스인들 그리고 일본인들이 이제 내 오른쪽의 메스너 주위로 몰려든다. 이 사나이는 8천 미터급 고봉을 5개, 미안… 6개를 올랐다. 그는 자주 그런 고도에 있었는데, 보통 땅에서 지내는 사람들은 비행기를 타야만 그 고도에 오를 수 있다. 8,000미터. 그리고 언제나 보조산소도 없이. 다시 한번 말하는데, 그는 보조산소를 쓰지 않는다.

데벤드라가 머리에 붙은 껌 조각 두 개를 떼어내려 애쓴다. 술에 취한 미국인이 붙여놓은 것이다. 내 왼쪽의 십자가상 조각가는 두 번째 진토닉을 능숙하게 비운다. "상상이 가나요?"라고 내가 그에게 묻는다. "8,000미터의 산을 오르며 보조산소를 쓰지 않는다는 게?"

"물론이죠." 그는 진토닉을 한 모금 마시며 말한다. "아주 불가능하진 않습니다. 독일 출신의 다허Dacher라는 녀석은 로체를 무산소로 혼자 올랐습니다. 하지만 그는 호들갑을 떨지 않았습니다." 그는 잠시 침묵을 지킨 후 목소리를 약간 높인다. "라인홀드는 그 분야에서 조금 더 나은 사람입니다."

이제 놀라운 공격을 가하려는 듯 화살 하나가 UFO처럼 나라야니의 바를 날아다닌다.

"독일"이라고 그 십자가상 조각가는 말했는데, 이제 그것이 그를 외국인으로 만든다. 그리고 그는 "라인홀드"라고 덧붙였다. 그럼 그는 메스너를 알고 있단 말인가? 이 사람이야말로 내가 기다리고 있는 딤베르거가 틀림없다.

나는 네팔로 떠나오기 바로 전에 아프리카 탐험가인 하인리히 하러Heinrich Harrer를 만났었다. 아이거 북벽의 초등자 중 하나인 그는 뮌헨에서 탄자니아행 비행기를 기다리고 있었다. 그가 나에게 말했다. "잘츠부르크 출신의 쿠르트 딤베르거는 20년 전에 이미 산소 따위는 쓰지도 않고 등반했지. 모험을 사랑해서가 아니라 비싼 산소통을 살 여유가 없었거든."

지금은 그런 산소통 하나가 독일화폐로 800마르크 정도 한다. 그리고 그건 고작 5

시간밖에 가지 않는다. 만약 에베레스트에 10개의 산소통을 가져간다면, 그건 여전히 행운을 들이마시는 셈이다. 통 안의 그 요정을 나눠주는 건 등산의 스타들과 그들 팬의 사상 문제가 되었다.

내 옆의 이 나이 많은 신사가 딤베르거인지, 그리고 그가 보조산소도 없이 등반하는지 물어봐야 하나? 그러나 라인홀드 메스너의 말이 문득 떠올라, 무뚝뚝하게 굴고 싶진 않다. 마흔여덟이면 에베레스트에는 나이가 너무 많다고 그는 말했었다.

어제 나에게 자신이 8천 미터급 고봉을 이미 3개나 올랐다고 말한 티롤 출신의 젊은 클라이머가 합석한다. "당신은 아직 서른 살이 안 되었기 때문에 8천 미터급 고봉을 오른 겁니다."라고 나는 과감히 말한다.

"등산은 나이 문제가 아닙니다."라고 그는 나의 말을 정정한다. "메스너는 지금 서른여섯 살인데, 이미 다섯 개의 8천 미터급 고봉을 올랐습니다."

"여섯 개입니다."라고 내가 말한다.

"아, 그렇지요."라고 그는 대답한다. "하지만 하나는 두 번 올랐습니다."

"알아요." 내가 말한다. "바로 낭가파르바트지요."

"그 반면에 딤베르거는," 하고 그는 말을 잇는다.(내가 딤베르거라고 생각하는 그 늙은 사람은 어느새 창문 구석의 어두운 곳으로 물러나있다) "지금 마흔아홉 살인데, 다섯 개를 올랐습니다. 마지막이었던 가셔브룸2봉이 바로 지난 8월이었고요." 그 티롤 사람은 다시 사람들이 있는 곳으로 가버린다. 그때 딤베르거라는 이름의 그 나이 든 사람은 어두운 구석에서 다시 내가 있는 곳으로 온다. 그가 나를 좋아하는 걸까?

50대인데도 불구하고 여전히 얼음이 뒤덮인 8,000미터 주위를 오르내리다니, 환상적이다.

"환상적입니다."라고 내가 소리친다. "상상이 가나요?" 나는 진토닉을 들고 있는 그 사람의 귀에 대고 큰 소리로 말한다.

"물론이죠." 그는 잔을 다시 채워달라고 앞으로 내밀면서 조용히 말한다.

"그런데 산소도 없이?" 나는 예의를 잊고 다시 묻는다. "정말 산소 없이 올라간단 말입니까?"

"안 될 게 전혀 없습니다."라고 그가 말한다. "하지만 산소가 있으면 그곳에 더 머

1988년 카트만두에서 만난 라인홀드 메스너

무를 수 있습니다. 왜냐하면 1,400만 개의 뇌세포가 다 좋은 반응을 보이니까요." 이 사람은 의학도 이해하고 있다.

이제 팬들은 메스너에게 관심을 보이지 않는다. 그는 몸을 돌려 잔을 입술에 댄다. 그러고 나서 어색하게 그 잔을 내려놓는다.

"쿠르틀!" 그가 소리친다. "딤베르거, 쿠르틀. 어디서 오는 길인가요?"

"세르부스Servus* 라인홀드! 만나서 반갑네."

나는 이제야 비로소 라인홀드가 라인홀드 메스너이고, 십자가상 조각가가 쿠르트 딤베르거라는 사실을 안다. 나이가 가장 어리고 나이가 가장 많은 세계 최고의 산악인 둘이 열정적으로 서로를 껴안는다. 내가 말한 바와 같이, 이 둘은 8천 미터급 고봉 다섯 개를 이미 자신들 뒤에 두고 있다. 이들에게 가장 근접한 라이벌은 세 개만 올랐을 뿐이다. 그리고 이 둘은 함께 오른 적이 없다. 이들은 에베레스트를 각자의 스타일로 올랐다. 그러나 나머지 중 공통점이 있는 건 없다. 딤베르거와 메스너가 마지막으로 만난 건 8년 전 인스부르크에서 강연했을 때였는데, 그때 이들은 그날 저녁을 함께 보냈다. 그후 이들은 히말라야의 다음 자이언트를 함께 오르자고 약속했다.

"8,485미터의 마칼루를 함께 갔어야 했어."라고 딤베르거가 기억을 되살린다. "그런데 그때 자네 원정대가 나를 팽개쳤지, 알아? 라인홀드."

"조금 비열했군요."라고 내가 메스너에게 말한다.

"아, 그만해." 딤베르거가 내 말을 가로막는다. "어쨌든 그들은 성공하지 못했으니까." 그러면서 딤베르거는 그걸 훗날의 증거로 기록한다. 메스너는 여전히 조용하다.

딤베르거의 출현과 함께 ― 나라야니 바의 다른 사람들도 그의 출현을 목격했는데 ― 다소 싸우는 듯한 냉랭한 분위기가 가라앉으면서, 임박한 상을 놓고 다투는 이런 기운이 바에서 유리문을 통해 로비로 흘러나간다. 지금까지 끼어들지 않은 니커보커를 입은 사람들이 자연스럽게 다가온다. 그들은 어떤 일이 일어나기 기대하고 있다. 그토록 저명한 두 명의 산악계 스타들이 서로 마주하는 건 역사적 순간이다. 비록 이들을 갈라 놓은 것이 깊은 계곡이 아니라 호텔 바이긴 하지만….

젊은 클라이머들은 메스너를 알아보고 그의 발밑에 주저앉아, 등 뒤에 있는 사람

---

* 오스트리아 인사말 [역주]

들도 참여할 수 있도록 한다. 그런데 이 라인홀드 메스너는 무산소로 이미 다섯 개의 8천 미터급 고봉을 올랐다. 그러나 딤베르거는 세 개를 올랐을 뿐이다.

"맞습니다."라고 그 늙은 사람은 인정한다. "하지만 내 기록은 깨질 수 없습니다. 8천 미터급 고봉 두 개를 초등했으니까."(열네 개 중 미답봉은 이제 남아있지 않다)

깊은 숭배의 기운이 공기를 가득 채운다. 젊은 무리들은 눈을 반짝이며 ― 마치 축구팬이 케빈 키건Kevin Keegan이나 펠레Pelé를 사우나에서 알몸으로 만난 듯 행복하면서 ― 그를 둘러싼다.

이와 함께, 국제적 등반 기준으로 볼 때 딤베르거는 이미 산악인의 발할라Valhalla 신전으로 모셔진 것이나 다름없다. 메스너가 어떤 활동을 계속하든지 간에….

딤베르거는 몸을 가까이 기울이다 진토닉을 내 바지에 조금 쏟는다. 그리고 천진난만하게 이렇게 말해준다. "브로드피크와 다울라기리." 나는 그 말의 뜻을 이해하지 못한다.

그러자 누군가 속삭인다. "그가 초등한 두 봉우리입니다."

아, 그래요?

구석의 컴컴한 곳에서 큰 목소리가 들린다. "그뢰…바츠Grö-ö-öbaz!"

그뢰바츠? 나는 그뢰파츠Gröfaz를 '역사상 가장 위대한 필드 마셜Field Marshall'로 알고 있다. 그뢰파츠는 히틀러를 위한 암호다. 그런데 그뢰바츠라고?

그때 문득 떠오르는 것이 있다. '역사상 가장 위대한 베르크슈타이거Bergsteiger*', 메스너!

그렇게 외친 사람은 분명 딤베르거 캠프에서 온 사람이다. 그의 환호성은 양쪽 진영의 팬들을 떠들썩하게 만든다. 그들은 남의 발을 쿵쿵 밟고 있다. 왜 분명하게 밝힐 수 없었을까? 그들이 모두 동시에 일어섰거나, 아니면 근접한 대치 때문이었나?

또 다른 구석의 컴컴한 곳에서 오스트리아의 건장한 애국 청년 하나가 이탈리아인인 메스너를 비난하는 자신의 의견을 추가한다. 그는 맥주잔을 내려놓으며 이렇게 힐난한다. "비박 상인…."

메스너는 그의 말을 듣지 못한다. 그러나 딤베르거는 그의 말을 듣고도 아무런 반

---

* 베르크슈타이거Bergsteiger는 독일어로 산악인이라는 뜻이다. [역주]

응을 하지 않는다. 그러므로 거기에는 무슨 까닭이 있는 것이 분명하다. 아니면, 딤베르거는 그의 동료에 대한 대중들의 비난을 받아들이고 싶지 않았을지도 모른다.

바에선 이제 메스너 지지자들이 딤베르거를 둘러싸고 그에게 한 방 먹이려 하고 있다. "친구들, 천천히 얘기해."라고 그가 말한다. "내가 무산소로 오른 산은 너무나 많아."

나는 여기서 위험을 대수롭지 않게 여기고 있다. 왜냐하면 갑작스러운 웃음소리에 손으로 카운터를 내리치다가 의자에서 거의 떨어질 뻔했기 때문이다.

자신의 경쟁자가 8천 미터급 고봉을 무산소로 돌진하다 '고소의 대가'를 살짝 당했다는 말을 딤베르거가 넌지시 비쳤나? 그 말에 자신도 포함해서. 왜냐하면 8천 미터급 고봉을 고작 세 개 오른 딤베르거가 '고소의 대가'를 주장한다면, 메스너는 이미 다섯 개를 오른 것 아닌가? 하지만 나는 더 이상 그에 대해 생각하고 싶진 않다.

(쿠르트 딤베르거의 주장은 이렇다. "그런 말이 아니라, 만약 메스너의 뇌세포가 정말 죽는다면 그건 아주 빠른 속도로 회복된다는 의미였다.")

"요즘엔 어떻게들 지내십니까?"라고 내가 묻는다.

딤베르거는 에베레스트 베이스캠프로 일단의 관광객들을 기이드해서 돈을 벌고 있다고 말한다. 메스너는 글쓰기와 이곳저곳의 끊임없는 강연으로 지쳐있다고 말한다. "이렇게 싸돌아다니는 건 베이스캠프로 걸어 들어가는 것보다 훨씬 더 나빠요."라고 그가 말한다.

쿠르틀이 웃는다. "그걸 어떻게 알지? 자넨 항상 헬기를 타고 베이스캠프로 들어가잖아." 야호, 한 방 먹였네!

카운터펀치는 메스너의 한 팬으로부터 나온다. "그럼 당신은 출발할 때 17킬로그램을 더 져야 할 텐데요."

"맞습니다."라고 쿠르틀이 말한다. 그러면서 그는 잔을 다시 채운다. "하지만 등에 40킬로그램의 짐을 지고 5,400미터까지 천천히 걸어 올라가면 몸이 고소에 적응됩니다."

그 사이에 내 손에 있던 맥주잔이 손을 쉽게 뗄 수 있을 정도로 따뜻해졌다.

"그 나이에도 여전히 등반할 수 있다니 놀랍군요." 나는 딤베르거를 치켜세운다. "작년엔 무얼 하셨나요?"

그러자 딤베르거가 기억을 살려낸다. "가셔브룸2봉. 8월 4일이었지…."

"그때 난 K2에서 막 내려왔습니다."라고 메스너가 끼어든다.

딤베르거가 말을 잇는다. "1978년 봄엔 마칼루에 있었고."

메스너가 바싹 다가앉는다. "내가 에베레스트에 있을 때군요."

산에선 왕이나 마찬가지인 사람들의 히말라야 얘기는 활기차게 계속된다. 또 다른 시도는? 메스너는? 딤베르거가 입을 연다. "1978년 가을 나는 에베레스트 정상에 올랐어."

메스너 측의 팬 하나가 말한다. "그때 라인홀드는 낭가파르바트를 두 번째로 등정했습니다."

조금 떨어진 곳에서 이 광경을 지켜보던 사람이 끼어든다. "그러고 나서 메스너는 마나슬루와 히든피크를 올랐습니다."라고 그가 선언하듯 말한다.

그러자 곧이어 구석에서 반사음이 들려온다. "하지만 히든피크는 8,000미터에서 불과 68미터밖에 더 높지 않습니다."

나는 재채기가 나오는 걸 참는다. "누구 손수건 없어요?" 나는 코에 손을 대고 간신히 말한다.

"아, 여기 있어요!" 쿠르틀이 바지 주머니를 뒤져, 여러 나라의 형형색색 페넌트를 한 움큼 꺼낸다.

"이런 걸 어떻게 쓰라고요?" 나는 하는 수 없이 테이블에 있는 냅킨으로 나 자신을 구제한다.

"다른 사람들은 우표를 모으지만," 딤베르거가 말한다. "나는 페넌트를 모읍니다."

"어떤 불쌍한 놈들이 자기네 나라의 잘난 아들들이 8천 미터급 고봉을 올랐다는 기록을 남기려고 의무적으로 갖고 올라간 건가요?"

"맞아요." 쿠르틀이 환성을 지르며, 내 냅킨에 코를 푼다.

의심할 여지없이, 내 앞의 이 사람은 산악계에서 가장 신성치 못한 까치 같은 사람이다.* 미국인 하나가 내게 몸을 기울이고 말한다. "내 말을 믿어요. 그는 그저 페넌트를 모으는 게 아닙니다. 다른 사람들에게 선물로 주지요. 두 달 전에 그는 내게도 하나를 줬는데, 그건 3년 전 내가 마칼루 정상에 놓아둔 것이었습니다."

쿠르틀은 내 바지에 맥주를 더 쏟고 나서 잔을 다시 채우려 노력한다. 그러나 데벤드라가 그를 위해 내놓은 병은 이미 비어있다. 따라서 그는 자리에서 일어나고 싶어 한다. 그러나 그때 유일한 탈출구인 유리문을 통해 티셔츠를 입은 사람이 걸어 들어온다. 그의 티셔츠에는 이런 문구가 쓰여 있다. "조깅을 하는 사람은 섹스를 더 잘 한다." 햇볕에 검게 탄 그 티롤 사람은 아마다블람으로 가는 중이다. 그 산은 그렇게 높진 않아도, 세계에서 가장 아름다운 산, 얼음이 뒤덮인 마터호른으로 불리고 있다. 메스너 ― 그의 티셔츠에는 비밀스러운 "rgst"라는 문구가 있는데 ― 역시 아마다블람에 가고 싶어 한다. 그럼 둘이 함께 가는 걸까?

나는 목격자의 한 사람으로 쿠르틀의 허리띠를 붙잡고 나서, 메스너에게 그의 티셔츠에 있는 문구의 의미를 묻는다. "인쇄가 잘못된 겁니다." 그가 혀짤배기소리를 한다. "미국에서 만들었거든요."

이제 모든 사람은 "rgst"의 앞뒤 문구가 뭔지 알고 싶어 한다. 그러자 메스너가 셔츠의 단추를 풀고 가슴을 드러낸다. 그곳은 세계의 젊은 여성들이 가장 열렬히 비박하고 싶어 하는 곳이다. 내 눈에 "베르크슈타이거Bergsteiger는 섹스를 가장 잘 한다."라는 문구가 보인다.

이제 딤베르거가 대응할 차례이다. 그가 단추를 풀고 가슴팍을 드러내지만, 그곳은 비박의 천국이 아니다. 그러나 어느 정도는 당당한데, 그곳에는 이렇게 쓰여있다. "그냥 더러운 T-셔츠." 자, 이것이 바로 쿠르틀의 방식이다.

그러니까 조깅을 하는 사람과 산악인으로 구분돼, 메스너와 티셔츠 대결을 벌인 그 티롤 사람은 나에게 다가와 이렇게 말한다. "당신 사인을 받고 싶군요."

세상에, 이토록 당황스러울 수가….

---

* 쓸모없는 것들을 모으는 사람 [역주]

194

나는 독자 여러분께 묻고 싶다. 이렇게 한편의 드라마가 끝난 다음, 우리가 그 악셀 토러를 몽블랑 정상으로 데리고 올라가, 그의 은밀한 꿈을 채워줘야만 하나? 나는 '페넌트 좀도둑'이고 메스너는 '문명화된 예티'인데.

그는 사전에 스스로 모험을 찾아나서야 했다. 비록 우리가 그의 등반기를 숨죽이며 기다리는 한이 있더라도….

아마 우리는 오래전에 인쇄된 그 악마 같은 문구를 받아들이는 것이 더 나을지도 모른다.

4부

끝없는 얼음의 세계─
알프레트 베게너의 발자취를 따라서

헬기가 요란한 소리를 내고, 우리 아래로 웅장한 능선과 벽들의 윤곽이 차례차례 나타났다 곧바로 사라진다. 오, 내륙빙원의 가장자리에 있는 이곳은 얼마나 놀라운 산악지대인가! 내 마음의 고향. 내가 집처럼 편안하게 느끼는 세계.

거대한 바위 절벽이 나타난다. 킨가르수아크Qingarssuaq. 세피오르Three Fjords 위에 있는 산의 정상이다. 정말 멋지다. 그때 문득 떠오르는 생각이 있다. 내가 쌓아올린 케른, 나의 돌사람이 아직도 그 정상에 있을까? "정상에 착륙할 수 있을까요?" 조종사의 관심을 끌기 위해 어깨를 흔들어 아래쪽을 가리키며, 헬기의 굉음을 뚫고 내가 소리친다. 마치 노란 벽으로 세워진 성당처럼, 산이 캉게르들루그수아크피오르Kangerdlugssuaq Fjords의 연초록 수면 위로 1,700미터나 수직으로 솟아올라 있다. 아주 선명하게 드러나는 그위쪽 부분은 설교대와 가지능선, 버트레스다.

친절한 덴마크인이 고개를 끄덕이며 좋다는 신호를 보낸다. 엔진이 격렬하게 돌기 시작하자 우리는 그 봉우리를 향해 급강하한다.

뾰족한 봉우리가 우리를 찌를 듯이 다가온다. 아찔하고 믿을 수 없다. 이런 조종사들은 검투사 같아서 어디든 착륙할 수 있다. 우리가 예정에 없던 하강을 하자, 조종사의 부인인 안네Anne가 불만스러운 목소리를 토해내지만, 내 옆에 바싹 붙어 앉은 그녀의 남편 로베르트Robert는 헬기가 열정적인 굉음을 내며 앞으로 돌진하도록 한다. 뾰족한 봉우리의 끝이 점점 더 다가온다.

세피오르Three Fjords 위에 킨가르수아크 정상에서 1,700미터 아래의 캉게르들루그수아크피오르를 내려다본 모습

"이봐요, 쿠르트. 이 사람 미쳤어요! 언제나 이런 생각만 한다니까요." 안네가 비명에 가까운 소리를 지른다. 하지만 나는 그저 웃기만 한다. 나는 그 뾰족한 봉우리가 보기만큼 뾰족하지 않다는 걸 알고 있다. 그럼에도, 우리가 터치다운을 하기 직전에 헬기가 심하게 옆으로 기울자 피오르가 우리를 반쯤 감싸는 듯한 모습으로 보이고, 적어도 아파트 건물 크기일 빙산들이 아주 작은 각설탕같이 보인다. 아! 나는 각설탕이 검은 스터드처럼 점점이 박혀있는 바닷물을 바라보며 그곳에 돌풍을 일으켜선 안 된다고 생각한다.

가벼운 충격과 함께 우리는 심연의 벼랑 위에 내려앉는다. "조심해서 내려!" 내가 쓸데없이 잔소리 한다. 그러나 그 소리는 일방적일 뿐이다. 정상까진 쉽게 오를 수 있다. 그리고 그곳에 그가 있다. 나의 돌사람! 우리가 그곳으로 접근해 내려갈 때 그는 이미 내 눈에 들어온다. 뭉클한 감정(이렇게 고백해도 창피하진 않다)과 함께 그가 가까이 눈에 들어오자 나는 뚫어져라 바라본다. 인사라도 하려는 듯이. 이곳에 있는 나의 분신. 즐거웠던 그날에 대한 추억.

잠깐 동안 나는 친구들과 조종사, 헬기의 존재를 잊는다. 케른으로 다가가자 나는 과거로 돌아간다. 우리는 ― 브루노Bruno와 카를로Carlo와 나와 다른 사람들은 ― 그걸 간신히 쌓을 수 있었다. 나는 돌멩이 하나를 살짝 빼낸다. 그러자 그 안에 있는 숙녀, 즉 아펜니노Apennine산맥에 있는 딸기 마을인 토르토나의 작은 마돈나상이 나에게 인사한다. 친근한 곳으로부터 받는 색다른 인사. 그린란드의 드넓고 푸른 피오르 위에 있는 이탈리아의 작은 조각상. 나는 그 돌사람에게 고개를 끄덕인다. 마치 예고 없이 불쑥 들른 오랜 친구처럼. 그를 보자 반가운 마음이 든다. 아마 그 돌사람 역시 내가 온 것에 반가웠으리라. 홀로 이곳에 8년 동안이나 있었으니까.

나의 세 번째 그린란드 원정이었다. 1966년 이탈리아인들과 함께 이곳을 처음 찾은 나는 그 얘기를 나의 책『정상과 비밀Summits and Secrets』에 썼다. 그다음이 독일인들과 함께 찾은 1971년으로, 그때 나는 로베르트와 안네를 알게 되었다. 우리는 긴 키오케반도Qioqe Peninsula에 있는 큰 산들을 오르고 싶어 했는데, 이번에 찾은 곳이 바로 그곳이었다. 이번(1974년 여름)에 우리의 목표 중 하나는 내륙빙원으로, 알프레트 베게너가 마지막으로 떠난 원정의 발자취를 따라가는 것이다.

공식적으로 우리는 제2차 헤센 그린란드원정대The Second Hessian Greenland Expedition였으며, 우리의 대장은 로베르트 크로이징거Robert Kreuzinger였다. 우리가 이곳에 오기 전 나는 그의 서재에서 낡은 책 2권을 찾아내, 색 바랜 페이지들을 샅샅이 읽었다. 그 두 책은 아르놀 판크Arnold Fanck의 촬영 원정대에 대한『SOS 아이스베르크Eisberg!』와『알프레트 베게너의 마지막 그린란드Alfred Wegeners Letzte Groenlandfahrt』였다. 크로이징거는 1930~1931년의 마지막 원정에서 살아남은 탐험가들에 대한 얘기를 썼고, 나는 독일 ZDF 텔레비전 방송국을 위한 영상 감독과 카메라맨의 역할을 맡아 뒤셀도르프로 가서 백발의 교수 카를 바이켄 박사Dr. Karl Weiken를 만났다. 여든의 나이에도 불구하고 놀랍도록 활달한 그는 당시의 극적인 얘기들을 나에게 생생하게 들려줬다. 이어서, 우리가 내륙빙원 가장자리에서 발견한 원정대의 박스와 비상식량 그리고 말의 뼈는 오래전에 묻혀버린 사건을 우리에게 다시 불붙였고, 의문을 불러일으켰다. 독일에선 쿠르트 쉬프Kurt Schif가 프로펠러가 달린 특별 썰매에 대해 귀중한 정보를 제공했는데, 이것이 베게너의 원정을 추적하는 데 가장 중요하다는 건 의심할 여지가 없었다. 그리고 뤼데스하임Rüdesheim의 비보 필름BIBO-Film(그곳에서 우리의 ZDF 영상을 제작한다)은 오래돼 색이 바랬지만 믿을 수 없을 정도로 놀라운 그 원정대 자체의 필름 조각들을 발굴해내기까지 했다. 이 모든 것들은 ― 우리 자신의 경험과 함께 결합되면서 ― 나의 이성적인 관점 이전에 일종의 '말하는 필름'을 떠올리게 했다. 그걸 이 장章에서 구현해내고 싶은 것이 나의 마음이다. 그 옛날 탐험가들의 행위에 대해 나는 정말 감탄하지 않을 수 없다. 덧붙여서, 나는 우리 산악인들이 그린란드와 극지로 가서 하는 원정이 그 옛날 사람들의 성취와 크게 다를 바 없지만, 그들이 견뎌야 했던 궁핍에 대해 우리가 아는 것도 없다고 생각한다. 우리는 결코 그들을 잊어선 안 된다.

그래서 '영원한 빙원Im ewigen Eis'을 영상에 담으려고 정찰비행에 나섰다가 킨가르수아크 정상에 예정에 없던 착륙을 잠깐 한 것이다. 즐거운 날이었다. 그로부터 한 달 후 나는 알프레트 베게너의 마지막 여정을 조명하려는 최종 장면을 촬영하다 거의 죽을 뻔했다. 나는 그 뾰족한 봉우리의 정상에서 내가 이 위대한 탐험가와 어떤 식으로든지 연결돼있다는 느낌을 받았다. 아마도 그건 그린란드라는 황량하고 놀랍고 적막한 곳이 마치 집처럼 편안하게 느껴졌기 때문일 것이다. 그 역시 분명 똑같은 감정을 느끼면서 그곳으로 자꾸만 돌아갔을 것이다.

헬기가 다시 이륙한다. 세피오르 위에 있는 산이 멀어져가고, 시간이 정지된 듯 거대한 빙원이 무한히 뻗어나가면서 우리가 위로 떠오를수록 더 넓게 나타난다. 만년설의 분지가 희미하게 빛나고, 크레바스가 카펫처럼 펼쳐지고, 구름의 그림자들이 이리저리 움직인다. 지구는 비밀이 가득한 곳이다. 우리를 평생 동안 그 속에 가둘 만큼.

내륙빙원은 하얀 사막이다.

나는 20세기가 3분의 1도 지나가기 전에 사라져버린 그 시간을 되돌아본다.

1931년 5월의 어느 날 오후, 썰매 행렬 하나가 내륙빙원의 서쪽에서 약

190킬로미터 떨어진 곳에 멈췄다. 그곳에는 스키 두 개가 3미터 간격으로 눈에 박혀있었다. 그리고 두 스키 사이에는 쪼개진 스키스틱이 하나 놓여 있었다. 그들은 개들을 놔두고, 곡괭이와 삽으로 스키 주위를 파기 시작했다. 그런데 어떤 도보여행자가 내륙빙원을 건너려다 남긴 기념이 될 만한 물건이나 표식 같은 것이 나올 것만 같았다.

순록의 가죽에 이어, 그 아래에서 더 많은 가죽과 침낭 덮개가 드러났다. 그리고 그 밑에서 침낭 덮개 2개로 둘둘 말린 사람의 시체가 나왔다. 수의를 찢어서 벗겨낸 그들은 그가 털로 된 장화를 신고, 개 가죽 바지를 입고, 파란색 스키 덧옷을 입고, 파란색 조끼를 입고, 면으로 된 재킷 위에 윈드재킷을 겹쳐 입고, 면으로 된 바라클라바와 후드를 뒤집어쓰는 등 완전한 복장이라는 사실을 알았다.

죽은 자는 평화롭고 편안한 표정으로 눈을 뜨고 있었다. 누군가 그의 좋은 동료는 그를 놔두고 그곳을 떠나야만 했던 것 같았다.

죽은 자의 무덤을 파헤친 사람들 역시 그의 친구들이었다. 그가 돌아오길 오랫동안 기다린 그들은 마침내 그를 찾으러 나섰다. 그 죽은 자가 바로 그들 원정대의 대장인 알프레트 베게너였다. 이제 그들은 그를 다시 얼음 속에 묻고, 그 자리에 만년설로 추모의 블록을 쌓았다. 그러고 나서 그들은 스키를 다시 세워서 눈에 박고 그곳에 검은 깃발을 매달았다. 이제 그들은 왔던 길로 발길을 되돌렸다. 그들은 자신들의 대장이 계획을 세우고 일부를 수행한 위대한 과학적 프로그램을 끝내고 싶어 했다.

이제 우리 원정대 얘기로 돌아가자. 우리는 코펜하겐에서 4시간을 비행한 끝에 그린란드 서부에 착륙했다. 북극 비행의 요지이자 그 섬에서 가장 문명화된 비행장인 손드레스트로엠피오르Sondrestroemfjord에서 우리는 풍향을 알리는 이정표 앞에 섰는데, 이곳에서 단 몇 시간 만에 전 세계의 거대 도시 어디든지 날아갈 수 있다는 사실을 알고 낙천적으로 환호성을 질렀다.

그러나 그건 우리가 원하는 바가 아니었다. 오전 8시부터 우리는 500킬로미터나 떨어진 우마나크Umanak로 우리를 태우고 갈 28인승 헬기를 기다리고 있었다. 남자 여덟 명과 여자 한 명으로 구성된 우리 일행은 대부분 헤센Hessen주 출신이었지만, 그중에는 오스트리아 사람 한 명과 바바리아 사람 두 명이 끼어있었다. 우리는 모두 그린란드를 가본 열성적인 알피니스트들이었다. 우리의 목적은 그 당시까지 가장 큰 규모였던 독일 그린란드 원정대의 발자취를 따라가는 것이었다. 1930년대 초에 알프레트 베게너 교수의 리더십 아래 이뤄진 그 원정은 그린란드를 탐험하는 데 있어서 신기원을 이룬 모험이었다. 동시에 우리가 산을 오르고자 하는 야망도 갖고 있었다는 걸 부정할 수는 없다. 우리는 해발 2,000미터쯤 되는 아그파타트Agpatat의 초등을 노렸다.(알프스와 달리, 그 산은 출발지점부터 정상까지가 곧장 2,000미터 높이다) 우마나크 지역에 있는 아그파타트는 이탈리아인들이 이미 두 번이나 실패한 곳이었다. 우리는 공항 호텔의 낮고 넓은 홀에 죽치고 앉아 기다리고 또 기다렸다. 이곳에선 흔한 일이었다. 그린란드에선 계획대로 되는 일이 거의 없다.(나는 이미 이곳에서 사흘이나 있었다) 나는 로베르트가 모아놓은 사진 자료집을 계속 들춰봤다. 최신 자료집 하나에는 그라츠 출신인 그의 친구들이 카우마루유크피오르Qaumarujuk Fjord 입구의 내륙빙원 밑 바위지대에 세워놓은 알프레트 베게너 추모동판이 있었다. 그 탐험가의 사진을 보자 만감이 교차했다.

알프레트 베게너는 누구인가?

1880년 11월 1일 베를린에서 태어난 알프레트 베게너는 그라츠대학교의 지구물리학과 기상학 교수였다. 베게너라는 이름은 1912년에 유명해졌는데, 그때 그는 '대륙 이동의 가설'을 발표해 과학계를 깜짝 놀라게 했다. 그의 가설은 아메리카와 유럽, 아프리카, 아시아는 본래 한 땅덩어리였는데, 후에 서로 떨어져나갔다는 것이었다. 아메리카는 서쪽으로 이동했고, 인도는 호주, 남극대륙과 함께 동쪽으로 향했다는 것이다. 베게너의 가설은 처음에는 기존의 보수체제로부터 조롱을 받았다. 그러나 후에 지질학자인 H. P. 코르넬리우스Cornelius가 "지질학 자체는 물론이고, 그에 따르는 다양한 분야의 부분적으로 심각한 수많은 문제들에 의한 마법의 지팡이는 전적으로 새롭게 조명돼야 한다."라며 그 가설을 증명해냈다.

그러나 알프레트 베게너는 단지 책상에서만 연구하는 사람이 아니었다. 기상학자이며 빙하 탐험가인 그는 지구에서 가장 거대한 만년 얼음의 섬인 그린란드에 끌렸다. 그곳에는 빙하학자뿐만 아니라 기상학자도 만족시킬 만한 단서들이 수없이 많았다. 그린란드의 남쪽 지역은 소위 '한대 전선대polar front zone'에 놓여있다. 그곳에서 한류와 난류가 충돌해 일으키는 소용돌이는 계속 남동쪽으로 이동해 유럽의 날씨에 지대한 영향을 끼친다.

그린란드를 네 번이나 간 알프레트 베게너는 마침내 그곳에서 세상을 떠나고 말았다.

헬기가 큰 호박벌처럼 내려앉는다. 우리가 올라타고 나서 얼마 지나지 않아, 우리 밑의 땅이 둥근 언덕과 파도 모양으로 지나가는데, 얼음의 작용으로 모두가 둥글둥글하다. 그건 그린란드의 이 남서쪽 지역이 영겁의 시간 전에 얼음의 갑옷으로 뒤덮여있었다는 증거다. 그러나 이제 이곳은 눈이 시리도록 푸르다. 저 아래에는 순록 떼가 있고 북극여우들도 있겠지만, 지금은 보이지 않는다. 레이너드Reynard*의 고향도 저곳이다. 멀리서 내륙빙원이 희미하게 빛난다. 누르스름한 흰색과 희끄무레한 회색빛이 이곳저곳에서 나오는 약간의 파란색과 뒤섞인다. 그린란드라는 이름은 도대체 어떻게 생겨났을까?

그린란드가 푸른 땅이라고?

그린란드라는 이름은 속임수에 의해 생겨났다고 한다. 천 년 전 에릭 더 레드Eric the Red가 아이슬란드 주민들에게 이곳이 푸르른 신록의 땅이라고 선전했다. 사실 남북의 거리가 런던에서 사하라까지의 거리와 맞먹는 이 섬은 도저히 푸르다고 할 수 없다. 이곳은 80퍼센트 이상이 내륙빙원으로 덮여있는데, 좁은 해안선만이 빙원에서 떨어져있다. 그린란드의 내륙은 얕은 사발과 같다. 부드러운 돔 형상을 한 그곳의 얼음은 중심부 두께가 3,000미터에 이른다. 그 중심부에서 해안 쪽으로 서서히 흐르는 얼음은 가장자리로 갈수록 심하게 갈라져, 결국은 대양으로 곧바로 떨어져 나가거나, 해안선을 뚝뚝 끊어놓는 긴 피오르 안으로 유빙을 보낸다. 좁은 돼지 등처럼 생긴 누나타크nunatak가 빙원 곳곳에 솟아올라 있지만, 이것들은 보통 아주 높지는 않다. 반면 해안가에는, 서쪽에선 2,000미터 정도, 동쪽에선 3,000미터 이상의 봉우리들이 산맥을 이루고 있다.

빙하의 유명한 '새끼 낳기'는 우레 같은 굉음을 동반하는데, 거대한 얼음덩어리들이 스스로 떨어져나가 빙산을 낳으면, 엄청난 파도가 해안가를 덮쳐, 때론 마을에 재앙을 일으키기도 한다. 빙산은 출렁이는 파도의 힘에 의해 깨지는 얼음이 수없이 떠다니는 피오르를 따라 표류한다.

에게데스민데Egedesminde의 작은 도시가 우리 앞에 나타났다. 페인트칠이 된 그곳의 집들은 천연색 주사위를 바닷가에 던져놓은 것 같았다. 그린란드는 인구가 5만 명 정도로, 큰 도시가 없다. 우리는 곧 하늘로 다시 떠올라, 북쪽으로 날아갔다. 이제 우리 밑은 디스코만Disko Bay으로, 그곳의 수많은 빙산은 마치 떠다니는 성, 또는 장난꾸러기 어린 거인이 바닷물에 던져놓은 장난감 같은 모습이었다. 그곳에 있는 것들이 계속 남아있진 않겠지만, 그래도 나는 기뻤다.

대양의 해류는 빙산을 멀리까지 보낸다. 그중 래브라도Labrador와 그린란드 사이에서 남쪽으로 흐르는 래브라도해류Labrador Current가 특히 악명 높다. 그 해류는 (멕시코) 만류Gulf Stream를 만나 어마어마한 안개 층을 만드는데, 특히 뉴펀들랜드 주변은 짙은 안개로 인해 항해가 위험하기로 유명하다. 이곳이 바로 국제유빙감시기구International Ice Patrol가 정찰업무를 시작하는 곳이다. 그들은 항공기나 선박을 대신해 육안으로 유빙을 감시한다. 1912년 스크루선 '타이타닉Titanic'호에 타고 있던 1,500명의 영혼을 죽음으로 몰고 간 것이 바로 한밤중에 갑자기 나타난 빙산이다.

의심할 여지없이, 그린란드의 초기 원주민들 역시 빙산을 관찰했을 것이므로 아마 우리보다 그에 대해 더 잘 이해하고 있었을 것이다. 그들은 날마다 자연의 힘과 싸웠을 것이기 때문에 여러 면에서 그들은 진정한 발견자였을지 모르지만, 그들을 탐험가라 부르는 사람은 아무도 없다. 그러나 과학적 탐사는 원주민들조차 피한 깊숙한 지역까지 파고 들어가서 이뤄졌다. 그들은 프로젝트를 실현하는 데 도움이 될 수 있는 곳에선 원주민들의 경험을 활용했다. 카약, 털옷, 이글루, 동물가죽 텐트 그리고 원주민들의 겨울 오두막은 모두 그린란드의 선구적인 탐험가들에게 대단히 소중한 것으로 판명됐다.

과학적 탐사를 위해 그들은 우선 이 거대한 섬을 횡단해야 했다. 프리드쇼프 난센Fridtjof Nansen은 1888년 스노슈즈를 신고 이곳을 최초로 횡단하는 데 성공했다. 그다음 횡단은 피어리Peary(1892~1895), 라스무센Rasmussen과 드 쿼르뱅De Quervain(1912), 그리고 코흐-베게너Koch-Wegener 원정(1913)에 의해 이뤄졌다.

원정의 시작

그 당시 그린란드 내륙빙원의 위대한 전문가였던 알프레트 베게너는 1928년 빙원의 두께를 측정하는 여름 활동을 이끌어달라는 요청을 받았다. 그 사업은 전후 경제적으로 어려움을 겪고 있던 독일에서 과학을 지원하기 위해 1920년에 설립된 '독일과학진료공동체Notgemeinschaft der Deutschen Wissenschaft'가 후원했다.

바이켄 교수는 그 일이 어떻게 진행됐는지를 우리에게 설명해줬다. "표면에서 폭발을 일으키면 파장이 생기고, 그건 얼음 밑의 암반에 부딪쳐 되돌아옵니다. 그 파장이 되돌아오는 데 걸리는 시간을 측정하면 얼음의 두께를 알아낼 수 있습니다. … 우리는 그런 측정을 여러 군데에서 했습니다." 그린란드에 있는 거대한 빙원의 두께를 알아내는 것이 중요했던 이유는 그 당시의 지질물리학자들이 지진에 대한 자신들의 기술을 지각의 광물 매장량을 알아보려는 데까지 확장하고 싶어 했기 때문이다.[*]

알프레트 베게너는 — 과학보다는 그린란드라는 마법에 이끌린 것 같은데 — 이 기회를 놓치지 않았다. 그의 조사목록은 훨씬 더 광범위했다. 그는 기상학자들이 연이나 풍선을 이용해 그린란드 위에 형성된 대기층의 기온과 이동을 알아내도록 하고 싶어 했다. 빙하학자들은 얼음의 두께를 측정하는 일 외에도 그 구조와 다양한 깊이에서의 온도도 확인해야 했다. 베게너 프로그램에서 가장 중요한 건 중력을 계측하는 것이었다. 이건

---

[*] 훗날, 오스트리아와 다른 지역에서 석유 매장량을 알아내려는 지질조사자들이 이와 비슷한 방법을 이용했다.

그린란드라는 땅덩어리가 위로 솟아오르고 있는지 어떤지 알아내려는 것이었다. 만약 어떤 지역에서의 측정값이 표준치보다 높게 나타난다면 잉여 질량이 존재한다는 말이다. 다시 말하면, 그 지역은 가라앉는다는 의미이고, 그와 반대로 측정값이 낮으면 그 지역은 솟아오르고 있다는 말이다.

베게너는 운이 좋았다. 만약 한 여름만 현장에서 보냈다면 거의 2년이 필요한 자신의 프로그램을 완수하는 데 시간이 부족했을지도 모르기 때문이다. 그는 특별 팀을 구성해 겨울 동안 내륙빙원을 관찰할 수 있었다.

과학적 탐사를 위해 그들이 고려한 중심 지역은, 이미 언급한 바와 같이, 내륙빙원의 한가운데인 에이스미테Eismitte로, 그곳은 대략 북위 71도였다. 그에 더해, 그들은 그 위도의 동쪽과 서쪽 해안에 기지를 설치하려 했다. 그리고 이 두 기지 중 하나를 이용해, 그들은 내륙으로 진출한 다음 에이스미테 기지를 구축하려 했다.

이 작전을 지원할 수 있는 곳은 서부 기지뿐이었다. 왜냐하면 이 작전은 시간과 거리 문제였기 때문이다. 그들은 식량과 연료와 과학기구 등을 400킬로미터도 넘게 떨어져 있는 에이스미테까지 수송해야 했는데, 이 말은 가능하면 연초에 이동해야 한다는 의미였다. 그리고 서쪽 해안은 동쪽보다 해빙기가 빠른 것으로 알려져 있었다. 이런 이유로 동부 기지는 뒤늦게 설치됐고, 두 기지는 완전히 별도로 움직였다. 그러나 이런 계획은 앞으로 도약하기 위한 것이었다. 자, 이제 서쪽 해안 어디에서부터 내륙빙원 안쪽으로 밀고 들어가야 하나? 베게너는 우마나크 근처를 선호했지만, 가장 적합한 장소를 찾는 건 다른 것들보다 먼저 결정을 내려야 했다. 따라서 베게너와 과학자들 3명으로 선발대가 꾸려졌다. 함부르크 제바르테Seewarte(해양연구소)의 요하네스 게오르기Johannes Georgi 박사는 중앙 만년설 기지(에이스미테)의 소장을 맡고, 베를린(항공기상기지)의 프리츠 뢰베Fritz Loewe 박사는 후에 썰매 여행 책임자가 되며, 에른스트 조르게Ernst Sorge 박

두께가 3,000미터에 이르는 그린란드의 거대한 내륙빙원은 하얀 사막이며, 지구에서 가장 큰 섬이다. 베게너는 이곳에 서부 기지를 설치했다. 에이스미테는 이곳에서 안쪽으로 400킬로미터 들어간 곳에 있다.

사는 빙하학자로서 에이스미테에서 게오르기를 보조하게 된다.

그들은 너무 빠르게 흐르지 않는, 예를 들면 링크 빙하Rink Glacier와는 다른 빙하를 찾았다. 조르게가 관찰한 바에 따르면, 4억~6억 세제곱미터나 되는 거대한 얼음이 10일에서 20일마다 떨어져 나간다는 것이었다. 경사가 너무 심한 곳도 곤란했다. 왜냐하면 날카로운 발자국이 크레바스나 세락의 붕괴를 유발할 수 있었기 때문이다. 마지막으로, 빙하가 해안에서 너무 멀리 뻗어 나와 있어도, 바위들과 모래가 널린 곳을 오르려면 극도로 지치기 때문에 좋지 않았다. 따라서 가장 적합한 빙하는 바다를 향해 남서쪽으로 흐르는 카우마루유크 빙하Qaumarujuk Glacier로 판명됐다. 그곳 역시 세락지대이긴 했지만 받아들일 수밖에 없었다. 마침내 내륙빙원으로 들어가는 길을 찾은 그들은 그 다음해에 본격적인 원정을 추진하기로 했다.

그린란드로 가는 항해

그때와 지금은 얼마나 다른가! 지금은 코펜하겐에서 비행기에 올라타 4시간만 날아가면 그린란드가 나온다. 그럼 그때는? 오늘날과는 달리 모든 걸 계획대로 수행해야 했다. 1930년 4월 1일, 왕립그린란드교역부의 선단 중 가장 큰 배인 '디스코Disko'가 코펜하겐을 출항해, 레이캬비크Reykjavik에서 아이슬란드산 조랑말 25마리를 싣고, 증기를 뿜으며 케이프페어웰Cape Farewell을 돌아, 그린란드의 서쪽 해안을 따라 북향해 홀스테인보르Holsteinsborg에 정박했다. 그곳에서 배핀만Baffin Bay으로 가는 여행은 유빙을 헤쳐 나갈 수 있는 '구스타프 홀름Gustav Holm'호를 타고 계속됐다. 그 여행의 목적지는 대략 북위 71도에 위치한 작은 어촌 우마나크였다. 그곳으로 가기 위해서 그 배는 배핀만에서 동쪽으로 돌아, 우마나크피오르로 들어가야 했다.

북쪽이 우베키엔트 에일란Ubekjendt Eiland과 우페르나비크Upernavik라는 두 섬으로 막힌 그곳은 단순한 피오르라기보다는 거대한 만이었다. 동쪽에 선 만의 안으로 반도 몇 개가 돌출돼 나와 있는데, 그중에 키오케반도와 후에 '알프레트 베게너 랜드Alfred Wegener Land'라고 불리게 되는 곳이 있다. 그곳에는 알프스를 연상시키는 봉우리들이 많이 있다. 이를 테면 미래의 산악인들을 위한 놀이터playground*인 셈이다. 길게 튀어나온 반도 끝에 있는 작은 마을인 우브쿠식사르트Uvkusigsat는 카우마루유크피오르로 들어가는 관문이다. 그곳이 원정의 중요한 기지로 판단됐다. 그러나 1930년 5월 4일,

---

* 박인환의 시 「목마와 숙녀」로 한국인에게 친숙한 소설가 버지니아 울프의 아버지 레슬리 스티븐Leslie Stephen(전 영국산악회장)은 알프스를 '유럽의 놀이터Playground of Europe'라고 불렀다. [역주]

그린란드 서쪽 해안 북위 71도에 있는 우마나크 항구의 여름 풍경. 알프레트 베게너는 이곳에서 멀지 않은 곳에서 내륙빙원을 향한 전설적인 원정을 시작했다.

원정의 초기였던 그때 '구스타 홀름'은 섬이나 반도 또는 작은 만 어디에도 접근할 수 없었다. 바다가 얼어있었기 때문이다. 5월 15일까지도 얼음덩어리들은 북쪽에서 우마나크 서쪽으로 흘러들어, 키오케 남쪽에서 서쪽으로 날카롭게 휘돈 다음 우베키엔트 에일란으로 빠져나갔다.

지금의 우마나크와 우브쿠식사트

우마나크산이 나타났다. 헬기의 창문에 얼굴을 바싹 대고 있던 내가 그 산을 찾아냈다. 그 산은 우리와 대각선 방향 아래쪽에 있었다. 그린란드의 마터호른! 섬에 있는 딱 하나의 산, 그러나 그 산이 곧 섬이었다. 그린란드인들은 깎아지른 듯한 바위 모양의 그 산을 '바다표범의 심장'이라 부른다. 그린란드인들이 어떤 걸 많이 갖고 있는지 알려면 상상력이 필요하다. 이제 그곳과는 불과 몇 분 거리다. 1966년 내가 처음 방문했을 때는 오직 배편으로만 그곳에 접근할 수 있었다. 그다음에 내가 여기에 왔을 때는 헬기 착륙장이 하나 있었다. 그린란드는 모든 것이 끊임없이 흘러간다.

알프레트 베게너가 그린란드를 다녀간 것도 오래전 일이었다. 제2차세계대전 동안 연합군의 기지 역할을 한 이곳은 그 후 미국의 원조 덕분에 빠른 경제성장을 이뤘다. 이제 순수한 에스키모들은 거의 존재하지 않는다. 플라스틱으로 만들어진 카약이 문화적 진보를 대변한다. 그리고 잔디가 있는 오두막도 더 이상 눈에 띄지 않는다. 이제 그린란드인들은 덴마크에서 들여온 목재로 지어진 조립식 주택에서 산다. 양을 기르고 물고기를 잡는 산업의 체계적인 상업화는 점점이 흩어져있던 작은 마을들이 보다 더큰 하나의 마을로 흡수되는 결과를 가져왔다. 우리의 방문이 있었던 지난 15년간 인구가 세 배나 늘어났다. 그린란드인들 대부분은 여기 우마나크와 마찬가지로 서쪽 해안가에 있는 반도나 근처 섬에서 살고 있다. 이제 어린아이들은 의무교육을 받아야 한다.*

---

*   1953년 이래 그린란드는 덴마크의 식민지에서 벗어나 덴마크 왕국의 일부가 되었으며, 코펜

어느새 집들이 눈에 들어왔다. 빨강, 파랑, 노랑, 초록, 오렌지색 등 총천연 색이다. 그 모습이 마치 행복한 벽화가가 섬의 갈색 화강암에 자신의 붓을 한껏 놀린 듯하다. 신기할 정도로 자연스럽게 보호받을 수 있는 작은 항구 하나가 그런 집 앞의 해안에 있다. 그럼에도 이곳 역시 닻을 내린 배 옆으로 소리 없이 들어오는 빙산으로부터 자유로울 수는 없다. 우마나크피오르의 넓은 수면을 떠다니는 빙산들은 모양도 크기도 각양각색이다.

동화 같은 이미지!

한때 작은 정착지였던 우마나크는 주민이 1,000명으로 늘어나면서 이 지역의 중심지가 되었다. 얼음의 상태로 인해 이곳은 6월부터 10월까지만 항구 노릇을 한다. 이곳은 그린란드에서 거의 모든 산업을 총괄하는 KGH, 즉 왕립그린란드교역부를 위한 중요한 환적지換積地가 되었다.

1930년에 이곳에 도착한 베게너와 달리, 우리는 7월 초에 헬기에서 드넓은 바다를 내려다볼 수 있었다. 5주가 걸린 항해 끝에 그가 마주한 건 해안선을 막고 있는 얼음 띠였다.

우리가 쑥 가라앉듯이 아래로 내려가자 헬기의 프로펠러가 윙윙거리며 돌고 엔진이 털털거리는 굉음을 냈다. 그리고 우리는 마침내 원정 출발 지점인 우마나크에 도착했다.

우리가 도착했다는 소문이 빠르게 퍼져나가자, 호기심 많은 사람들이 몰려들었다. 무엇보다도 셀 수 없을 정도로 많은 어린아이들이 재잘거리며(나에겐 그린란드어가 마치 야생 오리들이 꽥꽥거리는 소리처럼 들렸다) 우리 8명이 서로 합심해 1.5톤이나 되는 원정대 짐을 어선으로 옮겨 싣는 모습을 지켜봤

하겐에 있는 의회에 대의원을 보내고 있다. 1985년 그린란드는 자치령의 지위를 획득했지만, 외교와 국방은 여전히 덴마크가 담당하고 있다. 1988년 당시 인구는 54,000명 정도며, 수도는 고트호브Godthåb(그린란드어로 누크Nuuk)로, 11,000명 정도가 살고 있다. 가장 최근인 1993년의 인구센서스는 55,000명으로 조사됐다. (역주: 2018년 1월 1일의 총인구수는 55,877명이다. 그린란드는 2009년 독립해 제한적인 권한을 행사하고 있다)

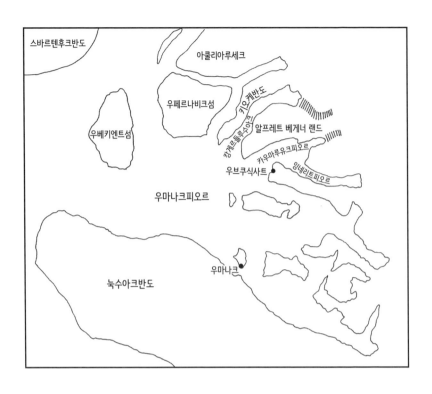

다.(우리와는 대조적으로, 베게너 원정대는 100톤가량 되는 짐을 갖고 왔는데, 이는 화차 10량은 가득 채울 수 있는 양이었다. 그들이 우리보다 더 큰 목적을 갖고 있었던 것이 분명하다) 어선은 이곳에 상주하는 무역회사가 우리에게 제공했다. 덕분에 우리는 다음 목적지인 작은 마을 우브쿠식사트까지 무난히 갈 수 있었다. 물론 이런 일들이 우연히 일어난 건 아니다. 우리는 그린란드로 오기 훨씬 전에 비자를 발급받아야 했고, 그린란드 안으로 들어가는 우리의 루트를 정해야 했다. 또한 까다로운 보험가입도 의무적인 절차였다. 곤경에 빠진 원정대를 돕기 위해 헬기와 구조대를 너무 자주 호출해야 해서 관리들은 이런 안전장치를 요구했다. 1930년 당시 베게너 팀은 오직 자신들의 정보에만 의지했다. 그들의 안전은 전적으로 리더의 지식과 경험에 달려있었다.

우리는 우브쿠식사트로 배를 타고 가면서 환상적인 얼음의 형상들을 볼 수 있었다. 피라미드, 아치, 요정의 빛나는 머리빗, 의자, 거대한 그랜드 피아노, 어마어마한 고래 등같이 생긴 얼음 그리고 그 밖에 감히 상상할 수 있는 것이란 것들은 모두⋯.(사실, 어떤 사람의 눈에는 그냥 얼음으로밖에 보이지 않을 것이다) 우리가 출항하기 전에 우리 배를 책임진 어부가 지방이 붙은 고기와 함께 갓 벗겨진 하얀 고래 가죽을 꽤 많이 실었다. 그리고 그는 지금 그 가죽을 한입 물어뜯어 맛있다는 듯 씹고 있다. 그린란드인에겐 그것이 별미인 모양이다.

우브쿠식사트는 우리 모험에 있어서 일종의 중심기지가 될 것이다. 우리는 그곳에서 내륙빙원과 아그파타트 봉우리와 키오케반도로 향할 예정이었다.(물론 우리는 주변에 사람들이 전혀 없을 것이기 때문에 그런 곳들에 캠프를 추가적으로 설치할 셈이었다) 우리는 우브쿠식사트에서 우정 어린 환영을 받았다. 그곳은 긴 나무막대기 틀 위에서 말려지고 있는 고기 냄새가 사방에서 진동했고, 썰매 개들이 무리를 지어 큰 소리로 짖으며 서로 싸우고 있었다. 그들은 언제나 배가 고프다! 그리고 어린아이들, 어린아이들, 어린아이들이 날뛰며 웃고 있었다. 그린란드는 어린아이들이 인구의 절반을 차지하는 행복한 섬이다. 이건 아마 여름의 백야현상과는 반대가 되는 긴 겨울밤과 관련이 있을 것이다.

우마나크와 마찬가지로, 여기 역시 베게너 때와 비교하면 많이 변했다. 잔디가 있는 집은 거의 남아있지 않다. 어장은 왕립그린란드교역부가 관리한다. 따라서 그들은 잡은 것들을 모두 사들이는 대신 쿠폰을 준다. 그럼 어부들은 이 회사가 관리하는 셀프서비스 스토어에서 그 쿠폰을 사용한다. 알프레트 베게너는 모든 식량을 갖고 와야 했다. 그러나 우리는 길거리에서 시장을 봤는데, 사실 없는 것이 없었다. 여기서 귀한 건 술과 담배와 궐련이다. 위스키 한 병 값이 거의 두 배나 되었지만, 다른 식료품들의 가격은 대도시나 별반 다른 바가 없었다.

베게너 원정에 참가했던 그린란드인 하나가 여전히 이곳 우브쿠식사트에 살고 있다고 우마나크의 어부가 로베르트 크로이징거에게 말했다. 우리는 그를 만나러 갔다. 백발에 체구가 자그마한 일흔두 살의 프레드릭센 Fredriksen과 그의 부인은 40년 전에 바이켄과 쉬프가 찍은 원정대원들의 사진을 보고 놀라 눈을 휘둥그렇게 뜨고 몸도 제대로 가누지 못했다. 어떤 사진들에는 그들의 친구와 친척과 아이들도 있었다. 그들이 이런 사진들을 본 건 처음이었다.

로베르트와 안네와 내가 인근의 납과 아연 광산인 블랙 에인절스 마인 Black Angels Mine 소유의 작은 헬기를 빌려, 친절한 덴마크인이 조종하는 그 헬기를 타고 정찰비행에 나섰다고 앞에서 언급한 것이 바로 이때 우브쿠식사트에서의 어느 날이었다. 이때 나는 이미 베게너의 영상작업을 위해 많은 양의 필름을 촬영했다. 그럼 1930년의 원정대에선 어떤 일이 벌어졌을까? 독자 여러분은 베게너와 그의 동료들이 우마나크 밖의 얼어붙은 바닷가에 남겨졌다는 걸 기억한 것이다.

고난의 상륙

'구스타프 홀름'호는 우마나크에도 카우마루유크에도 닿지 못했다. 대신 그 배는 얼음의 가장자리를 뚫고 들어가 임시로 정박했다. 그들은 짐을 얼음 위로 내리고, 개썰매와 조랑말을 이용해 우브쿠식사트로 옮겼다. 이제 그들은 처음으로 5월 9일과 10일 밤을 그린란드 땅에서 보냈다. 그들은 개의 힘으로 바다의 얼음을 가로지른 다음 프로펠러 썰매를 카우마루유크만 안의 육상으로 옮겼다. 그러나 얇아진 얼음은 그들을 간신히 지탱했다. 물을 통해서든 얼음 위를 통해서든 베이스캠프용 물자들을 카우마루유크피오르 안 가장 깊숙한 곳으로 옮길 방법이 없었다. 따라서 5월 10일부터 답답한 날들이 하릴없이 이어지며 원정의 소중한 시간이 낭비되기 시작했다. 그들은 무려 38일이나 기다려야 했다. 박스 2,500개와 나무 궤들과 드럼통들이 해변에 놓이게 된 건 6월 17일이었다. 이 짐들에는 식량과 연료, 지질학자들이 쓸 폭파 재료, 과학기구, 풍선 주머니, 연 부품, 그리고 마지막으로 그러나 결코 무시할 수 없는 말 먹이용 건초가 들어있었다. 그 원정대는 대원 18명(독일인 과학자와 기술자와 보조요원)과 아이슬란드 말몰이꾼 10명 정도 그리고 많은 지역주민들로 구성돼 있었다. 그 원정의 향후 여정에서 특별히 중요한 역할을 할 사람 중에는 기술자가 둘 있었다. 프란츠 켈블Franz Kelbl과 만프레트 크라우스Manfred Kraus는 모터로 작동되는 프로펠러 썰매를 몰고, 서로 짝이 되어 무전을 교신했다.

운송작전이 끝난 다음 켈블은 서부 기지의 무전을, 크라우스는 에이스미테의 무전을 맡았다. 그러나 1930년에는 크라우스는 물론이고 그의 무전장비도 에이스미테에 도착하지 못했다. 켈블과 크라우스에게 맡겨진 이 이중의 역할이 원정에서 비극적 결과를 초래한 요인 중 하나로 작용한 것이었을까?

그건 1974년 독일 그린란드원정대의 우리 산악인들이 서부 기지의 유물이 있는 곳을 향해 오를 때 자주 떠오른 생각이었다.

　우리는 카우마루유크만에 있는 베게너 추모동판 앞에 모였다. 이곳은 선장이 우브쿠식사트에서 우리를 태우고 짧은 항해 끝에 내려준 곳이었다. 앞으로 이곳은 대략 1,000미터 위에 캠프를 추가로 설치해 서부 기지의 유물을 찾으러 나서는 동안 베이스캠프가 될 터였다. 우리는 수 킬로미터 내에서만 교신할 수 있는 작고 가벼운 워키토키를 갖고 있었지만, 그것만으로도 충분했다.

　400킬로미터쯤 떨어진 에이스미테 기지는 무전으로 교신되지 않는 곳이었다. 이것이 개척자들을 비극으로 몰고 간 원인이었을까? 아니면, 그때 막 유행한 프로펠러 썰매 때문이었을까?

알프레트 베게너 추모동판

개? 프로펠러 썰매? 말?

프로펠러 썰매 작전의 책임자이자 기술자인 쿠르트 쉬프는 원정을 떠나기 전 기계장치가 달린 설상 운송수단을 논의하기 위해 베를린의 작은 호텔 웨스트팔리아Westfalia에서 알프레트 베게너를 만났다.

쉬프는 그때의 첫 만남을 생생하게 기억하고 있었다. "그를 만나자마자, 반짝거리는 파란 눈으로 사람을 똑바로 응시하는 그에게 깊은 인상을 받았습니다. 그는 겸손이 얼굴 전체에 그대로 배어있었습니다. 그가 중요한 그린란드 원정을 이미 두 번이나 한 사람이라거나 과학계에서 명망이 대단하다는 게 겉으론 전혀 드러나지 않았습니다."

그 두 사람은 어떤 논의를 했을까? 그린란드인들은, 비록 그들이 고르게 얼어붙은 바다를 선호하긴 하지만, 어떤 지형이든 거의 모든 곳으로 개 썰매를 몰고 갈 수 있는 것으로 알려졌다. 베게너는 이전에는 그린란드를 횡단하기 위해 말을 이용했지만, 이번에는 말을 수송용으로 쓸 계획이었다. 따라서 그는 기계장치가 달린 설상 운송수단을 이용해보고 싶어 했다. 그러나 그때까지 동력이 바닥에 직접적으로 작용하는 — 이를 테면 바퀴를 통해서 — 운송수단은 눈에서 힘을 쓰지 못했다. 그리고 그 당시의 무한궤도 트랙터가 내륙빙원을 달리기에는 너무 무거웠다. 따라서 프로펠러 모터의 운송수단을 쓰지 않을 이유가 없었다.

핀란드에선 이미 프로펠러 썰매가 널리 이용되고 있었다. 이건 헬싱키 Helsinki에 있는 국영 항공기공장에서 제작되고 있었으며, 겨울 동안 해안에서 떨어진 섬들 간의 교통수단으로 이용되고 있었다. 베게너와 논의를 끝낸 쉬프는 그 공장과 접촉했고, 그들은 결국 원정대를 위해 프로펠러 썰매 2대를 특별히 디자인해서 만들어주겠다고 약속했다. 출발 예정일을 몇 주 앞두고 쉬프는 그들의 제작을 독려하기 위해 헬싱키를 찾아갔다.

마침내 반짝반짝 빛나는 빨간색의 산뜻한 프로펠러 썰매 2대가 제작돼, 수송을 위해 거대한 나무상자에 포장되기 전 마지막 시험주행만을 남겨놓고 있었다. 차체는 가벼운 구조임에도 불구하고 아주 단단했다. 유선형으로 된 그것은 의자가 있는 운전석과 객실, 그리고 짐을 실을 수 있는 공간으로 구분돼있었고, 모터와 프로펠러는 뒤에 달려있었다. 히코리hickory 나무로 만들어진 넓고 강한 4개의 활판滑板은 2개의 축에 각각 나란히 장착됐는데, 고무로 된 완충장치가 있어 탄력이 좋았다. 앞 축에 달린 활판 2개는 마치 자동차 바퀴처럼 회전이 가능했다. 공랭식 지멘스Siemens SH12 항공용 모터는 112마력의 힘을 갖고 있었으며, 연료탱크 용량은 63갤런이었다. 이것들이 과연 그린란드에서도 제대로 움직일까? 그 사실을 알기 전에 그들은 일단 프로펠러 썰매를 내륙빙원 위로 옮겨야 했다. 모든 문제를 안고….

내륙빙원을 오르다

루트는 갈색을 띤 누나타크nunatak*로 이어지고 있었는데, 이 바위는 빙하를 둘로 갈라놓고 있었다. 그래서 이 바위가 쉐이데크Scheideck('Scheiken'은 '분리하다'라는 뜻이다)로 불리는 것 같았다. 이중 하나가 카우마루유크 빙하(우리가 지금 올라가고 있는 곳)이고, 다른 하나가 캉게르들루그수아크 빙하(알프레트 베게너 원정대가 동계기지를 세운 곳)이다.

"카우마루유크 빙하에는 커다란 장애물이 있었습니다."라고 바이켄 교수는 회상했다. "아이스폴이 심하게 벌어져 도저히 넘어갈 수가 없었습니다. 우린 무거운 짐을 위로 올리기 위해 얼음을 파내고 부수며 우회로를 만들어야 했는데, 문제는 프로펠러 썰매의 모터와 윈치였습니다. 해가 빙하의 얼음을 녹여서, 우리가 만든 루트는 거의 곧바로 망가져버렸습니다. 그럼 우린 어쩔 수 없이 그 루트를 포기해야 했습니다." 아이스폴을 통한 수송은 사람과 말의 힘과 인내의 시험이었다. 그 후 루트는 한쪽 모레인으로 바뀌었다. 그러나 이 루트 역시 말들이 이리저리 돌아갈 수 있도록 넓혀야 했다. 아이스폴 위까지 말로 올려진 짐들은 이제 개썰매로 옮겨졌다.

그들은 우선 쉐이데크의 개썰매 팀 텐트 옆에 기상학자 텐트 한 동만을 쳤다. 쉬프와 크라우스와 켈블은 누나타크 쉐이데크의 남쪽 캠프에서 출발했는데, 그곳에는 프로펠러 썰매 2대가 다시 조립돼 대기하고 있었다. 그들이 이곳 피오르에서 목적지까지 가는 데는 6주가 걸릴 예정이었다. 후에, 내륙빙원의 크레바스 지역을 끊임없이 헤쳐 나가는 걸 피하기 위해, 썰

---

* 빙하 표면에서 돌출한 바위 [역주]

매 팀은 쉐이데크에서 동쪽으로 12킬로미터 떨어진 곳에 카를 바이켄이 설치한 임시기지로 방향을 틀었다. 그곳에는 에이스미테로 갈 모든 물자가 보관돼있었다. 1930년에 프로펠러 썰매가 출발신호를 울린 곳이 바로 그 지점이었다. 그 후부터는, 캉게르들루그수아크 빙하의 쉐이데크에서 북쪽으로 2킬로미터 떨어진 곳에 여기저기 흩어져있는 동계 오두막을 서부 기지로 삼았다. 1931년 내륙빙원 여행 때 기지 역할을 한 곳이 바로 그곳이었다.

최초의 발견

우리 앞에 1,000미터를 올라가야 하는 쉐이데크가 있었다. 계곡 너머로 혓바닥처럼 길게 늘어진 카우마루유크 빙하가 보였다. 그러나 가파르긴 해도 그곳을 올라가는 데는 아무런 문제가 없을 것 같았다. 지난 40년 동안 얼음 상태가 많이 달라져 있었다. 우리는 식량 5일분과 경량텐트 4동 그리고 대륙빙하 위에서 신을 스키를 갖고 있었다. 우리의 배낭은 30~40킬로그램이나 돼서 꽤 무거웠다. 나는 거기에 촬영장비까지 갖고 있었다. 물론 이런 장비는 어느 누구도 지려 하지 않았다. 그때 우리의 의사인 카를 란보그트 Karl Landvogt가 자청해서 삼각대를 넘겨받았다. "훈련하려는 거야!" 그가 씩 웃으며 말했다. 그러자 다른 사람들이 안도의 한숨을 내쉬었다. 이제 모든 짐의 분배가 끝나고 우리는 출발했다. 이곳은 북극여우인 레이너드가 출몰하는 곳이었다. 우리가 떠나면 그놈은 우리의 베이스캠프 텐트를 뒤적거릴 것이다. 우리도 이제 그놈의 습성을 어느 정도 알게 되었다. 보통 그놈은 먹이를 찾아서 여명에 나타난다. 그리고 대단히 성공적인 결과를 얻는다. 그놈은 통조림 고기에는 어쩔 수 없는 약점을 보인다. 그러나 풀리지 않는 수수께끼가 하나 있다. 도대체 왜 그놈은 롤로 된 화장지를 계속 훔쳐가는 걸까? 이제 우리는 호리호리하고 믿을 만한 그 작은 동료에게 작별인사를 고하고, 이상하게 무너져 내려 직경이 10미터쯤 되는 인상적인 모습으로 계곡 바닥 위에 형성된 섬유질 조직의 얼음 거품을 돌아서 우리의 길을 갔다. 그러자 경사가 가팔라졌다. 빙하의 얼음과 자꾸만 흘러내리는 모레인의 파편들에 우리는 피로를 느꼈다. 큰 덩어리의 잔해들이 발밑으로 멀리 사라졌다. 2시간 반을 올랐을 때 볼프강 라우슐Wolfgang Rauschl이 베게너 원정대의 것이 틀림없어 보이는 흔적을 처음으로 발견했다. 운송 도중에 떨어뜨린 것 같은 석유통이 하나 보인 것이다. 얼마 후에 우리에게 행운이 또 찾아왔다. 로베르트와 안네 크로이징거가 사람 키만 한 수소 실린더를 찾아낸 것이다. 그건 놀라울 정도로 보존이 잘돼있었다. 수소는 기상학자들이 밧줄로 매여진 채 동력장치가 달린 기상 관측용 풍선을 채우는 데 필요한 것이다.

짐이 점점 더 무겁게 느껴지면서 발걸음이 느려졌다. 베게너의 선구자들이 100,000킬로그램이나 되는 물자를 이곳까지 옮겼다는 것이 상상이 가지 않았다. 그때는 정말 얼마나 어려운 작업이었을까. 사람들이 줄지어 늘어서서 얼음에 루트를 뚫고, 가파른 구간에서 프로펠러 썰매를 윈치로 끌어올리고, 괴물 같은 썰매를 조금이라도 더 내륙빙원으로 유도하려고 말을 채찍질하는 장면을 옛날 필름을 통해 보았었는데, 그 기억이 떠올랐다.

물론, 우리는 내가 촬영을 해야 해서, 이곳까지 올라오는 도중에 자주 쉬었다. 저녁 어스름쯤에 우리가 내륙빙원의 가장자리인 랜즈 엔드Land's End에 도착하자, 둥글게 튀어나온 바위가 북동쪽으로 보였다. 그곳이 누나타크 쉐이데크였다. 그곳에 가기에는 시간이 너무 늦어 우리는 일단 텐트를 쳤다.

우리는 오늘의 꿈을 실현하기 위해 영양가 높은 아침식사를 했다. 태양이 구름 한 점 없는 하늘에서 밝게 빛났다. 우리는 기대에 들떴다. 우리 앞에 선 내륙빙원이 멀리서 넓은 파도가 일렁이는 것처럼 굽이치고 밀려오면서 손짓했다. 그러나 크레바스라는 장애물도 보였다. 오늘 우리 넷은 빙원 위로 가보는 모험을 할 작정이었다. 이 근처 어딘가에 개와 프로펠러 썰매가 에이스미테로 향한 루트가 있는 것이 분명해 보였다.

얼음의 가장자리에 있는 진정한 습지를 힘들게 통과하자 스키가 잘 미

아침이슬은 나뭇가지에서 떨어지기 전까지 얼마나 오랜 공상의 시간을 보낼까?

끄러져 나아갔다. 우리는 얼음 위에서 무언가를 발견하리라는 희망을 품진 않았다. 예를 들면, 동계기지 같은 것 말이다. 그 사이에 얼마나 많은 시간이 흘러갔는가? 그러나 우마나크에 있는 바위지대에서 무언가를 찾으려 한 우리 동료들은 행운이 더 있을지도 모를 일이었다. 물론 결코 쉽지 않은 일일 것이다. 왜냐하면 스키도 없는 그들이 물이 질퍽한 깊은 습지를 걸어 다니며 수색해야 할 것이기 때문이다. 우리가 하얀 빙원 안으로 깊숙이 들어갈수록 그들의 모습은 점점 더 작은 점이 되었다. 타임머신이라도 있다면 얼마나 좋을까! 우리는 오직 상상만으로 그 당시로 돌아갈 수 있을 뿐이다. 그럼, 그때 어떻게 된 거지?

1930년—에이스미테 기지를 향해

에이스미테 기지는 빙원의 서쪽 가장자리에서 400킬로미터쯤 떨어진 곳에 세울 계획이었다. 그곳에서 조사와 연구를 하는 사람들이 겨울을 나기 위해선 식량과 연료, 장비 등을 비축해야 했다. 따라서 치밀한 계산이 필요했다. 어느 정도의 물자를 에이스미테까지 수송해야 할까? 썰매 여행은 몇 번이나 필요할까? 과연 이런 작업에 프로펠러 썰매가 결정적인 기여를 할 수 있을까?

알프레트 베게너는 1929년에 이미 이런 문제들을 깊이 생각했다. 그는 3,500킬로그램의 짐을 6월과 10월 사이에 에이스미테로 수송해야 하는 것으로 계산했다.

바이켄 교수는 이렇게 말했다. "알프레트 베게너는 일을 정확하게 해나갔습니다. 에이스미테에서 겨울을 나기 위한 물자들을 수송하려면 개썰매 여행이 세 번 필요하다고 그는 판단했습니다. 프로펠러 썰매는 남는 것들을 나를 수 있었습니다. 물론, 여름이 오기 전에 에이스미테 기지에 필요한 것들을 보충하기 위해선 봄에 추가적인 여행이 필요했습니다. 그리하여 개썰매 여행이 세 번 정확히 수행됐습니다. 처음에는 7월과 8월 사이에, 그리고 8월 중에, 세 번째는 8월 말부터 9월 21일까지. 프로펠러 썰매는 주로 시험운행을 위해 그곳에 있었습니다. 내륙빙원에서도 기능에 이상이 없는지 보려고 한 거죠. 베게너는 프로펠러 썰매에 너무 의존하지 말라고 모든 사람들에게 주의를 줬습니다. 따라서 에이스미테는 필연적으로 개에 의존할 수밖에 없었습니다. 그러나 후에 밝혀진 바와 같이, 처음 예상했던 것보다 에이스미테는 더 많은 물자가(특히 석유가) 필요하게 되어, 사람들은 프로펠러 썰매에 필사적으로 매달리게 됐습니다. 이것들은 '먹이'도 필요 없을뿐더러 개와는 비교할 수 없을 정도로 빨랐습니다."

로베르트가 고도계를 흘끗 봤다. 해발 1,050미터였다. 내륙빙원의 표면은 늘 변한다. 이제 우리는 크레바스를 절대적으로 조심해야 했다. 바람에 의한 눈이 크레바스를 뒤덮어, 우리는 자주 마지막 순간에야 위험을 인지한다. 따라서 우리는 어느 정도까진 로프를 묶고 움직여야 했다. 개와 프로펠러 썰매가 이 지역에서 겪었을 곤란은 쉽게 짐작됐다. 따라서 대부분의 여행은 크레바스 지대를 벗어난 후에야 본격적으로 시작된다.

저녁 어스름이 되자 옅은 안개가 밀려왔다. 고도계는 이제 1,115미터를 가리켰다. 우리는 점차 심한 고독감에 빠져들었다. 이런 감정은 넓은 바다 한가운데에서 조그만 보트에 타고 있을 때 느끼는 것과 비슷한 것이다. 이곳에서 우리를 둘러싸고 있는 건 다름 아닌 무한히 넓고 단단한 얼음의 바다였다. 그러나 구름의 그림자가 천천히 미끄러져 가면 그 단단한 얼음도 부드럽고 역동적인 모습으로 변했다. 그리고 모이고 흩어지길 반복하는 안개의 파도에 따라 빛이 계속 변했다. 내륙빙원은 영혼의 고향이라고 그린란드인들은 믿는다. 아마 누구나 그렇게 믿고 싶은 유혹에 빠질 것이다.

내륙빙원은 사람의 마음을 쉽게 빼앗아 중독이 되게 만들면서 더 안쪽으로 계속 들어가도록 강요한다. 한 발짝 또 한 발짝, 하루 또 하루….

동경이랄까.

그러나 우리는 20킬로미터를 가서 발길을 돌렸다. 끝없는 얼음에 둘러싸인 하루 동안은 우리가 세상에서 가장 고독한 사람이었다.

썰매 여행

원정대는 자신들의 물류를 종종 도표로 보고한다. 그리고 그런 도표는 시간을 수평으로 배열하고, 대원들이 오르내린 높이를 수직으로 구성한다. 베게너의 원정대 보고서에도 그와 비슷한 도표가 있는데, 그곳에는 시간 외에 높이보다는 서부 기지에서부터 각개의 팀이 주파한 거리가 표시돼있다.

이 도표를 보면 에이스미테 기지까지의 여행을 알 수 있다. 1, 2, 3, 4는 네 번의 개썰매 여행을 나타낸다. 그리고 PS는 중간에 끼어들게 되는 프로펠러 썰매의 시도이다. 두 번째 대체 팀은 11월과 12월에 벌어진 구조작전이다. 에이스미테로 떠난 네 번째 개썰매 여행이 되돌아오는 건 점선으로 표시돼있는데, 갑자기 끊긴다.

그것이 바로 드라마의 끝이었다.

처음에는 부빙으로 시간을 손해 봤지만, 모든 것이 어느 정도 계획대로 진행됐다. 7월 5일 첫 번째 개썰매가 에이스미테를 향해 출발했다. 뢰베와 게오르기, 바이켄이 루트를 뚫으며 함께 갔다. 그들은 500미터마다 검은 삼각기를 꽂았고, 5킬로미터마다 눈사람을 만들어 검은 천으로 된 두건을 씌웠다. 이런 것들은 함께 가는 그린란드인들의 마음을 상당히 달래는 역할을 했다. 왜냐하면 그들 중 무서운 내륙빙원 안으로 들어가 본 사람이 아무도 없었기 때문이다. 뢰베는 200킬로미터 지점의 임시기지에서 계획에 따라 되돌아섰다. 게오르기와 바이켄은 그린란드인 4명과 함께 7월 30일 내

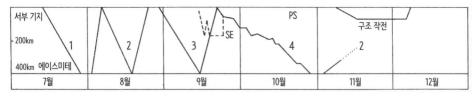

1930년 쿠르트 베게너 박사 원정대의 자료를 바탕으로 간략하게 만들어본 도표

*PS: 프로펠러 썰매 시도

류빙원 한가운데에 도착했다. 그때 바이켄 역시 게오르기만 홀로 남겨놓은 채 작별을 고했는데, 원정대의 나머지 사람들이 에이스미테 기지를 설치할 때까지 연락이 두절됐다. 해발 3,000미터에서 이뤄지는 기지 건설작업은 피곤하기 짝이 없는 일이었다. 그러나 사람들이 그곳에서 겨울을 나기 위해선 필요한 식량을 비축해두는 것이 중요했다. 베게너의 계획은 무전기사뿐만 아니라 그와 조르게가 이 얼음 사막 한가운데에서 1931년 봄까지 머무는 것이었다.

식량을 가져갈 두 번째 개썰매가 8월 초에 에이스미테로 출발했다. 베게너는 심각한 고민에 빠졌다. 첫 번째 작전으로 750킬로그램의 물자만 목적지에 수송한 터라, 그의 계산에 따르면, 이제 거의 5배나 되는 양이 필요하게 되었기 때문이다. 어떤 상황이 되더라도, 원정의 핵심이 될 이 기지를 그는 포기하고 싶지 않았다. 뢰베가 인솔하는 두 번째 개썰매가 8월 18일 1,000킬로그램의 짐을 갖고 에이스미테에 도착했다. 8월 30일, 10개가 넘는 개썰매가 조르게, 뵐켄Woelken, 윌크Jülg와 함께 출발했다. 그들은 9월 13일 에이스미테에 도착했는데, 조르게가 그곳에 남기로 했다. 서부 기지를 나섰을 때인 초기에 그들은 프로펠러 썰매가 임시기지로 가고 있는 걸 목격했다. 그 썰매는 기능상 아무 문제가 없는 것처럼 보였다. 모든 사람들은 머지않아 그들이 에이스미테 기지에서 환영을 받을 것이라고 낙관했다. 하지만 그들은 끝내 그곳에 나타나지 않았다.

프로펠러 썰매의 대실패

부분별로 분해된 프로펠러 썰매와 모터는 아이스폴에 있는 조립 텐트로 옮겨진 다음 재조립됐다. 이 두 썰매는 쉐이데크를 방문한 요양소의 수간호사에 의해 '얼음 곰'과 '흰 멧새'라는 이름을 얻었다. 이렇게 이름이 붙을 때는 샴페인보다는 보통 눈뭉치가 동원된다.

쿠르트 쉬프는 이렇게 회상했다. "베게너의 예측과는 달리, 우리가 내륙빙원에 들어섰을 때는 불행하게도 눈과 표면의 상태가 좋지 않았습니다. 그의 판단은 그 전해에 말로 그곳을 지났을 때를 기준으로 내린 것이었습니다. 지형은 고르지 않은 데다 크레바스로 가득 차 있었고, 표면의 상태도 너무나 다양했습니다. 어느 곳은 바늘같이 뾰족한 얼음이 있는가 하면 또 어느 곳은 분설이 있었고, 심지어는 질퍽거리는 눈이 있는 곳도 있었습니다. 우리의 프로펠러 썰매가 과연 우리가 바란 대로 혁신적인가 하는 것은 한 번만 봐도 의구심이 들 정도였습니다. 처음에 우린 이런 문제들을 어떻게 풀어나가야 할지 알지 못했습니다. 그러나 크레바스가 끝나는 곳에서 12킬로미터 떨어진 내륙빙원에 프로펠러 썰매의 출발기지를 만들기로 재빨리 결정을 내렸습니다. 시험주행을 해보니 썰매는 날씨가 우리에게 우호적일 때만 운행이 가능했습니다."

쉬프에 따르면, 속도는 시속 30~40킬로미터가 나왔으며, 연료를 가득 채워도 한 번에 에이스미테까지 갈 수는 없었다고 한다. 따라서 루트 곳곳에 미리 석유를 가져다 놓아야만 했다. 이렇게 해서 썰매는 7일 동안 800킬로미터를 달렸다. 200킬로미터 지점은 특별히 공들여 설치했는데, 그곳에는 에이스미테로 가야 하는 후보자들도 대기하고 있었다.

9월 17일, 프로펠러 썰매가 마침내 에이스미테를 향해 출발했다. "우리는 속도를 시속 70킬로미터까지 올려 200킬로미터 지점의 임시기지에 도착했고, 에이스미테에서 돌아오던 뷜켄, 월크와 그날 밤을 그곳에서 함께 보냈습니다. 우리는 다음 날도 같은 속도를 유지하길 바랐습니다. 그러나 밤 사이에 날씨가 끔찍하게 변했습니다. 기온이 영하 36도까지 떨어져 썰매가 시동이 걸리지 않는다는 걸 알고 경악했습니다. 그럼에도 우리는 날씨가 좋아지길 기대하며 그걸 밖으로 끄집어냈습니다. 우리의 식량이 점점 더 줄어들어, 마침내 이틀분만 남게 되었을 때에서야 썰매에서 짐을 내리고 실의에 빠진 채 다시 돌아가기로 결정했습니다."

그러나 설상가상으로, 임시기지로부터 39킬로미터도 벗어나지 못했을 때 '흰 멧새'의 모터가 멎고 말았다. 피스톤이 냉각이 불충분해 손상을 입은 것이다. 모두가 '얼음 곰' 안으로 쑤시고 들어갔지만, 8킬로미터를 더 가자 그것마저 망가지고 말았다. 역시 피스톤이 문제였다. 그들은 그 지점

프로펠러 썰매 중 한 대

에서 밤을 보냈다. 아침이 되었을 때 베게너와 뢰베가 난데없이 그들의 텐트 앞에 나타났다. 그들은 에이스미테로 네 번째 썰매 여행을 하던 길이었다. 베게너는 그해에는 프로펠러 썰매에 더 이상 의존할 수 없다는 사실과 에이스미테를 가동하기 위해선 자신의 네 번째 식량이 없어선 안 된다는 사실을 깨달았다.

그러나 프로펠러 썰매의 대실패는 이것이 끝이 아니었다. '얼음 곰'을 단 1미터도 앞으로 나아가게 할 수 없었던 것이다. 그들은 되돌아오던 도중에 붙잡은 개 두 마리를 작은 비상 썰매 앞에 묶고, 텐트 한 동과 침낭 그리고 약간의 연료와 식량을 실었다. 지독한 눈보라가 전진을 방해했다. 그들은 9월 27일이 돼서야 출발기지로 되돌아올 수 있었다. 그들은 완전히 녹초가 되었다.

그해에 그들은 버려진 썰매를 끌고 오려고 두 번이나 시도했지만, 두 대 중 어느 것도 꼼짝하지 않았다. 얼음에 단단히 박혀버린 것이다. 그것들은 1931년 봄까지 그대로 방치됐다.

누나타크 쉐이데크—
보물을 발견하다

빙하가 햇빛에 반짝거린다. 부드러운 굴곡을 이룬 내륙빙원이 눈부시게 아른거린다. 둥근 지붕 모양의 누나타크 정상에 올라서면 하얀 바다를 향해 나아가는 배의 브리지 위에 선 선장 같은 기분이 든다. 빙원의 가장자리에서 질퍽하게 뒤틀린 얼음 지역은 해안가에 부딪치기 직전의 파도가 하얀 거품을 일으키는 것과 비슷하다. 그러나 어쩌면 이런 비유는 잘못된 것일지도 모른다. 왜냐하면 이곳에서 말하는 해안가는 눈앞의 바다보다도 더 낮기 때문이다. 따라서 눈앞의 하얀 바다가 출렁거린다면 사람을 휩쓸어갈지도 모른다. 이곳은 천천히 그리고 꾸준히 고노가 3,000미터까지 올라간다.

누나타크의 뱃머리 너머를 내려다보면 이런 감정이 든다.

우리 넷은 내륙빙원으로 나간 스키 여행에서 돌아와 한스, 볼프, 카를 그리고 식량 책임자인 볼프강과 합류했다. 그들은 우리가 없는 동안 무언가를 발견해냈는데, 그건 누나타크 근처의 얼음에 있는 석탄 흔적이었다. 우리는 모두 그곳을 열정적으로 파기 시작했다. 우리는 덴마크 수색대가 프로펠러 썰매 한 대를 찾아 박물관에 기증했으며, 그 후 발견지점을 표시해 놨다는 사실을 알고 있었다. 여기가 바로 그곳이었다. 그럼 나머지 한 대는 얼음에 묻힌 채 여전히 이곳에 있다는 말이었다. 우리는 마치 갑자기 햇빛을 보게 된 두더지처럼 서둘러 파들어 갔다. 그러자 곧 녹슨 금속조각이 나왔다. 다시 흥분에 휩싸인 우리는 더 깊이 파들어 갔지만, 깊이 파면 팔수록 작업이 점점 더 어려워졌다. 따라서 썰매 전체를 발굴해내려면 며칠이 걸릴지 알 수 없었다. '오스트리아 사람'이 아닌 대다수는 적어도 그렇게 생각했다. 나는 부아가 치밀었지만, 내가 영상에 담을 수 있었던 건 모터가 달린 뒷부분의 일부였다. 하지만 그 발견으로 사기가 한껏 오른 헤센 사람들과 바바리아 사람들은 힘을 합쳐 바위 언덕과 그 밑의 눈덩어리들 위에서 이미 작업을 하기 시작했다. 그러자 시간이 지남에 따라 새로운 것들이 하나둘씩 나왔다. 연과 풍선을 날리기 위한 윈치도 있었다. 그럼 카를과 볼프강이 즐겁게 핸들을 감은 것이 틀림없었다. 그리고 끔찍한 위기일발을 맞은 것이다. 상황은 완벽했다. 40년 후에 이런 것들이 발견되리라고 누가 상상이나 했겠는가! 나는 묻혀있는 걸 열정적인 동료들에게 일일이 알려줬지만, 적어도 그건 나에게 마법의 프로펠러 썰매였다. 나는 그것의 영광을 모두 촬영하고 싶었다. 그때 볼프 로이테Wolf Reute가 개의 비상식 통을 갖고 달려왔다. 내가 안타까운 한숨을 내쉬는 동안 안네가 베게너 원정대의 표석이 담긴 부서진 상자조각들을 닦아세웠다. 이제 쿠르트는 망가진 썰매에 대한 생각을 기억에서 지울 수 있을까? 볼프강은 말의 뼈들을 수습했고, 건초가 조금 남아있는 먹이통을 찾아냈다. 이 나라는 정말 냉동실이나 다름없었다. 그린란드는 빙원이 남극대륙에 이어 두 번째로 크다. 어쨌든 우리는 그 작은 바위산에서 다음 날 그리고 그다음 날까지 분주히 작업하며 많은 걸 발견도 하고 촬영도 했다. 우리는 겨울 오두막 쪽도 수색했지만, 그들의 발자취는 찾지 못했다. 빠르게 이동하는 빙하가 모든 걸 삼켜버리고, 그 사이에 끼어든 수십 년이라는 시간이 그걸 이동시킨 것 같았다. 하늘은 알고 있지 않을까? 시크 트란싯 글로리아 문디Sic transit gloria mundi. (이 세상의 영화는 이와 같이 사라진다) 나는 생각에 잠겨, 옛날 사진 한 장을 들춰봤다. 웃는 모습의 그린란드 소녀가 원정대원들과 함께 겨울 오두막 앞에서 찍은 것이다. 그러나 우브쿠식사트에서 만난 백발의 노인 조나단 프레드릭센은 그녀가 자신이 돌보던 이복여동생 사라Sarah이며, 사진에서 옆에 서 있는

1930년 원정대원들이 겨울을 나던 집 앞에 모였다.

남동생과 마찬가지로 오래전에 죽었다고 말했다. 우리는 그에게 사진을 주었다. 이제는 그 마을에서 하나만 남은 자신의 오래된 오두막으로 그가 사진을 들고 가던 모습을 나는 이제껏 기억하고 있다.

저녁이 되자 도대체 밤이라고도 할 수 없는 백야가 시작됐다. 나는 누나타크 정상에 서서 내륙빙원 동쪽을 하염없이 바라봤다.

알프레트 베게너의 마지막 여정

프로펠러 썰매는 과연 에이스미테까지 갈 수 있을까? 베게너는 첫 시험주행을 참관하고 나서 약간의 의구심을 가졌다. 조르게가 세 번째 썰매 여행을 위해 출발한 직후 그는 네 번째 여행을 조직하기로 결심했다. 그는 이 여행을 뢰베와 함께 자신이 직접 이끌기로 했다. 그들의 주목적은 200킬로미터 지점에서 에이스미테로 파라핀과 다른 물자 등 그곳에서 부족한 걸 수송하는 것이었다. 출발한 지 얼마 되지 않아, 그들은 세 번째 썰매 여행에서 돌아오는 뷀켄과 윌크를 만났다. (조르게는 에이스미테에 남아있었다) 뷀켄과 윌크는 편지를 두 통 갖고 왔다. 그중 한 통은 그곳 기지에 남아있는 식량을 자세히 적은 조르게의 편지였다. 그리고 게오르기가 쓴 또 다른 편지에는 만약 자신들이 10월 20일까지 더 많은 파라핀과 다른 필수품을 받지 못하면, 사람이 끄는 썰매인 한트슐리텐Handschlitten을 끌고 그 기지를 떠나 걸어서 서부 기지로 돌아올 수밖에 없다고 쓰여있었다. (후에 그 둘은 마음을 바꾸었다. 만년설을 파서 만든 에이스미테의 거주공간이 잔여 파라핀으로 충분히 덥혀졌고, 사람이 끄는 썰매로 돌아오는 여행이 너무 위험하게 보였기 때문이다. 베게너는 계획이 이렇게 변경된 걸 전혀 알지 못했다. 무전기구와 무전기를 다룰 수 있는 사람이 없어서 무전교신을 할 수 없었던 것이다)

베게너는 (우리가 본 것처럼) 눈 속에 박혀있는 '얼음 곰'과 '흰 멧새'와 마주쳤다. 이제 상황이 더욱 급박해졌다. 그는 자신의 일행을 에이스미테로 보내야만 한다고 생각했다.

그러나 바로 그때 그린란드인들이 파업을 일으켜, 그들 중 8명이 돌아갔다. 한동안 그에게 남은 그린란드인은 4명뿐이었지만, 후에 그는 그중 3명을 돌려보냈다. 그리하여 에이스미테로 고생스럽게 전진해야 하는 사람은 알프레트 베게너, 프리츠 뢰베 그리고 그린란드인 라스무스 빌룸센 Rasmus Villumsen뿐이었다.

베게너는 돌아가는 사람들 편에 두 번에 걸쳐 카를 바이켄에게 편지를 보냈다. 9월 28일자 첫 번째 편지에서, 그는 200킬로미터 지점에서 에이스미테까지 필요한 파라핀을 갖고 갈 수 있을 것이라고 낙관적으로 희망하고 있었다. 그러나 10월 6일자 두 번째 편지에서, 그는 짐을 포기하고 개들만 끌고라도 게오르기와 조르게가 있는 에이스미테까지 밀고 나갈 것이라고 선언했다. 베게너는 10월 20일 에이스미테를 떠난다는 조르게의 계획을 실현이 불가능한 것으로 보았다. 그는 그들이 성공할 수 없으며, 도중에 동사할 것이라고 판단했다. 그와 뢰베는, 비록 그의 희망뿐이었을지 모르지만, 조르게와 게오르기를 결국 구출해야 하는 상황에 놓였다. 에이스미테는 어떤 희생을 치르더라도 겨울 동안 사람이 지키고 있어야 했다.

베게너는 자신의 마지막 편지에서 소규모 구조대가 62킬로미터 지점으로 가서, 12월 1일까지만 에이스미테에서 돌아오는 사람들을 기다리라고 요청했다.

그리하여 구조작전이 벌어졌다. 바이켄과 크라우스 그리고 그린란드인 2명이 11월 15일 데포지점Depot Start에서 출발했다. 그들은 62킬로미터 지점에 도착해 이글루를 만들었다. 그리고 나서 10킬로미터에 걸쳐 표식기가 달린 두 줄을 설치했다. 하나는 북동쪽으로 그리고 또 하나는 남동쪽으로 적당히 벌려서, 동쪽에서 오는 사람은 누구든 그 안으로 들어와 이글루가 있는 곳에 닿을 수 있도록 한 것이다.

날마다 그들은 어두워지기 시작하면 파라핀을 태워 적어도 3시간 동안은 불빛이 나도록 했다.

그러나 12월 7일 구조작전이 중지됐다. 누군가 에이스미테에서 돌아온다는 것이 불가능하다고 본 것이다. 폭풍이 심해지면서 기온은 영하 42도까지 떨어졌다.

✳

그곳의 겨울은 기지 밖에서 하는 모든 활동을 오랫동안 할 수 없다는 의미였다. 그런데도 베게너는 뢰베, 빌룸센과 함께 에이스미테까지 갈 수 있었을까?

그렇다. 10월 30일 알프레트 베게너, 프리츠 뢰베, 라스무스 빌룸센은 마침내 그 기지에 도착했다. 그때의 기온은 무려 영하 50도였다. 뢰베는 심한 동상을 입었다. 그의 상태로 보면 그는 무조건 돌아와야 했다. 그러나 조르게와 게오르기가 만년설의 표면 밑에 파놓은 '동굴' 같은 거주 공간의 기온은 그럭저럭 버틸 만했다. 그곳에서, 그들은 과학적 프로그램을 겨울 내내 처리했다.

베게너에겐 10월 30일이 유일한 휴식일이었다. 그에겐 바람도, 눈보라도, 살을 에는 듯한 추위도 없는 만년설 동굴 안이 편안하지 않은 것 같았다. 그는 4주도 넘게 극도로 고난스러운 여행을 했지만 결코 지쳐 나가떨어지지 않았다. 1931년의 새로운 프로젝트가 논의됐다. 그건 그린란드를 두 번 횡단하는 것이었다. 11월 1일은 그의 쉰 번째 생일이었다. 그날 그는 빌룸센과 함께 서부 기지로 떠났다. 뢰베는 그들과 함께 갈 수 없었다. 그는 모든 발가락이 동상에 걸려 고통 받고 있었다. 그 후 얼마 지나지 않아 게오르기는 호주머니 칼과 철사 절단기로 그의 발가락들을 잘라냈다. 뢰베는 5월이 될 때까지 겨울 내내 침낭 속에 들어앉아 있어야 했다. 그 공간이 그의 손상된 발가락에는 너무 추웠던 것이다.

그럼 그 사이에 빙원의 가장자리에 있는 서부 기지에선 상황이 어떻게 돌아가고 있었을까? 카를 바이켄은 이렇게 증언한다. "베게너는 결코 돌아오지 않았습니다. 우리가 그를 기다렸지만 헛수고였습니다. 따라서 우리는 베게너와 뢰베와 라스무스가 게오르기, 조르게와 함께 에이스미테에 남아 있길 간절히 바랐습니다. 만약 그들이 식량을 알뜰하게 아끼고, 함께 데려간 개를 잡아먹는다면, 비록 다섯이나 되긴 했어도 5월까진 그곳에서 버틸 수 있었을 겁니다."

1931년 봄. 서부 기지에선 그해의 계획이 수립됐다. 그 사이에 프로펠러 썰매는 어떤 문제도 일으키지 않고 정상적으로 작동했다. 이제 모든 사람은 단 하나의 걱정에 휩싸였다. 알프레트 베게너, 과연 그에겐 어떤 일이 벌어진 걸까?

따라서 첫 번째 썰매 여행은 에이스미테로 가야 했다. 4월 23일 바이켄이 이끄는 개썰매 팀이 출발했다. 프로펠러 썰매 팀이 330킬로미터 지점에서 그들을 따라잡았다. 그곳은 그 두 팀의 공통된 목적지 바로 전이었다. 그곳에서 그들은 함께 밤을 보냈다. 5월 7일 프로펠러 썰매 팀이 먼저 에이스미테 기지에 도착했다. 그러나 베게너는 그곳에 없었다.

"그는 작년 11월 1일 라스무스 빌룸센과 함께 이곳을 떠났습니다. 서부 기지를 향해…."

그때서야 에이스미테와 서부 기지에 있는 사람들은 알프레트 베게너와 그의 동료가 내륙빙원 어디선가 죽고 말았다는 사실을 알게 되었다.

수색대가 즉시 출발했다. 베게너와 라스무스는 썰매 두 대에 개 17마리를 데리고 떠났었다. 만약 여행 도중 개들이 상당수 죽었다면, 그들은 200킬로미터 지점에서부터는 분명 썰매를 하나만 갖고 움직였을 것이다. 라스무스가 썰매를 몰고, 베게너가 그 뒤를 따라가면서….

285킬로미터 지점에서 비상식량 박스 하나가 발견됐고, 255킬로미터

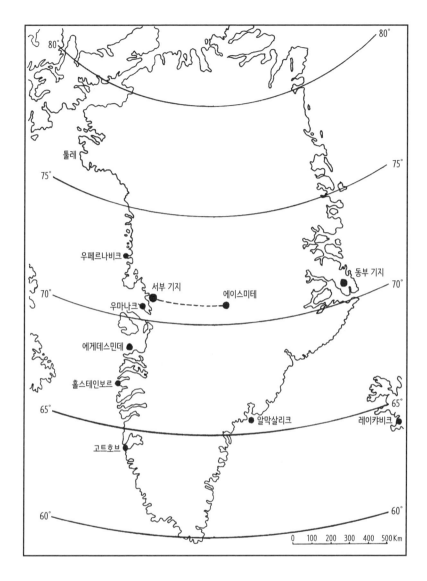

지점에서 썰매 하나가 발견됐다. 그리고 189미터 지점에는 베게너의 스키가 눈에 꽂혀있었다. 에이스미테로 향하던 이전의 수색대가 이곳을 지나면서 임시로 파봤을 때는 비상식량 박스 하나만 나왔었다. 그러나 그들이 이제 더 깊이 파들어 가자 그곳에 알프레트 베게너가 있었다. 그들은 그가 탈진해 죽은 것으로 판단했다.

라스무스는 아마도 베게너의 일기장과 장갑, 파이프 그리고 담배를 챙겼을 것이다. 그는 베게너를 묻고 나서 분명 서쪽으로 계속 향했을 것이다.

그들은 그가 머문 두 곳을 발견했다. 170킬로미터 지점에서 그는 좀 더 오래 머문 것 같았다. 그곳에서 에이스미테에서 가져간 도끼가 발견됐다. 그러나 그 후로는 아무것도 나오지 않았다.

크라우스는 에이스미테에 조그만 무전송신소를 설치했다. 5월 8일 그는 고국으로 다음과 같은 무전을 보냈다. "베게너와 그의 동료 빙원에서 사망"

원정대의 활동은 계속됐다. 죽은 베게너의 동생인 쿠르트 베게너가 대장 직책을 이어받았다. 그린란드에선 반도 하나에 '알프레트 베게너 랜드'라는 이름을 붙여, 이 위대한 탐험가를 오늘날까지 기리고 있다.

키오케, 아그파타트
그리고 마지막 장면

우리는 짐을 싸서 쉐이데크를 떠났다. 그곳에 머무는 동안 우리는 원한 걸 모두 다 찾아내진 못했지만, 그래도 많은 성과를 거뒀다. 오래전에 묻혀버린 그 사건은 우리의 의식 속으로 파고 들어왔다. 로베르트와 나의 생각은 우리가 카우마루유크만으로 내려올 때까지도 수십 년 전의 내륙빙원에 여전히 머물러있었다. 우리는 또한 그대로 잊기에는 너무나 안타까운 위대한 탐험가의 마지막 여정을 둘러싼 사건을 규명했다. 그리고 나서 보통의 등산을 하려니 어색하기 짝이 없었다.

우리가 베이스캠프에 도착하자 어느새 친해진 북극여우 레이너드가 조바심을 내면서 우리를 기다리고 있었다. 볼프강이 곧바로 고기가 든 캔을 따서 그놈에게 주었다. 다음 날 우리는 연안감시선을 타고 만을 떠났다. 레이너드는 바닷가에서 우리를 우두커니 쳐다봤다. 우리가 가는 걸 아쉬워했을까?

요즘에는 그린란드를 방문해 바닷가의 환상적인 산에서 느긋한 등산을 즐기려는 소규모 원정대가 점점 더 늘어나고 있다. 백야의 여름 그린란드에서 사람들이 살지 않는 반도나 섬에 있는 산을 해수면에서 곧장 오르는 이곳은 알프스와 사뭇 다르다. 이곳은 북쪽이라서 한밤중이라도 햇빛이 낮게 드리우고, 밝은 대낮에는 피오르 위로 바다갈매기들이 원을 그리며 물고기를 향해 쏜살같이 뛰어든다.

그린란드에서의 등반은 책을 한 권 써도 부족할 만큼 환상적이다.

이곳에서의 모험은 아주 특별하다. 만약 깨끗한 물을 구하지 못하면 바닷가의 빙산을 잡아당겨 녹이기만 하면 된다. 또는 정상에 앉아있으면, 산의 그림자가 아래쪽으로 빙산과 바다와 빙하를 빙 돌아가며 만들어지기 때문에 정상은 시계 중앙이고 그림자는 시계바늘처럼 느껴진다.

우리는 키오케반도에서 이 모든 걸 경험했다. 내가 그곳에 간 건 세 번이었다. 그리고 앞에서 밝힌 바와 같이, 그곳은 나의 고향이나 다름없었다.

우리는 초등을 몇 개 한 후에 마지막 목표로 발길을 돌렸다.

아그파타트는 알프레트 베게너 랜드에서 가장 높은 곳이다. 바다에서 곧장 솟아오른 산이라서 그 정상은 '진정한' 1,922미터의 높이인데, 두 번의 시도가 있었지만 여전히 미답봉으로 남아있었다. 그곳은 능선과 봉우리들과 버트레스 그리고 날카로운 바위들이 많아 피오르에선 정상이 잘 보이지 않는다. 우리는 코펜하겐의 측지학연구소에서 얻은 항공사진을 통해 이미 그런 사실을 알고 있었지만, 그곳은 정말 이상하고 복잡했다. 그러나 우리는 마침내 남쪽에서부터 등반이 가능한 루트를 따라 올라가기 시작했다. 그리하여 내가 지금 여기에 있다.

절벽의 바위 사이에는 다채로운 꽃들이 피어있었다. 데이지, 분홍바늘꽃, 용담과 지의류, 빌베리 그리고 더 위쪽에 방석처럼 덮여있는 이끼들…. 그러나 그 후 2시간 동안 만난 건 오직 바윗덩어리들이었고, 극도로 가파른 모레인 지대의 파편들이었다. 돌멩이들이 계속해서 아래쪽으로 굴러 떨어졌다. 모든 사람들은 안네를 보살펴줬지만, 오늘 나는 그녀에게 삼각대를 맡겼다. 물론 카메라는 내가 직접 들었다. 풍화작용으로 썩은 수직의 거대한 돌출바위 밑에 우리가 도착했을 때 갑자기 위쪽에서 빛이 보이더니 푸른색으로 아름답게 반짝였다. 공작석인 것 같았다. 그건 정말 큰 덩어리였다. 그러나 불행하게도 우리는 그곳에 접근할 수 없었다. 우리는 원형극장 같이 생긴 높은 계곡 안으로 깊숙이 들어와 있었다. 가파른 눈과 바위 뒤쪽에 뾰족한 봉우리 하나가 솟아올라 있었는데, 그곳이 정상인 것 같았다. 그

앞에는 빙하가 있었다. 그 위로 올라서기 전에 우리는 커다란 바위들이 있는 평편한 곳을 발견했다. 그곳은 물까지 있어서 고소캠프지로선 안성맞춤이었다. 피오르에서 1,100미터 지점에 우리는 경량텐트 4동을 설치한 다음, 그 안에 매트와 침낭을 던져놓고 캠핑을 준비했다. 내일 아그파타트의 정상은 우리 것이 될 것이다. 800미터를 더 올라야 하지만 큰 문제는 아니다. 내일 우리는 베게너 랜드의 가장 높은 산에 돌사람을 또 하나 만들 것이다. 그런 생각을 하니 행복하다는 느낌이 들었다.

눈부신 햇빛, 청명한 공기, 깨끗한 자연의 그린란드. 우리는 정상에서나 볼 수 있는 풍경을 이미 보고 있었다. 물론 산악인의 입장으로 보면 풀어야 할 수수께끼가 여전히 있었다. 우리 눈에는 그것이 보였다. 하지만 그것도 재미의 일부가 아닐까?

그런데 전혀 재미있지 않았다. 다음 날은 날씨가 좋지 않았다. 차갑고 습기 찬 바람과 함께 시커먼 먹구름들이 몰려오더니 눈이 내렸다. 그것도 14시간 동안이나. 이건 그린란드의 여름 날씨가 아니었다. 마침내 상황이 호전되자, 나는 우리가 정상에 가지 못할 경우 영상의 엔딩을 '악천후 버전'으로 편집하기 위해 볼프강과 함께 곧장 촬영에 나섰다. 내 동료들은 그걸 악마의 저주로 간주했다. 물론 그들이 옳았다. 얼마 지나지 않아 날씨가 다시 나빠져 '후퇴'하는 장면이 아주 사실적으로 찍혔기 때문이다.

그래서 볼프강과 나는 그런 상황에서도 꽤 만족스럽게 텐트에 누워 지냈다.

어느덧 나흘째가 되었다. 우리는 대부분 잠을 자거나 그냥 엎치락뒤치락 했다. 그런 상황에서도 사뭇 낙관적인 분위기가 팽배했지만, 우리는 결국 바닷가로 내려갔다. 그곳은 비가 오고 있었다. 비는 줄기차게 오다가 간간이 멎기도 했다. 나는 나의 악천후 엔딩을 차분하게 계속해나갔다. 내 동료들은 내가 다음 장면을 위해 불러내기만 하면 언제라도 응하겠다고 맹

키오케반도에서 이름 없는 산을 오르는 모습

세했다. 그때 갑자기 마지막으로 기가 막힌 아이디어가 떠올랐다. 이봐, 좋은 친구들, 이것이 정말 마지막 장면일 거야. 희생을 자처한 사람은 요르그 Joerg였다. 그는 오버행 벽에서 내가 있는 곳으로 곧장 로프를 타고 내려와 커다란 카메라 렌즈의 초점에서 정확히 멈추기로 했다. 그에겐 문제될 것이 없었다. 그는 벽 꼭대기까지 반대쪽으로 올라가 피톤을 박고 로프를 통과시킨 다음 두 줄의 로프를 타고 내려오면 그만이었다. 그럼 나는? 물론나는 안전을 생각해 그 밑에 서 있진 않았다. 요르그는 두 번이나 로프를 타고 내려오면서 낙석을 제거했다. 나는 언제나 더 오래 살길 원했으니까. 이제 준비가 끝났다. 요르그가 로프를 타고 곧장 카메라를 향해 내려왔다. "좋지 않아." 내가 그에게 소리쳤다. "한 번 더 해야겠어." 그리고 나는 뷰파인더를 통해 계속 쳐다봤다. 이제 요르그는 욕까지 내뱉었다. 그가 로프를 타고 내려온 것이 벌써 네 번째였다. 그는 인내심이 많은 사람이었다. 따라서 그가 불평하는 건 틀림없이 날씨에 대해서일 터였다. 그는 다시 위로 올라가, 이번에는 나에게 좋은 모습을 보여주겠다고 중얼거렸다. 그는 로프를 붙잡았다. 나는 그가 이제는 우아하게 내려올 것이라고 확신했다. 가스통 레뷔파Gaston Rébuffat처럼, 모든 사람 안에 잠자고 있는 에너지를 활성화시키기만 하면 되는 일이었다. 뷰파인더에 그의 모습이 실루엣으로 나타났다. (나는 머리 위에 비스듬히 걸려있는 바위를 무시했다. 6미터 위에 있는 그것은 타자기만 한 크기였다) "브라보, 요르그. 브라보, 좋았어!"(레뷔파 같진 않았다. 안전벨트를 찬 야생마라고나 할까. 그러나 전혀 상관없었다) 내가 손가락으로 버튼을 계속 누르자, 카메라가 윙윙거리는 소리를 내며 돌아갔다. 그때 요르그의 윤곽이 왼쪽으로 움직여 뷰파인더에서 사라지더니 다시 돌아왔다. 그리고 갑자가 눈앞이 캄캄해졌다. 악! 얼굴을 강타당한 나는 그대로 쓰러졌다. 엄청난 무게의 믿을 수 없는 충격으로 마치 머리가 날아간 것 같았다. 나는 카메라를 옆으로 떨어뜨리고 바닥에 나뒹굴었다. 요르그가 나를 굽어봤다. 캠프에서 들려오는 다급한 외침, 달려오는 발자국 소리… 그리고… 나는 의식을 잃었다. 그러나 거의 즉시 나는 다시 깨어났다.(아마 그런 것 같다!) 우리의 의사인 카를이 보였고, 얼굴에서 끈적끈적한 피가 흐르는 것이 느껴졌다. 한쪽 눈이 보이지 않았다. 나는 얼굴이 얼어붙을 정도로 심하게 가격당한 것 같았다. 그러나 얼굴은 그대로 있었다. 특히 위턱은… 아, 희미한 빛과 흐릿한 형상이 보였다. 이제 왼쪽 눈으로 무언가 보였다. "카를리, 내 눈이 어떻게 된 거지?" 나는 아무 생각도 없이 말했다. 나는 다시 공중으로 떠오르는 듯한 느낌이 들었다.

"걱정 마. 눈은 아무 문제없어. 넌 운이 좋은 놈이야. 눈을 대고 있던 카메라가 없었다면, 넌 지금쯤 완전히 죽었을 거야." 그는 내 머리를 붕대로 감았다. "넌 당분간 눈에 붕대를 감고 있어야 해. 이런, 그럴듯해 보이는데." 그는 그런 말로 나를 얼마나 안심시켰는지 모르고 있는 것 같았다. 카를이 바바리아식으로 힘차게 격려하기 시작하면, 그건 틀림없이 내가 괜찮다는 의미였다.

뒤쪽에서 누군가 중얼거리는 소리가 들렸다. "세상에, 카메라 좀 봐. 수리가 전혀 불가능하게 됐네."

내 생명을 구한 아리플렉스는 형편없이 망가져 있었다. 광학 렌즈 2개가 중산모처럼 납작하게 뭉그러진 것이다. 요르그는 카메라 때문이 아니라(그건 보험에 들어있다) 나 때문에 망연자실했다. 그건 그의 잘못이 아니었다. 그가 한쪽으로 쏠린 건 사실 내가 유도한 것이었다. 멀리서 엔진 소리가 들렸다. 때마침 어선이 다가오고 있었던 것이다. 그러나 나는 갑판 위에 제대로 누울 수도 없었다. 여행기간 내내 나는 발을 시원한 바람에 노출시켜야 했는데, 그러는 동안 눈과 턱에 통증이 번갈아 찾아왔다.

내 동료들은 전에 없이 친절하게 나를 도와줬다. 이제 그들은 프로펠러 썰매를 발굴하려고까지 했다. 그건 좋은 경험이 될 터였다. 그러나 나는 자칭 분명한 영상감독으로서 간혹 그들을 너무 혹사시킨 것이 틀림없었다. 우마나크에 있는 우리 방의 소파에 누워있었더니 내 상태가 좋아졌는데 로베르트가 나타났다. "어느 누구도 네 삼각대를 들고 갈 필요가 없어졌으니, 넌 좋은 놈이야."라고 그는 말했다. 그리고 나서 그는 방석 위의 내 머리를 올바른 위치로 조심스럽게 조정해줬다.

카를이 씩 웃으며 끼어들었다. 그는 "장면 6"이라고 말하고, 내 눈에 새로운 붕대를 붙여줬다.

"이 커피 말이야. 내가 전에 꼭 한 잔 가져다주고 싶었거든." 볼프강이 건성으로 말했다. 그러나 그의 진심은 누구라도 짐작할 수 있었다. (나는 그에게 얼마나 많이 NG를 냈던가!)

그럼 안네는? 그녀는 내 얼굴을 부드럽게 쓰다듬으며 말했다. "어때? 더 좋아졌어?" 비록 이런 일들은 촬영과는 상관이 없었지만, 나는 기분이 몹시 좋았다.

그러나 그때 그녀가 살짝 웃으며 한 말이 들렸다. "쿠르트, 사실 네가 촬영을 안 하니까 우리 모두는 널 더 좋아하게 됐어."

그 말 속에는 어느 정도 진심이 담겨있었다.

그 말에 일말의 진심이 있기에 나는 촬영 도중 있었던 작은 에피소드 하나를 소개하고 싶다. 우리는 크레바스 추락 장면이 필요했다. (영화에서 왜 그들은 항상 크레바스 추락 장면을 요구하는 걸까? 그런 장면 가운데 하나를? 그것이 무엇이든 간에 제작사가 나에게 넘겨준 대본에는 다음과 같은 요구가 들어있었다. "장면 15—크레바스 추락") 나는 이 장면을 내륙빙원에서 찍기로 했다. 그곳에 적당한 장소가 있을 테니까. 조사를 좀 해본 우리는 헤센 사람들과 바바리아 사람들이 썰매 발굴을 거절했던 지점으로부터 2킬로미터쯤 떨어진 곳에서 적당한 크레바스를 찾아냈다. (사고 이후 발열에 시달린 나는 원정대가 승리의 찬가를 부르며 고국으로 돌아가는 모습을 꿈꾸었다. 우리들은 둘씩 나란히 서서 어깨에 황금 프로펠러 썰매를 메고 행진했다) 어쨌든 나는 파랗고, 깔끔하고, 알맞고, 이상적

우마나크에서 촬영 중 사고를 당한 내가 한쪽 눈만으로 기타를 치며 그린란드 친구들과 즐거운 시간을 보내고 있다.

인 크레바스에 있었다. 그러나 헤센 사람도 바바리아 사람도 그 안으로 뛰어내리려 하지 않았다. 그 이유는 누구나 알 것이다. 크램폰을 신고 뛰어내리는 건 위험하다. 크램폰 없이 뛰어내리면… 그건 후에 몹시 불편할 수 있다. 가장 좋은 방법은 뛰어내리지 않는 것이었다. 나의 동료들이 생각하는 것도 바로 그것이었다. 그러나 마침내 볼프강 라우슐이 희생을 자처했다. 이런 사람에겐 메달을! 그가 한스의 확보를 받으며 크레바스에 매달려있는 동안 한스가 심연 안으로 소리쳤다.(그는 흥분해서 목소리가 떨렸다. 나는 잔인한 감독이다) "볼프강, 내가 널 붙잡았어!" 바로 그 순간 내 카메라의 배터리가 떨어졌다. 제기랄. 하필 이때에! 후에 이 장면을 슬쩍 꾸며내는 것 말고 달리 방법이 없었다.

모든 사고 장면이 가짜인 건 말할 나위도 없지만(실제로 크레바스에 추락하는 장면을 촬영했다는 말을 들어본 적 있는가?) 영상과 음성을 후에 조작했다는 사실을 고백하자니 창피하다는 생각이 든다. 그러나 후에 키오케반도로부터 70킬로미터 떨어진 곳에서 2주를 보낼 때 힌스가 '크레바스의 가상자리'(실제론 바닷가의 푸른 초원 위에 있는 커다란 화강암의 가장자리)에 서서 떨리는 목소리로 그 안의 희생자를 향해 "볼프강, 내가 널 붙잡았어!"라고 소리쳤지만, 바로 그 순간 내 마음속에는 최초로 촬영을 했을 때 그가 모자를 쓰고 있었지 않았나 하는, 의구심이 들었다. 이런 젠장!(배우에게 사정할 수호신 같은 영화감독은 없다) 나는 그에게 말했다. "한스, 처음부터 다시 찍어야 해. 너 모자 쓰고 있었잖아?"

이마에서 땀을 뻘뻘 흘리고 있던 한스는(얼음의 가장자리로부터 1,000미터 떨어진 곳에서 옷을 잔뜩 껴입고 있었다) 더듬거리며 말했다. "모자가 세 개나 있는데…." 그리고 나의 불운이 충분치 않기라도 하는 것처럼 이렇게 말을 이었다. "고글을 쓰고 있었는지 안 쓰고 있었는지 기억이 잘 안 나…."

헤센 사람들과 바바리아 사람들의 떠들썩한 웃음소리가 캉게르들루그수아크피오르를 따라 늘어선 벽을 타고 울려 퍼졌다. 그리고 의심할 필요도 없이 내륙빙원 안쪽으로까지. 어느 정도는 '열정적'이거나, 어느 정도는 자발적인 삼각대(그리고 필름 박스) 포터들은 영상감독들을 신랄하게 비판했다. 나는 어쩔 줄 몰라 했다. 우리는 이마에 땀을 흘리며(주로 한스 라우텐자흐 Hans Lautensach의 이마에, 물론 나의 이마에도) 사용이 가능한 몇 통의 필름을 모두 소진했다. 현학적으로 정교하긴 하지만 주의가 약간 산만한 한스는 그 사이에 다른 걸 기억해냈다. 그가 장갑을 끼고 있었나?

뤼데스하임Rüdesheim 스튜디오에서 터져 나온 웃음소리가 라인강으로 울려 퍼졌다. 그 웃음소리가 내륙빙원에선 들리지 않았을지 모르지만, 그곳에서 아주 멀리 떨어진 마인츠Mainz에선 분명히 들렸다. 편집실에서, 고글은 쓰지 않고 털모자에 장갑을 낀 한스가 떨리는 목소리로 소리쳤다. "볼프강, 내가 널 붙잡았어!" 이번에는 한스가 페루의 사랑스러운 모직 모자를 쓰고 고글을 끼고, 그러나 장갑은 끼지 않고 소리쳤다. "볼프강, 내가 널 붙잡았어!" 한스는 땀을 뻘뻘 흘렸다. 그는 다시 한번 장갑을 끼고 모자와 고글은 벗고 소리쳤다. "볼프강…."

이제 나는 재킷의 호주머니 안에 항상 메모장을 갖고 다닌다. 그러나 내가 바로 그 재킷을 입고 다니는지는 오직 하늘의 정기만이 알 것이다.

5부

스트롬볼리에서의 하룻밤

시칠리아 북쪽에 있는 에올리에제도Aeolian Islands의 7개 섬 중 하나인 스트롬볼리는 여전히 연기를 뿜어내고 있는, 유럽에서 유일한 활화산이다. 그곳은 뾰족한 봉우리가 바닷가에서 곧장 솟아올라 있어, 섬이 곧 화산이기 때문에 섬 이름이 화산 이름과 같다. 정상은 해발 926미터에 불과하고, 배를 타고 접근하는 관광객들이 보는 건 콘 모양의 뾰족한 정상부뿐이지만, 그 뿌리는 1,800미터 밑의 지중해 바다에 닿아있다.

스트롬볼리는 어느 누구도 실망시키지 않는다. 마치 '올드 페이스풀Old Faithful'* 같은 그 화산은 압력밥솥이 끓어 넘칠 때처럼 분화구에서 무서운 불길을 규칙적으로 내뿜고 있다. 그 정상에 서면 놀라운 힘의 장관을 목격할 수 있으며, 가장 깊숙한 곳에 존재하는 걸 만져본 듯한 경이로움과 매혹을 경험할 수 있다. 처음에는 누구나 1시간만 그곳에 있자고 다짐하지만, 보통은 하룻밤을 보내게 된다.

그러나 산의 격렬한 영혼은 간혹 압도적인 힘과 뒤섞여, 이글이글 끓는 용암을 시아라 델 푸오코Sciara del Fuoco의 검게 탄 사면을 통해 바다로 흘려내려 보낸다. 평소에는 자비로운 정상이지만 그런 때 올라가려 시도해선 안 된다. 현지의 가이드들은 그 산의 분위기를 알기 때문에 안전하지 않으면 언제나 경고한다.

그 섬에는 많은 어부들이 살고 있다. 더 정확히 말하면, 그곳에는 작은 마

---

* 　미국 옐로스톤국립공원의 유명한 간헐천. 평균 65분 간격으로 분출한다. [역주]

을이 두 개 있다. 북쪽 해안의 산 빈센초San Vincenzo와 남쪽의 지노스트라 Ginostra. 이 마을들은 오래된 용암 위에 건설됐다. 사람들은 지붕이 납작한 집에 들어앉아 해산물 수프를 먹고, 가끔 그들의 머리 위쪽 산에서 들려오는 요란한 소리를 듣는다. 그들은 그런 일에 익숙해져 있다.

스트롬볼리는 암벽 등반가에게 전혀 매력적이지 않다. 그곳은 모험가의 대상이다. 영국의 몇몇 산악인들이 북서쪽의 가파른 지형을 통해, 한 마을에서 다른 마을로, 해수면의 높이에서 시아라 델 푸오코의 아래를 지나 '불의 루트'를 트래버스하려 했다. 그들은 미끄러져 내리는 화산력*으로부터 위협을 받으며 힘들게 전진했는데, 바닷물 속으로 들어가기도 하고, 움푹 들어간 곳과 동굴을 지나기도 하고, 모래와 화산재를 가로지르기도 하며, 온몸이 까맣게 변했지만 마음만은 행복한 채 마침내 반대편에 도착했다. 그 모험은 그 후 어느 누구도 따라하지 못했다. 배를 타고 다니길 좋아하는 그곳 마을 사람들 입장에서 보면 그 모험은 미친 짓이나 다름없었다. 물론 아주 드물게 그 산을 넘어가는 사람이 있긴 하나.

나는 웨일스의 해벽에서 영국의 그 '미친 사람' 중 하나를 만난 적이 있었다. 데니스 켐프Dennis Kemp는 경험이 아주 많은 훌륭한 산악인으로, 백발이 성성한 데도 젊은 열정이 넘치는 사람이었다. 우리는 바다와 산이 만나는 세계 여러 곳의 아름다움에 대해 얘기를 나눴다. 아래쪽 바위로 파도가 부딪치는 아찔한 설교대에 우리가 앉아있을 때 그는 나에게 스트롬볼리에 대한 얘기를 들려줬다. 그러는 동안 포말을 일으키는 파도 위를 높이 횡단하는 유명한 '드림 오브 화이트 호시스Dream of White Horses'의 작은 홀드를 잡고 조심스럽게 등반하는 클라이머 두 명이 가까이서 눈에 들어왔다. 이런 인상적인 분위기에 둘러싸인 내 마음에 아이디어 하나가 조용히 떠올랐다. 그 화산을 혼자 경험하면 어떨까? 그런데 기회가 생각보다 일찍 찾아왔다. 그린란드에서 지쳐 초췌해진 채 돌아온 나를 딸들이 껴안고 한마디 했다.

---

* 화산이 분출할 때 터져 나온 지름 4~32밀리미터의 용암 조각 [역주]

"아빠, 당분간 어디 가면 안 돼요." 테레사 역시 같은 생각이었다. 사실 그들의 말이 맞았다. 나는 집에 있어야 했다. 그러나 일주일도 채 되지 않아, 나는 훨씬 더 극적으로 건강을 회복하자는 음모를 꾸몄다.

얇게 뒤덮인 검은 모래가 햇빛을 받아 황금색으로 희미하게 빛나는 가운데, 이리저리 뒤틀린 검은 용암들이 바닷물의 거품 위로 괴물처럼 드러났다. 섬을 둘러싼 좁은 해안가에 늘어선 산 빈센초의 집들은 눈이 부시도록 화려했다. 그 위쪽으론 섬을 지배하는 산의 스카이라인이 부식된 듯 검게 드러났고, 아래쪽으론 푸르스름한 지대가 군데군데에 있었다. 빠르게 흘러가는 구름은 마치 연기가 흩날리는 것 같았다. 그리고 멀리서 들려오는 굉음은 마치 하늘에서 울려 퍼지는 것 같았다. 이것이 그 화산의 모습이었다.

"… 에 노르말레é normale!" 이탈리아의 어부는 웃음을 지으며 정상이라고 말했다. 어떤 사람이 두른 앞치마에는 이런 문구가 있었다. "나는 모든 정보를 영어로 말할 수 있습니다I TALK ENGLISH EVERY INFORMATION." 관광객들 몇 명이 그를 둘러싸고 있었다. 바다에서 집으로 돌아온 그 늙은 항해사 — 나는 그렇게 간주했는데 — 는 자신의 경험을 살려 섬사람들의 궁핍한 살림을 개선해보고자 하는 것 같았다. 그러나 곧 관광객들은 우리를 나폴리에서 태우고 온 배로 돌아가, 리파리Lipari와 파나레아Panarea와 불카노Vulcano로 관광을 이어갔다. 그리하여 몇 사람만이 스트롬볼리에 남았다.

우리는 싼 방을 구했다. 낡은 침대와 매트리스로 된 그 방의 요금에는 조식이 포함돼 있었다. 이 정도면 호화스럽다고 할 수 있었다. 우리는 침낭을 펼쳤다. 우리는 여덟 살 난 카렌, 열네 살의 힐데가르트, 볼로냐 출신인 테레사와 나, 이렇게 넷이었다. 섬의 풍광에 매우 흥분도 하고 기뻐한 우리는 다음 날 스트롬볼리 정상에 가서 그곳에서 밤을 지새우겠다는 말을 주인에게 전했다. 밤에는 당연히 어둡기 때문에 분출을 더 잘 볼 수 있다.

그러나 우리의 주인은 그 전주에 사고가 있었다며 이 통보를 슬픈 표정으로 받아들였다. 소년 하나가 길을 잃어 어둠속에서 돌아오다가 절벽에서 추락해 죽었다는 것이다.

이 산에서 사람이 떨어져 죽었다고? 그럴 가능성이 전혀 마음에 떠오르지 않았다. 우리는 그 말을 듣고 채비를 단단히 했다. 침낭, 비박색, 스토브, 토치램프… 그러나 우리에게 로프는 없었다.

다음 날 우리는 어부로부터 길진 않지만 질긴 대마 줄을 하나 구입했다.

능선을 넘어가는 구름이 믿을 수 없을 정도로 빠르게 흘러갔다. 서쪽에서 강한 바람이 불어왔고, 가파른 사면 군데군데에서 햇빛과 구름의 그림자가 춤을 추듯 서로 뒤엉켰다. 이런 모습은 별로 달갑지 않았다. 작은 점 몇 개가 스카이라인을 타고 위로 움직이고 있었다. 누군가 이미 올라가고 있었던 것이다.

오후가 되도록 우리는 사면을 벗어나지 못했다. 그제야 바람이 잦아들면서 햇빛이 기분 좋고 따뜻하게 비쳤다. 편한 당나귀 길이 지중해의 빽빽한 관목 사이로 나 있었다. 노란 스패니시 브룸Spanish Broom, 높이가 1미터나 되는 대극속의 둥근 잎사귀들(우리가 '늑대의 우유라고 부르는 것) 그리고 그 사이에 피어있는 로즈메리의 셀 수 없이 많은 파랗고 하얀 꽃들이 독특한 향기를 내뿜고 있었다. 핑크색 꽃들도 있고, 푸른 잎이 난 것들도 있었다.

검은 모래와 용암 절벽들이 먼 아래쪽으로 사라질수록 점점 더 까만색으로 변했고, 이제는 파도 소리도 약해져 귓가에 살랑거렸다. 결국 우리 주위에 남은 건 벌레의 울음소리와 달콤한 냄새가 나는 마키Maquis뿐이었다. 우리는 마을로 내려가는 섬사람들 그리고 느긋하게 올라가는 우리를 추월하는 젊은이들을 만났는데, 그들은 화려한 아노락을 입고 커다란 배낭을 메고 있었다. 그들 역시 그 위에서 밤을 보내려는 것이 분명해 보였다. 그들은 시야에서 이내 사라졌다. 그러자 사면을 뒤덮은 크고 누르스름한 사탕수수가 정글을 이뤄 그들의 모습을 삼켜버렸다.

경사가 점점 더 가팔라졌다. 당나귀 길은 이제 관목과 사탕수수 사이를 이리저리 지그재그로 휘감아 올라가는 좁은 길로 이어졌다. 길은 가끔 부드러운 땅으로 깊이 파고들다가, 헐거운 잡석과 화산암을 지나는 애매한 자국으로 분산됐다. 우리는 스틱과 피켈에 의지해 발걸음을 천천히 위로 옮겨, 오른쪽이 낭떠러지인 둥근 능선으로 올라섰다. 비스듬한 아래쪽으로 시아라 델 푸오코의 가파른 회색 길이 내려다보였다. 바다는 누르스름한 안개에 싸여있었고, 서쪽으로 회색 먹구름들이 일면서 점점 더 어두워졌다. "날씨가 괜찮겠어요?" 테레사가 걱정스레 물었다.

"그다지 나쁘진 않을 거 같은데." 나는 계속 위로 올라갔다. 우리가 숨을 고르기 위해 잠깐 멈췄을 때 나는 나의 어린 승무원들에게 말했다. "이 무거운 짐을 메고 계속 오르내릴 생각이 없다는 건 알지? 우린 멋진 비박에 필요한 건 모두 갖고 있어. 날씨가 나빠지면 좋아질 때까지 기다릴 거야." 불평은 없었다. 어쨌든 비박 경험은 없으니까. 이제 그럴 때가 되지 않았을까?

강한 바람이 폭풍으로 변해 불어왔다. 우리가 능선으로 올라설 때마다 모래가 귓가에 날렸고, 시아라 델 푸오코의 깊은 곳에서 바람이 위로 올라왔다. 우리는 옷을 머리부터 뒤집어쓰고 아노락을 입었다. 관목의 가지들이 돌풍 앞에 납작 고개를 숙였고, 힐데가트의 긴 금발이 전장의 깃발처럼 옆으로 나부꼈다. 힐데가트는 있는 힘껏 바람이 부는 쪽으로 몸을 기울였다. 그리고 작은 카렌은 후드를 잡아당겨 귀를 덮었지만 전혀 자신하지 못하는 표정이었다. 한편 테레사는 언제나처럼 손을 동원해 부드럽고 조용하고 인내심 있게 자신을 감쌌다. 이탈리아의 대가족 출신인 그녀는 다른 사람들을 먼저 고려하는 데 익숙해서, 자신이 원하는 것도 포기하려는 경향이 있다. 이제 그녀는 도로 내려가고 싶은지도 모른다. 하지만 여기서 돌아선다고?

위에서 떠드는 소리가 들리더니 숲속에서 두 사람이 쿵쿵거리며 나타났다. 그중 턱수염이 난 사람이 걸음을 멈춘 다음 아이들을 쳐다보고 "지금 위로 올라가시는 겁니까?"라며 나에게 소리쳤다. "이런 폭풍엔 안 됩니다. 절대!"

나는 그가 잘 알지 못한다고 항의했다. "우린 상황을 예의주시하고 있습니다. 날씨가 좋아지지 않으면, 우리 역시 내려갈 겁니다." 턱수염이 난 그 사람은 내가 정신이 나가기라도 한 것처럼 흘끗 쳐다보더니 동료를 뒤따라 서둘러 내려갔다.

"저 사람들은 비박장비가 없는 게 틀림없어." 나는 내 식솔들을 안심시켰다. 아마 그들은 갖고 있긴 해도 비박을 원치 않은 것일지도 모른다고 나는 생각했다. 그러나 나는 나의 일에 집중했다. 아이들이 폭풍에 익숙해지는 것도 나쁘진 않다.

또 하나의 그룹이 덜커덕거리며 내려왔다. "맘마 미아Mamma mia!(맙소사!)" "파드레 임포시빌레Padre impossibile!(못 말려!)" 검은 피부의 이탈리아 여인이 우리의 느린 걸음을 보더니 눈을 휘둥그레 뜨고 소리쳤다. 못 말리는 아버지라… 그러나 내 아이들은 그 사실을 이미 알고 있었다. "아빠, 내려가요." 카렌의 후드 속에서 작은 목소리가 흘러나왔다.

"조금만 기다려봐, 아직 비 안 오잖아."

쿵쿵거리며 떠드는 듯한 저 소리가 뭐지? 누군가 우리의 결심 따위는 가볍게 무시하나? "이리 와, 이 숲속에 몸을 숨기고 잠시 쉬자. 저 사람들이 지나갈 때까지 말이야." 그리고 나서 나는 견과류와 초콜릿을 나눠줬다. 나는 좋은 아버지다. 우리가 관목 숲에 앉아있을 때 마지막 사람들이 허둥지둥 내려왔다. 이제 산은 — 그리고 폭풍까지도 — 온전히 우리 차지였다. 따라서 모든 가능성이 열려있었다.

애초의 계획대로, 우리는 분출을 볼 수 있는 비박장소를 어디선가 찾을 수는 있을 것 같았다. 바람이 불지 않는 우묵한 곳이 위쪽에 있을까? 어느새 날이 어두워지고 있었다. 그러나 여기에 자리를 잡아 아무것도 볼 수 없다면, 그건 너무나 지루할 터였다. 우리 모두 같은 생각이었다. 그래서 우리는 더 높이 올라가기로 했지만, 불행하게도 그때는 날이 완전히 어두웠다. 우리는 토치램프를 꺼냈다. 잠시 후 가파른 바위구간에서 안전모와 어부의 밧줄이 임시로 사용됐다. 우리는 그곳을 조심스럽게 지나갔다. 그러나 그 반대편은 더 좋지 않았다. 그곳은 나무는커녕 작은 풀조차 없어 바람을 막아줄 수 있는 것이 아무것도 없었다. 더구나 비박을 할 만한 곳도 눈에 띄지 않았다. 이런 돌풍 속에서, 간간이 들리는 화산의 요란한 소리도 거의 귀에 들어오지 않았는데, 그건 세락이 붕괴하는 소리처럼 들려왔다. 나는 패배를 인정했다. "좋아, 내려가자. 여긴 안 되겠다."

우리는 길이 움푹 파인 곳을 따라 내려가다, 어느 정도 평편하고 사탕수수가 바람을 막아주는 곳을 찾아 짐을 풀고 나서 우선 따끈한 음료부터 준비했다. 그러자 모두 화산의 분출을 보는 것보다 더 좋아했다.

달빛이 마치 떠처럼 일렁이는 바닷물에 반짝거렸다. 믿을 수 없는 광경이었다. 바람이 잦아들고 하늘이 청명했다. 갑자기 그렇게 변한 것이다. 내가 얼마나 오랫동안 잠들었지? "아빠, 아름다워요!" 힐데가르트가 속삭였다. 힐데가르트는 팔로 머리를 받치고 아래를 내려다봤다. 카렌과 테레사는 꼼짝도 하지 않았다. 위쪽에선 천둥소리가 하늘을 진동시키며 작은 구름조각을 잠깐 동안 빨갛게 물들였다.

"기다려! 내가 능선 위쪽으로 기어 올라가 보고 올게." 이번에는 천둥소리에 이어 획 하는 소리까지 들렸다. 능선의 검은 실루엣 너머에서 불덩어리들이 하늘로 솟아오르더니 사방이 다시 조용해졌다. 나는 손으로 더듬어 다시 내려왔다. "힐데, 이리 오렴."

힐데가르트는 그런 장관에 매료된 것 같았다. "아빠, 더 높이 올라가요!"

스트롬볼리의 분화구는 산의 북서쪽에 있는 정상 약간 아래에, 그리고 시아라 델 푸오코에서 곧장 위에 있다. 따라서 능선을 따라 더 높이 올라갈

수록 정상이 분화구를 가려, 가까이 다가가야 분출을 더 잘 볼 수 있는 것으로 드러났다. 나는 테레사를 깨웠다. "이제 날씨가 좋아졌어. 힐데와 난 조금 더 높이 올라갈 거야. 2시간 후에 돌아와서 당신과 카렌을 다시 데리고 올라갈게. 어두워서 다함께 갈 순 없어. 우선은 조금 더 자. 부오나 노테 Buona Notte!(잘 자!)"

폭풍이 사라지니 모든 것이 달라졌다. 힐데가르트와 나는 로프를 묶고 안전모를 썼다. 그러나 아주 어렵진 않았다. 그럼에도 우리는 추락을 조심해야 했다. 앞을 막아선 검은 바위 계단을 올라갈 때 우리 둘은 서로에게 비현실적인 그림자로 보였다. 나는 다시 이렇게 생각하지 않을 수 없었다. 폭풍이 사라지니 모든 것이 달라졌네. 우리는 얼마나 운이 좋은가!

　우리는 힘차게 올라갔다. 힐데가르트는 이제 겨우 열네 살인데도 키가 나만큼 크다. 그 아이는 일곱 살이었을 때 나와 함께 그랑 사소Gran Sasso를 등반했지만, 후에는 다른 것들에 관심을 디 많이 가졌다. 우리는 점점 더 흥분에 휩싸여, 검은 바위 어디에선가 울려 퍼지는 보이지 않는 천둥소리 쪽으로 더 높이 기어 올라갔다. 어떤 모습을 보게 될까? 우리 위쪽으로 능선의 윤곽이 뚜렷해서, 이제 그건 멀리 있는 것 같지 않았다. 그때 들리는 또 한 번의 천둥소리. 우리는 본능적으로, 마치 돌이킬 수 없는 어떤 장면을 놓치고 있기라도 한 것처럼, 마지막 몇 미터를 헐떡거리며 서둘러 올라갔다.

　능선에 올라서니 사방이 고요했다. 우리는 평편한 바위에 섰다. 부드러운 달빛이 검은 산자락과 우리를 은은하게 비췄다. 달빛은 모래와 바위가 뒤섞인 땅에 우리의 그림자를 마치 조용한 동료인 것처럼 드리웠다. 아래쪽 깊은 곳에서 반원형의 거대한 가마솥 같은 것이 거의 직관적으로 느껴졌는데, 그곳은 시아라 델 푸오코가 시작되는 곳이 틀림없었다. 지금 우리가 서 있는 곳보다 상당히 더 높은 그 너머가 정상이었다. 그곳은 여전히 멀리 떨어진, 도달할 수 없는 꿈같은 곳으로 여겨졌다. 검은 그림자와 불분명한 장애물들로 주름진 우리의 능선은 커다란 곡선을 그리며 그곳으로 이어져 있었다. 그렇게 먼 가? 나는 놀랐다.

갑자기 그 아래에서 불꽃이 가볍게 흔들리며 거대한 꽃 모양으로 나타나더니 순식간에 밤하늘에 활짝 퍼지면서 피어올랐다. 그리고 이어지는 우레와 같은 굉음….

우리는 둘 다 할 말을 잊었다.

그 모습이 너무나 아름다워, 나는 정상에서 밤을 지새우지 못한 걸 조금도 후회하지 않았다. 그 지점에서 장상까진 아주 멀었지만….

"아빠, 마술이네요! 저 위로 올라가요." 힐데가르트가 속삭였다.

"밤인 데다 너무 어두워."

"하지만, 난 정상에 가고 싶어요." 힐데가르트는 고집을 부렸다. "여기까지 멀리 왔는데…. 날이 밝으려면 아직 멀었잖아요."

딸의 말이 맞는지도 몰랐다. 이미 포기한 건 어쩔 수 없다 하더라도 소득이 전혀 없었다. "그럼, 좋아. 한 번 해보자!"

나는 무언가를 깨달았는데, 그건 전혀 색다른 방법으로 나를 감동시켰다. 나는 현실과 타협하며 거의 포기하고 있었다. 힐데가르트가 아니었다면! 나는 알 수 없는 어떤 의기양양함에 사로잡혔다. 이 밤중에 무언가 튀어나와 이전과는 전혀 색다른 방법으로 힐데가르트와 나를 하나로 이어준 것 같은…. 내가 앞장섰지만 나는 처음으로 내 딸이 나와 동등한 로프 파트너라는 느낌이 들었다. 게다가 우리를 계속 앞으로 나아가게 한 건 힐데가르트였다.

우리는 능선을 감각적으로 따라갔다. 그 길은 우리가 생각했던 것보다 넓었다. 장애물로 보였던 건 알고 보니 대부분이 그림자였다. 그리고 우리는 실제 바위 장애물은 돌아서 갈 수 있었다. 왼쪽으로 급경사를 이룬 곳 아래에는 어촌인 산 빈센초가 있었다. 갑자기 발밑의 흙이 곱고 부드러운 모래로 변했다. 그 느낌은 깊은 눈을 헤치며 경사면을 힘들게 올라가는 것과 비슷했다. 우리 위쪽으로 정상의 윤곽이 확실하게 드러났다. 몇 걸음을 더 나아가자 주위가 또 달라졌다. 달빛으로 인해 멀어 보일 뿐, 이제 정상은 지척이었다.

"힐데야, 30분만 더 가면 돼!"

나는 기뻐서 소리쳤다. 산은 이제 우리의 것이었다. 물론 이미 우리 것이긴 했지만….

그리고 밤의 마술이 있었다. 폭발은 15분마다 계속됐다. 그 사이에 화산은 엄청난 가마솥 안에서 부글부글 끓고 있었다. 용암의 액체가 어둠속에서 시뻘건 불빛을 내뿜고 있었다. 우리는 이제 훨씬 더 가까운 위쪽에서 그 장관을 비스듬히 내려다봤다. 휴! 지독한 유황 냄새가 코를 찔렀다. 분화구에서 모래 능선 위로 올라오는 매캐한 연기가 우리를 감쌌다. 그리고 작은 바늘에 수없이 찔리는 것처럼 피부가 따끔거렸다. 그런 속에서도 우리는 경사진 곳을 힘들게 올라갔다. 그러자 윤곽이 이전과는 많이 달라져, 이제는 몇 분만 더 올라가면 될 것 같았다.

불꽃이 튀어 오르는 곳이 아주 가까이에 있었다. 우리는 걸음을 멈췄다. 생전 처음 보는 그 모습은 너무나 아름다웠다.

새벽 2시였다. 땅이 다시 딱딱해지기 시작하면서, 용암덩어리들이 뒤틀린 채 허공에 매달려있었다.

드디어 정상!

우리가 한밤중에 이곳까지 계속 올라오리라고 누가 상상이나 했겠는가! 달과 바다, 섬 전체를 빙 둘러싼 해안선의 윤곽, 분화구에서 솟구치는 붉은 불꽃, 이리저리 뒤엉킨 등고선들이 모두 우리 발밑에 있었다. 반대편의 저 아래쪽 능선과 골짜기들까지도. 멀리 남쪽으로 가물거리는 불빛과 희미한 해안선이 보였다. 시칠리아! 찬바람이 위로 불어 닥쳤다. 우리는 분화구 가장자리의 건너편으로 걸어갈 수 있을 것 같았다.

스트롬볼리 화산의 분출. 분화구는 압력실의 밸브와 같은 역할을 하고 있었다.

우리는 분화구로 이어지는 듯한 희미한 길을 따라갔다. 더 가까이 가 보고 싶은 건 피할 수 없는 유혹이었다. 그러나 우리는 비박을 할 수 있는 벽의 널따란 바위에서 멈췄다. 굉장한 솥단지가 여전히 어느 정도 떨어진 거리에서 빛을 뿜으며 쉭쉭거리는 소리를 냈다. 그럼에도, 다음 폭발이 일어나 우리를 확 잡아끄는 듯해서 우리는 공포와 흥분에 휩싸였다. 귀를 멀게 하는 우레 같은 포효, 액체가 되어 흘러내리는 용암, 백열, 천도나 2천도는 될 것 같은 온도, 가늠하기 어려운 무게, 눈앞에서 펼쳐지는 분출, 수없이 갈라지는 광선덩어리, 포물선, 리본처럼 너울거리는 빛 그리고 다시 바닥으로 둥근 원을 그리며 떨어지는 모습들…. 용암이 분화구의 가장자리를 치자 바위들이 비 오듯 후두두 떨어져 내리면서 바닥을 유백색에서 오렌지색, 붉은색에 이어 진홍색으로 물들였다. 밖으로 튀어나온 빛이 점처럼 사방으로 흩어지자, 부글부글 끓는 용암의 둔탁한 색조가 분화구 깊은 곳에서 반사돼 나와 어둠을 관통했다.

우리는 다음 분출을 기다렸다.

능선 아래쪽의 어느 곳에선 테레사와 카렌이 여전히 잠들어있으리라. 우리가 이 순간 경험하고 있는 건 상상도 하지 못한 채…. 그러나 내일 아침이라면 몰라도 이곳까지 어둠을 뚫고 함께 올라올 수는 없었다.

이런 장관을 함께 보지 못해 안타깝다는 생각이 들었다.

아래쪽의 분화구 5개 중 3개가 활동하고 있었고, 그중 가장 큰 건 10분에서 15분마다 규칙적으로 분출하고 있었다. 우리가 특별히 기대한 것이 바로 그것이었다. 그 불꽃은 100미터에서 200미터까지 솟아올랐다. 두 번째로 큰 분출은 간혹 이뤄졌다. 세 번째는 아주 독특했다. 우리는 그걸 야바위꾼이라 불렀다. 그 훌리건은 아주 시끄러웠다. 마치 제트기의 엔진을 시험하듯 오직 으르렁거리기만 했다. 그리고 아무것도 나타나지 않다가, 공연을 끝내기 바로 전에 하나씩 토해냈는데, 그럼 테니스공만 한 불덩어리 서너 개가 미친 속도로 튀어 올라, 다른 분화구에서 발사된 모든 미사

일보다 더 높이 사선을 그리며 치솟아 올랐다. 그 요란한 소리가 터무니없을 정도로 조금만 내보이는 모습이 재미있어, 그럴 때마다 우리는 웃지 않을 수 없었다. 스트롬볼리 극장은 환상적인 쇼를 보여주면서도 익살스러웠다. 한번은 힐데가트의 격려에 반응이라도 하는 것처럼 다섯 개의 테니스 공을 토해내기도 했다.

추위가 뼛속까지 파고들었다. 그렇다 해도 어떻게 이곳을 벗어난단 말인가? 그럴 때마다 우리는 아주 춥진 않다고 서로를 격려해줬다. 그리고 다음에는 침낭을 가져오자고 말했다. 다음에? 그럴 기회가 또 있을까?

한 가지는 확실했다. 우리는 이런 밤을 결코 상상도 하지 못했다는 것이다. 아마도 순전히 우리의 힘으로 여기까지 와서 더 감동적이었는지도 모른다. 그리고 우리가 이곳까지 힘들게 올라왔기 때문에 더욱 더….

우리는 인생을 살면서 그 순간에는 오직 한 가지만 경험할 수 있을 뿐이다. 따라서 기회가 찾아오면 그걸 놓치지 말고 붙잡아야 한다.

테레사와 카렌에게 내려가는 동안, 우리는 마치 이상한 꿈나라에서 천천히 걸어 내려가는 듯한 기분이 들었다. 우리는 이것이 꿈이 아니라 현실이라고 계속해서 되뇌었다. 이런 기분은 얼마나 오랫동안 지속될까? 공간을 둘러싸는 건 오직 말과 그림뿐이다. 그 공간 안에서 현실은 마치 담배연기처럼 서서히 사라진다.

후에 힐데가트가 우리의 비박지에서 잠에 빠졌을 때 나는 테레사와 카렌을 데리고 능선의 돌출부까지 올라갔다. 그곳에서 우리는 두서너 번의 분출을 보았다. 그러자 카렌은 기뻐 어쩔 줄 몰라 하며 우리 둘을 껴안았다. 그러나 날이 도둑같이 밝아오면서, 마치 반짝이는 조개껍데기에서 그 빛을 제거하듯 산과 하늘을 창백한 푸른색으로 물들였다.

이제 정상으로 가는 건 더 이상 의미가 없었다. "저 위에서 보면 훨씬 더 아름다울 텐데…." 테레사가 아쉬움을 토로했다.

수로 지역

이탈리아에는 산악인들에게 악몽이나 다름없는 풍경이 한 곳 있다. 포강Po River 하구에 있는 수로 지역이 바로 그곳이다. 수세기 동안 사람들은 그곳의 늪지에서 물을 빼왔는데, 거센 물줄기가 알프스를 허물어 아드리아해로 흙을 나르면서 해안선을 동쪽으로 자꾸만 밀어붙이는 동안 강인한 그 지역 사람들은 그곳을 매립했다. 포르토 마지오레Porto Maggiore는 그 이름이 함축하는 바와 같이 한때 가장 큰 항구였는데, 지금은 내륙으로 30킬로미터나 밀려난 작은 시골 도시가 되었다. 까마귀가 날아다닐 정도로.

그런데 까마귀는 또 다른 문제가 되었다. 그 지역의 나지막한 산에는 실제로 까마귀들이 수백 마리 살고 있다. 보통 나는 새와 그들이 지저귀는 소리를 좋아하기 때문에 까마귀를 흉조로 생각하진 않는다. 그러나 내가 그 지역의 허허벌판에 까마귀가 너무 많다고 불평할지라도, 그곳은 내 인생의 여정에서 뜻밖에도 가장 중요한 중간 기착지와 의미 있는 약속의 땅이 되었다. 테레사가 그곳에서 태어나고 자랐기 때문이다.

그럼 수로는? 그곳은 결코 서둘러 갈 수 없다. 어디를 걷든, 어디를 가든 훌쩍 뛰어넘을 수 없는 배수구와 수로를 곧 만나게 되기 때문이다.

산악인에겐 기묘한 감정이다.

물론 다른 것도 있다. 그건 바로 파드로나 디 카사Padrona di casa로, 이탈리아에 있는 독특하고 특별한 존재이다. 글자 그대로 번역하면 '집의 여성 후원자'라는 뜻 정도가 된다. 나는 개인적인 경험을 바탕으로, 그 존재에 대해 보다 적나라하게 묘사해보고 싶다. 1980년의 내 일기는 이렇게 돼있다.

겉으로 보면 그녀가 지배하는 농가는 순수해 보인다.

그러나 일단 그 안으로 발을 들여놓으면, 그녀의 영역 안으로 들어가게 되는 셈이다. 한밤중에 냉장고에서 무언가를 슬쩍하는 사람에겐 재난이 있으리라!(인정컨대, 이것이 내 단점이다) 식사시간을 정하는 건 파드로나다. 모든 주체와 객체는 그녀의 통제 아래에 있어야 한다. 낮이건 밤이건.

방금 전에 사용한 접시나 그릇이나 컵을 닦아선 결코 안 된다. 도우려고 나서지 마라. 그대로 놔두어야 파드로나의 기분을 거스르지 않을 수 있다.

그녀는 에베레스트가 아프리카에 있건 아시아에 있건, 또는 인도가 남미에 있건 어떻건 개의치 않는다. 자신이 소유하고 있는 것의 경계선만 지켜진다면.(그리고 인정받는다면)

목줄을 한 개가 아무리 짖어대고 달려든다 해도 그놈을 풀어놔선 안 된다. 그 동물은 본래 채소밭을 파 뒤집거나, 집 안으로 뛰어 들려고 하는 습성이 있는데, 파드로나에게 이건 생각만 해도 끔찍한 일이다.

그녀는 청소하고, 요리하고(솜씨가 훌륭하다!) 빨래하느라고 아침부터 저녁까지 집 안에서 바쁘게 지낸다. 포스교*처럼, 그녀는 하나를 끝내면 다른 일을 시작한다. 파드로나의 집에서 먼지 하나라도 찾아내길 기대하는 사람은 슬프게도 실패하고 말 것이다.

이탈리아의 파드로나 디 카사에게 낮 동안의 즐거움은 여기저기 흩어진 친척들의 방문인데, 그 지역에서 그들의 연결망은 수로의 그것만큼이나 복잡하다. 친척들이 방문하면 보통 신성불가침의 '가장 좋은' 방들이 개방된다.

그리고 마지막으로, 그녀의 세력권 내에 있는 사람이 오면 그는 그녀의 분개를 유발하지 않기 위해, 불가피하게 모든 외부와 연락, 접촉 그리고 관계를 즉시 무효화해야

---

*   스코틀랜드 동쪽 해안의 포스만을 횡단하는 캔틸레버식 다리 |역쥐

하는 파드로나의 불문율을 따르려 최선을 다할 것이다. 파드로나의 사위로서 아무리 이를 간다 하더라도 (안에서든 밖에서든) 결정을 내리는 데 끼어들 수는 없다. 사랑과 존경에 대한 절대적 주장은 오직 파드로나만이 할 수 있다.

반면, 그녀의 모든 규칙을 어떻게든 지키기만 하면, 그녀는 분명 그런 사람을 위해 최선을 다할 것이다.

산악인에게 이건, 우리 오스트리아 사람들의 말처럼, 쉽게 삼킬 수 있는 타르트 tart*다. 날씨가 갑자기 나빠졌을 때 무엇을 해야 하는지, 낙석을 어떻게 피하는지, 또는 산의 위험을 어떻게 피하는지 안다면, 에밀리아-로마냐Emilia-Romagna(여담이지만, 무솔리니가 태어난 지역이다)의 거미줄처럼 얽힌 수로가 있는 곳에서 사는 파드로나 디 카사를 달래려고 준비할 건 아무것도 없다.

확실히, 나의 장모는 다른 사람에게 아량을 베푸는 편이지만, 자신의 딸을 유혹한 나를 좋게 생각하는 것 같진 않다.

그래서 우리가 늘 잘 지내는 건 아니다. 특히 장모가 하루 종일 창문을 내리고 지내면…. 장모는 어둠을 사랑하고, 나는 햇빛을 사랑한다. 베네치아풍의 블라인드가 딱딱거리는 소리를 내며 위아래로 끊임없이 오르내리는 집을 바라보는 사람이라면 분명 재미있는 광경일 것이다. 터프한 성격의 두 사람이 낮 동안의 빛을 놓고 싸우는….

지금 그때를 돌이켜 생각하니, 볼로냐 근처의 언덕 꼭대기에 크고 방도 많은 집을 짓고 산 이래 상황이 많이 좋아졌다는 걸 나는 느낀다. 이 집에는 처제를 포함해 여섯이 살고 있다. 이 집의 창문 중 반은 닫혀있고 반은 열려있다. 우리는 보이지 않는 경계선을 존중한다. 잉글랜드와 스코틀랜드 사이처럼. 두 마리의 개가 함께 어울리며 자유스럽게 뛰어다니고, 장모는 너그럽게 모두의 입맛에 맞는 음식을 제공하고 꽃을 가꾸는 등 집 안에서의 그런 일에 대해선 대장이나 마찬가지다. 이제 우리는 지난날 티격태격

---

*   과일같이 달콤한 걸 속에 넣은 다음 위에 반죽을 씌우지 않고 만든 파이 [역주]

했던 일들에 대해 웃을 수 있게 되었다. 그러나 이탈리아인을 성격이 느슨한 사람으로 여긴다면, 그는 사실을 제대로 모른다고 할 수밖에 없다. 더구나 파르도나 디 카사는 아주 특별한 지역적 특성을 갖고 있다.

혹시 이탈리아에서 배우자를 찾고자 할지 모를 후배 산악인들을 위해, 그 참호로 한 번 더 돌아가 보면 어떨까?

그곳에는 아내 말고도 내가 방문하면 꼬리를 흔드는 개가 한 마리 있었다. 그놈은 내가 가면 자기 목줄을 풀어주는 동시에 양배추를 파내도록 더 이상 강요하지 않는다는 사실을 알고, 좋아서 달려들었다. 물론 나는 문을 열어놓아 그놈이 집 안으로 몰래 들어오는 기회를 주진 않을 것이다. 내가 가정의 평화를 위해 얼마나 많은 노력을 했던가! 상황이 조금 변하긴 했지만, 내 아내는 내가 그 인내심에 존경을 표하고 싶을 만큼 나를 도와줬다. 그녀는 결코 파르도나 디 카사로 변하지 않으리라는 걸 나는 알고 있었다.(맙소사! 적어도 나는 그러지 않길 바란다) 그녀를 위해 나는 수로가 있는 그 풍경 속에서 두 해 여름을 꼬박 보냈다.

내가 그곳에 있었던 건 금욕주의 때문만은 아니었다. 우리는 서로를 몹시 좋아했다. 그렇다 해도, 나는 베네치아풍 블라인드의 가로대 패턴이 밖에 있는 수로의 연결망과 완벽하게 어울린다고 생각했다. 내가 끝내 '그저 그런' 산악인이 되지 않은 건 오직 산을 포기하지 않았기 때문이다.

지금도 나는 산에서 멀리 떨어진 볼로냐에 살고 있다. 그래서 나는 산이 그리울 때가 많다. 그러나 나는 수로가 있는 풍경에서 불굴의 용기를 배웠다. 아들 이고르는 그곳에서 태어난 때문인지 고집이 세고 상상력이 풍부하다.

어떤 것들은 오늘날까지도 변함이 없다. 때론 아무런 예고도 없이 푸트레이 리지가 언덕 너머의 채소밭 위로 갑자기 나타나기도 한다. 그럼 나는 다시 그곳으로 달려간다. 테레사와 이고르도 시간이 많이 흐르면 내가 이렇게 달려가야 한다는 걸 알고 있다. 그것도 나의 인생이니까. 이고르는 또한 알고 있다. 아버지가 조만간 돌아오리라는 걸. 가이드나 선원이나 카메라맨의 인생이란 본래 이렇다. 그들이 찾는 고향은 담벼락이 없다.

(장모는 계속해서 나를 잘 대해줄까? 아마도 이 책의 이탈리아어판에서 나는 이 부분을 빼버리는 것이 나을 것 같다. 왜냐하면 이탈리아인들은 파드로나 디 카사가 어떤 존재인지 잘 알기 때문이다)

노래기

이것은 우리와 함께 사는 커다란 절지동물로 메뚜기 떼처럼 빠른 속도로 퍼진다. 이것은 자기 앞에 있는 모든 걸 아삭아삭 또 아삭아삭 먹어치운다. 자기 복제를 하는 이 괴물의 다리는 계곡과 숲을 가로질러, 한때는 적막했던 권곡 안으로, 고원의 초원지대와 플라토 너머로, 그리고 일부 봉우리들의 정상에까지 길게 그림자를 드리운다. 이 괴물은 분명 해가 없는 느린 벌레이긴 하지만, 구불구불 천천히 기어가며 초록색을 회색으로 바꿔놓는다. 콘크리트같이 단단한 다리를 가진 노래기는 새끼를 데리고 다니는 고속도로 뱀과 무수한 케이블 기둥 사이를 나란히 또는 대각신으로 열을 시어 다닌다. 말하자면 이놈들은 우리의 고향인 산악지대의 개척자나 다름없다. 그게 다가 아니다. 노래기는 오스트리아, 스위스, 이탈리아, 프랑스의 산악지대나 깊은 계곡 이상으로 독일의 산림지대를 위협하고 있다. 어떤 지역을 10여년 만에 방문해보면 깜짝 놀랄 것이다. 만약 우리가 빨리 행동에 나서지 않는다면, 노래기의 재앙은 무자비하게 계속될 것이다. 시골과 도시의 외곽에 사는 사람들의 편안한 생활과 상업적 이득을 위해 우리는 그 이유를 찾아내야 한다. 이건 어떤 사람의 정당한 욕구, 지역의 경제를 충족시켜주거나, 혹인 정치인의 이미지를 개선시켜 그가 다음 선거에서 기회를 잡을 수 있도록 도와줄지도 모른다. 때때로 사람들은 자신의 주위가 급성장하고 있을 때 혼자만 뒤처져있다고 느낀다. 우리의 풍경은 점점 더 교묘하게 파괴되고 있다. 왜냐하면 사람들이 자신의 동물인 노래기를 정당화하는 데 주저하지 않기 때문이다. 그들은 경제와 관광의 발전을 이유로 내세

위 투자를 위한 자본을 유치함으로써 경쟁에서의 낙오를 보상받으려 한다. 물론 고용을 창출하므로 그럴 가치는 있다. 그러나 그 뒤에는 언제나 정치적인 동기가 있다. 왜냐하면 누군가 개인적인 야망을 품기 때문이다. 결과적으로 정치인은 풍경에(특히 산에) 관심이 없거나, 혹은 기껏해야 스스로 커다란 딜레마에 빠지게 된다. 더 직설적으로 말하자면, 그들의 선택은 타협의 산물일 수 있다.

따라서, 또 다른 새로운 생채기가 지구의 용모를 손상시키고, 또 다른 새로운 선이 추가돼 공기와 자유와 생활공간을 수축시킨다고 해서 놀랄 필요는 없다. 그건 얼굴을 망치면서 사정없이 퍼지는 진균병과 같다. 권력, 탐욕, 태만 그리고 기술의 발전으로 잉태된… 그건 지구의 피부암이다.

점점 더 살기 좋은 지구에서, 그리고 오늘날 별 다른 노력 없이도 어느 곳이든 빠르게 여행할 수 있는 곳에서, 그러나 아주 많은 곳이 서로 비슷비슷해져 더 이상 가볼 가치가 없는 곳에서 만약 우리가 개발을 멈추고 남아 있는 것들을 보존하지 못한다면, 궁극적으로 남는 건 무관심한 바보와 소수의 전문가뿐일 것이다. 만약 어느 조용한 아침에 두 번째 빅뱅이 우리를 덮친다면 우리는 그때서야 놀라겠지만, 이건 심각한 문제라 하지 않을 수 없다.

꼭 그렇게 돼야 하는가?

개인적인 욕망을 옆으로 밀어놓도록 사심 없이 그리고 정직하게 도울 수 있는 사람은 누구일까? 1980년 여름 나는 이런 생각을 일기에 쓰며 다소 회의적인 결론에 이르렀다. 즉, 통계자료는 뛰어난 개인 몇몇을 제외하고 다른 사람들의 정직성에 대한 믿음이 결코 고무적이지 못하다는 사실을 보여줬다. 나는 『노이에 크로넨 차이퉁Neue Kronen Zeitung』 신문을 인용하고 싶다.

미국의 심리학자 줄리안 로터 박사Dr. Julian Rotter가 20개의 서로 다른 분야에 종사하는 사람들의 정직성에 대해 어떻게 생각하는지 뉴욕에서 4,000명을 인터뷰했다. 그러자 의사와 판사가 가장 정직한 사람들로 나타났다. 그다음이 성직자와 교사였다. 정직도의 끝에 위치한 사람들은 텔레비전 수리기사, 배관공 그리고 중고 자동차 판매상이었다. 그의 조사에 의하면, 가장 믿을 수 없는 사람이 정치가였다.

이미 말한 바와 같이, 이건 고무적인 현상이 아니다. 산업과 농업의 발전에 따라 법을 제정하고 기금을 조성하는 사람들은 결국 정치인들이다. 그런데 그들은 자신들의 이익과 관련이 없으면, 어디에도 가려 하지 않는다. 사실, 로터 박사의 조사는 북미의 통계자료일 뿐이다. 그러나 그걸 보면 유럽의 상황에 대해서도 걱정하지 않을 수 없다. 물론 그래도 한 가닥 희망이 있긴 하다. 내가 사는 잘츠부르크에선 정치인들 덕분에 높은 산의 초원지대가 개발을 모면할 수 있었다. 그러나 최근에 나는 그로스 베네디거Gross Venediger에 케이블카를 새로 설치하려는 프로젝트에 대한 얘기를 들었다. 정말 참담하다. 아니, 우리는 이미 케이블카를 너무 많이 설치하지 않았나?

캘거리대학의 경제지리학 교수인 친구 헤르베르트 카리엘Herbert Kariel은 고산지대의 상태를 연구했다. 그리고 그는 캐나다산악회에 이제 더 이상 개발을 허용해선 안 된다고 호소하는 경고를 보냈다.

천만다행으로, 이제 대서양 양쪽은 물론이고 히말라야에서까지도 그런 목소리들이 점점 더 많이 들려오고 있다. 그리고 환경보호를 위한 일반적인 의식이 자리 잡아가고 있다. 그렇다 해도 그건 일부만 성공하고 대부분이 실패했기 때문에 계속적인 투쟁이 될 것이다. 나는 중국 쪽에서 K2로 관광객들을 실어 나르는 러시아 헬기와 스페인에서의 케이블카 프로젝트를 놓고 투쟁한 적이 있다. 나는 '콜렉티보 몬타네로 포르 라 데펜사 데 로스 피코스 데 에우로파Collectivo Montañero por la defensa de los Picos de Europa'의 친구들을 지원하고 있었는데, 영국 산악인 로빈 워커Robin Walker의 순수한 도움도 받은 그들은 마침내 경제적 관심을 무효화시켰다.

원정대와 트레킹이 늘어나는 것도 히말라야의 아름다운 지역 일부를 오염시키는 데 일조하고 있다. 새로운 도로와 그에 따른 편의시설이 늘어나 피로라는 자연적인 장애물을 점점 더 없애자 더 많은 사람들이 몰려들고 있다. 존 헌트 경Lord John Hunt을 비롯한 저명한 산악인들이 참석한 1987년 비엘라Biella 국제산악인회의에서 우리는 산악환경 보호를 위한 산악자연운동을 펼치기로 했는데, 크리스 보닝턴과 나는 보증인의 한 사람이 되었다. 그 이후 우리는 알프스, 아펜니노산맥, K2 그리고 세계의 여러 지역에서의 무분별한 개발에 개입했다. 너무나 오랫동안 우리 산악인들은 우리의 산을 보호하는 데 관심을 기울이는 대신 아무 생각 없이 그곳에 가서, 외부인들에게 그 지역을 개방하는 신성모독을 범해왔다.

6부

신세계

치크 스콧Chic Scott이 파이프를 물고 내 옆에 서서 잘츠부르크의 교회와 고성과 점점이 흩어진 집들 사이를 유유히 흐르는, 잿빛어린 녹색의 잘차흐 강Salzach River을 바라보고 있었다. 이 도시는 부드럽게 물결치는 북쪽 평원과 산악지대에서부터 칼칼펜Kalkalpen의 석회암지대까지 넓은 그릇 모양의 한가운데에 딱 알맞게 자리 잡고 있다. 우리는 1,000미터 높이의 가이스베르크Gaisberg 꼭대기에 있는 초원지대에 서 있었다. 1년 전부터 유럽에서 등산 가이드로 일하고 있는 조용한 캐나다인 친구는 아래쪽에 어두침침한 숲이 있는 운터스베르크Untersberg 고원지대의 희미한 경계선까지 내 고향 도시의 이곳저곳을 눈으로 훑어보더니 "멋진 곳이네."라고 감탄했다. 그는 한참 있다가 파이프를 입에서 빼낸 다음 석회암 절벽 아래 평지의 거무스름한 가장자리를 가리키며 말했다. "저 숲 보이지?" 그는 숨을 깊이 들이마시고 나서 다시 내쉬었는데, 나에겐 마치 한숨소리처럼 들렸다. 그는 말을 이었다. "내가 사는 곳은 상상할 수 없을 정도로 숲이 무한대로 뻗어있어. 로키산맥은 규모가 훨씬 더 크지…" 그는 파이프를 다시 물었다. 그러나 담뱃불이 꺼진 지 오래됐다는 건 알지 못하는 것 같았다. 그는 고향을 그리워했다. 그날 저녁 잘차흐의 강둑에서 출발해 바위로 이뤄진 호헨잘츠부르크Hohensalzburg의 고성으로 걸어 올라갈 때 그는 캐나다 얘기를 다시 꺼냈다.

나는 세계 곳곳으로 원정을 많이 다녔는데도 불구하고 이상하게 내 지도에는 북미대륙이 공백으로 남아있었다. 마리오와 함께 래브라도의 에스키모들을 촬영할 때 잠깐 그곳 일부에 발을 들여놓은 것이 나에겐 전부였다. 오늘날에는 그랜드캐니언이 집처럼 편안하게 느껴지고, 비행기를 타고 뉴욕에도 여러 번 갔지만, 그 당시에는 오직 책과 엽서와 몇몇 친구들을 통해서만 미국에 대한 정보를 얻었다는 것이 쉽게 상상이 가지 않는다. 물론 이건 내 경험 부족이며 심각한 게으름 탓이라는 걸 알고 있다. 그러나 나는 그런 걸 고칠 구체적인 방법을 찾지 못했다. 알래스카를 빼면 북미는 도대체 어디로 원정을 가야 하나? 아니면, 관광객들 사이에 끼어 가는 모험이라도 해야 한단 말인가? 그러나 치크 스콧을 만나면서 상황이 바뀌었다.

그는 유럽이 매력적이고 공감이 가는 곳이긴 하지만 상당히 작고 제한적인 곳이라고 생각했다. 그는 스위스 레장Leysin에서 일하고 있었는데, 그가 잘츠부르크를 방문했을 때 나는 그를 그곳까지 차로 데려다줬다. 그때 나는 두 딸과 함께 갔는데, 집에서 토나가 특별한 실력을 발휘해 커다란 피자를 오븐에 구워줬다. 우리는 멀리 돌아가는 줄 알면서도 바레세Varese라는 작은 도시를 거쳐 갔다. 오랜 시간 동안 차를 타고 가며 우리는 많은 얘기를 나눴다. 우리는 클린트 이스트우드의 「아이거 빙벽」이라는 스릴러 영화를 화제로 삼았다. 그 영화는 대서양 저쪽에서 관객들을 끌어 모았고, 아이거의 악명 높은 북벽을 훨씬 더 유명하게 만들었다. 치크는 잘츠부르크의 내 친구 노먼 다이렌퍼스Norman Dyhrenfurth와 함께 그 영화를 찍는 작업에 참여했었다. 우리는 히말라야(그는 아직 그곳에 가본 경험이 없었다)와 캐나다(나는 아직 그곳에 가본 경험이 없었다)에 대해서도 얘기를 나눴다.

그가 느닷없이 말했다. "캐나다에 와서 원정등반 얘기를 들려주면 어떨까?"

그런 방법이 있다고? 내가 할 수 있을까? "좋아, 정말 해보고 싶은데, 어떻게 해야 하지?"

"그럼, 내가 추진할게." 치크는 세상에서 가장 쉬운 일인 양 아주 태연하게 말했다. 그러면서 북미 대륙이 상당히 넓긴 해도 서해안에서 동해안까지 캐나다의 산악인들은 모두 서로 알고 지낸다고 말했다. 또한 캐나다 산악회가 아주 잘 조직돼있어, 각 지부가 서로 연락을 긴밀히 주고받고 있다고도 했다. 그건 사실이었다. 그러나 후에 안 사실이지만, 미국은 사뭇 달랐다. 그 거대한 나라를 돌아다니며 환영을 받긴 했지만, 강연 여행에 대한 협의는 지역 산악회와 별도로 해야 했다. 그리고 거리가 멀어 합리적인 계획을 세우기도 힘들 뿐더러 비용도 만만찮았다.

치크 스콧이 그 얼마 뒤에 캐나다로 돌아가서 나는 조바심을 내며 소식을 기다렸다. 그가 잘해낼 수 있을까? 대양 건너편의 그 대륙에서 내가 나의 모험담을 들려줄 기회가 있을까? 시간이 흘러갔다. 그러는 사이에 로키산 맥의 중심지인 밴프Banff에선 치크와 캐나다산악회 총무 에벌린Evelyn이 나의 일정을 짜고 있었다. 마침내 초청장이 왔을 때 나는 두 눈을 의심했다. 토론토에서 밴쿠버까지 캐나다의 전 지역과 LA까지 들르는 여행에 초청받은 것이다. 나는 에벌린에게 전화로 그곳의 우표 수집가를 한 명 알고 있다고 말했는데, 마침 그가 등산과 산책 클럽 '바그마켄Vagmarken(이정표)'의 회원들을 위한 내 행사의 핵심 조직자였다. 그러나 그런 인연은 후에 더 많았다.

　나는 기뻐 어쩔 줄 몰랐다. 그런 일이 가능하리라곤 꿈에도 생각하지 못했으니까. 나는 몸이 후끈 달아오를 정도로 조바심이 났다. 한 번 더 나는 외국어가 가능한 사람에게 문이 어떻게 활짝 열리는지 직접 경험하게 되었다. 아마도 5개국의 언어를 안다면, 비록 완벽하게 구사하진 못한다 할지라도, 세계 시민으로 대접받지 않을까? 아니, 3개국의 언어라 할지라도 자격이 충분하지 않을까? 그러나 나는 단순한 자격 그 이상의 흥미를 갖고 있었다. 자유와 불확실성을 위해 안전한 생활을 포기하면, 때론 어렵게 얻은 이 자유에 대한 보상으로 국적이 다른 사람들에게 자신의 생활과 견해에 대해 얘기해주는 건 물론, 자신의 특별한 경험을 전달해줄 기회를 잡을 수 있다. 문명화된 나라에선 더 이상 발견할 것이 남아있지 않다고 말하는 건 잘못이다. 정글과 북극이 탐험을 할 수 있는 유일한 곳은 아니다.

신세계! 내가 아는 한 북미에서 강연 여행을 한 유럽 산악인은 가스통 레뷔파가 유일했다. 그러나 그것도 오래전의 일이었다. 후에, 나는 두걸 해스턴 Dougal Haston 역시 1974년에 광범위한 순회강연을 조직했다는 사실을 알게되었다. 나의 방문은 1975년에 이뤄졌는데, 그때 나는 나의 '비디오' 「정상과 비밀」을 자랑스럽게 보여줬다. 나는 한 장소에서 다른 장소로 상당히 먼 거리를 이동했다. 그 거리는 중앙 유럽을 몇 번 왕복하고도 남을 정도였다. 그때의 여정은 거리가 모두 29,980킬로미터나 되었다. 강연은 계획대로 끝나지 않고 계속 연장됐다. 비록 수입이 집으로 가져오기도 전에 남쪽 햇볕에 녹아 없어져 버렸지만, 나로선 아쉬울 것이 전혀 없는 모험이었다. 대륙 전체와 조화가 된다는 느낌은 놀라웠다. 그 점에 대해서 나는 항상 치크와 에벌린에게 고맙게 생각하고 있다.

햇빛을 받아 반짝이는 바다가 비행기 날개 밑으로 보였다. 누르스름한 색과 희끄무레한 색이 뒤섞인 빛의 카펫은 마치 어두운 바늘방석 위에 모아놓은 핀 대가리같이 번들거렸다. 시가지들이 이상한 장신구처럼 보이는 그곳은 빛의 섬이었다. 그 광경을 지금 다시 설명하는 건 쉽지 않다. 뉴욕이 멀어져가면서 나는 어느새 토론토에 가까워지고 있었다. 나는 시간 개념을 잊어버렸지만 아무래도 상관이 없었다. 나는 지금 여기에 있었다. 룩셈부르크의 작은 공항으로 나를 데려다준 친구 클라우스Klaus와 브리기테Brigitte가 반짝거리는 빨간색 폭스바겐 비틀 옆에서 손을 흔들어줬다. 그들과 헤어진 지가 얼마 전인 것 같은데, 벌써 안개와 그 사이로 잿빛 푸른 땅이 보이는 아이슬란드였다. 그린란드의 동해안과 그 해안선을 따라 길게 이어진 깨진 얼음덩어리들의 은하수가 이곳 10,000미터 위에서 보니 마치 흩어지고 있는 성운 같았다. 그린란드의 을씨년스러운 봉우리들, 내륙빙원, 피오르… 너무나 많은 것들이 내 머릿속에서 뒤범벅이 되었다.

　점차 이미지들의 연결고리가 머릿속에서 정리되고 있을 때 비행기가 토론토에 착륙했다. 고층빌딩, 점멸하는 빛, 사람들로 넘쳐나는 거리… 그러나 이상하리만치 조용한 분위기. 불가사의한 세계 같은 그 모습은 나를 자신의 집에서 머물도록 한 조용한 성격의 오스트리아 엔지니어가 만들어 놓은 듯했다. 다음 날 나는 교외로 몽유병자같이 첫 발을 내딛었다. 나무들이 울창했다. 캐나다의 봄! 그러나 저녁이 되자 공기가 싸늘해지면서 잿빛 하늘에서 눈발이 날렸다. "눈보라가 일고 있어." 그 엔지니어는 아무렇지도 않다는 듯 말했다. 그러나 눈보라는 점점 더 심하게 날렸다. 나는 첫 강연에 나섰는데 처음에는 조금 놀랐다. "아주 좋아요. 최곱니다!" 사람들은 그렇게 말하고 나서 강연장을 썰물처럼 빠져나갔다. 나와 그 엔지니어 그리고 미국인 친구 몇몇이 그들을 따라나섰다. 거리에는 눈이 내리고 있어 크리스마스 같은 분위기였다. 다음 날은 오타와에서 강연이 예정돼 있었다.

　내가 토론토공항의 대기실에 서 있을 때도 밖은 여전히 눈발이 날리고 있었다. 에어캐나다의 비행기에 그려진 단풍잎 모양의 작은 마크를 빼면 사방이 온통 하얀 눈 천지였다. 의심할 여지없이 오타와는 기차도 도로도 비행기도 모두 접근이 불가능했다. 나는 강연을 취소해야 했다. 캐나다의 봄!

　이틀 후 나는 몬트리올에 있었다. 기차가 바람에 날리는 눈을 뚫고 간신히 그곳에 도착했다. 털이 날리는 모자를 쓰고, 다운재킷을 입고, 입에 파이프를 문 친절한 캐나디안 하나가 역에서 나를 자신의 차에 태우며 말했다. "라디오와 텔레비전에서 가능하면 집에 머물라는 뉴스속보가 있었습니다." 눈에 파묻힌 차들이 여기저기 버려져 있었다. 눈이 출입문의 손잡이까지 쌓인 상점들은 거의 대부분 문이 닫혀있었다. 그러나 나는 50명 정도 되는 청중을 앞에 놓고 강연을 했다. 몬트리올이라는 도시의 크기를 생각하면 결코 많은 숫자가 아니었지만, 나는 시작치곤 괜찮다고 생각했다. 신세계는 확실히 모든 것이 놀랍기만 했다.

나는 기분이 매우 좋았다. 내 앞에 오대호의 나라가 펼쳐졌다. 대양 같은 그 호수들은 광대한 캐나다 풍경을 축약해서 보여주고 있었다. 나는 점점 더 그런 세계에 마음이 끌려들어 갔다. 우중충하고 끝이 없는 숲들, 여기저기 널려있는 수많은 호수들, 그리고 드넓은 평원이 마치 눈에 파묻힌 체스판같이 계속 이어져 있었다. 이런 풍경은 몇 시간이고 계속됐다. 그 중간 어딘가에 나의 다음 행선지인 위니펙Winnipeg이 있었다. 이곳 산악인들의 한결같은 불만은 로키산맥이 너무 멀리 떨어져 있다는 것이었다. 그곳까진 직선거리로 거의 1,000킬로미터였다. 물론 몬트리올에서 이곳까지도 1,500킬로미터나 떨어져 있었다.

이곳에서 나는 얼어붙은 강을 따라가는 짧은 크로스컨트리 스키 여행을 경험했다. 눈에 들어오는 사방이 산 하나 없는 평지였다. 이 나라는 나와는 전혀 맞지 않았다.

한 번 더, 비행기의 은빛 날개 밑으로 끝없는 농장지대가 펼쳐졌다. 캐나다의 밀은 거의 모두 이곳에서 생산되고, 소 역시 거의 대부분 이곳에서 길러지고 있었다. 그리고 마침내 로키산맥이 보이기 시작했다. 지평선 위로 짙은 남색의 울룩불룩한 지대가 나타난 것이다. 그곳은 알프스처럼 산봉우리들이 한군데에 모여있지 않고, 셀커크스Selkirks라든가, 코스트레인지 Coast Ranges 같은 몇 개의 산맥들이 평행을 이뤄, 태평양까지 거대한 곡선을 그리며 이어져 있다. 그러나 로키산맥의 주능선은 대평원의 서쪽 끝에 우뚝 솟아올라 있고, 북쪽의 유콘에서 남쪽의 뉴멕시코까지 거의 대륙 전체에 걸쳐 뻗어있다. 그 길이는 장장 4,000킬로미터나 된다. 버팔로들이 거의 다 사라지긴 했지만 슬픈 잔존자들이 여전히 남아있는 이곳 대평원에는 비옥한 농업지대로 둘러싸인 캘거리Calgary가 있고, 그 서쪽으로 수백 킬로미터 떨어진 곳에 로키의 석회암 봉우리들이 있으며, 국립공원의 중심지인 유명한 밴프에는 캐나다산악회가 자리 잡고 있다. 그리하여 이곳 밴프는 후에 유명한 산악영화제의 터전이 된다. 지리학교수인 허브Herb, 피트Pete 와 주디Judy, 그리고 무엇보다도 내 순회강연의 책임자들인 치크와 에벌린 등 캐나다 친구 대부분은 이곳에 살고 있다. 캘거리에 와서 처음 며칠 동안 은, 후에 내가 이곳으로 다시 와서 마치 나의 알프스 산봉우리들에서처럼 여러 사람들과 아주 특별한 모험을 하리라곤 꿈에도 생각지 못했다. 이제 나는 로키산맥을 시즌마다 찾는다. 그곳에는 그들의 마터호른인 마운트 아시니보인Mount Assiniboine이 있고, 돌로미테를 연상시키는 캐슬 마운틴Castle Mountain이 있으며, 마운트 템플Mount Temple이라는 그럴듯한 이름의 산도 있다. 이런 산들은 짙은 숲 위로 솟아올라 있어, 치크 스콧이 유럽에 있을 때 순수하며 무한히 넓은 숲을 왜 그토록 그리워했는지 알 것 같았다.

밴프로 동행하기 위해 치크가 공항으로 차를 갖고 나왔다. 그는 도중에 보우강Bow River 인근에 있는 작은 교회에 들러, '아주 오래된 역사적 기념물'을 자랑스럽게 소개해줬다. 아마도 그는 잘츠부르크의 많은 교회들이 생각났던 모양이다. 이 정숙한 교회는 '맥두걸 추모교회McDougall Memorial Church'로 불렸으며, 1875년 이 지역에 최초로 세워진 것이었다. 치크는 이 교회가 석기시대 인디언들에게 어떤 역할을 했는지 설명해줬다.

잠시 후 우리는 로키산맥을 가로질러 밴쿠버로 가는 철로를 만났는데, 그는 지난 세기 말에 이 통신선의 개통이 얼마나 중요했는지 설명해준 다음, 자신의 할아버지가 1910년경에 기관사였다는 걸 대수롭지 않게 덧붙였다. 나는 이 도시에서 저 도시로 비행기로만 빠르게 돌아다녀 결국 여기까지 오게 됐는데, 캐나다라는 광활한 나라를 처음 직면한 오스트리아인에게 자신의 고국을 하나하나 조용히 설명해주는 태도에 깊은 감명을 받왔다. 밴프로 차를 타고 가자니, 마치 '평지'에서 (모든 것이 달라지는) 잘츠부르크 '분지'로 들어가는 것 같은 기분이 들었다. 그는 명소가 나타날 때마다 차를 세우고 나에게 설명을 해줬지만, 가이스베르크에서 시작된 캐나다의 대단한 숲 얘기에 나는 마음이 더 끌렸다. 작은 단풍나무 숲들이 군데군데에 있긴 했지만, 가문비나무와 전나무의 침엽수림이 주종을 이루고 있었다. 나는 친구의 얘기를 들으며, 이 회색 석회암 산악지대를 수놓을 가을의 짙은 색조를 떠올렸다. 그러나 이곳 보우강은 마침내 봄이 왔는데도 불구하고 강물은 얼음덩어리들 사이를 흐르고 있었고, 군데군데에 남아있는 잔설이 밝은 풍경과 대비를 이루고 있었다. 이 나라의 동쪽을 휩쓴 눈보라 흔적이 이곳에는 없었다. 이곳은 햇볕이 가득하고 따뜻했다.

밴프에선 몸매가 좋은 검은 머리의 에벌린이 놀랍게도 그랜드피아노 앞에 앉아 쇼팽의 곡을 연주했다. 집을 떠나온 지 오래되면 누구나 고향을 그리워하게 되지만, 나는 로키산맥 한가운데서 듣는 이 선율에 가슴이 뭉클했다. 얼어붙은 폭포가 여전히 산에서 흘러내리고 무한한 숲 사이로 산봉우리들이 연달아 펼쳐지는 캐나다의 대자연 속에서 익숙한 곡을 듣자니 기분이 상당히 이상했다. 피아노 선율은 우리를 먼 나라로 이끌며 아름답게 퍼져나갔다.

그러나 에벌린의 언니가 갑자기 방문하는 바람에 분위기가 깨졌다. 진한 금발에 강단 있는 회색 눈을 가진 그녀는 아주 활발한 성격의 소유자였다. 내가 그녀를 전형적인 캐나다인이라고 곧바로 선언하자 모두들 유쾌하게 웃었다. 후에 그녀와 에벌린은 계곡물이 하얀 거품을 일으키는 계곡에서의 환상적인 카누 여행에 나를 초청했다. 이런 여성들과 캐나다를 전부 돌아다닌다면 얼마나 좋을까! 그럼 내가 분명 원조일 것이다. 나는 밴프와 캘거리에서 강연을 하며 그 지역에서 며칠을 머물렀다. 그곳에서 허브는 공룡의 뼈가 발견된 대초원으로 나를 안내해주기도 했다. 그 뼈를 발견했을 때 화석을 발굴하는 사람들의 환희는 얼마나 대단했을까! 그러나 나는 프로그램에 따라 깊은 분지에 수많은 섬을 거느린 서부 해안으로 — 밴쿠버와 빅토리아와 시애틀까지 — 가야 했다. 태평양 북서쪽 알피니즘의 요람인 시애틀에선 800명도 넘는 사람들이 나의 강연을 들으러 왔다. 강연이 끝난 후 나는 빌 섬너Bill Sumner, 두산 야게르스키Dusan Jagersky 그리고 열네 살 난 소년 존John과 함께 휴화산인 마운트 레이니어Mount Rainier(4,393m)에 있는 한 암장에서 등반을 했다. 크림을 아무렇게나 발라놓은 구겔후프Gugelhupf* 같은 모습의 그 산은 광대한 침엽수림 위로 우뚝 솟아있었다. 우리는 리버티 리지Liberty Ridge로 하루 비박을 해가며 정상에 올랐다. 후에 나는 1,500킬로미터 떨어진 LA로 이동한 다음, 다시 사흘 만에 2,300킬로미터 떨어진 에드먼턴Edmonton으로 돌아왔는데, 그곳은 나에게 캐나다의 '잘츠부르크'인 밴프에서 겨우 300킬로미터밖에 떨어지지 않은 곳이었다. 그곳에서 나는 다음에 할 일을 진지하게 고민했다. 다음 강연은 한 달 후로 잡혀있었다. 나는 오타와에서 눈보라로 취소된 강연을 다시 해야 해서 꼼짝없이 동쪽으로 3,000킬로미터를 가야 했다. 그러는 동안 나도 이 나라에 정이 들었다. 혹시라도 내가 이 기회의 땅에서 할 수 있는 일은 없을까? 강연… 모험… 산? 미국의 서부가 내 앞에 열려있었다. 절호의 기회라는 생각이 들긴 했지만 쉬워 보이지도 않았다.

---

* 오스트리아 케이크 [역주]

백만장자 따라잡기

네바다 출신인 고든Gordon이 정말 백만장자인지 어떤지는 잘 모르지만, 그런 부류의 사람인 것만은 틀림없었다. 관자놀이가 약간 희고 눈매가 지적인 그는 몸가짐이 냉철하고 결단성이 엿보이는 사람이었다. 그는 50대 후반이라곤 믿기 어려울 정도로 수심에 잠겼다가도 갑자기 활기가 넘쳤다. 그에겐 날카로운 감각과 직관적인 지성이 어우러진 어떤 면모가 엿보였는데, 그것이야말로 그가 진정한 사업가라는 걸 나타내줬다. 그가 어떤 사업을 하는지는 잘 모르지만, 나는 그가 비행학교를 운영했다는 말을 들었다. 그는 자수성가한 사람으로, 대부호의 기풍을 뽐내고 있었다. 자기 소유의 산과 관측소도 갖고 있는 그는 젊고 예쁜 부인을 비롯해 가족들과 함께 깊고 푸른 타호 호수Lake Tahoe가 내려다보이고 나무 향기가 물씬 나는 멋진 집에서 살고 있었다. 그러나 이따금 시에라네바다에 폭설이 내리면 어떤 교통수단을 써도 그는 집에 가지 못했다. 가장 가까운 도로가 멀리 떨어져 있기 때문이다. 고든은 물자를 조달하기 위해 커다란 무한궤도 스노모빌을 3대 갖고 있었다. 그의 아들은 이것 중 하나를 타고 매일 학교에 간다. 물론 말을 타고 갈 수도 있지만, 폭설과 태평양에서 불어오는 습한 공기 때문에 스노모빌이 훨씬 더 안전하다.

　나는 그 집에 머물렀지만 잠시 동안만이라는 걸 깨달았다. 그전에 나는 콜로라도에 있었다. 그곳에선 지칠 줄 모르는 스티브 코미토Steve Komito가 덴버 인근에 있는 자기 가게에서 미국 서부 산악인들의 등산화를 수리해주고, 마이클 코빙턴Michael Covington과 그의 동료 가이드들이 매년 수백

명의 손님을, 어떤 때는 아주 까다로운 루트로, 로키에 있는 산들의 정상으로 안내해주고 있었다. 그곳 역시 눈이 많이 내렸다. 나는 마이클과 함께 롱스피크Long's Peak(그곳은 능선이 4,000미터가 넘었다)의 동벽을 올랐는데, 거의 동계등반이나 다름없었다. 내가 느닷없이 백만장자의 집에 머무르게 된 건 어느 정도 그 등반 때문이었다.

다시 밴프로 돌아간 나는 '마운틴 홀리데이스Mountain Holidays'라는 아웃도어 용품점을 운영하는 오스트리아인 두 명으로부터 셀커크스 헬리스키 여행에 초청받았다. "그건 돈 있는 사람들이나 하는 스포츠예요."라고 에벌린이 나에게 말했다. 그러나 마침 공짜여서 우리는 함께 갔다. 그리고 나는 만일을 생각해 슬라이드필름을 한 박스 갖고 갔다.

그리하여 우리는 어려운 등반, 예를 들면 얼어붙은 폭포의 등반을 포기하는 대신 호화스러운 생활을 선택했다. (덧붙여 말하자면, 이곳의 폭포들은 형상이 무시무시했는데, 그중에는 필스너 필라Pilsner Pillar처럼 수직으로 80미터쯤 되는 얼음 기둥도 있었다. 보통은 서리로 얼어붙은 물줄기를 따라 폭포 밑까지 올라갈 수 있다. 빙벽은 크램폰, 아이스스크루 그리고 아주 특별하고도 짧은 피켈을 써서 오를 수 있다. 날씨가 따뜻하면 등반을 조심해야 한다. 왜냐하면 샹들리에처럼 가늘게 얼어붙은 얼음이 자신에게 매달린 인간 장식물과 함께 갑자기 무너져 내릴 수 있기 때문이다) 이곳에서의 또 다른 특별한 경험은 길이가 수백 미터 되는 슬로프에서 스키를 타는 것이었다. 씰 스킨을 단 스키를 신고 꾸준히 올라가야 하는데, 매우 거친 이 전통적인 스포츠는 사뭇 캐나다적이었다. 그러나 에벌린과 나는 팔자가 늘어졌다. 사람들이 붐비는 알프스에선 성가신 골칫거리로 여겨지는 헬기가 드넓은 캐나다 로키산맥에선 아무런 문제도 되지 않았다. 부가부Bugaboo에 있는 좁은 V자 계곡의 산들은 눈사태의 위험성이 있기 때문에 헬기 없이는 접근이 어려웠다. 우리를 반겨준 멋지고 안락한 로지(산장이라고 부를 수는 없다)에는 헬기 몇 대와 스키강사들이 있었다. 사방으로 아름답게 펼쳐진 슬로프는 길이가 30킬로미터나 되는 곳도 있었고, 빙하를 지나야 하는 곳도 있었다.

"할 수 있는 데까지 슬로프를 따라 내려가 보세요." 두 명의 오스트리아인 중 작고 단단한 리오Leo가 나에게 고개를 끄덕이며 충고했다. 그는 스키를 타지 않고 로지에 있을 작정이었다. 물론 나는 그렇게 하리라 마음을 단단히 먹고, 무릎으로 회전을 할 수 있을 때까지 계속 노력했다.

그들 역시 스키를 그렇게 탔다.

내가 하루에 스키를 타고 내려간 거리는 7,000미터였다. 나는 내가 내려간 곳이 어딘지 알지 못했는데, 사실이 그랬다. 스키어는 그냥 헬기를 믿으면 된다. 산 밑에 도착하면 산봉우리 위 어디선가 헬기의 소음이 들려온다. 그럼 사람들은 방금 전에 어디에 있었는지를 가늠하기 위해 주위를 둘러보게 되고, 이제 헬기가 사람을 다시 태우고 프로펠러를 힘차게 돌리며 하늘을 난다. 사람들이 머리를 수그리고 눈 속으로 쏟아져 나온다. 스키를 더 많이 타기 위해 재빠른 이동이 필요하긴 하지만, 머리를 날려버리고 싶은 사람은 아무도 없을 테니까! 사람들은 다시 스키를 타러 나서는데, 이번에는 다른 슬로프로 일류 강사를 뒤따라간다. 이곳은 지역이 너무 넓어 대부분이 그전 몇 주간 사람의 발길이 닿지 않은 원시 상태의 눈이다. 따라서 신설이든 만년설이든 하루 종일 자신의 취향에 맞춰 탈 수 있다. 스키어의 천국! 물론 하루에 200달러는 족히 들기 때문에 결코 싼 편은 아니지만…. 이곳은 미국 전역에서 사람들이 몰려들었는데, 산악인들도 있었고 신혼여행자들도 있었다. 나는 짧은 휴가기간 동안 내 동료들의 멋진 모습을 보고 싶었지만 안타깝게도 시간이 너무 없었다. 이곳에서 나는 헬기를 다시 타고 어느 산봉우리로 가서 스키활강을 한 번 더했다. 가능하면 무릎을 바짝 구부리고…. 그러자 반짝이는 크리스털처럼 눈가루가 공중으로 날렸다. 나는 다른 사람들을 시야에서 놓치지 않으려 애썼는데, 그들은 모두 선수처럼 내달렸다. 무릎을 더 구부려! 내가 가이드 코스를 따라갈 때 페터 하벨러가 내 스타일을 놓고 듣기 싫은 소리를 했지만(그는 내 스타일을 '구식'이라 불렀다) 적어도 나는 내 발로 내려갔다. 다른 사람들의 무릎을 좀 봐!
그러면서 우리는 계속 내려갔다. 다음 순간 우리는 다시 위로 올라갔다. 그
리고 한 번 더 이런 소리가 들렸다. 저 사람들의 무릎처럼 구부려야 한다는
걸 기억해. 그리고 고개를 숙여 프로펠러를 조심해. 머리를 잘리고 싶지 않
으면. 이런 잔소리를 들은 것이 오늘 몇 번이었나!* 누군간 항상 그렇게 말
했으니까. 네바다에서 온, 머리가 희끗희끗한 사람은 눈 위에서 내 옆에 서
있는 젊은 사람에게 그렇게 속삭였다. 그녀는 재니스Janice로, 고든과 멋진
커플이었다. 신혼여행자들이 타면 헬기는 그들이 키스를 나눌 수 있도록
일부러 멀리까지 날아가는 것 같았다. 그러나 신혼여행자들은 너무나도 많
았다. 에벌린은 마치 여신처럼 우아하게 슬로프를 미끄러져 내려갔다. 그
런 실력은 아마도 캐나다의 긴 겨울 덕분일 터였다.

　무릎이 점점 더 아파왔다. 당연한 얘기였다. 페터의 말마따나 내가 스
타일을 바꾸어야 했을까? 그렇다 해도 그날 내로는 익히지 못했을 것 같다.
헬기가 요란한 소리를 내며 다시 날아와서 우리는 위로 올라갔다. 그 신혼
여행자는 자신의 백만장자에게 키스했다. 그녀의 얼굴은 행운에 감사하는
듯 기쁨이 넘쳐흘렀다. 이런! 그것이야말로 나에게 필요한 것이라는 생각
이 문득 들었다. 백만장자! 그러나 백만장자를 어떻게 따라잡아야 하나? 그
때 아이디어가 하나 떠올랐다.(미국은 좋은 아이디어를 떠올리기에 안성맞춤이다)
「아이거 빙벽」이라는 영화가 미국 전역의 극장에서 절찬리에 상영됐다는
것이 기억난 것이다. 그럼 좋아! 내가 아이거 북벽에 대해 오늘밤에 로지에
서 공짜로 강연을 해주면 어떨까? 나는 마침 슬라이드들도 갖고 있었고, 나
의 다른 사진들은 그 강연에도 잘 들어맞았다. 오늘 하루만 내가 점잔을 빼
지 않으면 되는 일이었다. 그럼 내가 진정한 영웅이 되지 않을까? 아이거의
슈퍼맨! 그리하여 그날 저녁 나는 고국에선 생각할 수도 없는 스타일로 강
연을 했는데, 강연이 끝날 때쯤 머리가 희끗희끗한 신사가 내 옆으로 살짝

---

*　　이때 쿠르트 딤베르거의 스키 실력은 상급이었다. [역쥐]

다가왔다. 그는 자신이 네바다의 르노Reno 인근에서 왔다며, 자신이 사는 곳에 산악인은 없지만, 그곳에서 강연을 하면 아주 흥미로울 것 같다고 말했다. (내 심장이 기쁨으로 팔짝팔짝 뛰었다) 그럼 타호 호수도 좋지 않을까? 그 지역에 커다란 스키 리조트와 카지노가 있다는 건 나도 알고 있었다. 나는 그에게 카지노에서의 도박에 대해 물어봤는데, 그의 반응은 좋지 않았다. 그곳이 카지노 천국이긴 하지만 나는 그것이 청중의 숫자에 영향을 끼치리라고 걱정하지 않았다. 그는 개인적으로 최소한의, 그러나 적지 않은 강연료를 약속했다. 그는 기대 어린 눈빛으로 나를 바라봤고, 나는 잠깐의 숙고 끝에 그의 제안을 받아들였다.

아! 나는 혼자 생각했다. 내 백만장자가 여기 있네. 이제 나도 백만장자 한 명쯤을 알게 된 것이다. 여자만의 특권이 아니라, 노래를 부를 만한 일이었다. 들어보지도 못한 어떤 가능성으로 마음이 요동쳤다. 곧 달러가 비 오듯 쏟아질 테니까! 이제는 올라갈 일만 남아있었다. "미국이 네 발밑에 있을 것이다. 그렇다고 금이 쉽게 닳는 것도 아니다."라는 속담도 있다. 백만장자가 되려면 운도 더 따라야 하고 일도 잘 풀려야 한다. 사실은 그렇게 태어나야 하는데, 왜냐하면 열심히, 아주 열심히 일해야 하고, 늘 조심해야 하기 때문이다. 더불어 많은 걸 희생해야 한다. 그러나 그건 내 마음에 들지 않았다.

그래서 황금에 대한 나의 이카루스 꿈은 시작부터 좌초될 위기에 처했다. 더구나 그런 긴 과정이 너무나 지루하게 여겨졌다. 사실, 전 세계를 돌아다니며 자신의 삶의 방식을 되돌아보고, 다른 사람들의 다양한 삶의 방식을 들여다보는 건 흥미진진하다. 그러나 사람들은 꿈을 꿀 권리가 있다. 나의 새로운 친구 고든은 자신의 소심한 요청이 나에게 어떤 상상의 무아지경을 안겨줬는지는 알지도 못할 것이다. 나는 그걸 꼭 밝히고 싶진 않았다. (싸게 놀고 싶진 않았으니까!) 후에 나는 밴프에서 1,500킬로미터나 떨어진 미국 중서부에서 하루저녁을 보내게 되었는데, 어쩔 수 없이 기분이 수직

상승했다. 그곳은 다음 행선지인 LA의 할리우드였다. (그리고 LA에 대해 말하자면, 바그마켄 클럽의 회장이 이미 나를 회원으로 등록시켜 놓았다)

내가 그곳에 가면 스스로 대리인 노릇을 해야 하나? 아마 나는 백만장자가 될 운명을 갖고 태어나진 못한 것 같다. 바그마켄 클럽의 회장인 스테피Stefi는 풍성한 빨강머리가 무릎까지 닿는 인상적인 여성이었다. 참 이상한 클럽이었다! 산악연맹과는 거리가 먼….

"LA에서 덴버까진 먼 길이지." 콜로라도를 그리워하는 존 덴버의 노래가 라디오에서 흘러나왔다. 그건 사실이었다. 1,600킬로미터나 되니까. 그는 로키산맥의 사시나무에 대해, 폭포와 하얀 사시나무 껍질에 대해 노래하고 있었다.

그럼 나는 덴버에서 LA까지 1,600킬로미터를 거꾸로 가서, 나의 클럽을 방문해야 하나?

한동안 나는 네바다에 있는 고든의 집에서 그와 그의 가족과 함께 지냈다. 그들은 매우 친절했는데, 사업이나 돈 얘기는 거의 하지 않았다. 그런 것들은 고든의 이전 생활과만 관계가 있는 듯했다. 우리는 시에라네바다 위로 총총히 나타난 별들과 나선형 성운을 바라보며 우주에 대한 얘기를 나눴다. 그 하늘에는 수많은 신비와 의문이 있었다. 블랙홀은 도대체 무얼까? 이 우주가 소멸되면 새로운 우주가 탄생할까?

우리는 반짝거리는 빛에 둘러싸인 채 고든의 관측소에 앉아, 더 이상 존재하지 않는 별들을 바라봤다. 그 별들은 우주 내에서의 거리에 따라 서로 다른 시간대에 존재하고 있을 터였다. 우리는 광년이라는 시간의 그물망에 대해 세상과 동떨어진 공허한 질문을 던지고 있었다. 이곳 고든의 거처에서 새로운 경력을 쌓으려는 나의 꿈이 결국 헛된 망상이었음을 나는 깨달았다. 끊임없이 고향으로 돌아가고자 하는 나를 볼 때 그건 중요한 것이 아니었다. 내가 살아있다는 것만으로도 얼마나 기막힌 우연인가!

그 전주에 썰 스킨, 크로스컨트리, 헬리스키 등 다양한 스키의 세계를 경험한 후 나는 이곳에서 새로운 인물을 만나게 되었다. 고든은 가족 모두를 커다란 스노모빌에 태우고 산꼭대기로 덜덜거리며 올라갔다. 시에라의 능선들이 아스라이 펼쳐지고, 짙푸른 타호 호수가 내려다보이는 그곳은 전망이 좋았다. 산과 산 사이로 환상적으로 뻗어나간 그 호수의 끝은 캘리포니아였다. 사방은 어린 나무들뿐이었다. 고든은 지난날 골드러시 때의 갱도로 인해 숲이 모두 사라졌다고 설명했다. 그는 동쪽을 가리켰는데, 그곳은 갈색 언덕의 나라 네바다사막이었다.

며칠 후 나는 대학 강사인 새로운 친구와 함께 그 사막에 갔다. 버지니아시 인근에 있는 어느 유령마을에서 우리는 '하워드 휴즈HOWARD HUGHES'라는 간판이 붙은 폐광을 발견했다. 호기심을 참지 못한 우리는 손과 무릎을 써서 대지의 중심부로 들어갔다. 3시간이 지난 후 우리는 눈을 깜빡이며 다시 밝은 세상으로 돌아왔지만, 은이나 금 부스러기는 고사하고 머리부터 발끝까지 온통 먼지만 뒤집어쓰고 말았다. 그러나 그 전주에는 당일치기 여행자가 인근의 갱도에서 어른 주먹만 한 천연금괴를 발견하기도 했다.

달력의 낱장이 하나둘 떨어져 나가는 동안 강의 날짜가 다가왔다. 르노와 타호 호수에서, 카지노로 서둘러 가는 사람들이라 하더라도 화려한 조명을 받은 나의 「정상과 비밀」 선전포스터를 분명 보긴 했을 테지만, 가슴을 설레게 하는 골든너겟호텔The Golden Nugget의 전등 장식과 다른 매력적인 것들 역시 지나가는 사람들의 발길을 붙잡았을 것이다. 나는 어떤 결과가 나올지 몹시 궁금했다. 마침내 그날이 되었다. 빨간색의 호화로운 의자에 앉은 사람은 50명이 전부로, 거의 블랙홀 수준이었다. 골든너겟호텔의 일방적인 승리였다. 고든은 한숨을 내쉬며 이런 곳에서의 강연이, 아이거 스릴러와 비교하면, 얼마나 힘든지 토로했다. 그러나 나는 희망을 버리지 않았다. 나는 그에게 다시 한번 시도해보자고 말했다. 그러자 그는 내 말에 공감한다는 듯 고개를 끄덕였다.

　그러면서 그는 나에게 약속한 최소한의 강연료를 건네줬다.

　며칠 후 우리는, 나의 강의 바로 전에, 사람들로 꽉 찬 타호 호수의 도박장을 지나다녔다. 다수의 슬롯머신이 덜걱덜걱 딸랑딸랑 소리를 내며 가끔 커다란 팡파레와 함께 돈을 토해내고 있었다. 그러나 대부분 그 기계들은 비교적 조용히 그 돈을 다시 거둬들였다. 우리는 최악을 상상했지만 결과는 아주 기분 좋았다. 고든과 나는 미소를 주고받았다. "걱정할 거 없습니다." 그가 조용히 말했다. 그렇지만, 나는 라스베이거스에서 강연을 하고 싶은 마음은 들지 않았다.

캘리포니아의 바그마켄 클럽

"쿠르트 씨, 제 말 들려요? 안녕하세요?" 전화를 건 사람은 환상적인 빨강머리 회장이었다. "LA에서 다시 만나고 싶은데요."라고 그녀는 말했다. "잘들으세요. 정오에 카슨시Carson City에 있는 비행장에 잭Jack의 비행기를 타고데리러 갈 테니, 그리로 오세요!" 비록 강연은 없지만 LA로 돌아가자는 내제안이 받아들여진 것에 대해 나는 흥분과 놀라움을 금치 못했다. 누가 내제안을 받아들였지? 곧바로 실현되긴 어려운 일이었는데. 이 기회의 땅에서 비행기로 데리러 오는 사람이 있다니! 족히 1,000킬로미터가 되는 거리긴 하지만, 아마 그들에겐 "그럼, 코너에서 기다리세요. 택시를 타고 곧바로달려갈 테니까요."처럼 집에서 가볍게 하는 얘기인지도 몰랐다. 내 심장이쿵쾅거렸다. 아주 동정심이 가는 바그마켄 클럽의 회장은 어디서 만날지에대해 구체적으로 설명해줬다. 남편이 그녀 뒤에 서서 나에게 인사를 건네는 말까지 들렸다. 곰같이 큰 몸집을 가진 남자의 걸걸한 목소리였다. 나는한숨을 내쉬었다. 세상에 완벽한 건 없지!

　　나는 나의 백만장자와 그의 부인 재니스와 아이들에게 작별인사를 건넸다. 그들과 함께 지낸 건 멋진 경험이었다. 1시간 반 후, 오스트리아의 산악인이자 모험가는 네바다사막에 있는 카슨시의 비행장에서 기대에 부풀어 서 있었다. 심장이 두근거렸고 희망이 높이 날았다. 그의 배낭에는 슬라이드필름이 가득 차 있었다. 그는 목을 뒤로 젖히고 하늘에서 자신의 '비상'을 찾았다. 마침내 비행기가 나타났다. 쌍발 엔진에 꼬리가 둘 달린 멋진모습의 그 비행기는 엔진이 하나는 앞에, 그리고 다른 하나는 승무원석 뒤에 달린 세스나 스카이마스터Cessna Skymaster였다. 그 비행기는 고도를 낮춰 착륙한 다음 유도로로 이동해 멈췄다. 바그마켄 클럽의 회원들이, 아니면 적어도 대표 자격을 갖춘 사람들이 비행기에서 내렸는데, 그들에게선 모난 데라든가 굳은 데가 전혀 보이지 않았다. 빨강머리의 스테피 말고도, 그곳에는 거무스레한 도나Donna와 금발의 레나타Renata가 있었다. 조종사인 잭도 내렸는데, 키가 큰 그는 미소를 지으며 유쾌하게 손을 흔들었다. 비행기는 그의 것이었다. 나는 이렇게 환영받으리라곤 전혀 생각지 못했다. 그 바그마켄 클럽의 회원들은 포옹을 한 다음 배낭을 받아들고 나를 비행기로 안내했다.

만세! 내가 여기 캘리포니아에 있다.

타호 호수의 푸른 물결이 아스라이 사라지고, 아래쪽에 펼쳐진 장엄한 산악지대가 자꾸만 뒤로 물러났다. 이어서 시에라네바다가 전방으로 어렴풋이 나타났다. 숲이 울창한 계곡들, 황량한 산들과 검은 눈처럼 군데군데에 박혀있는 작은 호수들. 그리고 웅장하게 파인 계곡, 요세미티! 클라이머들의 사랑을 받는 화강암의 환상적인 유토피아.

잭은 특별한 대접으로 비행기를 엘 캐피탄의 노즈에 바싹 붙이는가 하면 하프돔의 둥근 정상을 아슬아슬하게 넘어갔는데, 우리는 1,000미터 깊이의 계곡으로 떨어져 내리는 거대한 폭포를 볼 수 있었다. 그러고 나서는?(지금까지도, 그때의 비행을 생각하면 등골이 오싹하면서 흥분의 도가니에 빠진다) 그는 우리를 시에라네바다산맥으로 끌고 가서 타워와 뾰족한 탑 위로 급강하하고, 캘리포니아의 '마터호른' 주위로 솟아올라, 알래스카를 제외한 미국 본토에서 가장 높은 4천 미터급의 자랑스러운 마운트 휘트니Mount Whitney를 보여줬다.

시에라네바다의 산들은 상당히 아름다웠다. 지금에 와서 생각해보니, 그곳이야말로 내가 살고 싶은 곳이었다. 그다음 몇 년 동안 내가 대서양 건너편의 캘리포니아를 제2의 고향, 아니 거의 제2의 인생을 살고 싶은 곳으로 그리워하게 되리라곤 짐작조차 하지 못했다. 도대체 사람은 이 세상에 몇 번을 태어나야 할까?

우리가 산에서 동쪽으로 향하자 비행기의 은빛 날개 밑으로 푸른색이 간간이 드러나는 음산한 계곡이 펼쳐졌다. 사람들이 물을 LA에 팔기 전까지 오원스 계곡Owens Valley은 초록의 낙원이었다고 스테피가 설명했다. 물이 부족한 대도시가 점점 더 커지자 그만큼 물이 더 부족하게 되어 한때 초록으로 장관을 이뤘던 곳이 이제는 거의 아무것도 남지 않게 되었다는 것이다. 오원스 계곡. 소송이 길게 이어졌다. 그곳에는 시위자들이 폭파한 수도관 파편들이 지금까지 남아있다. 곧 우리는 LA 외곽에 착륙했다.

"7백만 명이에요." 도나가 말했다. 거무스레한 머리에 키가 작은 그녀는 어딘가 이탈리아인 같았다. "오스트리아 전체 인구보다 많지 않나요?" 독일 출신의 레나타가 끼어들었다. 그녀는 이제 미국인이 되었다. LA는 한눈에 내려다볼 수 없기 때문에 얼마나 넓은지 가늠하기가 어려웠다. 그곳에는 고층빌딩도 별로 없었다. 빌딩들은 드넓은 대지에 낮은 집들이 산재한 가운데 이곳저곳에 두세 개씩 몰려있었다. 빌딩은 대체로 밝은 색에 복잡하지 않고 단순했으며, 대부분이 단층이었고, 기껏해야 한 층을 더 올린 정도였다. 아마도 지진의 위험에 대비하기 위해 그렇게 지은 것 같았다. 이곳은 샌프란시스코와 LA 사이의 지각이 크게 엇갈리는 산안드레아스 단층San Andreas Fault이 도시의 북쪽을 지나고 있어, 전 지역이 불안정하다.

우리는 도시가 불규칙하게 퍼진 지역 중 한 곳에 착륙했다. 나의 동료들은 은퇴한 우체국장이며 우표 수집가인 내 친구 고든Gordon의 집으로 나를 데려다줬다. 이건 내가 그를 바그마켄 클럽에서 만난 이후 꾸준히 연락을 주고받은 덕분이었다. (나 자신은 우표를 수집하지 않는다) 그래서 나는 이곳에서 두 명의 고든을 알게 되었다. 백만장자와 전직 우체국장. 사람의 인생이란 아무도 알 수 없다. 이곳에서 사막은 보이지 않았지만, 사막에서처럼 밤이 추웠다. 물론 모하비사막Mojave Desert이 LA 바로 밖에서 시작되긴 한다.

고든의 부인 노마Norma는 어머니처럼 다정한 여성으로, 내 침대에 전기담요를 깔아줬다. 나는 그 위에 기분 좋게 누워 스위치를 최대로 올리고, 여성 대통령에 대한 꿈을 꾸었다.

56보를 걸어 제너럴셔먼을
한 바퀴 돌다

내가 캘리포니아에 온 이래로 세상의 모든 제너럴(장군)들은 그들의 가슴이
무엇으로 장식돼 있든, 그들의 견장에 별이 몇 개 달려있든 그들의 지위를
상실했다. 이곳에서 내가 제너럴을 계속 만져가며 한 바퀴 도는 데는 56보
가 걸렸다. 이와 맞먹는 고급장교는 이 세상 어디에서도 찾을 수 없을 것이
다. 제너럴셔먼General Sherman은 세쿼이아국립공원에 있다.

우리가 그 큰 나무에 도착했을 때는 한밤중이었다. 스테피는 그 나무를 쳐
다보는 것만으론 절대 크기를 짐작할 수 없다고 믿는 사람이었다. 그건 어
둠속에서 그 주위를 돌며 직접 만져봐야만 알 수 있는 어떤 것이었다.

　이상한 생각이긴 하지만 스테피는 그런 사람이었다. 그녀 자신이 불가
사의했으니까.

　그녀가 다운파카를 바느질하는 일로부터, 그리고 남편(그의 거대한 존재
가 내 마음을 혼란스럽게 했다)으로부터 어떻게 벗어나는지 나는 알지 못한다.
아, 그의 이름이 버드Bud였다. 그는 시체가 여기저기 나뒹구는 낭만적인 옛
날 서부시대에 온갖 풍설을 이겨낸 차분한 영웅을 연상시켰다. 말하자면,
냉정을 잃진 않지만 어느 순간에는 한 주먹으로 셋을 때려눕힐 수 있는 터
프가이로 보였고, 회색의 눈과 인상적인 구레나룻은 친근하면서도 다소 생
각이 깊은 사람으로 보였다. 그러나 그를 화나게 해선 곤란할 것 같았다.

스테피가 그를 대단히 존경스러워하는 마음으로 대하는 것이 눈에 보였다. 존 웨인John Wayne이든 아니든, 그런 압도적인 구레나룻들은 항상 복종을 요구해왔다.

나는 자연의 신비가 왜 불공평하게 분배됐는지 그 이유를 잘 모른다.

거대한 땅덩어리는 중요한 걸 보여줄 것이 하나도 없다. 가도 가도 끝이 없는 허허벌판일 뿐. 물론 풀 한 포기라도 의미가 있다는 건 안다. 그럼에도 결국, 진짜 그런 현상이 아주 가까이 있다는 사실은 안타깝다. 여기까지 생각이 미치자 머리가 지끈거렸다. 허나 그건 여전히 미래의 일이고 또다른 얘기일 뿐이었다.

그래서 한밤중에 스테피가 도로를 굽이굽이 올라가 갑자기 차를 세운 것이다. "내리세요." 그녀가 말했다. "큰 나무가 보일 거예요. 그럼 그 둘레를 한 바퀴 도세요. 그러면서 그걸 만지세요. 만지는 거 잊으면 안 돼요." 그녀는 환한 미소를 지어 보였다. 덕분에 나는 어둠 속에서 보이지 않는 군주 둘레를 한 바퀴 돌게 되었다.

스테피는 생각이 깊은 여자였다.

거의 아무것도 보이지 않았지만, 나무 한 그루를 겨우 발견해낸 나는 그 주위를 돌기 시작했다. 나는 거친 섬유질의 나무껍질을 조심스럽게 만지며 천천히 그 주위를 돌았다. 그건 동물의 털 같기도 했고 숨겨놓은 말 같기도 했는데, 나무 옆이라기보다는 동물 옆에 있는 기분이 들었다. 쓰다듬어도 될 만큼 온순하고 다루기 쉬운… 어떤 거대한 것? 공룡? 아니, 그것보다는 훨씬 더 큰. 14보를 걷자 차의 후미등이 보였다. 스테피가 이 칠흑같은 어둠속에서 한 지점을 알 수 있도록 켜놓은 것이다. 나는 나무 둘레를 따라 14보를 걸었다. "왜요? 그건 아무것도 아닌데요." 그녀가 노래 부르듯 외쳤다. 나는 그녀의 웃음소리를 들을 수 있었다.

아무것도 아니라고? 정말? 그럼 이 제너럴셔먼은 얼마나 크다는 말인가? 나는 그날 밤에야 그 크기를 알았다. 그 '장군'에 손을 대고 56보를 걷자

제자리로 돌아온 것이다. 이번에는 나를 안내하는 후미등도 보이지 않았다. 그러나 스테피는 어둠속에서 나를 기다리고 있었다. 우리는 이 나무들을 친근한 거인이라 불렀다. 모든 나무는 독립적이었다. 이 나무들은 밤에 서로 얘기를 나눌지도 모른다. 그리고 나와 같은 미친 방문자들에게까지도 말을 건넬지 모른다.

※

거대한 바위, 화강암 침봉, 풍설에 단련된 웅장한 구조물(그러나 구레나룻은 아니다). 동이 터올 때쯤 우리는 차를 근처에 세우고 의자를 뒤로 젖힌 다음 잠깐 눈을 붙였다. 잠에서 깨어나 보니 해가 중천에 떴는데, 스테피는 옆에서 꾸벅꾸벅 졸고 있었다. 나는 그녀를 쳐다봤다. 그녀의 멋진 다운파카는 부드럽고 따뜻해 보였다. 그런 그녀가 내 바로 옆에 있었다. 나도 잠에 빠졌을 때는 그런 솜털 같은 파도 속으로 푹 빠져들었었다. 그래서 지금도 안락하게 떠있는 듯한 느낌이 들어, 나는 미국이라는 나라에 극도로 만족한다. 물론 그때는 미국사회의 어두운 단면을 잘 감지하지 못했지만. 스테피가 몸을 부르르 떨며 잠에서 깨어났다. "지…금 몇…시예요?" 그녀는 잠이 완전히 깨지 않은 듯 눈을 꿈적였다.

  "9시." 나는 거짓말을 했다. 그러자 그녀가 속삭였다. "좋아요. 그럼, 잠을 좀 더 잘 수 있겠네요." 그와 함께, 나의 솜털 포대기에 싸인 이 불가사의한 여자는 나에게 기대어 다시 한번 기분 좋은 잠에 빠져들었다. 그녀는 길고 아름다운 빨강머리를 치렁치렁 내려뜨리고, 나의 체온을 빼앗아 자신의 부드러운 깃털 이불을 따뜻하게 했다. 아, 스테피! 그리고 나도 다시 행복에 넘치는 부드러움 속으로 빠져들었는데, 깃털 이불로 나 자신을 감쌀 때마다 앞으로 높은 산의 정상에서도 이런 따스함을 느끼고 싶다는 생각이 들었다. 얼마 후에 누군가 차의 창문을 통해 우리를 들여다보고 있다는 걸 느꼈다. 의심할 여지없이, 공원을 찾은 어떤 방문자였겠지만, 나는 그냥 눈을 감았다.

우리가 마침내 눈을 떴을 때는 정오가 다 돼 있었다. 스테피는 힘이 넘치는지 차의 문을 홱 열었다. "세상에, 이렇게 오래 자다니!" 그녀는 존경받을 만했다. 전혀 눈치가 없는 여자는 아니었으니까. 존 웨인과 결혼하면 그를 닮아가는 법이다. 그녀의 힘은 인상적이기까지 했다. 그녀는 이탈리아의 남부지방 여자들처럼 엉덩이를 요란하게 흔들었다. 우리가 '라 모사ㅣa mossa'라 부르는 그런 모습은 어두운 기사騎士의 마음을 한껏 들뜨게 만들었다. 그녀는 그런 동작에 익숙했는데, 그 순간 옆에 있는 사람에겐 위험스러운 효과를 불러일으킬 수도 있었다. '라 모사'는 가장 가까운 벽으로 여자를 밀어붙일 수도 있다. 내가 감히 존 웨인을 언급했지만, 바위같이 무덤덤한 그 사람은 결코 자신을 벽에 내던지지 않았다. 그러나 그만한 사람이 아니라면 스테피는 세심한 주의를 기울이지 않을 것이다. 아마 그래서 회원들은 그녀를 회장으로 추대한 모양이었다. 그러나 마지막으로, 나는 매력이 결여된 그녀의 인상을 옹호하고 싶은데, 사실 그녀는 아주 여성적이면서도 우아했다.

유럽에서 처음 온 사람의 눈에 야생동물이 우글거리는 것으로 보이는 이 미국의 숲에서, 나는 스테피의 동료인 나의 안전에만 신경이 쓰였다. 모든 동물들은 그녀를 존경하는 것처럼 보였다. 그럼 곰까지도? 만약 세쿼이아국립공원에 곰이 있다면, 그날은 아마도 장난감 곰에 불과했으리라는 걸 확신한다. 스테피는 이리저리 날아다니는 커다란 까마귀 한 마리를 집에서 키우고 있었다. 그놈은 나를 보자마자 내 손가락을 물었다. 그러나 그놈은 스테피와 함께 있으면 카나리아처럼 얌전하게 굴었다.

우리는 세쿼이아가 다른 나무들과 떨어져 작은 숲을 이루고 있는 곳으로 갔다. 그곳은 대여섯 그루의 거대한 세쿼이아가 그에 비하면 잔가지에 불과한 침엽수림들 위로 하늘 높이 솟아올라 있었다. 우리는 그중 한 그루의 밑동 옆에 앉아 친근한 분위기에 푹 빠져들었다. 그 나무들의 바삭거리는 나무껍질은 — 내가 보기에는 — 스테피의 머리카락 색깔과 아주 잘 어울렸다. 나는 일부러 곁눈질을 하면서 그 놀라운 하늘의 정기에 손을 댔는데, 나의 그런 동작은 거대한 나무들 사이에서 완전히 자연의 일부가 되었다. 커다란 나무들이 거대한 팔을 천천히 내려뜨렸다.

나무 하나가 내 마음을 흔들었다. 회색의 가지에서 늘어진 검은 이끼들이 양치류들과 뒤섞여 희미하게 빛났다. 마치 구레나룻처럼….

"조심하세요!" 그 순간 스테피가 소리쳤다. "60미터 위에서 떨어지는 세쿼이아 솔방울은 존 웨인이 쏜 총알이나 마찬가지예요." 그녀의 낮은 목소리는 산들바람이 머리 위의 나뭇가지를 흔들며 지나가듯 부드러웠다. 그러나 그가 있었다. 존 웨인이 다시 나타난 것이다. 무엇이 그녀로 하여금 그를 서둘러 끌어들이도록 만들었을까?

"이제 가는 게 좋겠습니다." 내가 말했다. "이 특별한 괴물은 다른 것만큼 친근하게 굴지 않는군요."

그해 이후, 우리는 작은 숲을 이룬 우리의 친구들, 즉 친근한 거목들을 여러 번 찾아갔다. 우리는 그 나무들에게 말을 걸기도 하고, 그들이 하는 말을 듣기도 했다. 그러나 처음으로, 아마도 내가 전에 그런 존재와 알고 지낸 적이 없었기 때문일 텐데, 나는 신경이 약간 예민해졌다. 덤불에서 탁탁거리는 소리가 나서 나는 깜짝 놀랐다. 곰인가? 그는 갈색 제복을 입은 거대한 체구의 감시원이었다. "국립공원을 순찰하는 사람이에요." 스테피가 설명했다. "사고를 미연에 방지하기 위해 돌아다니는 거죠." 나는 안도의 한숨을 내쉬었다. 그 사람은 사뭇 사교적인 제스처로 손을 흔들고 미소를 지으며 지나갔다. 풍설에 단련된 그의 얼굴에는 구레나룻이 있었다. 그는 갈지자로 천천히 움직였는데 그 모습이 존 웨인을 연상시켰다.

나는 그 후부터 캘리포니아에선 그렇게 흠칫 놀라지 않았다.

그랜드캐니언—협곡의 세계

짙은 회색 안개가 '계곡'을 덮고 있다. (LA 사람들은 이곳을 '계곡'이라 부른다) 물론 도시가 넓기 때문에 7백만 명이 늘 이렇게 유해한 캐노피canopy 밑에서 살진 않는다. 그러나 하늘에서 보면 도시 전체가 뿌연 회색 오염에 싸여있다는 걸 알 수 있다. 이곳의 먼 외곽에는 산과 둥근 언덕이 마치 해안선을 이룬 듯 솟아있다. 가끔은 이것들조차 스모그에 휩싸인다. LA는 지루할 정도로 넓은 지역이어서, 인상적인 수많은 집들을 분명하게 볼 수 있는 날이 드물다. 이곳은 비행기가 산타모니카Santa Monica에 착륙하기 전 태평양을 크게 선회할 때 보아야 제대로다. 그러나 대개는 다양한 복합건물들, 비행기 공장들 그리고 햇빛을 받아 반짝이는 구조물들만이 이 안개를 통해 보일 뿐이다. 그랜드캐니언은 가장 가까운 길로 400킬로미터밖에 떨어져 있지 않은데도, 그곳을 가본 LA 사람들은 많지 않다.

우리는 잭의 세스나 스카이마스터를 타고 모하비사막의 갈색 황무지 위를 날았다. 잠시 후 잭은 연료를 주입하기 위해 이 창백하고 광막한 모래사막 한가운데 있는 녹색 오아시스 쪽 작고 깨끗한 활주로에 착륙했다. 주위는 온통 갈색 언덕과 용암이 굳은 듯한 거무스레한 산들뿐이었다. 우리는 여전히 갈 길이 멀었다. 캐니언을 길로 따라가려면 편도로 300킬로미터를 더 날아야 했다. 그래서 우리는 비행기에 서둘러 올라탔다. 나는 바그마켄 클럽의 젊은 클라이머 옆에 앉았다. 이 지역 암장의 야심찬 루트에 도전했다가 부상을 당한 그는 깁스를 한 채 손을 어색하게 들고 있었다. 나와 대각선 방향으로 앞에 앉아있는 조종사 잭은 이제 40대로 들어선 듯했다. 그는 열여덟 살 난 자신의 딸에게 비행에 대해 가르쳐주면서도 창문 밖을 주의 깊게 확인했는데, 그의 날카로운 매부리코는 그런 모습을 더욱 도드라지게 만드는 효과를 불러일으켰다. 아버지는 딸이 비행면허가 있어도 아직 많이 부족하다고 느끼는 듯했다. 그의 비행기 3대 중 하나가 날개도 없이 창고에 처박혀있었지만, 딸인 비벌리Beverly는 그걸 기억에 떠올리기조차 싫어하는 것 같았다.

얘기는 이렇다. 친구와 공중 랑데부를 하러 가기까지 그녀는 비행기를 잘 몰고 있었다. 그런데 갑자기 그녀가 연료가 다 됐다는 사실을 깨달았을 때는 옥수수 밭에 착륙할 시간밖에 없었다. 문제는 옥수수가 커도 너무 컸다는 것이다. 착륙할 수 있는 장소는 오직 그곳뿐이었다. 비행기가 멈췄을 때는… 으악! 비행기의 날개가 없었다. 옥수수 줄기에 의해 완전히 잘려 나간 것이다. 그녀는 거의 지옥의 문 안쪽으로 떨어질 뻔했다.

"별 거 아냐." 그 사건을 입 밖에 꺼내려 하지 않는 비벌리를 구슬려 얘기를 듣고 있을 때 잭이 말했다. "내가 고칠 수 있어." 그는 항공기술자다. 아니, 좀 더 정확히 말하면 과거에 그랬다. 지금 그는 오직 항공기술자만이 정교하게 디자인할 수 있는 새로운 모델을 개발해 스포츠용품을 생산하고 있다. 그는 금속으로 반짝반짝 빛나는 유선형 텐트를 만들고 있는데, 스타일과 재질을 보면 마치 초현대적인 비행물체처럼 보인다. 그리고 매트리스가 아예 달려 있는 복잡한 침낭도 만들고 있다. 그래도 이건 보기보다 상당히 가볍다. 여러 재질을 겹쳐 만드는 옷은 다용도로 쓰이는데, 이런 창의력은 오직 잭만이 발휘할 수 있다. 어떤 단추들을 보면 실용성이 전혀 없다고 생각할지 모르지만, 그렇지 않다. 모든 장식은 꼭 필요하며, 다양한 기능을 제공한다. 간단히 말하면, 잭은 영감이 있는 발명가다. 그는 비행기를 3대나 갖고 있어도 자신을 부유하다고 여기지 않고, 그런 것에 연연하지도 않는다. 그는 인생을 살아나가는 데 있어서 현실주의자다. 의기소침해 있거나 혼란스러워 하는 사람이 그를 만나면 모든 문제가 잘 풀리리라고 나는 진심으로 믿는다. 그는 낙관주의를 확신하게 만드는 능력이 있다. 우리 유럽인들은 미국인들의 느긋한 태도를 보고 비웃을지 모르지만, 발명가이며 철학자인 잭은 몇 마디의 말로써 모든 일을 올바르게 이끈다. 따라서 곤란을 이성적으로 탈출할 준비가 돼있다면, 얼마든지 그걸 헤쳐 나갈 수 있다. 잭은 생각에 잠기지 않을 때면 늘 웃는 얼굴이다. 마치 그것조차 하나의 철학인 것처럼.

잭은 딸과 얘기를 나누고, 척Chuck은 꾸벅꾸벅 졸고 있어서, 나는 혼자만의 생각에 잠길 수 있었다. 우리 아래 사막에 마치 검은 줄인 양 완벽하게 일직선으로 난 선이 두 개 있어, 우리는 그 선을 따라갔는데, 그건 LA에서 라스베이거스로 가는 고속도로로, 그곳을 달리는 차들은 아주 작은 장난감처럼 보였다. 가끔은 고속도로 옆으로 집이나 사각형 또는 원형의 녹색지대가 보이기도 했지만, 대부분은 열기에 희미하게 빛나는 창백하고 쓸쓸한 모래 평원으로, 바위들이 점점이 박혀있는 산들은 끝없는 갈색 바다에 떠있는 부유물 같았다. 다양한 경관을 가진 북미의 광활한 대지는 그들의 구성원과 마찬가지로 몇 줄로 묘사하기가 어렵다. 그리고 한 번의 방문으론 다 알 수도 없으며, 우리 유럽인들이 얼마나 좁아터진 곳에서 북적거리며 사는지 실감나게 해준다. 유럽에선 할 수 있는 일도 별로 없다. 이 끝없는 공간을 바라보노라면, 다른 세계에서 인생을 살다가 더 넓은 곳으로 걸어 나온 듯한 느낌이 든다. 물론 방문자라면 잠깐 머물다 집으로 돌아가겠지만, 이곳을 잊진 못할 것이다. 이 대륙을 방문한 유럽인이라면, 비록 미국사회가 어두운 단면을 갖고 있다손 치더라도, 그 매력을 부정할 순 없을 것이다.

비행기가 난기류에 크게 흔들렸다. 아버지와 딸(아니면, 둘 다?)은 영향을 최소화하려고 안간힘을 썼다. "사막!" 잭이 나를 돌아보며 싱긋 웃었다. 나는 고개를 끄덕였다. 맞아, 사막! 뜨거운 기류가 사방의 능선에서 위로 솟구쳤다. 그 밑은 오븐 그 자체였다. 나는 그 전날 잭의 거품 목욕탕에 앉아있었던 일이 생각났다. 모든 가족이 다 모였는데, 잭의 부인 조안Joan의 길고 검은 머리칼은 윤기가 반지르르 했다. 젊은이들도 몇몇 있었지만, 워낙 대가족이라 한꺼번에 모두 있었던 건 아니다. 원형의 그 뜨거운 욕조는 직경이 3미터 정도로, 들어가 앉으면 물이 가슴 높이만큼 차고, 어깨 너머로는 언제든 음료수를 집어 마실 수 있도록 설치돼 있었다. 그리고 그 안에서 식사를 하고 싶으면 수위를 조금 낮출 수도 있었다. 기본적으론 모든 것이 가능하다고 잭은 말했다. 수영복을 입을 수도 있지만, 그럼 이 집 안에선 특이한 사람으로 취급받는 것 같았다. 내가 잭과 함께 처음 그 안으로 걸어 들어갔을 때 나는 물속에 있는 오스트리아 조종사와 그의 약혼녀를 소개받고 약간 흠칫했다. "세르부스!" 나는 벌거벗은 님프에게 더듬거리며 인사했다. 그러나 잠시 후 우리는 마치 비엔나의 카페에 앉아있는 것처럼, 오스트리아 가십거리를 주고받았다.

　　잭은 오래된 보트로 재미있는 풀장을 만들기도 했다. 가족과 함께 2년에 걸쳐 5층짜리 목조주택을 짓고 있던 그가 보트의 일부를 밖으로 빼내 3층 바닥에 설치한 것이다. 즉, 선미를 집 밖으로 노출시키고 선체를 거실에 안치시켰다. 매일 저녁 이 즐거운 가족과 그들의 손님들은 바람이 잘 통하는 이 이상한 구조물에서 편안하게 쉰다. "글쎄 말이야, 보트를 집 안으로 다 들여놓을 수가 없었어."라고 잭이 나에게 설명했다. 건축 규정상 문제가 없을까, 하고 나는 생각했다. 그러나 잭은 동해안의 뉴잉글랜드에서 나는 아름다운 단풍나무로 집을 짓고 있었다. (잭도 많은 미국인들처럼 한 번 이상 거주지를 옮겼다)

라스베이거스가 시야에 들어왔다. 밝은 대낮이라 그랬는지, 유명한 쇼를 보여주는 휘황찬란한 도박장의 도시는 기대보다 실망스러웠다. 갈색 사막에 있는 작고 파리한 사각형, 그 이상 아무것도 아니었다. 그러나 잠시 후, 길게 뻗어 하늘같이 짙푸른 것이 보였다. 그건, 마치 푸른 물에 떠있는 말라빠진 낙엽처럼, 사막의 계곡들 안으로 많은 갈래를 뻗치고 있는 호수였다. "미드 호수Lake Mead야." 잭이 나에게 말했다. 물 위를 바삐 돌아다니는 작은 보트들이 보였다. 그 호수가 얼마나 큰지, 갈래가 얼마나 많이 졌는지는 믿을 수 없을 정도였다. 당연히, 거대한 후버댐 뒤쪽에 있는 콜로라도의 물이 기존의 강과 지류로 넘쳐 흘러들었다. 그리고 넓은 계곡은 커다란 저수지가 되어 사라졌다. 그래서 콜로라도 강물은 발원지인 로키산맥에서부터 캘리포니아만까지 2,000킬로미터를 흘러가는 긴 여정에서 이런 굴욕을 당할 수밖에 없다. 저수지의 물은 관개용으로 쓰인다. 세계에서 가장 큰 농장지역인 임피리얼밸리Imperial Valley는 콜로라도 강물을 전적으로 공급받고 있다. 사막을 통과하는 긴 여정에서 많은 강물이 증발하기 때문에 애처롭게 남은 소량만 결국 캘리포니아만에 닿는다. 리오 콜로라도Rio Colorado(붉은 강)의 유명한 그랜드캐니언은 과거에 경제개발 논리에 밀렸다면, 아마 오늘날에는 존재하지 못했을 것이고, 미드 호수처럼 물이 가득 차 국가적 기념물의 위상을 보장받지도 못했을 것이다. 대부분의 사람들은 미드 호수가 본래는 콜로라도의 캐니언이었다는 사실을 알지 못한다.

그랜드캐니언. "곧 볼 수 있을 거야!" 잭은 휘파람을 불며 기수를 낮췄다. 우리는 호수의 한 갈래 위를 미끄러지듯 날아, 거대한 협곡의 입구로 향했다.

나는 몸을 가누지 못했다. 압도당했다는 말로는 뭔가 부족했다. 달리 어떤 표현을 할 수 있을까! 새로운 감동이 계속해서 사람을 폭격하고, 뒤흔들고, 시선을 사로잡고, 기대치 않은 스릴이 구미를 당기기 때문에 압도당할 시간이 없었다. 앞과 뒤 그리고 밑으로 거대한 버트레스가 순식간에 지나가고, 필라와 붉은 바위의 천국과 옆의 계곡들이 출현을 반복하며, 무시무시한 협곡의 아가페적인 사랑이 밑에서 펼쳐졌다. 우리는 세계에서 가장 거대한 협곡 안을 날아가고 있었다. 그때까지 사진으로 본 그랜드캐니언은 아무것도 아니었다. 그것들은 모자이크의 아주 작은 일부분에 불과했다. 나는 이제야 그걸 깨달았다. 인간의 뇌로선 그랜드캐니언이라는 복잡한 미로를 이해할 수 없다. 그곳은 또 하나의 세계였다.

"움푹 꺼진 산맥… 침몰한 땅" 옛날 인디언 부족들은 거대한 협곡을 이렇게 표현했다고 한다. 우리는 지금 양쪽으로 비교적 나지막한 절벽들이 포진한 거대하고 넓은 계곡을 낮은 고도로 날고 있었다. 마치 담요 위의 작은 곤충처럼.

깎아지른 절벽들이 이따금 가까이 다가왔다가 다시 멀어지며, 주기적으로 작은 계곡들이 나타났다. 곳에 따라선 캐니언의 양쪽 거리가 15킬로미터에서 20킬로미터인 곳도 있었다.

"바깥쪽 가장자리야." 잭은 우리가 날고 있는 곳보다 조금 높은 곳에 있는 오른쪽과 왼쪽의 캐니언 상단을 가리키며 말했다. 그러고 나서 그는 아래쪽을 비스듬히 가리키며 "저게 안쪽 가장자리지."라고 말했다. 우리가 날아가는 방향으로 깊게 파인 협곡의 넓고 붉은 바닥에는 날카로운 바위들이 솟아있었다. 그가 절개지 가까이로 비행기를 바싹 붙이자, 그 깊은 안쪽이 눈에 확 들어왔다. 마치 화가 잔뜩 난 거인이 도끼로 땅을 마구 찍어놓은 것 같았다. 깎아지른 절벽은 깊이를 알 수 없는 바닥까지 곧장 떨어져 내렸다. 콜로라도강 바닥까지 1,000미터는 족히 되는 그곳은 무서운 심연이었다. 이제 깊디깊은 그곳의 작은 녹색 리본처럼 갈라진 좁은 바닥은 강물이 채웠다. 잭은 협곡 안쪽으로 가능하면 깊이 들어가 그 방향을 따라 비행기를 몰았다. 바깥쪽 가장자리 사이의 넓은 지형을 일컫는 말인 에스플라네이드Esplanade의 바위 표면을 파고 들어간 강의 안쪽 협곡은 이리저리 휘어진 데다 양쪽에 작은 계곡들도 많았다. 캐니언의 양쪽에서 에스플라네이드까지 침식작용의 결과로 도처에 테이블 모양의 메사Messa*가 있었는데, 어떤 것들은 폭이 수 킬로미터나 되는 것도 있었다. 그리하여 다음의 붉은 메사를 향해 낮게 날아가는 우리의 작은 비행기는 한순간에는 드문드문 푸른 관목이 있는 표면을 스쳐지나 가다가도, 다음 순간에는 깊고 좁은 틈, 움푹 들어간 곳, 또는 원형극장 위의 드넓은 창공으로 솟아오르기도 했다. 잭은, 이런 환경을 잘 이해하고 있다는 듯, 이제 혼자서 비행기를 조종했다. 그의 딸은 척과 나처럼 비행기 창문에 코를 박고 있었다. 당연히 우리는 사진도 찍었다. 그러나 무엇보다도 우리는 주위의 경관에 정신이 쏙 팔렸다.

우리는 그랜드캐니언을 따라 300킬로미터를 비행했다. 그리고 다시 더 높이 날아 돌아왔는데, 그때의 전망은 사뭇 달랐다. 어떻게 표현해야 할까, 말로? 음악으로? 그림으로?

나는 캐니언의 마법에 완전히 넋이 나간 사람들을 만났다. 예를 들면, 투위프Thuweep 계곡의 레인저 출신인 존John이 그런 사람이었는데, 그와는 지금까지도 왕래하고 있다. 내가 그를 마지막으로 보았을 때 그는 나에게 윙크를 하며 이렇게 말했다. "캐니언은 대단해!" 그 후에 나는 바닥으로 기어 내려가, 스테피가 나에게 움푹 꺼진 산맥의 '꼭대기들'이라고 말한, 거의 알려지지 않은 곳에 가봤고, 훗날 다시 척과 금발머리의 내 딸 캐런과 함께 모험을 감행하기도 했다. 나는 에스플라네이드의 갈라진 틈 속에서 개구리가 우는 소리를 듣기도 했으며, 방울뱀의 기척에 깜짝 놀라 온몸이 얼어붙기도 했다. 이상할 정도로 유순한 동물 한 마리가 몇 번이나 캠프로 다가왔던 밤도 기억이 난다. 그건 부드러운 원형꼬리를 가진 고양이였다. 그 녀석은 먹이를 찾고 있었는데, 물론 나는 그런 드문 방문자를 내치진 않았다. 그리고 어느 날은 톰Tom과 보니Bonnie의 도움을 받아, 카약에서 '에스키모 롤Eskimo Roll'을 완벽하게 해내는 데 성공했다. 그전까진 카약을 겨우 반만 뒤집어, 머리가 물속에 들어가기 일쑤였다.

---

* 미국 콜로라도의 고원지대에서 흔히 볼 수 있는 탁상대지 [역주]

그랜드캐니언에 퍼져있는 에스플라네이드Esplanade

　이제 화산 풍경이 펼쳐졌다. 비행기 밑으로 검은 용암 덩어리들이 자
꾸만 뒤로 지나갔다. 수백만 년 전에 원뿔 모양의 검은 산에서 흘러나온 그
덩어리들은 아직까지도 캐니언의 벽에 달라붙어 있었다. "저게 '불카누스
의 왕관Vulcan's Throne'이야." 잭이 녹슨 회색의 완벽한 원추형을 가리키며 말
했다. 과학자들은 그 화산이 120만 년 전에 마지막으로 활동해, 그때 용암
이 캐니언 안으로 흘러내렸다는 사실을 알아냈다. 콜로라도강이 오늘날 애
리조나의 넓은 고원을 600백만 년이라는 시간 동안 천천히 깎아내려 캐니
언이 생겨난 것에 비하면, 화산의 활동은 그저 '어제'의 일일 뿐이었다. 끊
임없는 침식작용에 의해 빛에 노출된 캐니언의 벽은 그 복잡한 구조와 다
양한 색깔 속에 지각의 역사가 고스란히 담겨있다. 캐니언의 '안쪽 화강암
협곡'(가장 깊은 곳은 캐니언의 위쪽 가장자리에서 거의 2,000미터에 달한다) 안에 있
는 '비슈누 기반암Vishnu Basement Rocks'은 무려 20억 년으로, 지구에 있는 어

떤 바위보다도 더 오래됐다. 비록 '어제'의 일이었을지라도 그 화산이 폭발하는 모습을 본 인류는 아무도 없다. 그때는 인류가 존재하지도 않았다. 그러나 그 폭발은 장관이었을 것이다. 빨갛게 이글거리는 용암 덩어리들이 1,000미터 아래 강으로 흘러내려, 결국 자연스러운 댐이 되어 물줄기를 갈라놓고, 액체 상태의 용암이 마른 협곡을 따라 50킬로미터를 더 흘러가는 장면을 상상해보라. 이 캐니언만큼 많은 얘기를 간직한 곳이 또 있을까.

눈! 멀리서 하얀 것이 어슴푸레 빛났다. 캐니언의 위쪽 가장자리를 따라 숲이 수십 킬로미터나 뻗어있었다. 그리고 나무 위에 눈이 있었다. 우리는 여전히 비행기 안에 있었지만, 어느새 겨울 속으로 들어간 느낌이었다.

후에 스테피는 캐니언 안의 기후가 고도에 따라 사뭇 다르다고 설명했다. 밑바닥이 열기로 뜨거울 때 위쪽 가장자리는 찬바람이 쌩쌩 불기도 한다는 것이다. 나는 북쪽 가장자리에서 사슴이 뛰노는 전나무 숲을 발견했는데, 그곳은 바바리아 지방이나 오스트리아처럼 고원목장이었다. 그러나 그 1,000미터 아래는 높이가 수 미터나 되는 선인장이 있는 사막을 통해 걷거나 올라갈 수 있는 곳이었다.

이제 눈앞에 '오색사막Painted Desert'이라는 드넓은 평원이 나타났다. 그곳은 예전에 그 땅의 주인이었던 나바호인디언의 고향이었다. 잭은 기수를 되돌렸다. 내 머릿속에서는 벽과 테라스와 평원과 성처럼 생긴 지형과 협곡이 빠른 속도로 잇달아 지나갔다. 나는 마치 거대한 크리스털 같은 격자 안을 잠깐 들여다보도록 허락 받은 기분이었다. 1시간 후 상공에서 나는 그날 아침에 지나온 화산 풍경을 마지막으로 보았는데, 그곳이 모든 캐니언 중에서 어느 날 내가 가장 좋아하는 장소가 되리라곤 미처 알지 못했다. 그곳은 그랜드캐니언의 전망대인 토로위프Toroweap였다.

그곳을 아는 사람은 거의 없다. 레인저인 존만이 그곳에 살고 있다. 그곳은 여행자가 울퉁불퉁한 흙길을 수백 킬로미터 돌아 아주 가끔 들를 뿐이다. 그러나 긴 여정이라 하더라도 캐니언의 끝에 가보는 건 그만한 가치가 있다. 그리고 조심스럽게 낭떠러지 끝으로 기어가면, 그곳에 엎드려 1,000미터 낭떠러지 아래의 바닥을 내려다볼 수 있다.

애틀랜타—신성한 도시

"그럼 이번에는 자연의 신비 중 어떤 사진을 찍을 셈이야?" 테레사가 눈을 반짝이며 물었다.

"미국에 있는 도시나 하나 찍을까 하는데." 나는 피곤해서 퉁명스럽게 대답했다. "고층빌딩이 늘어선 도시 말이야? 정말?" 어느 화창한 날 아침 테레사가 캘리포니아의 거대한 나무를 찍은 슬라이드가 담긴 박스를 찾아낸 후 나는 가급적 자연의 신비에 대한 얘기를 피해왔다. 나는 그 불가사의한 크기를 강조하기 위해 빨강머리 스테피를 나무 사이에 세웠었다. 몇 번이나…. 나는 그것이 지루한 설명이 붙은 나무판때기의 단서보다 훨씬 더 생생하리라 생각했다. 그러나 사진을 왜 그렇게 찍었는지 판사에게 일일이 설명해야 하는 일이란! 특히 그 판사가 우연히 아내가 된 이탈리아의 예비 판사라면….

어쨌든 미국은 캘리포니아와 LA 그 이상이었다. 아내는 항상 특유의 날카로운 목소리로 LA를 '천사의 도시'라고 고집스럽게 불렀다. 나는 아주 순수한 의도로(이런 표현을 쓰는 것이 미안하긴 하지만) 조지아행 비행기에 올라탔다.

애틀랜타—신성한 도시.

제목이 어째 이상하다. 기독교를 믿는 착한 사람들은 — 가톨릭을 믿는 이 오스트리아인처럼 — 신성한 도시라면 로마로 알고 있다. 그렇다 해도, 나는 이렇게 말해야 한다. 애틀랜타보다 열렬한 '신자'가 더 많은 곳은 보지 못했노라고. 진보와 종교를 믿는 그들은 인종문제에 있어서도 긍정적인 해결책을 갖고 있다고 자신한다. 그리고 맹세컨대 그들은 건축의 개념에 대해서도 유별나게 대담하다. 만약 이것으로 충분치 않다면, 미합중국은 긍정적인 마음을 가진 대통령*을 배출해준 애틀랜타에 고마움을 표시해야 할 것이다. 그러나 이런 것들만 있었다면, 나는 얘기를 풀어나가는 데 주저했을지도 모른다.

"다음에 미국에 가면 애틀랜타의 유명한 초구조체megastructure를 멋지게 찍어오세요." 나의 출판사는 유명한 현대적 건축물들로 특이한 마천루를 이룬 그 도시를 언급하며 이렇게 말했다. 그래서 지금 내가 이곳에 있게된 것이다. 비록 유럽으로 돌아갈 비행기 표의 유효기간이 이틀밖에 남지않았지만(콜로라도와 그랜드캐니언에서 너무 오래 머물렀다) 나는 최선을 다하자는 낙관적인 마음으로, 밝은 햇볕이 내리쬐는 케네디공항에서 애틀랜타행 비행기에 올라탔다. 그러나 비가 오고 있어 거의 아무것도 보이지 않았다. 비행기가 착륙했을 때 내가 희미하게나마 구분할 수 있었던 건 활주로 끝의 잔디뿐이었다.

이런 상황에서 어떻게 그럴 듯한 건축물을 찾을 수 있단 말인가? 나는 공항 터미널에서 버스에 올라타며 혼자 투덜댔다. 건축물들은 모두 비슷비슷했다. 마치 악천후 속의 콘크리트 돌로미테처럼. 그래도 나는 계획을 세웠다. 오늘은 상황을 파악하고, 만약 해가 얼굴을 내민다면 내일은 사진을 찍고⋯. 그러나 계획대로 될까? 상황은 절망적이었다. 그런데 내 맞은편에 앉은 젊고 매력적인 여성의 쓸쓸해 보이는 표정에서 나는 똑같은 절망감을 엿볼 수 있었다. 그녀는 짐 꾸러미들을 잔뜩 싸안고 있었는데, 버스 안의 승객은 그녀와 나 둘뿐이었다. 그녀는 나의 동정 어린 시선에 반응했다. 분명 그녀는 곤경에 빠진 다른 사람의 심경을 마음 깊이 이해하고 있는 듯 보

* 미국 39대 대통령 지미 카터Jimmy Carter를 말한다. 그는 재임(1977~1981) 중 에베레스트 베이스 캠프를 방문했다. [역주]

였다.

사실 다른 의도는 없었다. 정말로! 애틀랜타의 수호신과 잘츠부르크의 성도 루퍼트Holy Saint Rupert of Salzburg의 이름으로 맹세컨대, 시작을 이런 식으로 하더라도 경솔한 얘기는 아닐 것이다. 그래서 나는 그녀의 동정적인 눈빛에 놀랐다. 사람은 항상 누군가 자신을 이해해주길 바라니까.

"애틀랜타에 사나요?" 나는 그 친절한 존재에게 물었다.

"예, 그런데 여긴 놀러 왔나요?" 그녀는 밝게 미소를 지어 보였는데, 안개가 끼어 황량하게 보이는 하늘 아래의 천사 같았다. 그녀는 이 도시 토박이였다. 그녀라면 이 무거운 구름들을 한순간에 날려 보낼 수 있지 않을까, 하는 기대에 안도감이 온몸에 흘렀다. 그러자 곧바로 잿빛 날씨가 걷히기 시작했다. 그녀가 상상한 것처럼 나는 놀러 온 사람이 아니라는 사실을 알릴 기회를 놓치고 싶지 않았다. 무슨 말을 해야 하지? 어떤 인상적인 말을 해야 할 텐데…. 선의로 거짓말을 해? 아니면, 오스트리아의 대학에서 중요한 과제를 받았다고 할까? 유명한 애틀랜타를 사진으로 기록하는 일이라고, (솔직히 말하면, 나의 출판사 사장은 이탈리아인이다. 그리고 잘츠부르크에 있는 성도 루퍼트가 나의 거짓말을 제발 듣지 못하길…) 날씨는 지독히도 나를 도와주지 않는다고 한탄하면서, 나는 그녀에게 이 거대한 도시에서 길을 잃고 헤맬 것 같다고 말했다. 적어도 이 말은 사실이니까. 전문가의 눈으로 나는 그녀의 짐 무게를 가늠해봤다. 도움의 손길을 내밀어도 될 가능성이 있어 보였다. 나는 어렸을 때 보이스카우트였지만, 그 미덕(또는 기술)은 사라진 지 오래였다. 더구나, 토박이로서 그녀는 내가 선택할 수 있는 일과 그 가능성을 나보다 더 잘 찾아낼 수 있을 게 분명했다.

만약 그녀가 그럴 마음만 있다면….

안개를 뚫고 우리 위로 우뚝 솟은 거대한 마천루들 사이 도로에 있는 가로수들 틈으로 빛이 가늘게 쏟아져 내렸다. 그 빌딩들이 시야에서 사라지기 직전에 빌딩과 빌딩 사이를 잇는 공중 터널인 구름다리가 보였다. 그리고 젖은 아스팔트에서 반사되는 빛으로 보도는 다채로운 색상을 연출했다. 그 모습은 역동적인 모자이크가, 마치 계속 새롭게 변하는 스테인드글라스처럼, 흔들리는 만화경 속으로 끼어든 것 같았다. 아주 아름다운 광경이었다. 오직 나의 '초구조체'(높은 빌딩)만이 이런 날씨 속에 나를 벗어나 있다니! "내일이면 좋을 거예요." 바버라Barbara가 나를 위로했다. 그러나 나는 더 이상의 조언이 필요 없었다. 나는 의기양양했다. 하늘에서 어느 곳으로 뚝 떨어져, 마치 그곳에 있었던 것처럼 그곳에서 계속 살아간다면 얼마나 스릴이 넘칠까? 만약 그런 일이 일어난다면, 지구가 자신을 환영하고 있다고 느낄 것이다.

나는 2시간 동안 애틀랜타에 있었는데, 그전에는 이곳에 대해 아무것도 알지 못했고, 이곳에 사는 사람을 만나지도 못했다. 그래도 나는 이곳에서, 나를 위해 존재하는 축제일로 쾌활한 기분에 휩싸여 선물을 고르고 있었다. 마치 이 세상의 어느 낯선 곳에서 크리스마스 선물을 고르듯. 나는 짐 꾸러미를 들고 내가 찍어야 하는 대상에 대해 설명했다. 그녀는 웃으며 고개를 끄덕였다. 나는 때때로 내가 꾸미고 있는 일이 어떻게 될지 궁금하기도 했지만 — 물론 가끔 당황하기도 하면서 — 오래전부터 이곳에 있었다는 느낌을 지울 수가 없었다. 이곳은 그런 곳이었다. 마치 고향같이.

코너를 돌자 간판이 보였다. 아주 커다란 빨간색 글자가 어둠속에 빛났다. 코카콜라! 엄청나게 큰 콜라병과 함께. 이곳의 도처에 코카콜라가 있다는 건 놀라운 일이 아니었다. 마침 코카콜라의 본사가 애틀랜타에 있었다. 적갈색의 뽀글뽀글한 액체가 성공적인 길을 걷기 시작한 곳이 바로 이곳이었다.

흑인, 흑인, 흑인. 이제 나의 가이드가 된 바버라는 이 도시 인구의 3분의 1이 흑인이라고 말했다. 이곳은 심지어 시장까지도 흑인이었다. 노란색, 파란색, 빨간색, 녹색의 삼각형으로 디자인된 밝은 색상의 우산을 쓴 흑인 커플이 우리가 지나가는 다리의 난간에 기대어 행복하게 시시덕거리고 있었다. 이곳에서의 흑인에 대한 인식은 뉴욕과는 사뭇 달라 보였다. 더 자유롭고 편안하다고나 할까? 나의 생각이 맞는 걸까? 바버라는 이곳에선 많은 일들이 일어나고 있으며, 빈민가가 사라지고 있다고 대답했다.

그럼 '언더그라운드 애틀랜타Underground Atlanta'는 어떨까? 나는 그곳에 대해 이미 들은 바가 있었다. 아, 그곳은 기념품 가게와 값싼 오락시설, 카페와 바 등이 있는 곳으로 관광객들을 위한 곳이라서 가볼 가치도 없다고 바버라는 분명하게 말했다. 좋아, 좋아! 나는 그녀를 달래보고 싶은 마음도 들었지만, 일단 조용히 입을 닫기로 결심했다. 안타깝지만, 그녀는 조금 완고한 원칙주의자 같았다. 그렇지 않으면 얼마나 멋질까. 그때 문득 버스에서 그녀가 한 말이 생각났다. "물론, 나와 함께 다녀도 돼요. 난 크리스마스 쇼핑을 해야 해서, 중요한 곳들을 구경시켜줄 수 있어요." 이토록 유쾌하고 유익하고 이해가 빠른 여성을 만나다니, 나는 얼마나 운이 좋은 놈인가! 미국에 온 오스트리아인에게 일이 아주 쉽게 풀리는 걸 기뻐하면서 나는 승리의 찬가를 부르기까지 했다.

　우리가 길을 걸어가고 있을 때 문득 아이디어 하나가 떠올랐다. 나는 쇼핑을 하는 여성을 돕고, 그녀는 나에게 중요한 곳들을 구경시켜준다면 흥미진진할 것 같았다. 아, 그러나 언더그라운드 애틀랜타는 안 된다고? 어라! 그녀는 그곳에 대해 진지한 것 같은데… 그녀의 마음을 바꿀 수는 없을까? 조금 고집을 부릴까?('쿠르트' 내면의 목소리가 나에게 경고했다. '여긴 캘리포니아가 아니야. 예의 바르게 행동해!') 짐 꾸러미들과 쇼핑백들이 무겁게 느껴지기 시작했다. 매일 착한 일을 하나씩 할 것. 물론 용감한 보이스카우트로서 나는 이미 그런 일을 한 것이나 다름없었다. 그럼 그다음 착한 일은 무얼까? 이 결정적인 순간에, 염소수염을 하고 테가 넓은 모자를 쓴 베이든 포웰

Baden Powell*이 눈앞에 떠올랐다. 그는 국제적인 인사 방법인 손가락 세 개를 펼쳐 보였다. 나는 그걸 암시로 받아들였다. 즉, 손가락을 한 개 들어선 안 된다는 의미였다.

그 유령은 얼굴을 찌푸리며 영혼의 안개 속으로 사라졌다. 그는 무엇을 의미한 걸까?(나는 그 후 손가락 세 개가 신과 조국에 대한 의무와 자신의 동료를 돕는다는 의미를 가진 보이스카우트 신호라는 사실을 알았다. 따라서 내가 아주 틀린 건 아니지만, 어떤 날은 오해하기 일쑤였는데, 이건 곧 사실로 드러났다)

나의 선량한 행동은 점점 더 무게에 짓눌렸다. 이제 나는 쇼핑백 다섯 개에 딱딱한 박스들까지 들고 다녔다. 그러나 마음씨 고운 요정을 탓하고 싶은 마음은 없었다. 나는 베이든 포웰을 생각했다. 만약 운명이 오스트리아 출신 산악인을 크리스마스 선물이랍시고 끈으로 묶는다면…. 그녀가 버스로 나르던 빵빵한 검정 쇼핑백을 내가 받아들려 하자, 그녀는 그걸 꼭 붙잡고 "크리스마스트리에 달 방울이에요. 조심하세요. 유리라서!"라고 다소 거만한 몸짓으로 설명한 다음 기분 좋은 미소를 지어 보이며 이렇게 덧붙였다. "그리고 복숭아예요. 조지아산 복숭아가 미국에선 최고거든요." 그녀의 눈은 자신감 넘치는 확신으로 빛났다. 정말, 최고라고? 조지아산 복숭아에 대해 그토록 확신하는 이유는 무얼까? 그러나 나는 그에 대한 생각으로 내 머리를 오래 괴롭히진 않았다. 대신 애틀랜타는 모든 것이 확신에 넘치는 도시라고 나는 혼자 생각했다. 이 도시가 내일 아침에는 로마보다 더 신성한 도시가 될지는 알 수 없었지만…. 지금은 그것이 문제가 아니었다. 바버라는 조지아의 땅콩에 대해 얘기했다. 그러나 인기는 예전만 못했다. 정치적 이유 때문에? 그럴지도 모른다. 반면에, 어느 누구든 코카콜라에 대해선 그렇게 말하지 못할 것이다. 초구조체 빌딩들의 회청색 실루엣 사이에서 또 하나의 거대한 네온사인이 승리에 찬 듯한 빨간색으로 빛나고 있었다. 아까 본 것과 같은 것이었나? 나는 발걸음을 돌렸다. 아마 그럴지도….

---

* 보이스카우트를 창설한 영국의 군인(1857~1941) [역주]

나는 반짝반짝 빛나는 이 대도시에 대해 조금 혼란스러웠다. 만약 바버리가 길을 잃는다면 어떻게 하지? 아니, 그럴 리 없어. 일단 그녀가 행선지를 정하면 아무도 말릴 수 없다고 나는 확신했다.

코카콜라. 나는 콜라에 대해 개인적인 경험이 있었다. 그건 일종의 갈망이었다. 나는 그 맛에 그만 푹 빠지고 말았다. 그러나 그 후 나는 그 습관을 버렸다. 미국인에게도 그런 일이 일어날까? 그런데 지금 나는 도처에서 그 광고와 마주치고 있다. 그런데도 내가 관심을 가지지 않는다면 그걸 정상이라 할 수 있을까? 그러나 어쨌든 오늘은 특별한 날이니까. 그래서 빗방울조차 내 피부를 기분 좋게 간지럼 태우는 것 아닐까. 활짝 웃고 있는 코카콜라 광고가 또 눈에 띄었다. 그와 동시에 자판기도 보였다. 바버라도 그걸 보았다. 콜라 마실까요? 그녀가 제안했다. 아, 유혹으로 가득 찬 애틀랜타. 안 될 것도 없지. 꼭 마시고 싶은 생각이 들진 않았지만, 나는 자판기에서 콜라 두 개를 꺼냈다. 콜라가 목구멍 안으로 싸하게 넘어갔고, 우리는 서로를 쳐다보며 웃었다. 그런 광고를 보고도 그냥 넘어간다면 달리 무엇을 할 수 있을까? 그런데 바버라의 미소는 단지 의례적이었나? 건배! 나는 내 동료를 힐끗 한 번 쳐다보고 나 자신에게 말했다. 아니, 이건 순수한 의도야. 건배! 놀라움이 보글보글 넘쳐흐르는 도시 애틀랜타를 위해, 건배! 이 멋진 여성의 위대한 코카콜라가 있는 도시 애틀랜타를 위해. (그리고 나는 그녀를 한 번 더 훔쳐봤다) 그런데, 나는 다른 것도 해볼 의향이 있었다. 내가 다시 집착에 빠져드는 걸까?

나는 바버라를 붙잡아 끌고 가게로 들어갔다. 그녀는 굳이 반대하지 않았다. 우리가 안으로 들어가기 전 나는 하늘을 한 번 올려다보고, 날씨는 여전히 나의 임무를 거부하고 있다고 생각했다. 그래도 이 뭣 같은 초구 조체가 구름 속으로 사라진 건 내 잘못일까? 어쨌든, 그런 모습은 이 각도에서 보니 마음을 꽤 사로잡는 구도, 각이 잘 살아나는 이미지였다. 그리고 손에 잡힐 듯 가까운 곳에 있었다. 내 동료를 한 번 더 몰래 훔쳐본 나는 어떤 말을 꺼내고 싶은 유혹을 느꼈다. 우리는 자리에 앉았다. 종업원이 와서 쏴 하는 소리를 내며 신선한 코카콜라를 글라스에 부었다. 오늘만 세 번째였다. (애틀랜타에 착륙하기 직전 스튜어디스가 한 잔 주었다) 나는 정말 이제는 그만 마셔야 했다. 그렇지 않으면 다시 빠져들 테니까. 바버라는 두 번째였다. 그녀는 기분이 좋아 보였다.

이토록 갈망하다니! 코카콜라가 나를 한껏 기분 좋게 만드는데 어쩔 셈인가? 코카콜라는 나에게 위험한 음료수였다. 보름 정도만 이렇게 마시면 이가 전부 나빠져 틀니를 해야 한다는 말을 들은 적이 있다. 그러나 그것은 물론 꾸며낸 얘기이다. 나는 여전히 내 이가 늑대의 이빨처럼 단단하다고 자랑할 수 있다. 나의 '빨간 모자'Little Red Riding Hood* 소녀는 이런 상황에 대해 뭐라고 할까? 바버라는 그림 형제Brothers Grimm를† 알고 있을까?('쿠르트!' 나는 다시 경고를 받았다. 이번에는 나의 수호신인 성도 루퍼트가 직접 하는 경고인가? 너무 늦었어. 갈색 만병통치약의 효과로, 내 판타지는 도를 넘고 있었다. 모든 것이 나에겐 대단히 긍정적으로 보인 것이다. 그럼 바버라는?) 그녀는 이제 눈을 동그랗게 뜨고 나를 순진하게 쳐다보며 웃고 있었다. 나를 격려, 아니 자극하려는 것처럼. "말이 없으시군요."

사실, 내가 말을 한 지도 꽤 되었다. 아, 착한 '빨간 모자' 소녀. "미안합니다." 나는 늑대 이빨 사이로 공기를 빨아들이며 대답했다. "본래 생각이 많은 사람입니다." 그러자 잠시 그녀는 감탄스럽다는 듯 고개를 끄덕였다. "난 여전히 초구조체에 대해 걱정하고 있습니다." 그녀는 앞뒤가 얄랑거리게 잘린 짙은 자주색 드레스를 입고 있었다. 그 옷은 대단히 복합적이었다. 나는 그 이미지에 끌렸다. "사실, 자연은 최고의 작품입니다." 그리고 이렇

---

*   프랑스의 동화작가 샤를 페로Charles Perrault가 1697년에 발표한 동화 [역주]

†   19세기 독일의 형제 작가로 민속적인 구전문학을 다뤘다. 『빨간 모자』는 그들의 동화 중 하나다. [역주]

게 덧붙였다. "그랜드캐니언이야말로 영원의 구조물이죠." 그녀의 크고 깊은 눈이 반짝거렸다. 마치 유타의 하늘처럼 심오하게.

나는 어떤 소리에 놀라 홀연히 조지아라는 현실세계로 돌아왔다. 검정 쇼핑백이 넘어진 것이다. 아, 복숭아! 자리에서 풀쩍 일어난 나를 그녀가 제지했다. "괜찮아요. 마음 놓으세요." 바버라는 몸을 굽히고 그 쇼핑백을 바로 세웠다. 그녀의 짧은 제스처는 큰 의미가 없어 보였지만, 감미롭고 혼란스러운 모습을 연출했다. 오, 조지아. 복숭아가 나오는 주! 그녀는 아무 일도 아니라는 듯 나를 보고 웃었다. 물론, 아무 일도 없진 않았다. 생각해보니, 나는 그 짙은 자주색 드레스에 관심을 갖고 있었다. 와인을 마셔, 아님 콜라를 마셔? 이제 그것이 문제였다.

"그런데, 이 짐 꾸러미들을 갖고 어디로 가야 합니까?" 내가 그녀에게 조용히 물었다. (아, 착한 성도 루퍼트, 감시의 눈길이 느껴지는군요. 하지만 마음과 영혼을 다해 조지아를 발견하면 안 될까요? 오늘 밤에는 오스트리아의 사과 과수원에 머물러, 나를 감시하려는 눈을 감아주세요. 채식주의자가 되고 싶지 않으요?)

　나를 한참 쳐다보던 바버라는 잠시 내 질문에 어리둥절한 것 같았다. 이유를 대자면, 벌써 저녁이었다. "음, 사실은… 좋아요." 그녀는 조금 수줍어하면서 미소를 띠고 대답했다. "우리 집에 가면 가장 좋을 거 같은데요."

　(성도 루퍼트여, 나를 비난하지 마시라!)

휘황찬란한 애틀랜타의 불빛이 수없이 반짝거리는 곳을 미끄러지듯 지나가며, 나는 그것이 오늘 나의 마지막 코카콜라가 될 것이라고 나 자신에게 다짐했다. 이제부터는 와인을 마실 테니까. 성도 루퍼트는 두 번 다시 나타나지 않았다.

우리는 집으로 들어갔다. 그녀는 혼자 살고 있을까? 나는 우리의 기대에 부푼 만남이 다른 사람에 의해 방해받진 않을까, 하고 걱정했다. 나는 비슷한 상황을 기억하고 있었다. 그때 그곳에는 거칠고 시샘하는 개가 있었다. 그러나 그건 다른 얘기였다.

그녀가 아파트 문을 열자, 그곳에는 완고한 얼굴에 육척장신인 약혼자도, 주인을 따르는 개도 없었다. 대신 작은 벨처럼 맑은 목소리가 울려 나왔다. "헬…로…우!" 붉은 금발머리를 깔끔하게 손질한 사람이 친근하고 푸른 두 눈으로 나를 뜯어봤다. "이분은 오스트리아 사진가야, 웬디Wendy." 바버라가 나를 소개했다. 웬디의 미소는 아주 매력적이었다. 오, 하나님! 좋은 일이 너무 많이 생기네요. 또 하나의 천상의 존재! 나는 갈팡질팡하고 있었다. 이것이 도대체 행복일까, 아니면 슬픔일까? 그러나 정신을 차리자 슬펐다. 이렇게 복잡한 상황이라니.

여전히 나는 나에게 다가오고 있는 일련의 대실패를 낌새도 채지 못했다.

적어도 나는 집은 하나 찾았다고 생각했다. 그리고 나서 주위를 둘러봤다. '그들은 나를 어디로 맞이할까?' 그러나 그것이 중요한 건 아니었다. 아직까진. '대도시를 처음으로 방문한 이방인이 친구와 도와줄 수 있는 사람을 만난다는 건 얼마나 놀라운 일인가?'라고 나는 생각했다. 내가 다리를 쭉 뻗을 때까지만 해도 그건 사실이었다. 애틀랜타를 이리저리 돌아다닌 다리는 피곤했고, 예쁜 동료의 짐 꾸러미들을 무겁게 들고 다닌 팔도 뻣뻣했다. 우리는 주방에 앉았다.

그러나 그들의 이야기에 나는 그만 말문이 막히고 말았다.

"우린 종교적인 가족이에요. 항상 남을 돕는 게 목적이고요." 붉은 금발머리가 따뜻하게 말했다. 그 둘은 고개를 끄덕였다. 바버라가 복숭아를 접시에 단정하게 담아 내놨다.

아마 내 표정에 모든 것이 담겨있었을 것이다. 나는 즉시 영적인 깃발을 반쯤 내렸다. 이 무슨 날벼락인가! 그날 오후 내내 이 가게에서 저 가게로 함께 돌아다닌 그 젊고 예쁜 여성은 마침내 나를 집으로 데려왔는데, 저항할 수 없는 나의 출연에 대한 대응으로 — 내 생각과는 달리 — 그렇게 한 것이 아니라, 한 남성 동료에 대한 사랑, 즉 기독교적인 자선으로 그렇게 한 것이었다.

나는 내 입술에 닿는 물같이 맛없는 와인을 상상했다. 나는 코카콜라가 간절했다. 코카콜라가 나오자 '와인을 마셔, 아님 콜라를…'이라고 했던 기억이 되살아났다. 당황한 나는 천장을 쳐다봤다. 그러나 거품이 넘치는 그 만병통치약을 마시자 슬픈 상념이 어느 정도 가라앉았다. 상황을 너무 비관적으로 보지 않는다면, 모든 걸 합리화시킬 수 있지 않을까? 이 절망의 순간, 내 마음속에 아버지가 갑자기 나타났다. 아버지는 항상 자식을 돕는 존재니까. 고등학교 선생이 되기 전 생물학을 공부하는 동안 아버지가 신학까지도 마쳤나? 이런 격언이 있다. "배운 건 무용지물이 아니다." 적어도 아들은 그걸 써먹을 수 있으니까.

바버라는 쇼핑백에서 다른 커다란 복숭아도 꺼내 테이블 위에 올려놨다. 나는 한숨을 내쉬었다. 어쨌든 상황은 사뭇 다르게 전개됐다. 그래도, 희망은 천천히 죽는 법이다. "아버지가 모든 걸 해결한다."라는 원칙에 따라 나는 나 자신이 신학이론에 들어가, 그들에게 아버지가 졸업을 두 번이나 했을 정도로 다른 종교에 대해서도 해박해, 오늘날 존재하는 기독교 원리의 수많은 결점도 완벽하게 가려낼 줄 안다고 역설했다.

그 두 여성은 웃으며 정중하게 고개를 끄덕였다. 그러면서 그들은 애틀랜타도 종교적인 도시라고 말했다. 그래서 나는 성도 루퍼트에 대한 얘기를 들려주기 시작했다. 나는 마치 종교 퀴즈에 참가한 사람처럼 기독교에 대한 지식 — 그렇다 해도 운명에 대해 악마적인 뷔페에 불과하지만 —

을 모두 긁어모아 희망을 한 번 더 키워가면서, 결국 한 발자국 앞으로 더 나아갔다. 붉은 금발머리의 여성은 거의 도전적인 눈빛으로 나를 쳐다봤다. 그리고 그녀는 여전히 평화적으로 그러나 어느 정도는 새치름히 말했다. "우린 침례교도예요."

팽팽한 침묵이 흘렀다. 나는 깊은 절망감에 빠져 숨을 헐떡거렸다.

"당신은 오스트리아인이니까 가톨릭 신자겠네요. 그러나 그건 당신 잘못이 아닙니다." 나의 예쁜 젊은 여성, 콜라의 게시가 일어난 가게에서부터 나의 '빨간 모자' 소녀가 된 바버라가 위로하듯 말했다. 그 순간 나는 다 삭아서 이빨이 없는 늙은 늑대가 된 기분이었다.

설사 그렇더라도, 그와 동시에 나는 나 자신이 인간 사회의 소중한 구성원이라는 사실을 증명할 필요성을 분명하게 인식했다. 내가 이 집에서 손상당한 위상을 어떻게 다시 세울 것인가에 골몰하는 동안, 또 다른 침례교도인 젊은 남자가 문을 세차게 열고 들어와, 자기는 위층에서 친구와 형이상학적인 문제를 놓고 토론을 벌였다고 말했다. 나는 잘됐다 싶어 두 손으로 그 기회를 덥석 잡고 그 침례교도와 대화를 나누기 위해 아래층으로 내려갔다. 나는 이제 곧 위상을 되찾으리라 기대했다.

우리는 대화를 통해 받아들일 만한 타협점을 찾았다. 그러나 그 사이에 가톨릭은 침묵을 지켜야 하는 토론이 빙빙 헛돌기만 했다. 그리고 작은 위안이라도 받은 그가 행복해 보인다고 내가 설명하기도 전에 그들은 나를 위해 호텔을 예약했다. 나는 악마처럼 발을 집 안으로 들여놓고 싶지 않았기 때문에 그들의 말을 따랐다. 하늘이 내린 우레 같은 뇌우! 하늘이 내린 축복! 악마에게까지도…. 힘멜크로이츠도네르베터! 힘멜크로츠비른바움! 춤 토이펠 노흐말!*

---

* 화가 났을 때 하는 오스트리아 맹세문 [역주]

그 후의 얘기는? 사실, 일은 놀라울 정도로 잘 풀렸다.(마음이 깨끗이 정화되고 나니) 한 사진가가 나타났다. 올리버Oliver. 그는 나를 단출한 모텔로 데려갔는데, 다음날도 함께 돌아다니고 싶어 했다. 중요한 장소들은 모두.

다음 날 아침 늦게 침례교 모임이 예정돼 있어, 나도 초대받았다. 바버라와 웬디는 병원에서 일하고 있었고, 올리버는 오후에만 시간이 있었다. 따라서 그전까진 혼자서 돌아다닐 수 있었다.

내가 바버라와 잡담을 나누는 동안 홀연히 사라진 잘츠부르크의 나의 수호신은? 고백컨대, 나는 그를 다시 만났다. 그날 밤 나는 끔찍한 꿈에 시달렸다. 코카콜라와 바버라와 성도 루퍼트. 그건 혐오스럽게 혼합돼 내 뇌를 망상으로 채우는 악몽이었다. 그러나 하나둘씩 분명하게 정화됐다. 그 성도의 얼굴이 죄악 위로 솟아올랐는데, 나는 아주 깊은 곳에서 그에게 소리치고 있었다. "성도 루퍼트! 지금 나에게 말해주세요….."

그 순간 나는 잠에서 깨어났다. 나는 성도가 다른 사람의 당황에 악의적인 기쁨을 느끼는지 어떤지는 알지 못한다. 아마 분명 그렇진 않을 것이다. 그러나 맹세컨대, 성도 루퍼트는 사라지기 전에 씩 웃었다.

나는 일찍 일어나 카메라를 챙겼다. 하지만 비가 오고 있었다. 잠시 후, 하늘은 여전히 낮게 흐르는 구름에 덮이고, 축축한 안개가 아래로 내려앉고 있었지만, 비가 그쳤다. 사진가인 올리버는 나의 '초구조체'를 위해 내가 어디로 가야 할지 몇 가지 정보를 알려줬다. 그러나 시간이 부족해, 나는 사이클로라마Cyclorama로 발길을 돌렸다. 이건 높이 15미터, 원둘레 122미터의 원통형 그림으로, 무엇보다도 무게가 8,164킬로그램이나 나간다. 고백컨대, 이건 내가 그 무게를 알고 있는 유일한 그림이다. 진지하게 말하자면, 이건 세계에서 가장 큰 그림 셋 가운데 하나로, 남북전쟁 기간 중인 1864년 애틀랜타 전투를 생생하게 묘사한 것이다. 그때 애틀랜타는 거의 다 불타버렸다. 그 후 재건된 오늘날의 애틀랜타는 워싱턴과 뉴올리언스 사이에 있는 유일한 메트로폴리탄으로, 애팔래치아산맥 남쪽의 부드럽게 물결치는 산록, 해발 300미터에 자리 잡고 있다. 이곳은 미국 동남부의 경제와 문화 중심지다. 특히 이곳에는 거대 기업의 본사가 있으며, 거주자는 2백만 명에 육박한다.* 친근한 라이프 스타일, 약동하는 활력과 미래지향적인 빌딩은 조지아의 주도인 애틀랜타의 특징을 나타내는 말이다.

그들의 건축물들은 물론이고 초구조체 빌딩들도 나를 잡아끌었는데, 무엇보다도 나는 그 안에 사는 사람들의 편의시설과 그것들이 그들의 삶에 미치는 영향에 흥미가 끌렸다. 그래서 나는 오늘 아침 콜로니스퀘어Colony Square 복합건물로 향했다. 올리버가 고층빌딩이 서로 연결된 '특이한' 괴물 하나를 나에게 추천해준 것이다. 그 빌딩은 정원이 있는 낮은 빌라들에 둘러싸인 채 앞에 오래된 집들이 꽉 채우고 있어서, 묘한 대조를 이루고 있었다. 한 빌딩 경비실의 친절한 안내원이 입구의 홀에 있는 모델을 이용해 나에게 개념을 설명해줬다. "여기가 우리 호텔이고, 여기가 은행, 이 두 건물은 아파트고, 이것도 일부가 아파트이긴 한데, 안에는 도서관과 우체국과 미용실도 있습니다. 우리의 수영장은 바로 여기에 있고, 아이스링크는 저기, 그리고 이쪽은 전부 가게들입니다. 음식점, 옷가게, 약국…." 그는 먼저 이쪽 빌딩을, 그런 다음 저쪽 빌딩을 가리켰는데, 놀랍게도 모든 것이 기억에 생생하게 남았다. 나는 눈을 크게 뜨고 그를 바라봤다. 그런 다음 이 주위에 콜라 자판기가 어디에 있는지 물었다. 그는 "바로 저 뒤요."라는 제스처를 취했다.

나는 자판기에서 캔을 하나 꺼낸 다음 우체국 앞에 있는 벤치에 앉아,

---

* 2019년 현재 애틀랜타는 도시 중심부에 50여 만 명, 그 주변에 500여 만 명이 살고 있다. [역주]

내가 본 것들을 돌이켜 생각해봤다. 나는 오늘 아침 이곳까지 오면서 콜라를 벌써 여섯 개나 마시고 있었다. 나는 힌두쿠시, 히말라야, 카라코람에서 오랫동안 지내며 집에서 만든 차파티를 아주 많이 먹었는데, 그 영향으로 위에 탄력성이 생긴 모양이었다. 보아뱀의 위처럼 나는 며칠을 굶어도 버틸 수 있었다. 물론 그러고 나면 허겁지겁 먹는 것이 문제였지만, 그건 또 다른 면으로도 효과가 있었다. 음료수도 그와 비슷하게 받아들이는 것이다. 나는 땅콩을 곁들여 코카콜라를 마시던 또 다른 시기부터 이런 습성에 익숙했다. 습관을 고치는 건 결코 쉽지 않았다. 내가 보기에, 미국인들은 적갈색의 만병통치약을 매일 물처럼 마시는 것 같았다. 그러면서 트림도 하지 않으니, 존경스럽기 짝이 없었다.

나는 경비실 안내원의 말에 따라 도서관을 가보고, 스케이트 수업을 구경하고, 빌딩의 꼭대기 층에 있는 레스토랑에 가기 위해 고속 엘리베이터를 탔다. 이렇게 떠들썩할 수가! 요리사는 긴 모자를 쓰고, 손님들은 우아한 옷을 차려입고…. 배타적인 상류사회 모임이라도 하고 있는 걸까? 축제? 결혼식? 커다란 케이크는 그들이 진탕 먹고 마셨다는 증거였다. 내가 사진을 찍어도 될까? 나는 그들에게 내가 한 오스트리아-이탈리아 대학으로부터 의뢰를 받았다고 (언제?) 말했다. 케이크 한 조각과 코카콜라. 그리하여 나는 끝내 오늘 일곱 개를 마시고 말았다. 우리가 빛처럼 빠른 엘리베이터를 타고 17층에서 내려갈 때 내가 참지 못하고 큰 소리로 트림을 하자, 승무원이 정확하게 제동을 걸어 엘리베이터를 10층에서 잠시 멈추게 했다. 문이 열렸지만 나는 여전히 트림을 했다. 그러나 나와 함께 탄 신사가 — 그는 분명 이 지역의 맥주를 꾸준히 소비한 탓에 층수를 예의주시하고 있었는데 — 나를 쳐다보더니 놀라서 물었다. "외국에서 오셨지요?" 나는 창피했지만 그렇다고 인정할 수밖에 없었다. 그런데 엘리베이터가 다시 출발하자마자 나의 창자가 뒤틀렸다. "난 오…오…오스트…리아에서" 나는 한 번 더 조국의 이름을 대기음帶氣音으로 말하려 했지만, 위로 올라오는 쉬익 소리를 참을 수 없었다. 이제 1층이었다. 하나님, 감사합니다! 나는 오늘은 더 이상 콜라를 마시지 않겠다고 맹세했다. 차파티로 과도하게 늘어난 내 위는, 결국 콜라를 일곱 개 마시고 나서, 바보 멍텅구리가 되었음에 틀림없었다.

그렇다 해도, 나는 이 멋진 복합건물의 모든 것에 깊은 인상을 받았다. 그 규모! 충격적인 다양성! 이곳에선 한 곳에서 그리고 같은 자리에서 정말 모든 걸 다할 수 있었다.

나는 경비실로 돌아와 안내원에게 고맙다고 말했다. 그러자 그가 갑자기 무뚝뚝하게 말했다. "우린 곧 망합니다." "망한다고요?" "예, 망한다니까요." 그는 고개를 끄덕였다. 나는 그에게 미안한 마음을 감출 수 없었다.

결심을 깜빡하고, 나는 이렇게 말했다. "함께 코카콜라나 마실까요?"

"아뇨, 난 그걸 몹시 싫어합니다." 그는 혐오스럽다는 듯 몸을 떨었다. 나는 내가 직접 보는 최초의 미국인인 것처럼 그를 뚫어져라 쳐다봤다.

경비실의 그 안내원이 나에게 털어놓은 재정 상황은 ― 후에 알게 되었는데 ― 다른 복합건물도 마찬가지였다. 이 얼마나 우스꽝스러운가? 얼마나 많은 사람들이 절대적으로 모든 편의시설이 손만 뻗으면 닿을 수 있는 곳에서 살길 원하는가? 복합건물의 구조가 최고급이든 현대적이든 그건 사실일지 모른다. 뉴욕으로 돌아오는 비행기에서 나는 이런 복합건물들의 재정 문제에 대한 기사를 신문을 통해 알게 되었는데, 어떤 건물들은 입주자가 겨우 25퍼센트에 불과하다는 것이었다. 아마 그건 콘크리트로 된 복합건물의 세계에 갇혀 살게 된다는 심리적 장벽에서 기인하는 것인지도 모른다.

이제 상당히 나쁜 인식을 갖게 된 나는 만병통치약에 대한 갈증을 한 번 더 느꼈다. 마지막! 오늘은 정말 마지막이야! 나는 굳게 다짐했다.

쿠르트, 비가 다시 내리고 있네! 너의 성도와 아직 합의를 이루지 못했어?

1시간 후 나는 침례교 모임에 참석했다. 그건 평범한 작은 교회에서 이뤄지는 종교적 의식이었다. 사람들이 많았다. 금장의 커다란 책을 펼쳐 든 사람이 설교대에서 설교하고 말하고 그 책을 읽었다. 그 건물은 사뭇 단출했다. 나는 의자에 앉아, 끝날 때까지 이곳에 머물렀다. 사진가인 올리버는 이곳에 없었다. 사람들이 밖으로 쏟아져 나올 때 그중 하나가 물었다. "당신이 그 오스트리아인인가요?" 예! "올리버가 하얏트리젠시에 있습니다. 우리가 그리로 데려다줄게요." 그러면서 그는 독실한 침례교도들로 이뤄진 일단의 사람들을 가리켰다. 좋아. 어쨌든 그 유명한 일류호텔 역시 나의 대상 중 하나니까.

그때 갑자기 나이 든 여성 침례교도가 나에게 물었다. "오늘 예수그리스도께 감사의 기도를 올렸나요?"

나는 어색하게 헛기침을 했다. 이보세요, 숙녀님! 나는 이렇게 대답하고 싶은 유혹을 느꼈다. 그건 가톨릭 신자인 오스트리아인에게 물을 질문은 아닌 것 같은데요. 그러나 기도를 드리지 않은 건 사실이었다. 대신, 나는 비가 오는 오늘 아침에 아주 일찍 일어나, 좋은 의도로 천둥과 번개를 가져오는 하늘과 몇 그루의 배나무를 결합시켰다. (우리 오스트리아인들은 상황에 따라 적당히 맹세하기로 유명하다) 반면에, 하늘에서 날씨를 좌우하는 성도 페트루스Saint Petrus와 언쟁을 벌이는 동안 조지아의 농부들은 자신들의 경작지에 물을 보내주는 하나님께 감사의 기도를 드리고 있었을지도 모른다.

나는 기도드릴 필요가 없었다. "그럴 시간이 없었습니다." 나는 백발이 성성한 그 부인에게 이렇게 대답했다.

그 부인이 "그럼, 당신은 가톨릭 신자군요. 하지만 우리가 당신의 영혼을 위해 기도해드리죠."라고 말하자 사람들이 나를 쳐다봤다. 그러고 나서 그녀는 모두를 향해 큰 소리로 외쳤다. "여러분, 쿠르트를 위해 기도합시다."

그들 모두는 즉시 내 영혼을 위해 기도하기 시작했다. 나는 이런 일을 로마에서도 잘츠부르크에서도 겪어보지 못했다. 내 가슴속 깊은 곳에서 감동이 일어났다. 이제 그들은 찬송가를 부르기 시작했다. 그리고 신념에 찬 그들이 나를 둘러쌌다. 나는 소심하게 눈물을 훔쳤다. 하늘이 어느새 반짝 개어 햇살이 내리비쳤다. 그러자 내 마음의 눈앞에 출판사 사장이 나타났다. 내 사진들…. 가능하면 빨리 하얏트리젠시로 가세요! 조심스럽게, 나는 찬송가를 부르고 있는 숙녀의 소매를 잡아끌었다. "지금 갈 수 없을까요?" 그녀를 방해한 것이 아주 요령 있는 일은 아니었다. 왜냐하면 햇살이 사라졌으니까.

"하얏트리젠시로 가자, 쿠르트!" 올리버는 이미 그곳에 있었다. 그가 그곳에서 얼마나 오랫동안 기다렸는지 모르지만, 그는 조바심을 내진 않았다. 그는 그냥 이렇게만 말했다. "서둘러, 다음 교차로에 가야 해. 안개가 걷혔는데, 얼마나 오랫동안 지속될지 알 수 없어. 피치트리플라자Peachtree Plaza가 저기야. 아마도 하늘의 영광 속에 그 모습을 볼 수 있을 거야. 후에 우리는 하얏트리젠시로 다시 돌아와 그 내부를 보면 되니까." 가능성이 아주 높아 보이진 않았지만 그럴 듯했다. 우리는 즉시 그리로 향했다. 그러나 서둘렀음에도 불구하고, 나는 몇 개의 높은 빌딩에서 반사되는 빛이 유리로 된 다른 빌딩에 이상한 왜곡을 일으키고 있다는 사실을 알아챘다. 우리 위쪽 하늘은 빛과 잿빛 구름이 뒤엉켜있었다.

"여기야. 자, 여기로 올 때까지 위를 쳐다보지 마." 올리버가 내 손을 잡아끌며 말했다. 나는 보도의 어느 지점까지 그를 따라갔다. 그리고 고개를 들었다.

희미하게 빛나는 금속 유리의 거대한 원통형 빌딩이 믿을 수 없는 70층 높이로 솟아있었다.

피치트리플라자호텔은 내가 이제껏 본 빌딩 중 가장 인상적이었다. 이건 아찔할 정도로 인상적인 건축의 걸작으로, 세계에서 가장 높은 호텔이었다. 기록에 매몰된 오늘날 더 높은 호텔이 어디에선가 건축되고 있을지 모르지만, 이토록 조화롭고 우아한 빌딩은 아마 없을 것이다. 내가 금속과 유리로 된 실린더 같은 그 빌딩 밑에 서자, 꼭대기가 구름에 가려 가끔 희미하게 드러났다. 나는 그저 경이로워할 수밖에 없었다. 내가 굴리아 디 브렌타Guglia di Brenta 밑에 서 있는 것처럼, 그 꼭대기를 보고 싶어 고개를 한껏 뒤로 젖혔더니 바로 그 꼭대기가 보였다. 브렌타 돌로미테에 있는 아름다운 바위기둥인 굴리아는 높이가 300미터다. 그리고 피치트리플라자도 로프 한 동 길이 정도만 낮을 뿐 거의 같은 높이였다.

지구에 있는 바위 중에서 놀라울 정도로 일정한 형태를 가진 굴리아는 전체적으로 조화를 이루고 있어, 어떤 조건으로 봐도 가장 출중하다고 할 수 있다. 그 우아함은 단지 클라이머들의 마음만 사로잡지 않는다. 내 마음에, 인간이 만든 구조물 중 피치트리플라자는 굴리아에 가장 가까웠다. 올리버는 내 옆에 서서, 이 거대한 실린더의 꼭대기에 올라가봤자 잿빛 안개와 구름에 싸여 있어 별 의미가 없을 것이라고 설명했다. '마천루'라는 말이 지금은 어떤 감흥도 불러일으키지 못하는 진부한 표현이 되었지만, 만약 그날 이 거대한 빌딩 밑의 아스팔트 도로 위에 우리와 함께 서서 위를 쳐다봤다면, 그가 누구이든 하늘에 정말로 '구멍'이라도 내려는 듯한 그 모습에 압도됐을 것이다.

후에 나는 여러 가지 흥미로운 사실을 알았다. 그 호텔에는 1,100개의 객실과 3,500명을 동시에 수용할 수 있는 대형 댄스홀도 있었다. 역시 객실이 1,100개인 하얏트리젠시호텔은 그 꼭대기에 회전 레스토랑이 있었다. 그러나 가장 인상적인 건 거대한 로비였다. 이제 곧 우리는 그곳으로

피치트리플라자호텔

갈 것이다. 보통의 호텔 설비기준에 따르면, 적당한 장식물로 꾸며진 어느 정도 높이의 리셉션 로비가 1층에 있다. 그러나 짐 운반꾼을 지나친 나는 그만 숨이 멎는 줄 알았다. 이곳의 로비는 18층에 있었다.

이런 환영, 이런 '리셉션'이라니! 나는 리셉션을 둘러싼 층수를 헤아리기 시작했다. 이곳은 마치 거인의 궁궐 같았다. 층수 헤아리기를 끝내기도 전에 나는 홀의 한가운데서 은은하게 빛나는 거대한 조명에 시선을 빼앗겼다. 원형 팬 같은 것에 매달려 높이가 족히 20미터는 될 그것은 나사처럼 꼬인 전등들이 기둥을 이루고 있었다. 마치 반쯤 펼쳐진 우산이 거꾸로 매달린 것처럼. 그 사이에는 물방울이 튀는 것처럼 번들거리는 분수가 있어, 커다란 공간을 부드러운 소리가 채우고 있었다. 부드러운 빛이 있는 이런 거대한 구조의 뒤쪽에서 나는 원형의 카페를 발견했는데, 그건 마치 로프에 매달려있는 것 같았다. 그러나 그때 나와 같은 사진가인 올리버가 "내가 잠시 이곳에 있어도 돼?"라는 나의 질문에 호응이라도 하듯 사라져, 나는 다른 것들로 눈을 돌렸다. 내 오른쪽의 벽에는 짙은 색 기둥들이 다양한 각도로 튀어나와 있었다. 내 주의를 사로잡아 뼛속까지 살짝 전율을 일으킨 건 거대한 규모뿐만 아니라, 더 특별하게는 그 안에 설치된 것들이었다.

기둥에는 밖이 훤히 내다보이는 엘리베이터가 세 대 있었다. 이곳은 너무나 대담한 구조여서, 공상 과학소설의 장치 내지는 먼 미래의 우주선 같았다. 18층 로비 위쪽 어디에선가 와이어에 매달린 유리 엘리베이터가 빛으로 번쩍거리는 장식을 달고 짙은 색 기둥에 달라붙어 나타났다. 그 모습은 너무나 아찔했다. 현기증을 무시하고 그 엘리베이터에 탑승한 사람들에게 감탄하는 순간, 약간 길고 이상한 모양을 한 엘리베이터 두 대가 '쥐며느리glow-woodlice'처럼 커다란 나무줄기를 타고 위로 올라가기 시작했다. (이런 비유에 대해선 사과한다. 물론 하얏트리젠시 안에 쥐며느리가 있다는 건 생각할 수도 없다) 사람들이 그 모습을 보면 아마 '개똥벌레 유충glow-worm' 같다고 할지도 모르겠다. 왜냐하면 엘리베이터가 실제로 빛을 내기 때문이다. 그러나 꽤 빠른 속도로 미끄러져 오르내리는 그 진기하고 이상한 장치는 낭만과는 거리가 멀었다. 나는 단지 프로그램에 의해 움직이는 그것들이 섬뜩하게 느껴졌다. 또 다른 세계에서 온 계란 모양의 거대한 나무벌레가 다리를 숨긴 채 빛을 내면서 기둥의 모서리를 기어오르는 모습이란! 빛을 내는 세 마리의 '곤충' 중 하나가 이제 14층에 섰는데, 다른 하나는 내려가기 시작했고, 또 다른 하나는 홀의 천장을 통해 사라졌다. 그 위쪽 어느 층으로… 나는 균형감각을 위해 코카콜라가 필요했다. 그러나 이곳은 이상하게도 코카콜라를 살 수 없는 곳이었다. 로프에 매달린 듯한 그 카페에서 샴페인 코르크를 따는 소리가 들렸다.

나는 네온 우산의 바큇살을 단 반짝이는 축을 마지막으로 쳐다보고 나서 밖으로 나갔다. 그러나 이번에 나는 리셉션에 있는 안내원을 찾지 않았다.

그날, 나는 애틀랜타의 추모 예술센터인 옴니-스포트 아레나Omni-Sport Arena를 둘러봤다. 그리고 세계의 판타지에서 영감을 얻은 구조물들을 더 보았다. 우선 나는 이런 상상력과 재주를 부려 미래지향적인 빌딩을 구현한 건축물을 가진 다른 도시는 결코 없다는 생각이 들었다. 이렇게 하기 위해선 상당한 확신이 필요했다. 그럼 종교적인 신앙은? 아마도 그것 역시. 어쨌든 대단한 확신. 한 사람의 예술가에게 창조는 역시 그의 종교다.

올리버는 다음 날 아침 일찍 나를 공항으로 데려다줬다. 그와 두 명의 여성(바버라와 웬디)은 침례교 모임의 다른 사람들과 함께 지구 반대편에서 온 호기심 많은 존재인 오스트리아 가톨릭 신자를 친절하게 대해줬다. 반면 그들의 세계는 나에게 이상하고 놀라웠다. 이제는 나의 친구가 된 그들이 언젠간 잘츠부르크에 오는 날이 있지 않을까.

그럼 나는 무엇을 보여줄까? 물론 우리의 초구조체인 커다란 성 호헨잘츠부르크Hohensalzburg가 하나의 대상이 될 것이다. 그리고 지붕이 둥근 성당과 프란체스코교회Franciscan Church와 세인트피터교회Church of Saint Peter. 오, 이런! 이제야 깨달았는데, 우리의 수호신인 성도 루퍼트를 위한 교회가 우리에겐 없다. 앞에서 내가 그토록 자주 언급했건만….

그러나 그 이전에, 우리는 세인트피터 셀라Saint Peter Cellar에서 축제를 벌일 것이다. 아주 많은 와인 사이펀wine-siphon에서 와인을 받아서. 그리고… 피치 멜바Peach Melba!*

다음번에는 내가 과연 조지아의 커다란 복숭아에 담긴 비밀을 캐내는 데 성공할 수 있을까?

---

*   바닐라 아이스크림에 복숭아 반쪽과 멜바 소스가 얹어진 것 [역쥐]

호수

"공간은 모두 호두 껍데기일 뿐이다." 호주머니에 있는 종이쪽지에서 이런 문구를 발견했는데, 내가 언제 써놨는지 기억이 잘 나지 않았지만, 마치 햄릿의 독백 같다는 생각이 들었다. 나는 등반 중에, 때론 걷거나 버스를 타고 가면서도 이렇게 아이디어를 써놓는다. 물론 아이디어가 항상 떠오르고 항상 옳은 건 아니지만, 전혀 무덤덤한 것보다는 낫지 않을까. 순간적으로 떠오르는 건 ― 사실은 그것이 진리인데 ― 독특하다. 그때가 지나면 그림자가 될 뿐이다.

별들의 공간과 은하수와 대양.

나의 '대양'은 바바리아의 산록에 있다. 물론 그건 한낱 작은 호수에 지나지 않지만 그 이름을 누설하고 싶진 않다.

그 호수는 지구의 공전에 따라 얼굴을 바꾼다. 겨울에는 얼음이 덮이고, 봄에는 전나무 꽃가루가 먼지처럼 덮인다. 여름 동안에는 폭풍우가 수많은 파문을 일으켜 수면 위에서 춤추게 한다. 그리고 후에는 햇빛이 잔물결을 비추는가 하면, 때론 달이 수면 위에서 흔들린다. 그 호수는 하늘을 가득 채운 별들도 그대로 받아준다.

가을 어느 날, 만져질 수도 있다고 느낄 정도로 공기가 정지해있을 때, 산에 내린 눈이 녹지 않고 그대로 있을 때, 그리고 황야에 사초과 식물과 이끼가 자신들의 색깔을 노란색과 적갈색으로 바꿀 때면 이 호수에는 특별한 일이 일어난다. 호수가 절대고요 속에 깨끗한 거울이 되는 것이다. 그럼 움직임이 전혀 없는 호수는 너무나 매끄러워 수면이 더 이상 보이지 않는다. 그리하여 흔들리는 습지에 진동을 일으키지 않으려고 조용히 접근해 발을 가볍게 들여놓으면, 호숫가에 있는 나무들이 하늘로 높이 자란 듯 보이면서, 낮게 드리운 가지들이 사람이 발을 들여놓을 수 있도록 열려있는 이 신비한 공간 안으로 들어갈 수 있는 허락을 받고, 보이지 않는 물을 향해 뻗어나가 밑에서부터 헛되이 위로 올라오는 가지들과 만나려 온갖 노력을 기울인다.

눈에 보이는 것처럼, 어떤 가지가 진짜인지는 더 이상 확신할 수 없다. 이곳에는 오직 하늘 위와 아래로 자라는 나무가 있을 뿐이다. 따라서 발을 헛디뎌 균형을 잃고 영원 속으로 빠지지 않도록 조심해야 한다.

이런 날에는 세계가 호두 껍데기 안에 있는 것과 다름없다.

나의 작은 호수가 나에게 가르쳐준 교훈은, 내가 후에 알게 된 것처럼 나의 셰익스피어 인용이 잘못됐다* 하더라도, 본질적으로 맞는 말이었다. 영국 해안을 둘러싼 북해를 향해서 뿐만 아니라, 단지 습지를 향해 백마가 달릴지라도, 말은 감정과 사실의 핵심을 둘러싸고 있는 껍데기에 불과하다. 그 안에 있는 건 언제나 변함이 없다. 평범한 사람의 말이든 위대한 시인의 말이든.

비행기 안에서

대륙과 대륙을 여행하며 어느 하늘에 있을 때 특히 밤은 심연이 보낸 보석 같아 나는 행복했다. 그건 검은 대양을 배경으로 한 지구의 인사 같기도 했다. 비록 그 순간뿐이었지만 반짝이는 그 보석들은 모두 나의 것이었다. 별빛의 보고寶庫 아래서 마을에 일렬로 늘어선 수백 개의 불빛 또는 도시의 야경은 결코 두 번 다시 재현될 수 없는 광경이었다. 비행기가 계속 날아감에 따라 그때그때 바뀌는 이 패턴은 이전의 깊은 인상을 똑같이 상기시켜줬다. 그리고 그런 현상 역시 나를 행복하게 해줬다.

마치 몽블랑의 수정 같았다. 내가 소년이었을 때 수정을 처음 캔 이래 그곳에 있는 것들은 비록 내가 손에 넣지 못했다 하더라도 모두 나의 것이나 다름없었다. 나는 수정이 있는 곳을 알고 있었다.

야간에 릭Rick의 '불가시광선black-light', 즉 어떤 눈부신 광물의 발광체로 만들어진 자외선 램프의 보이지 않는 빛을 받는 사막도 마찬가지였다. 어둠속에서 걷노라면, 갑자기 깜깜한 밤을 수놓으며 에메랄드와 수많은 루비 그리고 이름도 모르는 보석의 향연이 펼쳐진다. 그럼 숨을 멈추고 땅에서 나오는 별빛을 뽑아내면 된다.

이런 동화 같은 얘기는 사실이다. 릭과 한밤중에 사막을 걸을 때가 바로 그랬다. 후에 클라우스의 집에서 우리는 겉보기에는 중요한 것 같지 않은 돌멩이들을 카펫 위에 펼쳤다. 그리고 릭의 마술 램프의 도움을 받아, 우리는 잠시 동안 빛나는 보석, 상상할 수 없는 부의 소유자로 변신했다. 엔지니어인 클라우스는 냉철한 사람이 아니다. 그렇다면 그가 과연 이런 말을 할 수 있을까? "그곳엔 분명 시인이 있었을 거야!"

불빛이 띠를 이루고 있는 LA로 내려가자 집처럼 편안한 기분이 들었다. 사막이 시작되는 곳이니까. 그리고 나는 다시 가야 했다. 이제는 릭이 자신의 램프를 어느 구석에 처박아두긴 했지만⋯. (마르시아Marcia와 결혼하고 나서 부동산 중개업자가 된 그는 마침내 행운의 광맥을 찾았다)

그럼에도 나는 그곳으로 다시 돌아갈 것이다.

비행기 안에서의 생각과 도시의 야간 불빛. 이런 것들은 필경 사막지대와 다를 바가 없었다.

이시스

모하비사막과 갈색의 야산과 창백한 실루엣. 여전히 컴컴했지만 이제 날이 밝아오는 듯했다. 레나타와 나는 LA에서부터 밤새 차를 몰았다. 우리는 지구에서 가장 매혹적인 곳으로 일컬어지는 데스밸리로 향하고 있었다. 그러나 나는 그 불길한 이름의 유래를 나중에야 알 수 있었다.

1849~1850년 겨울. 서부로 대규모 이주 행렬이 이뤄지던 그때 마차에 탄두 가족이 LA로 가기 위해 미국의 황량한 대사막을 가로지르는 지름길을 선택하기로 결정했다. 그들은 LA에서 캘리포니아의 금광지대로 북향할 작정이었다. 그러나 계절이 이미 상당히 변한 터라, 그들은 시에라네바다를 넘는 것이 눈 때문에 불가능할 것으로 판단했다.
1848년 1월 24일 아메리칸강American River의 서터즈 밀Sutter's Mill에서 제임스 마샬James Marshall이 기가 막힌 금광을 발견하자, 엑소더스가 이어지며 독특한 역사를 써내려갔다. 1849년까지 오리건통로Oregon Trail를 이용해 캘리포니아 북부로 간 사람들은 15,000명에 달했고, 주로 모르몬교도들인 4,600명이 솔트레이크 계곡에 도착했는데, 그들은 그곳에 멈춰 새로운 시온Zion을 세우기로 결정했다. 그러나 골드러시Gold Rush가 이뤄진 첫 해인 1849년에 최소한 25,000명은 되는 육로 이주자가 캘리포니아에 도착했다. 그들은 이유도 각양각색이었다. 새로운 정착지를 찾아서 온 사람도 있었고, 손쉽게 일확천금을 노리는 사람들이 있었는가 하면, 모험과 지평선너머를 찾아서 온 사람들도 있었다.

그리하여, 그해 늦가을에는 다양한 인종들이 100개도 넘는 포장마차를 타고 그레이트솔트레이크Great Salt Lake에서 남쪽으로 100킬로미터쯤 떨어진 곳에 있는 호블 크릭Hobble Creek을 출발했다. 그들은 남쪽으로 향하는 길(푸에블로 데 로스 앙헬레스Pueblo de Los Angeles에 이르는 옛 스페인 트레일)을 잘 알지 못했다. 따라서 식수 부족이라든가 먹이를 찾는 굶주린 야수들의 위험은 시에라네바다를 뒤늦게 횡단하는 사람들을 위협하는 악명 높은 눈보라에 비하면 아무것도 아니었다.

유타를 횡단하는 고난의 한 달을 보낸 그들은 갑론을박을 벌였다. 간략하게 그린 지도 하나는 서쪽으로 가는 길을 훨씬 더 짧게 나타낸 반면, 다른 지도는 그 지역을 '탐험이 되지 않은 곳'으로 묘사한 것이다. 그리하여 그들은 무리가 갈렸다. 거의 모든 포장마차는 서쪽으로 향했으나, 소가 헤쳐 나가기 어려운 절벽을 만나자, 그들 중 대다수라고 할 수 있는 75개의 포장마차가 남쪽 루트로 돌아섰다. 그리고 윌리엄 루이스 맨리William Lewis Manly가 이끄는 4가족만이 데스밸리의 동쪽인 아마고사사막Amargosa Desert으로 계속 전진했다. 이제 식량도 바닥이 난 그들은 또 다른 봄이 올 때까지 탈수로 거의 다 죽었다. 피로에 지친 그들은 이름 모를 커다란 계곡으로 들어갔지만, 가는 곳마다 높은 산으로 가로막혔다. 맨리와 그의 친구 로저스Rogers가 사막에 갇힌 부녀자들을 위해 식량과 말을 찾아 돌아올 수 있으리라는 희망을 갖고 산을 넘는 길을 찾아 맨발로 떠난 사이, 뒤에 남은 사람들은 말라빠진 소를 도살할 수밖에 없었다.

그 두 사람이 700킬로미터를 헤맨 끝에 노새 한 마리와 탈출로에 대한 정보를 갖고 마침내 돌아왔을 때 그들을 기다려온 가족에겐 기적이 일어난 것이나 다름없었다.

그들이 오늘날에도 여전히 '맨리 룩아웃Manly Lookout'으로 불리는 곳, 즉 맨리와 로저스가 생존자 중 한 명과 사흘 동안 탈출을 시도한 끝에 도달한 곳에 이르자, 그들 뒤에는 방금 건너온 사막과 깊은 계곡이, 그리고 앞에는 시에라네바다의 눈 덮인 봉우리들이 펼쳐졌다. 그 세 남자는 모자를 벗었다.

"안녕, 데스밸리Death Valley(죽음의 계곡)여!" 그들 중 하나가 말했다.

그리하여 그 계곡에 이런 이름이 붙게 되었다.

그 후 1세기 반이라는 세월이 흘렀다. 그리고 거의 모든 것이 변했다. 오도 가도 못 하는 여행자들의 소를 화살로 죽이려 했던 인디언들은 이미 오래전에 사라졌다. 지금은 아스팔트 도로가 사막을 관통하고 있어, 만약 도로를 벗어나 방향감각을 잃고 물까지 떨어진 사람이 아니라면, 데스밸리를 우연찮게 발견하게 된 사람들의 차마 형용할 수 없는 고난과 절망은 상상도 하지 못할 것이다.

타고난 아름다움으로 인해 이 계곡은 국가적인 기념물이 되었다. 어떤 방문자들에게 이 계곡은 아마 지구에서 가장 아름다운 곳일지도 모른다.

✳

우리는 한밤중에 벌써 몇 시간 동안이나 차를 몰고 있었다. 나는 앞을 내다보며 동쪽의 창백한 하늘을 살폈다. 희미하게 빛나는 사막의 형태가 차창 밖을 스쳐 지나갔다. 내 옆에 앉은 레나타의 어깨 너머로 길고 부드럽게 늘어진 금발머리도 새벽빛에 어렴풋이 빛났다. 나는 그녀의 꿈꾸는 듯한 청록색 눈을, 아주 갑자기 결심이 엿보이기도 하는 그 눈의 표정을 거의 알아차릴 수 없었다. 그녀는 특별하기도 하고 모순덩어리이기도 했다. 그녀의 조상은 러시아 출신이었지만, 다 그렇지도 않았다. 내가 보기에는 어떤 면에서 그녀의 개성은 세계의 모든 대조를 나타내고 있었다. 그렇다 해도 그녀는 아주 분명하고 직설적이었다.

우리 둘은 말로만 들은 이 이상한 곳, 즉 데스밸리를 알고 싶어 했다.

LA에 사는 대부분의 사람들처럼 레나타도 그곳에 가본 적이 없었다. "그 계곡은 이름과는 전혀 달라. 생생하게 살아있거든." 진정한 사막의 여우이며 바그마켄의 일원이고 우리의 친구인 착한 늙은이 캠피Campy가 주장했다. "봄에 가면, 모래의 곳곳에서 싹을 틔우는 꽃들을 볼 수 있어. 꽃이 피는 멋진 선인장들이지. 정말 경이로운 곳이야." 그는 햇볕에 그을려 가죽같이 된 얼굴에 온통 미소를 머금고, 경고의 눈을 깜빡거리며 이렇게 덧붙였다. "아마 그 마법에 홀릴지도 몰라." 그리고 그는 우리를 한참이나 쳐다봤다.

그런데 즉석에서 결정을 내리고 곧바로 행동에 나서기 딱 좋은 봄이었다. 디즈니랜드(내가 좀 비꼬아 말하면 LA유치원) 방문처럼. 레나타의 변덕으로 우리가 어제 그랬다. 고백컨대, 우리는 한 쌍의 어린이 같았다. 나는 그곳이 복잡하게 작동되는 모델, 그리고 아주 정교하게 만들어진 인형 속의 거대한 예술이라는 걸 곧바로 깨달았다. 세 번이나 우리는 캐리비언 해적선의 아래로 들어갔다. 그런 모습은 생전 처음이었다. 이제 우리는 또 다른 곳을 발견하러 길을 나서고 있는 중이었다.

내 동료의 희뜩희뜩한 금발 머리카락처럼 창백한 사막이 스쳐 지나갔다. 그녀는 마치 이전의 레나타가 아닌 듯 이제는 진지했다. 그러나 나는 어린아이처럼 장난스러운 그녀를 기억하고 있었다. 그녀의 존재는 나를 침묵으로 감싸, 나는 그녀의 이상한 책략에서 어떻게도 벗어나지 못하고 있었다.

도로는 데스밸리를 숨긴 긴 산맥으로 곧장 이어졌다. 그 검은 실루엣 뒤에 하늘이 오렌지색 불꽃으로 이글거렸다. 모든 것이 빛났고, 우리 주위가 붉게 타올랐다. 이제 막 태양이 떠오르려 하고 있었다. 우리는 차의 속도를 줄여, 노란 꽃들이 드문드문 피어있는 덤불로 들어갔다. 빨리! 빨리! 우리는 차문을 재빨리 열고 밖으로 튀어나왔다.

그곳에 그것이 있었다. 태양! 이글이글 붉게 타오르며 산마루 위로 서서히 올라오는 우주의 신비. 우리는 떨리듯 사막 위로 떠오르는 백열성의 동그란 원형에 마음을 온통 사로잡혔다. 영혼을 유혹하는 힘. 그리고 갑자기, 핵심을 찌르고 꿈과 현실을 창조하는 이 힘으로부터 알 수 없는 어떤 것이 태어나고 있었다.

이시스Isis, 자연의 여신.

그날 이후 내가 나의 동료에게 붙여준 이름이다. 어쨌든 무언가 변했고, 그건 오랫동안 계속됐다. 우리는 태양을 우리 안으로 끌어들였다.

그리고 나는 그 시간의 그곳으로 다시 돌아갔다.

얇은 안개가 소금으로 이뤄진 평편한 대지를 덮고 있었다. 이상하고, 부드럽고 풍성하며 뭐라 형언할 수 없는 마법이 죽음의 풍경에서 퍼져 나왔다. 마치 최면을 걸기라도 하는 것처럼…. 우리는 계곡 바닥에서부터 2,000미터 위에 있는 능선에서 아래를 내려다보고 있었는데, 마치 무언가 우리에게 올라오고 있는 것 같았다. 무얼까? 사막의 정기? 우리에게 다가와 주위를 감싸는 건 아마 데스밸리의 정수精髓일지도 몰랐다. 데이지같이 키가 크고 노란 꽃들이 있었고, 선인장에는 부드러운 장밋빛 꽃들이 활짝 피어있었다. 그리고 노랗고 빨간, 심지어는 푸르기까지 한 바위와 흙은 거대한 예술가의 팔레트 위에 펼쳐진 물감 같았다. 그 사이에는 마치 부식한 황토색 버섯 같은 모습의 집채만 한 바위가 있었다. 옥수수 다발같이 키가 큰 이상하고 섬뜩한 잔디더미들. 이곳이 '데블스콘필드Devil's Cornfield'였다. 그 뒤로 파도처럼 펼쳐진 모래 언덕. 그것들은 미세하게 이리저리 움직이는 형상을 하고 있었다. 관목들은 일단 움직이는 모래 능선으로 둘러싸이면 몇 년 후 뻣뻣한 가지들을 펼친 나무의 해골 모습으로 반대편 모래 언덕에 나타난다. 마치 방어 능력을 잃은 손가락처럼. 그리고 커다랗게 굽은 바위들이 마법에 걸린 뱀처럼 산의 사면 위쪽을 가로지르고 있었다. 사막의 도마뱀은 번개처럼 빠르고, 차분한 독립 봉우리들은 거대한 팬이 자갈을 멀리 날려버린 듯 위로 삐져나와 있었다. 오렌지색과 검은색이 섞인 협곡들과 한때, 그러니까 아주아주 오래전에 계곡을 천둥소리로 채웠을 작은 화산들이 있었다. 황량한 소금의 대지는 마구잡이로 괭이질을 당한 것 같은 모습이었다. 낡아빠진 수레들, 붕사를 추출할 때 쓰인 잔해들이 있었다. 사람들은 이곳에서 금과 은도 찾았다. '데스밸리 스코티Death Valley Scotty'로 기억되는 한때의 사기꾼은 말을 잘 하는 악당으로, 자기와 전혀 상관이 없는 금광 발견을 핑계로 은행에서 돈을 받아내어 캐니언의 한쪽에 성을 짓기까지 했다고 한다.

아, 그렇겠지. 만약 데스밸리가 말을 할 수만 있다면….

200킬로미터쯤 되는 계곡은 넓이도 상당하다. 빙하시대에 이곳은 큰 호수였다. 그러나 호수물이 지금은 거의 다 증발했다. 그 안에는 아직도 물고기 몇 마리가 살아있다. 더 정확히 말하면 그 시대를 살아남은 어떤 종류의 물고기다. 그들은 작은 연못 덕분에 증식해 수천 년을 지나며 환경에 적응했다. 소금 분지 가장 깊은 곳은 해수면보다 84미터나 낮은데, 그곳에는 아직도 물이 조금 남아있다. 물론 그 물을 마실 수는 없다. 그래서 오늘날에는 그 물이 '배드 워터Bad Water'로 불린다. 이 계곡이 서반구에서 가장 뜨거운 곳임을 생각하면, 그런 물고기가 살아있다는 것이 거의 믿어지지 않는다.

그러나 여름의 뜨거운 열기는 아직 시작도 되지 않았다. 빨간 카스텔리아Indian Paint Brush 꽃무리는 따뜻하고 부드러운 바람이 자신들을 쓰다듬고 지나갈 때마다 고개를 숙였다. 봄은 봄이었다.

우리는 모래 언덕으로 다가갔다. 멀리서는 무의미하게 퍼져있는 이것들이 가장자리도 확실하지 않은 광대한 청회색 계곡에 있는 금빛 쪼가리처럼 보

데스밸리(죽음의 계곡)에도 봄은 오고 있었다.

였다. 우리가 가까이 다가가자, 비로소 둔덕과 그림자가 나타났고, 황토 같은 노란 파도의 잔물결이 일정한 패턴을 이루며, 계곡의 양쪽을 경계 짓는 높고 우중충한 산의 능선 사이에서 우리 눈앞에 펼쳐졌다.

우리는 무얼 발견할 수 있을까, 하는 호기심에 휩싸여 조심스럽게 이 모래 풍경 속으로 들어갔다. 껄끄러운 기대와 함께 우리는 미로 속으로 발을 내디뎠다. 검푸른 산의 실루엣 아래로 펼쳐진 사막의 미소 속에 알 수 없는 대양의 파도가 있었다. 무엇이 있을까? 발걸음을 옮길 때마다 미로의 등고선이 묘하게 변했다. 깊은 고랑이, 즉 분지가 새로 나타나 우리 앞에서 부풀어 오르듯 솟아올랐다. 산들바람을 타고 나비 한 마리가 자유롭게 항해하고 있었다. "나는 알고 싶어요."라고 그 나비는 말하는 것 같았다. 그날 하루 종일 우리의 가슴속에서도 그와 똑같은 희망이 불타올랐다. 다음 모래 언덕 뒤에서 우리를 기다리고 있는 건 무얼까? 오랫동안 궁금하게 여겨온 의문이 그 비밀을 살짝 공개하기 직전과 같은 설렘이 일었다.

또 하나의 고랑, 또 하나의 능선, 더 높은 곳에서 바라보는 또 하나의 풍경. 아지랑이가 피어오르는 공기 속에서 희미하게 빛나는 검은 형체…. 식물과 관목 그리고 무한한, 아무 의미도 없이 무한한 대지. 안개에 녹아내린 듯한 먼 곳의 작은 점들.

우리는 계곡에 있었다는 것 말고 아무것도 배운 것이 없었다. 그러나 그곳에서 얻은 깨달음은 우리의 가슴을 기쁨으로 채웠다. 우리는 여전히 더 많은 걸 갈망했다. 우리는 계속 나아갔다.

발밑의 모래가 부드럽게 움푹 들어갔다. 그리고 오후의 태양이 우리의 그림자를 대양의 파도 위에 다양한 모습으로 연출했다. 자라게도 하고, 길게 늘어뜨리기도 하고, 뛰어오르게도 하고, 서로 합쳐지게도 하면서. 무엇이 우리를 행복하게 만들까? 그냥 존재하고 있다는 의식?

그곳에는 우리가 아는 것보다 더 많은 것이 있었다. 그건 우리를 계속 앞으로 나아가게 했다. 그리고 사막은 약속을 속삭였다. 좋아, 좋아. 더 많은 걸 발견할 수 있을 거야.

그리고 때마침 완벽한 고요 속에 어떤 소리가 들려왔는데, 데스밸리에선 아주 특별할 수밖에 없는 일이었다. 어디에선가 다양한 색조가 피어오르고, 이상한 선들이 떠올랐다. 그곳은 오직 갈색이나 회색만 존재하는 곳이었다. 환상적인 형상들이 순식간에 구체화되고 있었다. 태양과 빛에 의해 깨어나 반짝이는 그곳은 고요하고 어딘가 모르게 비밀스러웠다.

데스밸리….

어느 곳을 백 번 지나간다 한들 그곳에는 아무것도 없다. 당신을 감동시킬 만한 것이 전혀 없다. 당신은 계속 그곳을 지나간다. 그런데 갑자기 그곳이 놀랍게도 사막의 꽃이 피는 바로 그 장소다. 그럼 당신은 그곳에 서서 기뻐 어쩔 줄 모르며 그 꽃이 항상 그곳에 있었다는 사실을 믿지 못한다. 그리하여 계속 그곳에 와도 그건 결코 똑같지 않다. 그리고 그 꽃이 다시 필지 또는 언제 필지도 알지 못한다.

다시 필까? 어디에 필까?

저녁 어스름이 시나브로 다가오자, 산 너머에 황혼이 내렸다. 우리는 걸음을 멈췄다. 나는 이시스의 손을 잡아끌었다. 우리는 오늘 더 멀리 가지 않을 것이다.

우리는 우리가 다시 돌아올 것이라는 확신을 갖고 그 자리를 떠났다. 어느덧 우리는 사막의 정기와 어울리고 있었다.

다시 필까?

한 가지는 사실이다. 당신은 돌아오고, 돌아오고, 또 돌아올지 모른다. 그래도 이 계곡은 결코 전과 똑같을 수 없다. 그렇다. 당신은 단지 그걸 느낄 뿐이다. 그러나 어떤 현실과 맞닥뜨릴지, 그리고 사막에서, 바위에서, 비록 아주 잠깐 동안이라도, 어떤 마법이 손짓할지 당신은 결코 예견할 수 없다.

도마뱀—
시에라네바다의 니들스 등반

젊은이가 어두운 침엽수림에서 나타나, 헤쳐 나가기가 몹시 힘들 정도로 빽빽하게 이곳을 덮고 있는 연푸른 만자니타manzanita의 악명 높은 관목 안으로 들어왔다. 운동선수 같은 체격에 키가 큰 그는 우리를 향해 천천히 걸어오면서 자주 걸음을 멈췄다. 그의 표정은 어두웠다.

"왜 그래, 조Joe?" 허브가 그에게 물었다. ('니들스Needles'에 몰두하는 내 동료는 바그마켄에서 암벽등반의 왕이었다)

다른 사람들이 인사도 없이 중얼거렸다. "마이크Mike가 비명을 질렀어. 이제 곧 올 거야." 그리고 그는 조 뒤에 서서 고개를 끄덕였다. 그러자 길모퉁이를 돌아 고통스럽게 움직이고 있는 그의 친구가 보였다. 그는 천천히 걸음을 옮겼는데, 그의 옷은 한쪽이 너덜너덜 찢어져 있었고, 붕대를 칭칭 감은 걸 보니 피부 역시 마찬가지인 것 같았다.

우리가 그를 위해 해줄 수 있는 건 많지 않았다. 사고는 이미 일어났고, 지금 그들은 차로 돌아가는 중이었다. 니들스에서 등반하며 보내려던 그들의 주말은 이렇게 끝이 났다. 우리는 그들에게 행운을 빌어줬다.

우리가 계속 앞으로 나아갈 때 허브는 나무들 너머, 니들스를 구성하고 있는 괴물 같은 화강암 침봉 하나를 가리켰다. "마이크가 선등하다 떨어진 곳이 저기야."라고 그가 나에게 말했다. "아마 15미터쯤 떨어졌을 거야."

거대한 바위들이 햇빛에 밝게 빛나면서 나뭇가지 사이로 솟아올라 있었는데, 눈에 거슬리는 이끼가 낀 어떤 바위들은 완전히 노란색이었다. 그중 하나에서 떨어진다면 어떻게 될지 쉽게 상상이 갔다. 일단 옷이 찢기거나

가고, 그다음에는 피부가, 그리고…. "비명쟁이라 불려도 놀랄 일이 아니네. 일단 추락하면 비명을 멈출 수 없을 테니까."

"얼마나 크게 지르느냐가 문제지." 허브는 고개를 끄덕였다. "하지만 선등자에게만 해당되는 일이야."

분명, 후등자는 그렇게 길게 추락하지 않을 것이다. 이곳의 단단한 바위를 보자, 나의 생각은 어느새 알프스의 가파른 빙벽으로 달려갔다. 나는 그 상황을 이해할 수 있을 것 같았다. "허브!" 내가 그를 불렀다. "이곳은 너의 산이야. 너는 니들스 전문가고, 오늘은 네가 선등해…."

그는 웃음을 짓더니 자신도 '비명'에는 취미가 없다며, 약간 작은 바위에서 등반하는 것이 어떠냐고 물었다. 그리고 그는 즉시 앞장섰다. 그는 칼날 같은 리지 위로 올라서, 혼자 발라드곡에 맞춰 춤을 추듯 이 바위에서 저 바위로 몇 번 몸을 위로 잡아끌며 건너뛰었다. "등반하고 싶지 않아?" 하고 그가 물었다.

"아니, 허브." 내가 대답했다. "도마뱀Wizard'을 위해 힘을 아끼는 게 낫겠어. 그전에 지치면 안 되니까."

그는 나를 이해했다. 나는 지난 몇 달 동안 강의에 매달리느라 몸이 엉망진창이 되었다고 고백해야 했다. 그날 몇 번 내가 아주 작은 장석 크리스털이나 다른 인상적인 화강암에 매달렸을 때 나는 마이크가 아침에 내질렀다는 비명에 신경이 몹시 쓰였다.

우선, 우리는 '마녀Witch'를 등반했다. 90미터 높이의 그녀는 머리에 이상한 스코틀랜드 모자를 쓴 개성 있는 화강암이었다. 그녀의 노멀 루트는 IV급밖에 되지 않았다. 스코틀랜드 모자에 조심스럽게 접근해가면서, 내가 비록 오스트리아의 얼음 전문가이긴 하지만 이 정도는 문제없다고 생각했다. 자연은 오늘날 우리가 즐길 수 있게끔 시에라네바다의 이 니들스의 형상을 오랜 시간에 걸쳐 온갖 마술을 부려 만든 것 같았다. 이곳에는 '은둔자

Hermit'도 있고, '요술쟁이Warlock'도 있고, '마녀'도 있었으며, 심지어는 '백인여성White Lady'도 있었는데, 그녀는 정말 우아한 자태를 뽐내고 있었다. 마지막으로, 그러나 결코 무시할 수 없는 것이 '도마뱀'이었다. 이 녀석은 으스스한 패거리 중 생김새도 가장 이상했다. 모자를 뒤집어쓴 커다란 고릴라가 입을 벌리고 혓바닥을 길게 늘어뜨린 것처럼 불길하게 보였다. 이 녀석도 90미터는 될 정도로 키가 컸다. 내가 이 녀석을 처음 보았을 때 나는 그 모자의 꼭대기에 올라서고 싶다는 욕망을 느꼈다. 그러면 아마도 대단히 환상적일 것이라는 생각이 들었다. 아, 나는 정말 그렇게 하고 싶었다. "루트가 어디야?" 내가 허브에게 물었다.

나의 관심에 기뻐한 그가 씩 웃으며 이렇게 말했다. "조끼 보여? 길게 갈라진 가는 틈 보여? 그곳으로 올라가면 돼. 침니가 그곳까지 이어져 있어." 그는 그 루트를 깔보는 듯 어깨를 으쓱했다. "하지만 전혀 문제없어."

조끼로 올라가는 직선 크랙은 30미터 정도로 깨끗하게 찢어져 있었다. "확보물 설치는 좋아?" 나는 가벼운 마음으로 익살스럽게 말했다.

"아니." 허브는 무덤덤하게 말을 받았다. "전혀. 깃까지 쉬지 않고 곧장 올라가야 해. 그럼 고릴라의 얼굴이 나와." 그는 웃으며 이렇게 덧붙였다. "눈썹이 아주 재미있어!" 이 말을 하는 그의 표정은 황홀감에 젖어있었다.

"얼마나 어렵지?" 나는 난이도를 알고 싶었다.

"5.8"

캘리포니아 사람들은 정확하다. 나는 그전에 유럽의 난이도로 VI급을 등반했었다. 이곳의 클라이머들은 5.11, 아니 5.12까지의 수준에 올라있었다. 물론 그들은 매주 LA 외곽의 암장이나 작은 바위에서 연습을 아주 많이 한다. 샌프란시스코도 마찬가지다. 그곳에서 요세미티까지는 차를 몰고 갈 수도 있다.

크랙을 등반하려면 부드러운 암벽화가 필요하다. 보통은 암벽화를 크랙 안에 집어넣고 손이나 주먹으로 재밍jamming을 잘해야 한다. 그리고 미

캘리포니아의 도마뱀(고릴라) 바위

끄러지지 않으려면 크랙 안에 집어넣은 발을 단단히 비틀어야 하는데, 물론 이 동작은 상당히 고통스럽다. 그래서 저녁이 되면, 대단히 강철 같은 사람이 아닌 이상, 온몸이 쑤신다. 발과 팔과 손과 손가락! 태양이 모하비 사막의 산 너머로 지면, 미국의 '레이크 디스트릭트Lake District'는 텅 빈다. 그럼 클라이머들은 집으로 돌아가는 긴 시간 동안 팔과 발을 주무르고, 목의 근육을 푼다. 캘리포니아 등반 친구들의 이런 시스템은 얼마나 멋진가!

스테피는 이런 등반의 명수다. 아주 뛰어나다. 그녀를 능가하는 사람은 오직 척뿐이라는 걸 모든 사람이 인정한다. 그는 몸을 심하게 떨면서도 능숙하게 해내는 데 그와 견줄 수 있는 사람은 아무도 없다. 캘리포니아의 화강암 바위에선 손과 발의 피로를 수시로 풀 수 있어, 크랙 등반을 더 많이 할 수 있다.

이제 다시 허브 얘기로 돌아가면, 그는 작은 화강암 바위에 앉아서 우리에게 필요한 장비를 챙겼다. 자유등반free climbing은 인위적인 도움 없이 등반하는 걸 말한다. 물론 그렇다고 해서 날다람쥐처럼 맨몸으로 올라가는 건 아니다. 허브는 슬링과 카라비너와 알루미늄 큐브와 다양한 사이즈의 너트 꾸러미를 쌓아놓고 있었다. 이런 것들이 크랙에 잘 박힌 다음 무게를 받으면, 회수를 해야 하는 후등자는 특별한 훅이 필요할지도 모른다. 구식 빈집털이범들에게 커다란 열쇠꾸러미가 필요하듯, 한 움큼의 슬링과 다양한 크기의 너트(프렌드friend를 사용하면 수량이 줄어든다)가 없으면 아무 데도 올라갈 수 없다.

그러는 사이에 스테피가 나타났다는 걸 나는 알지 못했다. 도움의 천사 같은 그녀는 바위 아래에 인내심 있게 앉아, 우리의 짐을 지키며 사진을 찍고 있었다.

허브가 출발 준비를 끝내, 우리는 숲을 떠나 깊은 계곡으로 기어 내려갔다. 잡목을 힘들게 헤치고 비교적 쉬운 바윗길을 지나, 우리는 '도마뱀'으로 다가갔다. 그 녀석은 커다란 혓바닥을 내려뜨리고 수수께끼 같은 표정으로 우리를 내려다보고 있었는데, 나는 그걸 느낄 수 있었다. (태양의 위치와 바위를 가로질러 움직이는 그림자에 따라 표정이 그때그때 바뀌었다) 우리가 바위 밑의 작은 틈새에 도착하자, 허브는 그네를 타듯 아주 가벼운 몸짓으로 바위 턱 위로 올라갔다. 그의 확보를 봐주며 나는 이렇게 생각했다. 나는 저렇게 못 하겠군. 체중이 다시 92킬로그램이나 나가니까. 물론 오늘 좀 빠지긴 하겠지만….

허브는 침니를 허둥지둥 올라갔다. 그는 난이도가 IV급인 그곳의 작은 바위 턱에 서서 너트를 하나 골랐다. 그리고 곧 그는 나에게 올라오라고 소리쳤다. 오른발을 이용해, 나는 순수한 기쁨을 느끼며 춤을 추듯 눈 깜짝할 사이에 바위 턱을 돌아갔다. 아니, 나는 홀드나 다른 쪽에서 무언가를 찾으려 애쓰면서 크랙에 나 자신을 우겨넣고 무턱대고 모서리를 더듬었다고 해야 할지 모르겠다. 그러자 수직이긴 했지만 홀드가 양호한 침니가 나왔다. 맞아! 나 여기 있어, 허브! 나는 앵커를 단단히 설치했는데, 허브는 서로 다른 바위틈에 너트 2개를 추가로 설치하고, 나의 놀란 가슴을 무덤덤하게 가라앉혔다. "유럽 사람들은 너무 겁쟁이야. 아직도 피톤을 쓰잖아!" 나는 한숨을 내쉬었다. 적어도 나는 에이브러햄 링컨의 동상처럼 단단히 고정돼 있었다.

"이제, 정신 차리고 내 확보를 아주 잘 봐야 해." 허브가 말했다. "사진 찍고 싶으면 지금 찍어. 나중엔 안 돼. 내가 저 위 조끼에서 떨어지면, 그건 장난이 아냐. 날 정말 단단히 붙잡아줘야 해!" 그는 웃으며 말했지만, 나는 그것이 진심이라는 걸 알 수 있었다.

허브는 여기저기 진노랑 조각, 즉 이끼가 붙어있는 고릴라 조끼처럼 생긴 바위를 올라가기 시작했다. 이 바위는 고릴라가 아니라 차라리 킹콩이었다. 그는 내 머리 위에 있는 단단한 바위의 작지만 양호한 홀드들을 잡고 올라갔다. 그러나 그 홀드들이 계속 이어지진 않았다. 그는 이제 길고 가는 크랙에 손가락 끝을 집어넣고 올라갔다. 그러면서 그는 오른쪽에 있는 수직의 바위에 암벽화 고무창을 디뎌 마찰력을 얻으려 했다. 홀드가 없어서 순수한 밀착으로 마찰력을 얻는 수밖에 달리 도리가 없었다. 물론 그가 잘 아는 기술이긴 했지만, 이 수직의 디에드르dièdre(거대한 바위에 있는 좁은 홈통)에선 인상적이었다. 그는 등반을 아주 잘했다. 가끔 그의 얼굴과 긴장된 근육이 보였고, 장비가 딸그락거리는 소리가 들렸다. 이곳은 시에라의 숲에서 불어오는 가벼운 바람의 속삭임만 있을 뿐 고요하고 조용하기 그지없었다. 나는 혼자 힘으로 올라가야 해서 그의 곡예에 가까운 동작을 기억하려 노력했다. 또한 나는 조끼의 주름에 깊이 박힌 작은 너트들을 모두 회수해야 했다. 허브는 등반을 하면서 그것들을 재빨리 그러나 정교하게 끼워 넣었다. 그는 이제 내 머리 25미터 위 수직의 바위에 있었다. 그리고 처음으로 나에게 소리쳤다. 그곳은 크랙이 끝나는 곳이라, 그는 옷이 주름진 곳을 찾아 모서리를 돌아야 했다. 둥근 모서리의 바위를 조심스럽게 디딘 그의 암벽화 바닥창이 보였다. 나는 숨을 죽였다. 그는 물 흐르듯 유연하고 빠른 동작으로 시야에서 사라졌다. 곧 그 위쪽 어디에선가 소리가 들렸다. 이제는 내 차례였다. 나는 위로 올라가기 시작했다. 하늘에는 너트들이 주렁주렁 매달려있었다. 그런데 그것들은 잘 빠져 나오려 하지 않았다. 나는 다리를 넓게 벌려 균형을 유지한 다음 쇠갈고리를 걸고 그것들을 더듬고 만지작거려 잡아당겼다. 그러자 얼굴에서 땀이 주르륵주르륵 흘러내렸다. 나는 욕을 내뱉고 다시 잡아당겼다. 그러나 어떤 것들은 끄떡도 하지 않았다. "너트는 하나도 남겨두지 마." 위쪽에서 희미한 소리가 들렸다. "자존심 문제니까 모두 뽑아 와야 해." 나는 그의 말을 그대로 따를 수는 없다는 생각이 들었다. 다음에 올라오는 녀석이 허브 래거Herb Laeger의 너트를 발견한다 해도 허브는 그런 얘기를 들을 수 없을 테니까. 나는 땀을 흘리며 우리 등반의 명예를 지키려 고군분투했다. 디에드르를 3분의 2지점까지 올라가자, 두 개의 화강암 벽이 넓게 벌어져 자세가 불안했는데, 나는 순간적으로 너트를 붙잡아 추락을 모면했다. 그랬더니 그 너트는 결코 빠져

나오지 않았다. 내가 그 너트를 빼내려 하자 온몸에서 땀이 비 오듯 쏟아졌다. 더구나 이곳은 뜨거운 열사의 나라였다. 나는 무식한 욕설을 내뱉었다. 그리고 너트를 그 자리에 남겨놓았다. 물론 그때까지 허브는 그 사실을 알지 못했다.

내가 그에게 도착했을 때 내 몸에는 마치 크리스마스트리처럼 슬링이 주렁주렁 매달려있었다. 그는 작은 바위 턱에 태연히 앉아 콧노래를 흥얼거렸다. 그는 셔츠를 벗어 크랙에 박힌 너트에 걸어놓고 있었다. 허브는 나의 커다란 몸집을 생각해 너트를 3개 더 박아 나를 확보했다. 이제 우리는 아름다운 바위 턱에 앉아 숲 너머에 환상적으로 솟아오른 바위 봉우리들을 바라봤다. 시에라네바다의 산맥은 정말 환상적이었다.

도마뱀의 눈썹! 고릴라의 눈썹이 어떻게 생겼는지는 모두 알 것이다. 난이도가 5.8 이상은 족히 되는 이곳은 실제로 오버행이었다. 허브가 몸을 뒤로 힘껏 제치더니 아래쪽 틈에 발을 집어넣고 나서 다리 하나를 빼낸 다음 눈썹 위의 바위 턱에 발을 댔다. 그는 아주 잠깐 동안 균형을 잃었지만, 이내 몸을 끌어올려 자신의 몸을 눈썹에 바싹 붙였다. 곧 그는 오버행 너머로 사라졌다.

로프가 너트의 슬링에 걸린 카라비너를 통해 손에서 순간적으로 빠져나갔다. 그러자 위쪽에선 그의 외침이 그리고 아래쪽에선 스테피의 고함이 들려왔다. 정상! 허브는 고릴라의 모자 위에 서 있었다. 바위로 된 도마뱀의 꼭대기였다. 내가 눈썹 위로 92킬로그램의 몸을 끌어올릴 때는 시간이 좀 걸렸다. 그래서 나는 앞으로 몸무게를 좀 줄이겠노라고 다짐했다. 그 피치의 끝부분인 모자의 크랙이 다행히 넓어서 힘이 많이 들진 않았다. 나는 내가 직접 만든 바리안테Variante를 크랙에 설치했는데, 허브가 머리를 흔들더니 밝게 웃었다. 과거와 현재라는 두 세계가 공존한 오늘은 몹시 행복했다. 그에 대한 답례로, 나는 언젠가 '나의' 몽블랑을 보여주고 싶었다. "베르크 하일Berg Heil!" 허브가 미국인 억양으로 말했다. 우리는 악수를 나눴다.

　도마뱀 위에 선 두 사람.

캘리포니아 걸프에서

멕시코 연안에 있는 '캘리포니아 걸프Gulf of California'의 바닷물이 회색 안개에 싸여 희미하게 반짝거렸다. 보일락 말락 아주 멀리 배가 한 척 떠 있었다. 유럽과 아시아 사이에서의 하루.

우리 주위의 모래에 서로 떨어진 많은 줄들이 있었다.

"뭐 해요?" 이시스가 물었다.

"두 번째 줄들을 그리고 있습니다."

"두 번째 줄들이라고요?"

"맞아요. 모든 줄은 시간이고, 시간은 흘러갑니다. 물론 내가 줄을 긋지 않는 곳에서도 시간은 흘러갑니다. 그러나 다른 곳에선 다른 사람을 위해…. 나는 다시 이곳으로 돌아와 당신을 위해 두 번째 줄들을 더 많이 그릴 거예요. 내가 가고 없을 때 가끔 이 줄들을 생각해봐요."라고 내가 대답했다.

똑바로 뻗은 줄, 휘어진 줄, 반원형을 이룬 줄, 케이블처럼 이리저리 꼬인 줄 등 모든 패턴의 줄들이 모래 위를 수놓고 있었다. 그러나 동그랗게 원형으로 이어진 줄은 없었다.

우리가 바닷물이 있는 곳으로 걸어가자 그 디자인이 또 보였다. 그건 바닷

카렌 딤베르거Karen Diemberger의 작품

물이 만들어놓은 것이었다. 우리는 잔물결 자국이 헤아릴 수 없이 많은 넓고 평편한 모래사장을 가로질러 갔다. 썰물이 남겨놓은 고운 모래사장에는 직선과 곡선, 평행 그리고 작은 언덕과 골짜기들이 있었다. 우리는 모래가 그려놓은 수많은 두 번째 줄들을 건너 걸어갔다. 우리가 바닷물에 다다르자 우리 뒤쪽의 먼 해안선이 가늘고 좁은 띠를 이뤘다.

우리가 바닷물에 가까이 다가갈수록 수백 만 개로 이뤄진 아주 특이한 소리가 들려왔다. 그 소리는 다가왔다가 물러나기도 하고, 옆으로 퍼져나가기도 하면서 점차 우리를 완전히 감싸 우리로 하여금 그 안으로 완전히 빠져들게 만들었다. 앞서거니 뒤서거니 밀려오고 밀려나가는 크고 작은 수많은 파도의 패턴은 이해가 불가능했다. 그 소리들은 말로 형언할 수 없을 정도로 신비하고 유혹적이었다. 최면을 거는 마법이라고나 할까.

우리는 위험을 무릅쓰고 그 소리가 나는 지하 저장고 안으로 들어갔다. 우리가 물속으로 들어가자 이상하게도 발밑의 모래가 딱딱하고도 부드러웠다. 그 느낌은 이전과는 사뭇 달랐다. 바닷물이 우리 몸에 부드럽게 철썩거릴 때마다 우리는 가까이 붙어 손을 맞잡았다. 우리가 마음을 사로잡는 파도에 에워싸여 잔물결이 우리 몸에 살랑거리는 동안, 우리 주위에선 마치 춤을 추는 듯한 작고 날카로운 물의 봉우리들이 수천 배로 눈부시게 빛나며 아주 많은 태양들을 만들어내고 있었다. 해안선도 하늘도 더 이상 보이지 않았다. 눈에 보이는 건 오직 춤을 추는 태양의 공간 속에서 밀려오는 파도뿐이었다. 그런데 그 안의 줄들은 원형에 가까웠다. 우리는 더 이상 우리의 발이 어느 바다에 닿았는지 알 수 없는 무중력의 공간에 있었다.

우리는 팔로 서로를 감싸 안았다.

7부

마칼루—전환점

"왜 그래, 쿠르트? 꼭 그래야 해?" 잘츠부르크의 유명한 게트라이데가세 Getreidegasse에서 관광객 인파를 헤집고나가다 우연히 만난 오랜 친구이자 등반 동료인 마르쿠스 슈무크Marcus Schmuck가 나에게 대뜸 이렇게 물었다. 그는 내가 마칼루에 가려 한다는 소문을 들은 것이 분명했다. 그렇지 않았 다면, 그가 그토록 오랫동안 나에 대해 알아봤을 리가 없었다. 그는 내가 어떤 어리석은 일에 착수하지 않길 바랐는데, 나는 그의 좋은 의도를 알 것 같았다.

　그때는 마르쿠스와 내가 헤르만 불과 프리츠 빈터슈텔러Fritz Wintersteller 와 함께 8천 미터급 고봉인 브로드피크를 알파인 스타일로 등정한 지 25년 이 지난 시점이었다. 그 등반은 당시 많은 사람들로부터 미친 짓이라는 얘 기를 들었다. 왜냐하면 달랑 4명으로 된 원정대가 산소도 포터도 쓰지 않 고 도전에 나섰기 때문이다.

　그런데도 우리는 성공했다. 그러나 그건 이미 과거의 일이었다. 20년 이라는 시간이 짧다고 할 사람은 아무도 없을 것이다. 우리는 이미 나이가 많았다.

　그래서 마르쿠스가 나의 마칼루행을 만류하려 했던 것이다. 그런 말을 한 사람은 그뿐만이 아니었다. 내가 잘츠부르크에 있을 때부터 만성 기관 지염을 치료해온 최고의 폐 전문의 헬무트 비한Helmut Wihan은 베이스캠프 위로는 단 한 발자국도 올라가선 안 된다고 단호하게 말했다. 다른 의사 친 구들은 간단하게 말했다. "쿠르트, 계속할 수 있으리라고 기대해선 안 돼.

이제 그만둘 때가 됐어." 그러나 나는 원정등반을 정말 가고 싶었다. 나는 아름다운 마칼루가 어떻게 생겼는지 궁금해 그 생각을 머릿속에서 지울 수가 없었다. 나는 헤르만 와트, 나왕 텐징과 샤르체에 있을 때 그 산의 모습을 보았었다. 그 둘 역시 이번 원정에 참가할 예정이었다. 그리고 1974년의 그린란드 원정에서 의사를 맡았던 카를 란보그트 역시 합류할 예정이었다. 이들 말고 우리의 원정대원들은 베른의 패기만만한 등반가 한스 폰 카넬Hans von Känel, 헤르만의 부인 디틀린데Dietlinde와 두 명의 다른 세르파인 앙 차팔과 은가 템바Nga Temba였다.

"잘 생각해." 우리가 헤어질 때 그는 내 손을 잡고 걱정스레 말했다. 그는 나를 마치 다시는 보지 못하기라도 하는 것처럼 오랫동안 근심어린 표정을 지어 보였다.

양레—마법의 숲

히말라야 전나무들 사이로 로도덴드론rhododendron이 꽃을 활짝 피우고 있었다. 눈에 보이는 건, 마치 살아있는 인상파 화가가 그림을 그린 듯, 흰색으로 시작해 장미색을 거쳐 진분홍색까지, 그리고 노란색과 연보라색이 뒤섞인 갖가지 색의 향연이었다. 봄이었다. 꿈같이 완벽한 봄. 숲은 온통 마법에 걸린 듯했다. 전나무 가지에서 가볍게 늘어진 길고 푸른 이끼들이 복잡하게 얽혀 살랑거리면서 3차원의 거미줄 같은 모습을 연출하고 있었다. 그 거미줄에 걸린 건 다름 아닌, 아주 많은 새들이 지저귀는 맑고 고운 노랫소리였다. 광택이 나는 하얀 리본 같은 폭포가 화강암 벽을 따라 흘러내렸는데, 바닥에 닿기도 전에 물보라가 되어 사방으로 흩어졌다. 숲이 끝나는 곳에 있는 작은 오두막은 긴 대나무에 달린 룽다에 둘러싸여 있었다. 그 깃발들이 산들바람에 가볍게 날렸다. 옴 마니 반메 훔, 옴 마니 반메 훔…

옴 마니 반메 훔

신성한 곳이었다.

그 룽다들 사이로, 조각 흔적이 남아있는 바위가 눈에 들어왔다. 석가모니? 잘 알 수는 없었지만, 그러나 멋진 숲이 있는 이 소중한 장소가 우리가 알지 못하는 어떤 신이 거처하는 매혹적인 곳이 아닌가, 하는 생각이 본능적으로 들었다. 나는 이 놀라운 발견에 대해 달리 설명할 방법을 찾지 못했다.

끔찍한 기침에 시달리며 이곳에 도착했지만, 발작이 쉽게 멈출 것 같지 않았다. 따라서 나는 산을 높이 올라간다는 희망을 모두 버리고, 혼자 베이스캠프를 떠나 3,500미터로 내려왔다. 사나흘 전이었는데, 나는 이미 시간 개념을 잃어버린 지 오래였다. 이곳까지 오는 사람은 거의 없었다. 콩마 라 Kongma La 고개 너머 세두아Shedua에 거주하는 사람들이 1년에 두세 번 정도 종교의식에 참가하기 위해 찾아오는 것이 고작이고, 몬순 기간 중에는 양이나 염소의 작은 무리, 또는 몇 마리의 소를 몰고 초원을 찾아 바룬 계곡 Barun Valley을 떠도는 목동을 가끔 만나는 것이 전부다. 그것마저 없다면 이곳은 아주 황량하기 그지없다. 그리고 위험천만한 협곡이 거대한 아룬 계곡에 있는 마을들을 서로 갈라놓고 있다. 따라서 이곳에서 나는 오직 혼자뿐이었다.

고소에서의 기침은 많은 히말라야 등반가들을 절망에 빠뜨린 치명적인 신체장애다. 1955년에 마칼루를 초등한 프랑스인들도 원정 초기에 이 기침으로 몹시 고생했다. 만약 이런 경험을 하지 못했다면, 그 발작적인 기침이 얼마나 심한지 상상도 하지 못할 것이다. 며칠 전 디틀린데는 심한 기침으로 갈비뼈 하나가 부러져, 카를은 그녀를 커다란 반창고로 둘둘 감아야 했다. 나왕 텐징은 또 다른 희생자였다. 그러나 그는 용케도 그 증상을 떨쳐냈다. 그러나 증상이 호전되지 않은 나는 고도를 낮출 수 있을 기회를 잡아 로도덴드론이 만발한 숲으로 내려왔다. 나는 매우 낙담해 절망에 빠

마법의 양레 계곡. 절망감에 빠진 나는 그곳으로 내려가 고소 기침을 치유하고, 건강을 회복했다.

졌다. 평생을 산에서 살다시피 했는데, 마칼루같이 아름다운 봉우리를 눈앞에 두고 갑작스럽게 포기해야 하는 상황에 처한다면, 마음을 다잡는 데 시간이 어느 정도 걸리는 건 당연한 일이다. 내가 나이가 너무 많아 그런 걸까? 아니면, 저주받은 이 기침 때문인가? 이제 그만둘 때가 되었다고 나에게 경고한 마르쿠스가 결국에는 옳았던 걸까? 세상의 높은 산들을 두 번 다시 오를 수 없다는 사실을 어떻게 받아들여야 하나? 이런 상황과는 어떻게 타협해야 하나? 나는 자꾸만 커지는 정신적 공황상태를 진정시키려 노력했다. 그리고 아주 나쁜 상태로 치달진 않을 것이라고 스스로를 타일렀다. "쿠르트, 힘들다는 건 알아. 하지만 큰 산이 없어도 인생은 살아나갈 가치가 충분해."

정상뿐만 아니라 산 너머에도 비밀은 아주 많다. 세상의 모든 곳은 비밀로 가득 차 있다.

양레 계곡에서 나는 강렬한 생명의 감정을 느꼈다.

　　그러나 내가 평생 동안 품어온 가장 중요한 경험에서 배제될지도 모른
다는 사실을 생각하니 가슴이 아팠다.

　　그때 내 주위에 있는 숲이 생각났다. 아름다움을 간직한 놀라운 숲이.
그리고 조금 위안이 되었다. 마치 사방에서 사랑이 손길을 보내고 있는 것
같았다. 그때의 감정을 말로 표현하긴 어렵다. 나는 미신을 믿지 않지만,
이 세상에는 설명하기 어려운 신비가 많다. 그러자 양레Yang Lhe의 숲이 신
성한 곳이라는 확신이 들기 시작했다. 나는 마칼루라는 이름에서 단서를
찾을 수 있을지도 모른다고 생각했다. 그에 대한 이론은 많지만 정확한 유
래는 불분명하다. 그러나 나는 다시 이 숲이 마칼루와는 전혀 상관이 없다
는 생각이 들었다. 숲은 그냥 이곳에 있었다.

　　그럼에도 나뭇가지들에는 특별한 무언가가 있었다.

　　혹시, 이건 또 다른 세계의 이시스가 아닐까?

　　내가 전에 어느 곳에서 우연히 마주친 어떤 걸 만난 걸까? 내 마음속에

선 모든 것이 서로 연결돼 있는 것 같았다.

오늘날까지도, 나는 마법 같은 양레의 숲에서 나에게 일어난 일이 뭔지 정확히 알지 못한다. 나는 그걸 설명할 수 없다. 그러나 내가 산으로 다시 올라갔을 때 나는 다른 사람이 돼있었다. 더 정확히 말하면, 나는 건강을 완전히 회복했다. 그리하여 내가 얼마 후에 아주 좋은 컨디션으로 마칼루와 싸움을 벌이자 내 친구들은 믿을 수 없다는 듯 고개를 가로저었다.

　나는 그 미지의 여신에게 감사하는 마음이 들었다. 내가 몽블랑에서 가져간 작은 벨은 룽다들이 나부끼는 곳 근처 나뭇가지에 여전히 매달려있을 것이다.

네팔의 동부를 지나다

길을 따라 올라가는 어제부터 보슬비가 내리기 시작했다. 날마다, 짐을 잔뜩 짊어진 포터 한둘이 뻘건 진흙에 발이 빠져 뒤로 미끄러지자 다른 사람들은 웃으며 환호성을 내질렀다. 우리의 등산화가 남긴 명확한 자국 덕분에 헤르만과 한스와 나는 이내 '지켜주는 아버지'로 위임됐다.(몇몇 여성 포터들이 우리를 그렇게 불렀다) 우리는 몸을 아끼지 않고, 여성 셰르파 한둘을 옆에 낀 채 사면을 허우적거리며 올라갔다.

그래서, 비가 억수같이 내리는데도 불구하고, 이 나라 네팔을 특징짓는 높은 정신에 고무돼 그날의 목적지에 도착했다. 히말라야의 산기슭 800미터쯤에 위치한 칸드바리Khandbari는 마칼루로 가는 바위투성이의 긴 접근로에서 처음 만나는 마을이었다. 우리가 그곳에 도착해 기뻐한 데는 그만한 이유가 있었다. 히말라야의 '체르마트'라 할 수 있는 카트만두에서 원정대가 흔히 부딪치는 일은 전세기 편이 여의치 않아 해마다 서로 쟁탈전을 벌이는 건데, 이해할 만하다. 원정대장에게 가장 난감한 일은 그 시즌에 너무 늦게 산에 도착해, 정상 등정을 시도하려는 때에 몬순이 들이닥치는 것이다.

벵골만을 가로지르며 물기를 잔뜩 머금은 몬순의 바람은 인도와 네팔의 농민들에게 반가운 비를 가져다준다. 그러나 산악인들에게 그 바람은 천둥번개와 상당한 신설 그리고 눈사태의 결과를 초래한다. 그럼 원정대는 곧바로 등반을 끝내야 한다. 히말라야에서 겨울이 끝나고 몬순이 시작되기 전인 3월 중순부터 5월 말 사이에 등반 활동에 필요한 좋은 날씨는 잠깐뿐이다. 포스트몬순 시즌은 이보다 훨씬 더 짧다.

부인 디틀린데와 함께 3년 동안 네팔에서 독일의 개발지원 봉사활동을 하고 있는 헤르만 와트가 이번 마칼루 모험에서 나와 함께 공동대장을 맡았다. 우리 첫 원정대의 짐들이 이미 2년 전에 칸드바리의 네팔 친구들에게 도착해있었지만, 그때는 우리가 입산허가서를 받지 못했다. 그러나 산악인이라면 모름지기 낙관적인 자세를 취해야 한다. 그렇지 않으면 한 번의 모험에서 그다음의 모험까지 정상 등정이라는 꿈을 불러일으킬 수 없다. 특히 그 대상이 이번처럼 상당히 위험한 것이라면 더욱 그렇다. 우리는 14,000루피를 주고 마칼루 공식 입산허가서를 네팔 정부로부터 받았다.(이 금액은 당시 환율로 대략 1,000파운드다. 지금은 6배 이상 올랐다) 앞서 11월에는 디틀린데가 남녀 셰르파 40명을 동원해 이전 원정대가 에베레스트 근처 남체 바자르에 남겨놓은 1,100킬로그램의 짐을 갖고 네팔 동부에 있는 칸드바리로 걸어서 출발했다. 그곳까진 12일이 걸렸다. 그 후 시레스타 Shresta 가족 17명은 우리의 마칼루 짐 주변에서 살다시피 했는데, 그 짐들은 우리의 전진기지인 칸드바리에 있는 그들의 집 대부분을 차지했다. 그러나 그들은 그런 상황을 아주 명랑하게 이겨냈다.

네팔 사람이 다 된 헤르만은 ─ 우리 국제원정대의 세 사람인 독일의 카를 란보그트, 스위스의 한스 폰 카넬 그리고 오스트리아의 내가 원정대 조직을 마지막으로 손보는 사이에 ─ 카트만두에서 3월마다 벌어지는 전세기 쟁탈전을 잘 알고, 3월 10일에 툼링타르Tumlingtar로 출발하는 트윈 오터 화물비행기를 예약했다. 다시 말하면, 이건 바로 이틀 전에 벌어진 일이었다. 그렇다 해도, 아시아에선 예정대로 이뤄지는 일이 하나도 없다는 사실을 모든 알피니스트들은 알아야 한다. 특히 3월에 카트만두에서 출발하는 화물기는 더욱 그렇다.

산악계의 우정이 세상에 널리 알려져 있다고는 하지만, 그 당시 카트만두에 있던 원정대장이라면 그가 누구든 자신이 예약한 비행기가 이륙할 때까진 그곳에 오직 자신들만 있길 바랐을 것이다. 그래서 헤르만이 이미 카트만두에 와있던 볼프강 나이르츠의 안부 인사를 전했을 때 나는 오직 하나의 의문만 들었다. "그는 몇 대의 비행기가 필요할까?" 그러자 헤르만은 "트윈 오터 3대일 거야."라고 대답했다. "하지만, 걱정 마. 우리는 이미 예약을 했으니까." 나는 산악인의 격언을 생각하며 행운이 있길 빌었다. 3월 10일, 우리는 모든 짐을 랜드로버에 실었다. 날씨는 비행에 최상일 정도로 기가 막혔다. 그때 전화기가 요란스럽게 울렸다. 그리고 수화기를 집어든 헤르만이 얼굴을 떨구었다. 비행기에 이상이 생겨 운항이 취소된 것이다.

세상에! 아시아에선 어떤 일이든 일어날 수 있었다! 그러나 그때 다시 아시아에선 어떤 일도 일어날 수 있는 일이 정말 일어났다. 우리는 일주일을 기다릴 각오를 하고 있었는데, 바로 다음 날 아침 비행기에 올라탈 수 있었다. 그러나 산은 잿빛 실안개로 거의 보이지도 않았다. 공중으로 떠오른 우리는 머지않아 되돌아갈지 모른다는 불안감에 휩싸였다. 이곳의 조종사들은 오직 시야에만 의존하는데, 우리 앞쪽은 아무것도 보이지 않고 회색이 회색에 말려들면서 산들 사이로 구름 카펫이 깔려있을 뿐이었다. 나는 적어도 우리가 향하고 있는 방향은 알고 싶어서 작은 나침반(이전의 비행기에서 공짜로 나눠준 것)을 꺼냈다. 정부가 우리에게 배정한 연락장교 디팍 쿠마르 구룽Deepak Kumar Gurung 중위는 근심어린 내 표정을 보고 미소를 지으며 격려하듯 이렇게 말했다. "조종사가 제 사촌입니다."

나는 나침반을 도로 집어넣었다. 그러자 헤르만이 나에게 눈을 찡긋했다. "우린 어떻게든 그곳에 가게 될 거야. 조종사가 자기 친척 앞에서 바보가 되고 싶겠어?" 나는 그 말이 맞는다고 생각했다. 짐작컨대, 우리가 날아가고 있는 건 바로 그것 때문이었다.

우리는 인도가 있는 남쪽으로 향하고 있는 것 같았다. 아, 그는 인도와 국경을 쭉 맞댄 네팔의 저지대 테라이Terai를 뒷문으로 슬쩍슬쩍 보고 있을지도 모른다는 생각이 들었다.

낮은 산들이 펼쳐진 시골에서 커다란 돌무더기들의 잔해가 뱀처럼 구불구불 휘어져, 안개로 보일락 말락 희미하게 빛났다. 시왈릭Siwalik이었다.* 우리는 하나의 돌무더기 잔해들에서 그다음의 것으로 우리가 갈 방향을 마치 손으로 더듬기라도 하듯 낮게 날아갔다. 우리 왼쪽 먼 곳에 긴 청회색 능선들이 동쪽으로 이어져 있었다. 그 모습은 보였다 안 보였다를 반복해 우리의 길잡이가 되었다. 우리 비행기는 이제 반짝이는 연노란색 보아뱀 같은 돌무더기의 잔해 위에서 방향을 틀었다. 그러자 물이 굽이굽이 흐르는 곳이 시야에 들어왔다. 네팔 동부의 산악지대를 흐르는 큰 강인 아룬Arun임에 틀림없었다.

헤르만 와트와 나는 1974년 마칼루 뒤에 있는 샤르체에 갈 때 아룬강을 따라 올라갔었다. 그때 우리는 지금 우리가 가고 있는 산을 처음 보았고, 그곳에서 에베레스트 건너편 지역 출신으로 아무나 흉내 낼 수 없는 우리의 '셰르파' 친구 나왕 텐징을 알게 되었다. 티베트인의 피가 온몸에 흐르는 그는 전혀 네팔인 같지 않았다. 아주 철저할 정도로 유쾌한 인간성을 가진 그는 커니스가 능선을 이룬 샤르체에서 끔찍한 폭풍이 몰아치는데도 농담을 하곤 했다. 그는 진정한 셰르파 은가 템바, 앙 차팔과 함께 네팔인으로서 이번 마칼루 원정대의 일원이었다. 우리의 두 사다인 템바와 차팔은 1977년 로체에서 능력은 물론이고 끈끈한 동료애를 보여줘 헤르만의 마음을 사로잡았었다.

우리 비행기에 함께 탄 그들은 나란히 앉아, 아래쪽에 펼쳐진 강을 비행기 창문으로 유심히 내려다보고 있었다. 나왕 텐징은 툼링타르에서 활주로 끝에 있는 우리의 마칼루 짐을 지키며 벌써 일주일째 우리를 기다리고 있었다. 우리가 이런 날씨에 도착하면 그는 분명 놀라 자빠질 것이다! 조종

---

* 인도 북부 히말라야산맥의 펀잡 북쪽 지역에서 우타르프라데시까지를 말함 |역쥐

사는 비행기의 기수를 북쪽으로 돌렸다. 그러자 아룬 계곡이 분명하게 드러났다. 우리는 이미 바위들이 돌출된 가파른 산의 측면 위를 날아가고 있었다.

우리 밑으로 강이 굽은 곳에 길쭉한 타원형 녹색지대가 있는 넓은 계곡이 나타났다. 그곳이 활주로로 이용되는 초원이었다. 우리는 그곳을 향해 빙글빙글 돌아 내려갔다. 산간지역 사람들의 집들과 계단식 경작지들 그리고 나무들이 하나둘씩 날개 밑으로 미끄러지듯 지나갔다. 이어서 우르릉거리는 소리가 나고 갑자기 거칠게 움직이더니 바퀴가 신음소리를 토해냈다. 우리의 몸은 덜거덕덜거덕 심하게 흔들렸다. 그러나 우리는 이제 땅 위에 있었다. 비행기가 먼지를 일으키며 잔디 위를 내달렸다.

시계 제로의 상황에서 오직 경험에 의존하는 것이 바로 네팔식 항법이었다. 우리는 조종사를 향해 환호성을 지르며 손바닥이 아플 때까지 박수를 쳤고, 그러는 사이에 엔진이 서서히 멈췄다. 비행기에서 모두 내린 우리는 구름이 뒤덮인 흐린 하늘 밑에서 기분이 한껏 고조됐다. 결국 우리는 마칼루로 향하는 길에 있는 가장 큰 장애물을 넘어설 수 있었다.

하루가 지난 지금, 함석지붕에 비가 마구 내리치고 뻘건 흙탕물이 마을의 도로 한복판을 흘러내려갔다. 마치 우기에 접어든 듯, 잘츠부르크의 보슬비와는 너무나 달랐다.

칸드바리를 휩쓸고 내려가는 급류를 보자 최악의 불안감이 엄습했다. 마칼루로 올라가는 길이 과연 열릴까? 눈보라가 몰아쳐 우리의 포터들이 바룬의 성역 안으로 산을 넘어가지 못하는 건 아닐까? 이 운명은 우리가 100명도 넘는 포터들을 다독여 3톤의 짐을 갖고 넘어야 하는 4,200미터의 콩마 라에 적어도 1미터의 신설이 쌓인다는 의미였다. 우리 원정등반의 성패는 8,485미터의 마칼루 정상에 올라가기도 전에 바로 그곳에서 결판이 날 것 같았다.

그러나 히말라야 등반가라면 냉정할 필요가 있다. 그렇지 않으면 차라리 집에 있는 편이 나을지도 모른다. 이곳에선 결과가 기대한 대로 나타나지 않는다 해도 그냥 웃어넘기는 것이 가장 좋다. 해가 나면 눈이 녹을 것이고, 그럼 우리는 즐겁게 흥얼거리는 포터들을 데리고 고도를 높여갈 수 있다는 자신감을 가져야 한다. 포터들은 더플백과 박스, 사다리와 플라스틱 드럼통을 짊어지고 층층 계단이 생긴 둥근 능선을 거의 2,000미터나 올라갔다. 그곳에서부터는 반대편의 아룬강으로 1,000미터를 내려가야 하는 내리막길이었다.

그날 저녁 고개에서 우리가 관목지대 사이 풀밭에 텐트를 치려 할 때 먹구름이 빠르게 지나가더니 우박이 후두두 떨어졌다. 그러자 순식간에 모든 것이 하얗게 변했다. 포터들은 우박으로 인해 생긴 질퍽한 웅덩이에 짐을 내팽개치고 커다란 텐트 안으로 허둥지둥 몰려들었다. 빨리! 빨리! 짐을 땅에서 옮겨! 사다리 위나 바위 위, 그래도 안 되면 나뭇가지에 매달아! 그런데 바로 그때, 이 아수라장 속에서 짐이 다 올라오지 않았다는 사실이 드러났다. 이런 젠장! 앙 차팔과 나왕 텐징이 질퍽한 길을 따라 허둥지둥 도로 내려갔는데, 어느덧 어둠이 내렸다. 어떻게 된 걸까? 결국 일부 포터들이 짐을 길옆에 내려놓고 잠깐 근처 마을에 간 것으로 밝혀졌다. 아주 늦은 시간에 나머지 짐들이 모두 도착해서 우리는 모닥불을 피울 수 있었다. 폭풍이 지나가고 별들이 하나둘 나타났다. 환하게 타오르는 불꽃 사이로 익숙한 얼굴들이 미소를 지었다. 그중에는 4년 전 로체와 샤르체에 갈 때 우리와 함께한 젊은이들도 있었다.

긴 하루가 밝아오는 아침이 되자 날씨가 환상적일 정도로 청명했다. 그날 우리는 아룬 계곡 위쪽 높은 능선의 정글로 뒤덮인 곳을 따라 사정없이 밀어붙일 작정이었다. 건너편에 있는 산들이 희미한 첫 햇살에 떨리듯 드러나기 시작했다. 6천 미터급 산 5개와 7천 미터급인 참랑Chamlang이었다. 그리고 그 뒤쪽으로 거대한 산이 피라미드 모양으로 솟아있었는데, 그 정상은 이미 장밋빛으로 물들어있었다. 마칼루였다!

파업—100명 중 9명만 남다

요즘은 정상에 오르기 위해 더 이상 사투를 벌이지 않는다. 그러나 폭풍을 뚫고 눈 덮인 고개를 넘어 포터 100명이 원정대 짐 3톤을 등에 짊어지고 가는 게임이라면, 그건 당연히 힘으로 맞서 싸워야 하는 투쟁이나 다름없다. 그리고 세두아와 눔Num의 마을주민들이 기억하는 한, 그전 겨울만큼 눈이 많이 내린 적이 없었다. 그에 더해 지난 몇 주 동안 신설까지 무지막지하게 내렸다.

우리가 헤쳐 올라가고자 하는 안부인 콩마 라는 해발 4,200미터였다. 그러나 엄밀히 말하면 그곳은 고개가 두 개였다. 여름이 시작되면 아름다운 로도덴드론이 만발하는 그곳에는 룽다가 날리는 작은 호수도 있다. 그러나 지금은 모든 것이 깊이를 알 수 없는 많은 눈에 파묻혀 있었다.

아룬강을 뒤로 한 우리는 강 건너 산간지역에서 온 포터들을 돌려보내고, 고개 아래 마지막 마을에서 남녀 100명을 고용했다. 그들은 세두아, 타시강Tashigang, 분김Bungim 출신이었다. 그런 다음 나이크Naik(포터의 우두머리) 두 명과 함께 우리는 다시 출발했다. 첫날은 우리에게서 생명의 주스를 빨아먹으려는 이른 시즌의 거머리들이 한밤중에 텐트 안으로 기어들어오는 것 말고 별다른 일이 없었다. 우리는 그놈들을 제때에 찾아내 가위로 반토막을 냈다. 인간이 저지른 이런 행위는 그놈들의 복수를 불러일으켰다. 그놈들을 텐트 문 밖으로 던졌는데도, 그 생명체들은 텐트 천에 붙어있다가 이제는 나타나지 않겠지, 하는 고소캠프에서 우리를 다시 방문했다.(우리가 원정을 끝내고 돌아갈 때 수많은 숫자로 불어난 그놈들은 길옆의 나무와 관목에 잠복해

우리를 기다리고 있었다)

둘째 날 우리는 로도덴드론이 군락을 이룬 곳에서 처음으로 눈을 만났다. 그곳에는 질척한 눈이 높이 쌓여있었다. 세두아에서 온 남녀 포터들은 각자 27킬로그램씩 짐을 지고, 가끔 허리까지 빠지는 눈과 끊임없이 싸워야 했다. 하루 일당이 28루피(당시 환율로 대략 1.2파운드)에 불과한 그건 차라리 고문이라 할 정도로 힘든 노동이었다. 그들은 얼마나 집으로 돌아가고 싶을까. 우리는 운동화, 담요, 고글만을 나눠주고 그들이 우리와 함께 있길 바랐다. 그러나 그들은 고개를 넘어가는 일이 그렇게 힘들진 않다고 말했다. 우리에겐 모든 것이 위태롭게 보였다. 이 작전의 후반전이라 할 수 있는 콩마의 바위 근처는 — 이곳은 원정대들이 보통 환상적인 초원 위를 돌아다니는 곳인데 — 눈이 거의 2미터나 쌓인 곳도 있었다. 우리는 텐트를 모두 치기 위해 추위에 벌벌 떠는 우리의 노동자 집단을 총동원해야 했다.

나는 우리의 그럴듯한 주방으로 원정대의 주방장을 불러, 새벽 2시까지 함께 일한 끝에 남녀 포터들에게 따뜻한 차를 나눠줄 수 있었다.

그런데 그것도 헛일이었다. 아침이 되자 50명도 넘는 포터가 우리 곁을 떠났다. 결국 우리는 남은 사람들과 함께 힘들게 싸워나가야 했다. 한스와 나는 거의 고갯마루까지 길을 뚫고 올라갔다. 우리 뒤의 사람들은 여전히 허리까지 빠지는 눈에서 허우적거렸는데, 그럼에도 그들은 웃고 농담하며 명랑한 기운을 내보였다.(그들이야말로 이 산간지역 사람들 중 상류층에 속한 사람들이었다) 그러나 고갯마루를 눈앞에 두고 그들은 짐을 내려놓고 되돌아가기 시작했다. 그들 대부분은 아침에 다시 돌아오겠노라고 약속했다. 그래봐야 그들은 숲이 있는 곳까지나 갈까 싶었다. 우리는 그들을 다시 볼수 있을지 어떨지 확신하지 못했다. 헤르만은 분별 있게 고갯마루까지 길을 뚫었고, 여전히 콩마의 바위 근처에서 버려진 짐들을 지켰는데, 그 양이 전체의 반이나 되었다. 다음 날 아침 우리 밑에서 회색 구름층을 뚫고 검은 점들이 천천히 위로 올라오는 모습을 보았을 때 느낀 감동이란 이루 말할 수 없었다. 그들은 하얀 산모퉁이를 따라 지그재그로 움직이고 있었다. 우리는 숫자를 헤아렸다. 좋아! 그들은 거의 다 돌아오고 있었다.

우리는 따끈한 차를 손에서 손으로 돌려 마시며, 다시 30분 동안 불안한 마음을 달랬다. 그들이 과연 머물까? 아니면, 결국에는 다시 내려갈까? 우리의 사다는 연락장교와 함께 이미 고갯마루까지 뚫린 길을 가리키며 계속 가자고 그 남녀들에게 간청했다. 경사가 아주 가파른 곳이었지만 헤르만이 뚫은 길이 훤히 보였다. 그들은 계속 가기로 결정했다. 하느님 만세!

그날 저녁 첫 번째로 짐 50개가 콩마 라의 바룬 쪽에 위치한 작은 소나무 숲에 도착했다. 그곳에는 로도덴드론이나 작은 호수 대신 눈 덮인 황무지에 거무스레한 물웅덩이만 있었다. 그곳에 룽다가 세워져 있었다. 그러나 그중 가장 긴 것만이 눈 위로 드러나 있었다.

내가 사진을 찍고 있을 때 여자 포터가 짐을 지고 지나갔다. "툴로 파니Tulo pani." 내가 말했다. 물이 많다는 뜻이었다. 그리고 나서 나는 안타까운 마음에 작은 물웅덩이를 가리켰다. 그러자 그녀는 웃으며 짐을 내려놓고, 옷 주름에 매단 작은 주머니를 뒤졌다. 그리고 알쏭달쏭한 기도문을 외우면서 동전을 물속으로 던졌다.

나도 호주머니를 뒤져봤지만 돈이 없었다. 나는 며칠 전에 길에서 주운 남정석cyanite이 생각났다. 아름다운 줄무늬에 은색과 푸른색이 섞인 그 수정체는 예사롭지 않아서 집으로 가져가려 한 것이었다. 나도 "마칼루"라고 소리치곤 그걸 물속으로 던졌다.

이튿날 끝까지 남은 포터 50명이 나머지 짐을 가져오려 고개를 다시 넘어가는 동안, 나는 우리에게 고통과 고난을 안겨준 이 고개를 떨 듯이 내려가고 싶다는 유혹에 빠져, 4,000미터까지 스키를 갖고 올라가 우아하게 활강했다.

바룬 계곡에서 거의 모든 포터들이 가버려, 우리는 100명 중 충성스럽게 남은 포터 9명과 함께 여러 날 동안 짐을 베이스캠프로 날랐다. 60시간

타시강 출신의 우리 포터들이 눈 덮인 콩마 라를 넘고 있다.

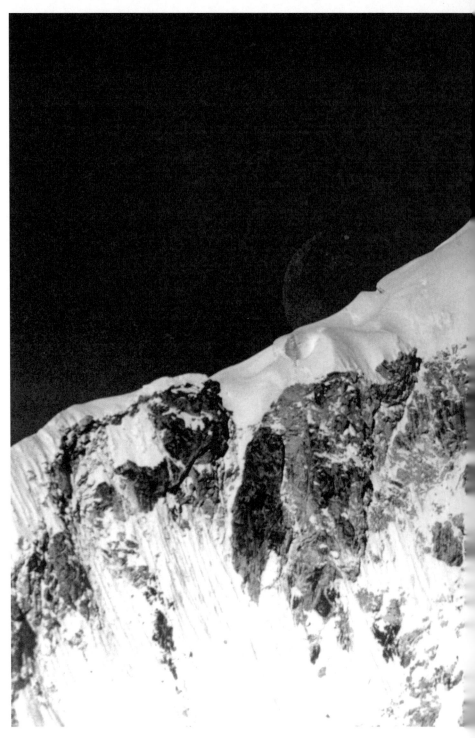

바룬 계곡의 한 봉우리 뒤로 보름달이 지고 있다.

동안 쉬지 않고 눈이 내린 뒤여서, 적어도 나는 바룬의 숲으로 짐을 가지러 내려갈 때마다 스키를 타고 내려갈 수 있었다. 3주가 걸린 어프로치 끝에 우리는 마침내 베이스캠프에 입성했다.

친구들의 등정

파란 하늘에서 이상하게 윙윙거리는 소리가 들렸다. 먼 곳을 질주하는 특급열차에서 나는 것 같은 그 단조롭고 으스스한 소리는 끊임이 없었다. 우리 앞에 하늘 높이 우뚝 솟아올라 햇빛을 차단하고 있는 희끄무레한 화강암의 마칼루를 반사한 빛은 색달랐다. 우리가 있는 곳에서 햇빛을 차단하고 있는 벽의 위쪽 가장자리까지는 3,000미터 이상 차이가 있었다. 그건 거대하고 상상을 초월할 정도로 어마어마했지만, 오늘같이 청명한 날에는 손에 잡힐 듯 가깝게 보였다. 까마득히 높은 벽 꼭대기에선 폭풍이 날뛰고 있었다. 하지만 이곳 베이스캠프의 공기는 미동도 하지 않고 차분했다. 그리고 가끔 빛나는 벽의 가장자리에서 검푸른 하늘을 배경으로 하얀 설연이 날렸다. 그것들은 잠시 원을 그리다 사라졌다. 오직, 아주 높은 곳에서 폭풍이 만들어내는 섬뜩한 소리, 즉 마칼루 특급열차의 소리만 계속해서 요란하게 들렸다.

거대한 벽 꼭대기 쪽에는 깊은 틈새가 있었는데, 마칼루 라Makalu La로 불리는 그곳은 해발고도가 대략 7,400미터였다. 그 왼쪽으론 '작은 마칼루'라 불리기도 하는 캉충체Kangchungtse(7,678m)가 있었고, 오른쪽으론 가파른 아치형 봉우리들이 몇 개 있었다. 마칼루 정상(8,485m)은 이런 것들보다도 1,000미터나 더 높았다.

우리보다 23년 앞서 프랑스 산악인들이 정상으로 올라가는 루트를 발견하고 초등을 달성했다. 그리고 그 후 많은 시도가 있었지만 아무도 재등에 성공하지 못했다. 그건 이 산이 가진 어마어마한 높이 때문이기도 했고,

무지막지하게 불어대는 폭풍의 힘으로 눈과 바위의 구조가 끊임없이 변하기 때문이기도 했는데, 덕분에 이 산은 그 처녀성을 효과적으로 새로이 할 수 있었다.

이 산에서 심각한 동상을 입어 다리를 절단해야 했던 뉴질랜드 산악인 피터 멀그루Peter Mulgrew는 마칼루를 "사람이 갈 곳이 아니다No Place for a Man"라고 말했다. 그럼에도 사람들은 이 어려운 산에서의 문제점들을 하나둘씩 찾아내기 시작했다. '프랑스 리지French Ridge', '남벽South Face', '체코 버트레스Czech Buttress', '남동 리지South-East Ridge'는 모두 대단하고 굉장한 루트다. 그러나 이 루트들은 많은 희생을 요구했다.

마칼루 트래버스는 아직 이뤄지지 않았는데, 우리는 콩마 라에서 끔찍한 폭풍에 갇혀 많은 시간을 낭비한 후에 이 산의 남동쪽 측면이 좋지 않다는 사실을 깨닫고, 트래버스 가능성은 거의 입에 담지도 않았다. 그러나 만약 우리가 재빨리 북서쪽 측면을 올라가고 몬순이 조금 늦게 닥친다면, 가능성이 아주 없을 것 같지는 않았다.

4월 30일 우리의 북쪽 베이스캠프가 5,400미터의 모래 언덕 꼭대기에 구축됐다. 그리고 포터들이 떠난 다음 작은 무리가 그곳에 남아, 앞서 언급한 안부, 즉 마칼루 라로 올라가기 위해 날마다 사투를 벌였다. 전진베이스캠프에서 출발한 우리는 이전 원정대들의 캠프사이트를 뛰어넘어, 이미(4월 8일) 빙하 플라토에 널린 크레바스 사이 800미터 위쪽에 1캠프를 설치했다. 신이 난 우리는 계속 밀어붙였다. 1캠프를 설치한 사람은 나와 한스였다. 그리하여 헤르만과 앙 차팔이 4월 13일 7,000미터에 2캠프를 설치했다.

이 캠프로 가는 길은 가파르고 노출이 심해 우리는 도중에 고정로프를 200미터 설치했다. 무거운 짐을 지고 이곳을 올라가는 사람은 허공으로 추락하지 않기 위해 특별히 조심해야 했다.

마칼루 특급열차가 다시 살아났다. 돌풍이 하도 거세 고정로프에 의지하지 않고는 2캠프에 오르내릴 수 없었다. 텐트가 심하게 흔들려 잠을 자지 못하게 되자 신경이 날카로워졌다. 그러나 어느 날 마침내, 비록 폭풍이 몰아치긴 했지만, 헤르만과 차팔과 내가 가파른 화강암과 눈을 올라 7,400미터의 안부를 덮고 있는 거울같이 단단한 얼음에 아이스스크루를 박아 작은 텐트 두 동을 쳤다. 4월 24일 마칼루 라에 3캠프가 설치된 것이다. 그럼 우리에겐 마칼루를 트래버스할 수 있는 기회가 있을까?

우리는 서로를 껴안으며 돌풍과 싸웠다. 정상까진 1,000미터가 남아 있을 뿐이었다. 절반의 승리를 거둔 우리는 스스로를 믿지 못했다.

전진은 우리의 기대보다 빨리 진행됐다. 우선 우리는 이 안부까지 올라오는 루트에 고정로프를 설치해야 했다. 그런 다음 한스가 템바와 위쪽으로 가는 루트를 계속 개척해나갔고, 나는 나왕과 함께 7,700미터에 우리의 정상 공격조를 위해 산소통을 5개 숨겨놓았다. 정상 공격조는 우리 중 컨디션이 가장 좋은 헤르만과 앙 차팔이었다.

그럼 그다음에는 어떻게 할 것인가? 트래버스를 해? 산의 남동쪽에 적절한 준비도 해놓지 않고? 그즈음 나는 스스로 의문을 품지 않을 수 없었다. 마칼루는 잠자고 있을까? 과연 이 산은 작은 개미들이 한 달 만에 밑에서 정상까지 기어 올라가게 허락할까? 그럴 가능성은 많지 않았지만, 우리는 행운을 믿었다.

나왕은 많은 짐을 지고 무산소로 루트를 뚫어, 헤르만과 차팔이 7,950미터에 4캠프를 설치할 수 있도록 도와줬다. 그리고 나서 그는 3캠프로 돌아왔다. 우리 둘은 끔찍한 고소 기침과 그곳까지의 힘든 작업으로 인해 몹시 지쳤다. 우리가 내려가는 동안 한스와 카를과(우리의 지칠 줄 모르는 의사인 그는 다른 사람들처럼 많은 짐을 져 날랐다) 헤르만과 차팔이 마침내 마칼루의 뾰족한 정상에 올랐다. 우리를 대신해 세계의 지붕에 올라선 것이다. 메이데이May Day* 오후 2시 45분이었다. 우리 모두는 기뻐했다. 계획대로 헤르만

---

* 5월 1일 [역주]

마칼루의 뾰족한 정상

은 4캠프부터 산소를 사용했지만, 셰르파인 앙 차팔은 그냥 올라갔다.

5월 10일 저녁, 4,800미터의 남쪽 베이스캠프. 타닥타닥 타오르는 모닥불 옆에는 우리를 위해 나무를 갖고 올라온 포터 몇몇이 앉아있었다. 불꽃은 땅거미를 아름답게 만들며 우리를 따뜻하게 해줬다. 마지막 석양빛이 우리 머리 위로 높이 솟은 마칼루의 피라미드 정상을 빨간 빛으로 물들였다. 이 제 곧 그곳은 얼음처럼 차가운 공기가 지배할 것이다. 나는 넋을 잃고 구름 조각들이 루비 같은 바위의 최상층 바로 밑을 부드럽게 감싸는 모습을 바라봤다. 고요하고 아름다운 저녁이었다. 빛이 너무나 매력적이어서, 그 순간만큼은 오랫동안 정상에 시선을 고정시키고 싶었지만, 마지막 석양빛이 어느새 자취를 감추고 어둠이 몰려오자, 그 공간은 무서운 추위로 채워졌다. 21년 전 헤르만 불과 내가 8,047미터의 브로드피크 정상에서 석양을 맞이할 때도 오늘과 비슷했다. 그때 세상이 천상의 빛으로 물들자 우리는 말할 수 없는 행복감에 젖었었다.

내가 마칼루의 장밋빛 정상을 바라보고 있을 때 한스와 카를 그리고 템바가 그 정상에 서 있었는지는 알 수 없었다. 태양의 이 마지막 햇살 속에서 그들이 바라보고 있는 것과 내가 바라보고 있는 것 그리고 우리들의 생각이 과연 일치했을까?

그러나 그들 앞에는 이제 잔인한 밤이 기다리고 있었다.

비록 그들이 의도하진 않았지만, 그들은 헤르만 불과 내가 정상에 올라선 시간보다도 늦어도 너무 늦었다. 훗날 사람들은 왜 그렇게 됐는지, 왜 그들이 다르게 행동했는지 의문을 가졌다. 그렇다고 사건을 되돌릴 수는 없는 노릇이다.

카를은 검게 변한 손가락 끝과 부어오른 발가락 끝을 걱정스레 바라봤다. 그가 내려오고 나서 이틀 후 우리는 주사도 놓는 등 가능한 모든 방법을 다 동원했다. 설맹에 걸린 한스는 왼발의 검푸른 발가락을 처음 보았다. 그러나 때때로 분출하는 극심한 고통에도 불구하고 마칼루 정상이 그만한 가치가 있다는 걸 그는 추호도 의심하지 않았다.

운이 좋았다고 그는 말했다. 상황은 훨씬 더 나빠질 수도 있었다. 우리 모두는 그것이 사실이라는 걸 알고 있었다. 8,250미터에서 노천 비박을 했는데, 손가락 한두 개나 발가락 끝에 동상이 걸렸다면 운이 좋은 편이다.

마침내 4캠프로 돌아왔을 때 그들은 자신들을 덮친 죽음처럼 깊은 잠에서 두 번 다시 깨어나지 못했을 수도 있었다. 그들은 의식이 희미해지는 상태에서 서서히 영원으로 빠져들 수도 있었다. 그러나 그들은 지금 여기에 있다. 이제 그들의 입에서 첫 농담이 튀어나왔다.

도대체 어떻게 된 거지? 고소 기침을 떨쳐버리려고 내가 치료차 마법의 숲으로 내려갔을 때 두 번째 정상 공격조인 한스와 카를과 은가 템바

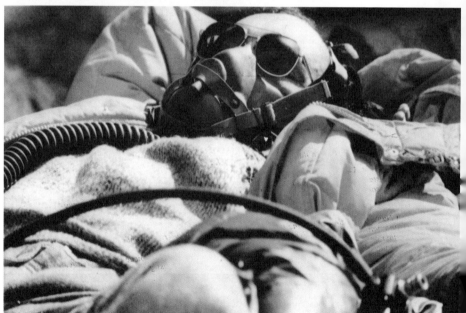

마칼루의 8,250미터에서 끔찍한 비박을 하고 나서 완전히 지쳐 돌아온 한스(위)와 카를(아래). 그들은 정상 등정의 대가를 톡톡히 치렀다.

가 자신들의 운을 시험했다. 다른 사람들의 지원을 받아 처음에는 모든 것이 순조롭게 진행됐다. 그러나 정상으로 출발하기 바로 전에 악마가 난동을 부렸다. 레귤레이터가 차례로 고장 난 것이다. 그것들을 수리하려고 덤벼들었지만 결국은 시간과 에너지만 낭비했다. 마침내, 그들 셋은 한스의 인솔로 마음을 굳게 먹고 보조산소 없이 정상으로 향했다. 오후 6시 정상에 올라선 그들은 어둡기 전에 4캠프로 내려갈 수 있다고 자신했다. 그러나 사방이 깜깜해졌을 때 그들은 추위로 인해 헤드램프의 배터리 수명이 다 됐다는 사실을 깨달았다. 결국 그들은 정상 능선으로 이어지는 가파른 벽 바로 아래 8,250미터 지점에 있는 마지막 쿨르와르의 좁은 공간에서 추위에 덜덜 떨며 비박을 감행했다. 동상에 걸리지 않은 사람은 다음 날 아침 일찍 4캠프로 내려와 앙 차팔의 도움으로 계속 하산한 은가 템바뿐이었다. 한스와 카를 역시 그날 그곳에서 계속 내려올 것이라고 무전했지만, 그들은 텐트에 도착해 그만 잠에 빠지고 말았다. 비박은 그들의 체력을 완전히 고갈시켰다.

다음 날 그들은 있는 힘을 다해 3캠프(7,400m)로 비틀거리며 내려왔다. 그곳에서 헤르만과 나왕은 잠을 자고 싶다는 그들을 끝내 설득해 계속 내려가도록 했다.

만약 그들이 그곳에서 잠들었다면, 그들은 두 번 다시 깨어나지 못했을 것이다.

마칼루—몽키 렌치를 갖고

"차가 준비됐어요!" 5,400미터의 우묵한 모래에 있는 북쪽 베이스캠프의 작은 텐트 안이 쩌렁쩌렁 울릴 정도로 우리의 키친보이 앙 리타Ang Rita가 즐겁게 소리쳤다. 그러자 대원 몇몇이 우리가 '알렉스Alex'라고 부르는 널찍한 텐트로 하나둘 모여들었다. 몇 번의 원정등반에 사용된 텐트의 하얀 천이 이제는 낡은 회색으로 변해있었다. 그 텐트로 다가가자 웃음과 농담이 흘러나왔다. 지팡이를 짚고 발을 절뚝거리는 우리의 의사 카를조차도 유머감각을 잃지 않았다. 어쨌든 그는 바바리아 출신이니까. 그리고 우리가 '베른의 번갯불'이라고 놀리는 한스는 발가락이 아플 때마다 얼굴을 찡그리면서도 발가락은 여전히 살아있다고 말했다.

조금 차분한 사람은 나뿐이었다. 사흘 후, 나는 내 인생에서 가장 높은 산을 헤르만과 나왕 텐징과 함께 도전할 작정이었다. 내가 히말라야의 자이언트 중 하나인 다울라기리(8,222m)* 정상에 오른 지도 어느덧 18년이 흘렀고, 브로드피크 정상에서 헤르만 불과 석양을 바라본 지도 21년이란 세월이 지났다. 그 후 나는 등반과 모험, 발견의 세계에 내 인생을 거의 다 바치다시피 했다. 앞으로 며칠 동안 행운의 여신이 나에게 미소를 지을까? 바로 이런 생각들이 주마등처럼 스쳐, 나는 조용히 있었다. 물론 다른 사람들도 언제나처럼 예측이 불가능한 정상 공격을 잘 알고 있었다.

헤르만 와트와 사다 앙 차팔의 1차 정상 등정 시도는 계획대로 정확히

---

* 한때 세계 최고봉으로 간주되기도 했던 다울라기리의 실제 높이는 8,167미터다. 그러나 1960년에는 그 높이가 8,222미터로 알려져 있었다. [역주]

이뤄졌다. 헤르만의 레귤레이터는 문제가 없었고, 앙 차팔은 스스로의 선택에 의해 보조산소를 사용하지 않았다. 그러나 두 번째 시도는 재앙이었다. 그때 숲에서 돌아온 나는 사태를 보다 정확히 알 수 있었다. 우리가 갖고 온 5개의 레귤레이터 중 3개가 전혀 작동하지 않았고, 나머지도 제대로 된 것이 없었다. 문제는 이것들이 우리가 출발하기 전 스위스에서 실시한 엄격한 과학적 시험을 모두 통과했다는 것이다. 더구나 이것들은 1976년의 칸첸중가 원정과 그 이듬해의 로체에선 이미 성공적으로 작동했었다. 이 레귤레이터는 8,000미터의 얼음같이 차갑고 희박한 공기보다 스위스의 중립적인 공기를 더 좋아하는 것이 틀림없어 보였다. 다행히 '수리 박사'라는 소리를 듣는 한스가 문제가 된 것 중 하나를 몽키 렌치로 대충 뚝딱거려 기적같이 고쳤다. 그러나 얼마나 오래갈까? 그건 한스 자신도 낙관하지 못했다. 한스는 그 전해 로체에서도 기술적 재능을 한껏 뽐내 명성을 드높였었다. 그때 흡입구 안쪽에 작은 얼음조각들이 끼어 8,000미터 위에서 산소의 유입이 갑자기 막히자, 그는 조용히 멈춰 튜브와 산소마스크에 오줌을 눔으로써 문제를 곧바로 해결했다.

고소에서 산소기구를 수리하는 것이 말처럼 그렇게 쉬운 일은 아니다. 그러나 우리는 비상용으로 몽키 렌치 2개를 배낭에 집어넣었다.

티베트인 나왕 텐징(사람 좋은 그는 여전히 네팔에 살고 있다)은 헤르만과 나와 함께 샤르체의 커니스를 따라가며 폭풍 속에서 사투를 벌였었다. 그런 그 역시 우려를 감추지 못했다. 그는 자신이 정말 정상에 가고 싶어 하는지도 확신하지 못했다. 산신의 노여움을 두려워한 그는 추위를 몹시 싫어한다고 말하며, 고향으로 돌아가면 이웃들이 모두 부러워할 산에 올라가려 하지 않았다. 그러나 우리는 그가 잃어버린 고향을 몹시 그리워한다는 걸 알 수 있었다. 그 위에서 고향을 내려다보면 얼마나 환상적일까! 나는 그 느낌을 알 수 있을 것 같았다. 나는 그가 2캠프 아래의 눈에서 티베트를 내려다보고 춤을 출 듯 기뻐하는 모습을 보았다.

이미 한 번 그곳을 올랐지만, 헤르만이 우리와 함께 가기로 결심한 건 바로 나왕의 망설임 때문이었다. "쿠르트, 자네도 정상에 올라선다면 아주 경사스러운 일이 될 거야."라고 그는 나에게 말했다. 그리고 부인에게 가져다주겠다고 약속했지만 첫 번째 등정에서 깜빡한 정상의 돌멩이를 자신이 다시 올라가면 가져올 수 있을 것이라고 덧붙였다.

고소 기침을 일주일 전에 떨쳐버린 나는 컨디션이 아주 좋았다. 나는 다른 두 사람에게 2캠프를 번갯불처럼 그냥 지나쳐 정상에 오른 다음, 며칠 내로 내려오자고 제안했다. 그건 내가 21년 전에 했던 것과 같은 방법이었다. 우리는 7,950미터부터 산소를 사용하기로 했다. 물론 나는 만약 레귤레이터가 말썽을 부린다면, 산소를 사용하지 않고 혼자서라도 정상에 오를 작정이었다. 우리 중 헤모글로빈이 묽어지는 것에 흥미를 갖고 있는 사람은 아무도 없었다. 원정대원들 중 의사인 카를만이 자신과 세르파인 은가템바의 혈액 농도를 정상 등정 직전에 낮추려 시도했지만, 그것이 효과가 있는지는 미지수였다. 나는 정상에 오르기 위해 내 몸을 조작하고 싶은 생각이 추호도 없었다. 만약 내 혈액 농도가 너무 진해져 내가 정상에 갈 수 없다면 나는 포기할 작정이었다.

그럼 산소는? 내가 브로드피크와 다울라기리를 보조산소의 도움 없이 올랐다는 건 사실이다. 그러나 이제 세계 제5위의 고봉에서 나는 산소기구를 가져가, 꼭 사용해야 하는 상황이 되면 그렇게 할 작정이었다. 산소를 사용하든 안 하든, 나는 내 한계 이상으로 밀어붙일 생각은 없었다. 나는 수단과 방법을 가리지 않고 어떤 대가를 치르더라도 산의 정상에 오르는 것이 이성적이라고 생각하진 않는다. 동료의 생명 또는 자신의 생명, 혹은 미래에 분명하게 생각되고 느껴질 자신과 자신의 능력보다 정상이 더 소중할 수는 없다. 성공을 위해 그런 능력의 일부를 잃는 건 그 성공을 실패로 만들 뿐이다.

자, 히말라야의 위대한 봉우리들을 산소 없이 오르고자 하는 이유를 이제는 이해할 수 있을 것이다. 또는 우리의 총명한 통제를 뛰어넘는 이 산으로 우리가 언제나 다시 돌아오고자 하는 이유도 이해할 수 있을 것이다. 히말라야 전문가인 카트만두의 엘리자베스 홀리Elizabeth Hawley는 나에게 흥미로운 얘기를 했다. 라인홀드 메스너가 에베레스트 정상까지 사투를 벌이며 올라가는 동안 자신이 녹음한 테이프를 듣더니 이렇게 고백했다는 것이다. "말도 안 되네요." 내 추측에, 그는 3차원의 감각을 느끼고 싶어 한 것 같다. 부질없이. 그러나 이것이 바로 우리 산악인들이 다시 지상으로 돌아와야 하는 이유다. 내가 믿지 않는 것 중 하나는 이런 고소에 도달한 사람은 자신이 해냈다는 기본적인 만족감 외에 아무것도 느끼지 못한다는 것이다. 물론 어떤 사람들은 그곳에 있었다는 것 자체가 전부라고 말할지도 모른다. 아마도 그들은 언어를 뛰어넘는 그 감정을 잊어버렸거나, 아니면 어떻게 말해야 할지 모르는 것 같다.

분명 모든 사람은 영원히 간직하고자 하는 꿈이 바로 그런 생각이 든 순간에 곧바로 사라져버리는 경험을 했을 것이다.

5월 17일, 우리는 출발했다. 헤르만과 나왕과 나는 우리와 함께 4캠프까지 동행할 은가 템바와 앙 차팔의 도움을 받았다. 앙 리타도 함께 도왔지만, 그는 1캠프 이상은 올라가지 않을 작정이었다.

출발할 때는 모든 것이 계획대로 진행됐다. 그리고 둘째 날 우리는 3캠프가 있는 가파른 마칼루 라까지 올라갔다. 날씨는 기가 막혔다. 그러나 셋째 날 끔찍한 폭풍이 파란 하늘을 뒤덮어, 4캠프까지 계속 전진할 수 있을지 의문이 들었다. 공포에 빠진 우리는 지난 며칠간 계속된 강풍이 4캠프까지 가는 루트의 사면과 표면에 있는 눈을 몽땅 날려버렸다는 사실을 알았다. 7,900미터까진 반들반들 빛나는 파란 얼음뿐이었다. 그건 우리가 정상에서 내려올 때 고정로프가 없다면 아주 위험하다는 신호였다. 우리는 그와 같은 걸 사전에 준비하지 못했다. 나는 거센 폭풍을 뚫고 밖으로 나가 마칼루 라 밑의 쉬운 구간에 있는 고정로프를 위쪽에서 쓸 생각으로 잘랐다. 그다음 날인 5월 20일 이른 오후, 우리는 다행히 4캠프에 도착하는 데 성공했다.

그곳에서 우리를 맞이한 광경은 너무나 끔찍했다. 3인용 터널 텐트가 부서져, 바람에 날린 눈 위로 부러진 갈비뼈 모양 삐죽이 위로 튀어나와 있었다. 지난 11일 동안 이곳에는 아무도 없었다. 작은 이글루 텐트는 그나마 나았지만 우리 셋이 들어가기에는 비좁았다.

나는 그걸 희망의 끝으로 받아들이고 싶진 않았다. 세르파들과 함께 우리는 파묻힌 텐트의 나머지를 끄집어내 최대한 바로 세웠다. 그리하여 그곳은 헤르만과 나의 비상 피난처가 되었고, 빨간색 이글루 텐트는 나왕의 차지가 되었다. 앙 차팔과 은가 템바는 우리에게 행운을 빌어주고 나서 우리의 작은 텐트사이트의 둥근 모서리를 돌아 가파른 얼음에 깔린 고정로프를 타고 아래로 내려가 시야에서 사라졌다.

밤은 길어도 아주 길었다. 첫 햇살이 비칠 때쯤 우리는 임시변통한 텐트에서 진력을 다한 작업을 통해 떠날 준비를 했다. 우리는 한 번에 한 사람씩만 움직일 수 있었는데, 심지어는 누워서 부츠를 신기도 했고, 곡예에 가까운 일련의 복잡한 동작을 하느라 몸을 비비 꼬기도 했다. 우리가 산소 기구를 챙기는 동안 나왕이 아침식사를 준비했다. 내가 먼저 길을 뚫기로 돼있어서, 나는 다른 사람들보다 앞서 아침 6시에 산소통 하나만 갖고 출발했다. 헤르만과 나왕이 곧 뒤따라왔는데, 그들은 각자 산소통을 두 개씩 갖고 있었다. 그러나 내가 출발한 후 그들의 레귤레이터가 말썽을 일으켜, 그들은 7시까지도 출발하지 못했다. 그러는 사이에 나는 하얀 고독 속에서 힘들게 발자국을 찍으며 올라갔다. 간헐적인 공기의 소용돌이는 나에게 차가운 가루눈을 뿌려댔다. 더 가파른 사면에 이르자, 폭풍으로 단단해진 표면이 발걸음을 옮길 때마다 잘게 부서졌다. 그건 큰 힘을 요구하는 노고였다. 나는 사면을 올라가고자 하는 코끼리가 평편한 땅에서조차 자신이 너무 무겁다는 사실만 깨달은 신세가 되었다.

지그재그로 올라가봤지만 그것도 별다를 바가 없었다. 내가 계속해서 발을 꽝꽝 디디며 똑바로 위로 올라가자, 다양한 모양의 얼음조각들이 무릎까지 차올랐다. 기관차같이 헉헉거렸지만, 센 경사인데도 불구하고 전진이 좋다는 느낌이 들었다. 나는 내 레귤레이터가 어느 순간이든 고장 날 수 있다는 사실을 알고 있었다. 그러나 나는 운을 믿고 그런 걱정은 하지 않기로 했다. 어느덧 8,000미터를 넘어서고 있었다. 사실 내 고글은 처음부터 말썽이었다. 나는 눈꺼풀을 반쯤 내리고 고글 없이 가려 했지만, 눈에 반사된 빛이 너무 부셔 오래 계속할 수는 없었다. 이제 공기가 안으로 들어오도록 고글을 콧잔등 위에 걸치자 어느 정도 효과가 있었다. 나는 고개를 앞으로 숙이면 호흡이 수월하다는 사실을 깨달았다. 그러나 이따금 고개를 들어 제대로 된 길을 가고 있는지 확인하는 걸 게을리하지 않았다.

이제 고랑이 지고 희끄무레한 마칼루의 마지막 벽이 바로 머리 위였다. 양쪽 능선으로 둘러싸인 그곳은 작은 정상 두 개를 머리에 이고 있었다. 거리가 아주 가까운 그 두 정상은 눈 덮인 능선마루로 연결돼 있었다. 그 사이에 나는 바람의 압력이 바위처럼 단단한 사면을 만든 곳을 계속 올라가, 분명하고 가파른 쿨르와르로 향했다. 나는 8,150미터나 8,200미터쯤의 히든 크레바스를 덮고 있는 듯한 선반 모양에 이르렀을 때서야 잠깐 걸음을 멈췄다. 그때 내가 뒤돌아서자, 작은 마칼루와 초몰룬조Chomolunzo의 하얀 정상 너머로 청갈색의 티베트 고원이 눈에 들어왔는데, 산의 능선들과 황무지들이 무한대까지 아스라이 뻗어있었다. 그리고 나의 왼쪽으론 아름다운 동벽을 드러낸 에베레스트의 장엄한 피라미드와 로체의 대담한 산 덩어리가 보였다. 그제야 나의 구불구불한 발자국을 따라 올라오고 있는 헤르만과 나왕의 모습이 알록달록한 작은 점으로 나타났다. 나는 산소 마스크를 벗고 반짝거리는 눈 위에 배낭을 내려놨다. 그러자 사진을 몇 장

8,000미터의 바위지대에서 눈보라를 만나면 앞을 거의 분간할 수 없다.

찍어야겠다는 생각이 났다.

위를 다시 올려다본 나는 그루터기같이 이상한 것이 연달아 앞서거니 뒤서거니 눈에서 삐져나와 있는 걸 보고 깜짝 놀랐다. 자세히 보니 그것들은 한스와 카를과 템바가 열흘 전 눈에 남긴 깊은 발자국이었다. 그 후의 폭풍이 발자국 주위의 부드러운 눈을 전부 날려 보내 마치 화석의 잔해처럼 일련의 작은 기둥들을 만들어놓은 것이 틀림없어 보였는데, 높이가 30센티미터 이상 되는 것들도 있었다. 그들 사이에서 그리고 사실은 도처에서 폭풍이 눈의 표면층을 걷어 가버려 이제는 크램폰의 앞발톱만 들어갈 수 있는 딱딱하고 가파르고 수정처럼 빛나는 얼음만 남아있었다.

불편하기 짝이 없는 산소마스크를 벗고 희박한 공기를 들이마셨는데, 영향이 거의 없다는 사실을 안 나는 놀랍기도 했지만 기쁜 마음도 들었다. 물론 그때 나는 앉아서 쉬고 있었다. 보조산소를 사용한 최초이자 아마도 유일한 그때의 나 자신을 나는 여전히 기억하고 있다. (그로부터 8년 후 내가 보조산소도 없이 줄리 툴리스와 함께 K2의 정상에 오르리라는 걸 그땐 미처 예상하지 못했다)

나의 두 친구들이 점차 나를 따라잡았다. 그들의 산소기구는 이제 작동이 잘 되고 있는 것 같았다. 나는 잠깐 휴식을 취한 후 가파른 사면을 다시 앞장서기 시작해 쿨르와르가 시작되는 곳에서 뒤를 돌아봤는데, 헤르만이 갑자기 걸음을 멈추더니 산소마스크를 벗었다. 그 골칫덩어리가 끝내 작동을 멈추고 만 것이다. 그는 보조산소 없이 계속 가려 했지만, 곧 발걸음이 느려지기 시작해 움직임이 재빠르지 못했다. 따라서 산소 부족이 그에게 미치는 영향을 쉽게 알 수 있었다. 그러나 그는 결코 기권하려 하지 않았다. 그는 자신의 컨디션이 우리 셋 중 가장 좋다는 걸 알고 있었다. 이제 내가 배낭에서 로프를 꺼낼 시간이었다. 따라서 나는 우리가 로프를 서로 연결할 수 있는 쿨르와르 왼쪽의 커다란 바위를 횡단했다.

그 둘이 나에게 합류했을 때 헤르만은 자신은 그만 내려가는 것이 낫겠다고 말했다. 그의 발가락이 얼기 시작한 것이다. 이제 나왕과 내가 산소통을 하나만 갖고 정상까지 가는 데는 아무런 문제가 없어 보였다. 그의 의견은 산소가 충분하다는 것이었다.

우리는 이곳 8,250미터에서 헤드월의 튀어나온 바위가 만드는 그늘 속에 서 있었다. 날씨는 몹시 추웠다. 그런데 불행하게도 나왕의 산소기구 역시 무언가 문제가 있는 것 같았다. 희미하게 쉬쉬거리는 소리는 소중한 산소가 어디선가 새고 있다는 말이었다. 헤르만이 몽키 렌치 2개 중 하나로 이음새 두 곳을 단단히 조이자, 걱정스러운 소리가 멎어 우리는 일단 한숨을 돌렸다. 이어서 그는 두 번째 몽키 렌치를 이용해 나의 레귤레이터를 조정했는데, 나의 것은 그 상태로 볼 때 어느 절망적인 산악인이 자신의 피켈로 내려친 것이 틀림없었다. 왜냐하면 잠금장치의 스크루가 깨끗하게 잘 려나갔기 때문이다. 따라서 그걸 조정하려면 몽키 렌치가 필요했다. 그러나 몽키 렌치만 잃어버리지 않는다면 별 문제가 없을 것 같았다. 신기하게도, 우리가 갖고 있는 것 중 말썽을 가장 안 일으킨 것이 바로 그것이었다.

"운도 좋은 놈이네." 헤르만이 산소통을 바꾸며 나를 쳐다보고 웃었다. 그리고 그는 "둘 다 행운을 비네."라고 작별인사를 건넸다.

바로 그때 조금 아래쪽의 바위 밑에서 눈 위로 삐져나온 산소통 하나가 내 눈에 들어왔다. 그건 레귤레이터까지 달려 완벽했다. 짐작컨대, 두 번째 공격조가 서사시적인 후퇴를 하면서 남겨놓은 것 같았다. 나는 그 소중한 장비를 회수해 헤르만이 갖고 내려갈 수 있도록 로프를 이용해 내려줬다. 그가 내려가자 이제 나왕과 나만 남았다. 그리하여 디틀린데를 위해 정상에서 돌멩이를 갖고 내려오는 건 우리의 몫이 되었다.

나왕과 나는 서로 확보를 봐주며 가파른 쿨르와르의 바위와 눈을 번갈아 올라갔다. 쿨르와르 밖의 햇빛은 찬란했다. 회오리 돌풍이 이따금 눈보라를 날릴 뿐 날씨는 아름다웠다. 그러나 그런 날씨를 감상하며 낭비할 시간이 없었다. 위로 또 위로! 촌음도 아껴야 했다. 우리는 보조산소가 얼마나 지속될지 가늠하지 못했다. 더 높이 올라가 바닥이 날수록 우리에겐 기회가 그만큼 더 많을 터였다. 내려갈 때는 필요 없다. 그건 아마….

나는 확보를 보면서 '정당한 방식by fair means'의 장단점을 깊이 생각했다. 나는 부적 이상의 가치를 갖지 못하는 무거운 산소장비를 다음에는 사용하지 말자고 나 자신을 손쉽게 납득시켰다.

첫 번째 정상 공격조가 고정로프를 매달아 늘어뜨린 수직의 바위구간에서 나왕은 자신의 산소장비에 다시 문제가 생긴 것 같다고 다급하게 신호를 보냈다. 나는 산소마스크를 벗고 그에게 소리쳤다. 이 가파른 피치를 보조산소도 없이 오르려 하나? 그는 머리를 흔들었다. 우리는 마치 몸집이 거대한 두 마리 코끼리처럼 오른쪽으로 돌아 힘들게 위로 올라갔다. 이 고정로프는 하산을 위한 것이 분명해 보였다. 그런데 갑자기 나의 호흡에 무언가 문제가 있다는 걸 느낀 나는 마스크를 다시 벗었다. 그러자 내 시스템의 문제에 대해 충격을 받기는커녕 희박하고 차가운 밖의 공기가 오히려 평화로운 위안을 주었다. 나는 마치 갈증에 시달린 사람이 물을 벌컥벌컥 들이마시듯, 그 차가운 공기를 깊이 들이마셨다. 그건 순수하고 깨끗했다. 그러나 채 몇 피치도 가지 못해, 나는 머리가 아주 가볍게 느껴지는 원인의 일부가 산소 부족이라는 사실을 깨달았다. 조그만 턱에서 나왕이 나에게 합류했는데, 그 역시 이제는 마스크를 벗고 있었다. 우리는 충격을 줄이기 위해 잠시 주저앉았다. 이제는 어떻게 해야 하지? 능선까진 그렇게 멀지 않았다. 불필요한 짐을 이곳에 두고 올라가면 어떨까? 우리는 이것저것 신중하게 생각하면서 말썽을 부리는 마스크와 튜브를 주먹으로 쳤다. 그러자 놀랍게도 그 안에 달라붙었던 얼음이 밖으로 흘러나왔다. 우리는 마스크와 튜브를 흔들어 작은 얼음조각들을 빼냈다. 그리하여 나는 안도의 한숨을 쉬며, 이전처럼 마스크를 통해 산소를 들이마실 수 있었다. 나왕의 것 역시 비슷했다. 비록 1분에 1리터로 맞추든 4리터로 맞추든 똑같은 양이 흘러나오긴 했지만, 충분치는 않아도 이전보다는 더 좋았다. 그러자 그는 보조산소를 사용하는 쪽을 택했다. 우리는 보온병과 아이스해머를 남겨두고 다시 출발했고, 바윗덩어리들 사이를 통해 정상 능선으로 올라갔다. 나는 최소한 그곳까진 도달할 수 있으리라 확신했다. 아마 어쩌면 정상까지도. 이제는 길을 막는 장애물이 많지 않다고 이성이 나에게 속삭였다. 그럼에도 나는 아직 그렇게 믿어선 안 된다고 나 자신을 다그쳤다. 이 고도에서 여전히 한 걸음 또 한 걸음을 내디딜 수 있다면, 그건 선물이나 다름없다. 왜냐하면 그렇게 하기가 결코 쉽지 않기 때문이다.

우리는 마침내 정상 능선에 올라섰다. 해발고도 8,400미터! 부드러운 능선은 경사진 지붕 위에서처럼 나란히 걸을 수 있을 정도로 거의 수평을 이루고 있었지만, 왼쪽의 능선마루 너머는 분명 천 길 낭떠러지라는 걸 우리는 알고 있었다.

　이제 놀라운 창조물이 우리 앞에 솟아오르고 있었다. 아니, 이건 차라리 바룬 협곡 3,000미터 위에 떠 있는 것이나 마찬가지였다. 우리는 그곳으로 점점 더 다가가고 있었다. 마칼루의 가장 높은 마지막 피너클은 신들의 진정한 성채였다. 내 동료가 악을 쓰는 소리에 나는 깜짝 놀랐다. 아니면, 기뻐서 내지르는 환호성이었나? 산소마스크로 인해 알아듣기 어려운 티베트어 몇 마디가 그의 입에서 튀어나왔다.

　"나왕!" 나는 차분한 제스처로 그를 재차 안심시키려 했다. "우린 할 수 있어!" 그러나 나의 이 말은 험악하고 외롭고 아름다운 얼음의 구조물을 보고 나 역시 깊은 감명을 받고 있다는 사실과는 배치되는 것이었다. 피너클은 간헐적으로 반짝이며 공중에 떠다니는 수천 개의 얼음 수정으로 둘러싸인 채 눈이 시리도록 파란 하늘로 그대로 솟아올라 있었다. 그 순간 나의 말은 아마도 적절한 대답이 아니었을지도 모른다. 하지만 마스크가 얼굴 표정을 가리고 있어 말을 제대로 이해할 수가 없었다.

　우리는 평편한 능선을 따라 마지막 걸음을 내디뎠다. 그리고 멈췄다.

정상! 정상이 우리 바로 앞에 있었다.

마지막 70미터는 믿을 수 없을 정도로 아찔했다. 가파른 눈의 주름살이 깊고 푸른 바다의 파도처럼 솟아올라, 전위봉과 그보다는 50미터쯤 높아 보이는 진짜 정상이 가는 출렁다리처럼 연결돼 있었다. 그리고 갈색의 희끄무레한 바위들 밑에는 반짝거리는 얼음이 한 조각의 그물무늬로 달라붙어 있었다. 폭풍이 이 산의 거대한 벽에서 눈을 날려 보내, 하늘 쪽으로 솟아오른 능선의 양쪽 면은 마치 하나의 파이프 꼭대기에서 서로 만나는 것처럼 보였다. 그곳은 손가락을 끼울 수 있을 정도로 끝이 뾰족했다. 내가 나왕을 뒤돌아보자, 그는 조용히 고개를 끄덕였다.

우리는 위로 올라갔다.

우리는 전위봉을 안전하게 넘었다. 나는 나왕과 내가 설 수 있도록 하얀 파이프 아래의 수정같이 맑고 가파른 표면을 파냈다. 자리는 정말 위태로웠다. 나는 그 반대편을 넘어다보고 싶은 유혹에 빠졌다. 아주 작은 틈새를 통해 구름이 보였고, 그 뒤로 그리고 내가 있는 곳에서 곧장 아래로 떨어지는 마칼루의 남동쪽 능선에서 1976년 체코슬로바키아 산악인 2명이 초등한 피너클 P8010이 보였다. 형상이 독특한 그곳 역시 마칼루의 가파른 마지막 벽이 있었다. 그곳은 체코-스페인 팀의 등정에서 일어난 비극의 현장이었고, 강력한 일본 팀이 그보다 먼저 정상에 오른 길이기도 했다. 사고는 순식간에 일어난다. 이제 나는 나왕에게 주의를 기울였다. 그가 이제 이 세상 같지 않은 정상에 가까워져, 능선 아래쪽에서 그에게 큰 영향을 끼친 이 신들의 거처가 그를 다시 혼란에 빠뜨려 등정을 포기하게 만들지 모르기 때문이었다.

이런 생각을 하며 나는 전위봉을 그냥 지나쳐 로프 끝까지 갔다. 그 봉우리에 올라선 나왕은 이 아찔한 능선, 즉 더 우뚝한 정상까지 가늠하기 어려울 정도로 깊은 공간 위에 놓인 야곱의 사다리를 바라보며 신중한 자세를 취했지만 기쁨을 숨기진 않았다. 그러나 그는 전혀 비틀거리지 않았다. 그는 능선을 건너오면서 한 발을 뗄 때마다 피켈을 눈에 깊이 박아 균형을 유지했다. 그가 자신감 있게 재빨리 움직이는 모습은 인상적이었다.

이틀 전 나왕은 나에게 이렇게 말했었다. "우리가 정상에 도착하면, 당신은 아주 기쁘겠지만, 난 좀 그럴 겁니다." 그런데 놀랍게도 지금은 그가 좁은 곳에서 나를 두 팔로 꽉 껴안고 소리를 질렀다. 그는 무척 행복해했다. 그리고 그런 모습을 보는 나 역시 뿌듯했다.

아주 천천히, 나는 내 안의 신경을 곤두세우고, 피켈을 꽉 움켜쥐고 신중하게 길을 만들며, 하얀 가장자리를 따라 작은 바위지대에 도착했다. 나는 확보를 단단히 하고 나왕이 건너오는 모습을 가슴 졸이며 지켜본 다음 계속 앞으로 나아갔다. 갑자기 나는 내 머리 5미터 위가 검푸른 하늘을 배경으로 한 정상이라는 걸 알아차렸다. 오른쪽으로도 왼쪽으로도 완벽한 사각형을 이룬 그곳은 대나무로 만든 가는 지휘봉이나 다름없었다.

나의 감격은 잠깐뿐이었다. 순간적으로 스친 생각, 아! 여기가 정상이구나.

나는 정상을 향해 조금씩 다가갔다. 하늘과 땅으로 이뤄진 무형의 선물이 눈앞에 있었다. 마·칼·루! 그 정상이 여기에 있었다. 나는 무릎을 꿇고 가장 높은 눈의 꼭짓점을 양손으로 잡았다. 이 산의 모든 능선이 바로 그 점으로 모여들었다. 마칼루는 내 것이었다.

믿을 수 없는 희열의 파도가 온몸에 넘쳐흘렀다. 이상하게도 나는 하늘을 배경으로 얼음의 꼭짓점을 이룬 이 독특한 정상에 흥분했다.

나는 조금 옆으로 비켜서 나왕을 위한 자리를 마련했다. 나는 체코-스페인 팀의 것으로 보이는 노란 산소통 옆에 피켈을 찔러 박고 내 동료를 확보했다. 그가 위로 올라왔다. 우리는 하얀 마칼루 정상을 사이에 두고 2미터쯤 떨어져 마주보고 섰다. 우리 아래쪽으로 마칼루의 능선들과 구름과 다른 봉우리들이 펼쳐져 있었고, 멀리 에베레스트가 실루엣을 드러내고 있었다. 그리고 서쪽에서 더 많은 구름들이 몰려오고 있었다.

우리는 오래 머무를 수 없었다. 나는 나왕을 껴안고 손을 맞잡으며 "베르크 하일Berg Heil!"이라고 말하고 싶었으나, 정상에서의 이 의식을 애써 무시했다. 그러나 그는 이미 저 아래쪽에서 자신의 기쁨을 나에게 전해줬다. 이제 그는 산소마스크를 벗고 주위의 광경을 말없이 바라보고 있었다. 그런 그의 눈은 놀라움으로 가득했다. 마침내 그는 레귤레이터의 나사를 풀고 거의 다 빈 산소통을 정상의 눈에 간신히 밀어 넣었다. 나는 우선 배낭을 샅샅이 뒤져 몽키 렌치를 찾아낸 다음 그를 따라했다. 우리 누구도 게이지를 쳐다볼 생각은 하지 않았다. 산소의 양이 얼마나 남았든지 간에 우리는 내려가면서까지 사용하고 싶은 생각은 없었다. 그리고 나서 이해했다는 듯이 조용히 서로 손을 맞잡았다. 나는 사진을 몇 장 찍었다. 뒤로 물러설 수 없었기 때문에 클로즈업으로.

폭풍이 우리를 엄습할지 모른다는 공포를 느낀 건 아마도 빠르게 다가오는 구름 때문이었을 것이다. 그렇지 않았다면, 나는 정상에 올랐다는 유포리어euphoria를 느꼈을 것이다. 왜냐하면 저 아래쪽에서 기침에 시달린 것이 불과 며칠 전이었기 때문이다. 나는 그 이유를 알지 못했다. 나는 여기서 사진을 찍기로 하고 호주머니에 넣어서 가져온 깃발들을 깜빡했다. 지금까지 많은 일들이 있었다. 내가 더 이상 꿈을 이룰 수 없다고 의심을 넘어 확신을 한 다음 절망에 빠져 숲으로 탈출한 이래… 여기 세상의 꼭대기에 서 있는 지금 이 순간까지. 단지 나의 생각뿐만 아니라, 나의 살과 피와 육신과 영혼도. 마법처럼 떠도는 이 감정은 일상에선 느낄 수 없는 운명의 날갯짓이었다.

나는 전위봉에 와서야 빼먹은 것이 생각났다. 오오, 이런! 오스트리아 국기와 산악연맹 깃발 그리고 다른 것들의 사진도 없이 고국으로 돌아가면 그들이 뭐라고 할까? 나는 황급히 나왕의 손에 카메라를 쥐어주고 정상 능선에서 깃발들의 사진을 한 장씩 찍도록 했다. 그래도 한 가지는 깜빡하지

마칼루 정상은 너무나 뾰족해, 나왕을 이렇게 가까이서 찍을 수밖에 없었다. 산소통 뒤의 막대가 꽂힌 곳이 가장 높은 지점이다.

않았다. 디틀린데를 위해 정상에서 돌멩이를 주워오는 것. 우리는 정상 바로 밑의 바위지대에서 돌멩이 몇 개를 가져왔다. 화강암, 석영 그리고 거무스름한 점판암 종류. 그러나 이제는 가능하면 빨리 정상 능선을 벗어나야 했다. 왜냐하면 거친 구름이 예고한 폭풍이 이미 우리 머리 위까지 와 있었기 때문이다. 우리는 쿨르와르의 피난처 안으로 급히 찾아들 필요가 있었다. 오후 1시 30분 정상에 올라선 우리는 마칼루 라에 있는 캠프로 저녁 어스름 이전에는 도착할 것으로 낙관했다.

우리는 가까스로 예상한 시간에 맞출 수 있었다. 오후 5시 앙 차팔과 은가템바 셰르파가 이미 황폐해진 4캠프에서 우리를 맞아줬다. 그리고 밤 8시 기진맥진해서 안부에 내려가자 3캠프의 헤르만이 헤드램프 불빛으로 우리를 반겨줬다. 우리는 1,000미터를 내려온 셈이었다. 그러나 밤은 나에게 재앙이나 마찬가지였다. 설맹으로 고문에 가까운 고통에 시달린 나는 잠을 이루지 못했다. 그건 쿨르와르의 바위지대를 오르면서 몇 번 고글을 벗은 대가였다. 나는 즉시 안약을 몇 방울 떨어뜨렸고, 나를 위해 헤르만은 빛이 들어오지 않도록 반창고를 붙여 작은 눈구멍의 특별한 고글을 만들어줬다. 나는 그것을 쓰고 헤르만의 확보를 받으며 다음 날 아침 비틀비틀 그곳에서 내려왔다. 차가운 공기가 고통에는 오히려 도움이 되었다. 그러자 시력이 조금 나아졌다. 그리고 그다음 몇 시간 동안, 첫 번째 고정로프에 이어 빙하를 건너는 익숙한 루트를 따라 우리는 1,200미터 아래에 있는 1캠프에 도착했다. 나는 그곳 텐트 밖의 눈에 누워 죽은 듯 몇 시간 동안 잠에 곯아떨어졌다. 그리고 나서 800미터를 더 내려와 베이스캠프에 도착했다. 그런 다음, 한결 나아진 눈으로 짙어가는 황혼 속의 마칼루를 올려다보자, 그 전날 오후에 나왕 텐징과 함께 그 정상에 서 있었다는 것이 꿈만 같았다.

앙 차팔, 은가 템바와 함께 솔루 쿰부에서 창을 마시며 즐거운 시간을 보냈다.

며칠 후인 5월 25일, 타시강에서 올라온 포터들과 함께 우리는 귀로에 올랐다. 이제 우리는 깊은 눈으로 고생할 필요가 없었다. 우리는 로도덴드론이 꽃을 피운 숲을 지나갔다.

　양레에 도착하자 새들이 지저귀는 소리가 들렸다. 나는 행복했고 모든 것에 감사하는 마음이 들었다. 그러자 형언할 수 없는 에너지가 솟구쳤다. 그것이 뭔지 나는 알지 못했다. 우리 모두는 이제 달라져 있었다. 우리는 신들의 왕궁에 있었다. 아마도 우리는 그런 경험을 통해 인생을 바꿀 수 있을지도 모른다.

높은 고개들을 넘어야 하는 고통스러운 귀로에도 불구하고 한스와 카를이 보여준 용기와 유머는 놀라웠다. 그들은 그걸 정상 등정의 대가로 받아들

Internationale Makalu Expedition

अन्तराष्ट्रीय मकालु एक्सपेडिसन

International Makalu Expedition 1978/2038-39

JME

마칼루 원정등반 이후 히말라야와 좋은 관계가 계속됐다.

였다. 그들이 신록을 아름다움으로 받아들이는 모습을 바라보는 건 오히려 나머지 사람들의 행운이었다. 그리고 원주민들은 창 파티를 벌여 우리를 기쁘게 해줬다. 우리는 행복을 느낄 이유가 아주 많았다. 비록 우리가 희망했던 트래버스를 달성하진 못했지만, 우리 모두는 일생의 소원을 성취한 셈이었다. 우리는 모두 마칼루의 정상에 올라섰다. 그리고 디틀린데는 정상의 돌멩이를 가슴에 껴안고 미소를 지었다. 어쨌든 그녀는 자신이 정상에 올라가고자 한 건 아니었으니까.

처음에는 그렇게 보이지 않았지만, 이건 아주 특별한 모험이었다. 첫 번째 등정조에 이어 마지막 조가 등정을 할 때까지 3주라는 시간이 걸렸다. 우리 모두는 서로를 도왔고, 그렇게 함으로써 모두가 기회를 잡을 수 있었다.

더구나, 헤르만은 자이언트를 오르는 이 모험에서 셰르파를 완전히 동등한 파트너로 포함시킨다는 자신의 아이디어를 원정대 역사상 처음으로 실행에 옮겼다. 그들은 자신의 의지로 정상에 올랐고, 짐을 져 나르는 건 예외 없이 모든 사람의 일이었다.

우리가 거의 모든 식량을 네팔에서 조달했다는 것 역시 괄목할 만했다. 그럼 보조산소는? 오늘날까지도, 나는 우리와 같이 고소순응이 잘 된 팀은 보조산소를 사용하지 않는 것이 훨씬 더 낫다고 생각한다.

나에게 마칼루는 뜻밖의 전환점이 되었다. 내가 그 후 15개월 동안 8천 미터급 고봉 3개를 올랐기 때문이다.

데포 쿠르트

이 별명은 1978년 프랑스 에베레스트원정대를 이끈 전 프랑스 체육부 장관 피에르 마조가 나에게 붙여준 것이다. 그 원정대에서 나는 대원이자 카메라맨 역할을 했다. 어느 화창한 날 아침, 우리는 고요의 계곡Valley of Silence* 6,500미터에 있는 2캠프의 널찍한 주방텐트에 앉아 아침식사를 하고 있었다. 그때 느닷없이 그 체육부 장관은 코를 잡더니 "뒤에 켈 오대르 드 프로마쥬Dieu, quelle odeur de fromage!(이런, 치즈 냄새가 왜 이렇게 고약해!)"라고 소리쳤다. 그는 쿵쿵거리며 주위를 두리번거렸다. "사 네 비앙 파 드 라 프랑스ça ne vient pas de la France!(이거 프랑스산이 아니네!)" 그러더니 그는 나에게 눈을 흘겼다. "임파시블레Impossible!(못 말려!). 이 박스에서 나온 것 같은데…, 쿠르트?"

나는 입을 굳게 다물었다. 그의 말에는 일리가 있었기 때문이다. 그 문제의 치즈는 내 것이었다.

사실 그건 여기에 있어선 안 되는 것이었다. 이 박스들에는 나의 공식적인 촬영장비만 넣기로 돼있었다. 그러나 과감하게 '파손주의'라고 써 붙인 것 하나는 순전히 개인적인 것이었다. 그 프랑스인은 베이스캠프로 내려가서까지 네팔의 (마차바퀴처럼 큰) 야크 치즈를 재미있어했다. 그건 내가 탁신두Takshindu에 있는 구멍가게에서 산 것으로, 다들 고요의 계곡으로 가지고 올라가지 말라고 한 것이었다. "그런 일에까지 셰르파의 힘을 낭비하

---

* 쿰부 아이스폴 지대를 넘어선 6,100미터부터 로체 사면 밑의 7,000미터까지에 이르는 대설원을 두고 1952년의 스위스 원정대가 붙인 이름 [역주]

면 안 되지. 정 필요하면, 빙하 위에서 굴려 갖고 올라가." 장 아파나시에프 Jean Afanassieff는 꽤나 빈정거렸다. 그러자 원정대원들은 너나 할 것 없이 "쿠르트, 우린 우리 게 있어. 프랑스 치즈!"라고 말했다. 그들 모두는 약속이라도 한 듯 고개를 끄덕였다. 그러나 그 앙증맞은 프랑스 치즈는 한입에 쏙 들어갈 만큼 작아서 한 손으로 여러 개를 저글링할 수 있을 정도였다. 따라서 이 오스트리아인의 식욕에는 전혀 충분치 않았다!(이걸 빼면 나는 그들의 훌륭한 음식에 불만이 없었다. 위쪽 캠프에선 '더 가볍게 더 빠르게'라는 가차 없는 현대적 추세만 있었다. 그리고 과잉 또는 초경량의 냉동 건조식품은 슬로건을 급격한 현실로 바꾸면서 그들로 하여금 계속 달리도록 만들었다. 복통으로… 참, '더 가볍게 더 빠르게'란!) 나는 산에서 순수한 자연식품만을 먹는 챔피언이었기 때문에 커다란 치즈 바퀴를 놓고 고민을 많이 했다. 맞아Euroka! 나는 셰르파를 찍을 필요가 없지? 필름 박스 하나가 비워진 다음 마차바퀴 반이 그 안에 보관됐다. 그리고 두 번째 필름 박스는 영양이 풍부한 것으로 빈틈을 채웠다. 그런 다음 셰르파가 2캠프로 향했다. 그는 소중한 짐을 정성스레 다뤘다.(그것이 '취급주의'를 해야 할 만큼 약하다고 그를 믿게끔 할 수는 없었지만, 나에겐 소중한 것이었다. 나는 우리 의사인 마조의 조카가 다른 박스를 고요의 계곡으로 갖고 가는 건 어쩌지 못했다. 그는 순전히 영상작업을 위한 자신의 호의라고 선언했다) 하지만 그가 한 일을 결코 알아차리지 못하길 나는 바랐다. 이런 생각들이 머릿속을 맴도는 동안 얼굴이 벌겋게 상기된 피에르 마조는 고개를 숙이고 텐트를 빙빙 돌며 이렇게 말했다. '쿠르트, 네팔 치즈 냄새가 나는데. (킁…킁) 어떻게 된 거야?'

나는 입을 꾹 다물었다. 더구나 그는 변호사가 아닌가, 하고 나는 생각했다. 뭐라고 해야 하나? 그러나 적어도 한 가지는 확실했다. 이제 진실의 순간이 매우 가까이 다가왔다는 것이다.

"올트 라Halte là!(정지!) 이 박스에서 나는데." 피에르는 자못 의기양양했다. "네 필름 박스 중 하나야, 쿠르트!" 그는 한 번 힐끗 쳐다보는 것으로 나

짐을 나르는 히말라야의 야크들(위) 피에르 마조(아래)

를 텐트의 천 쪽으로 몰아붙였다. 그건 자신의 희생자를 코너로 몰아붙일 수 있는 변호사만이 할 수 있는 것이었다. 두 손을 든 나는 박스를 열어, 피에르에게 야크 치즈를 한 조각 잘라 건네준 다음, 그걸 입 안에 넣고 우적우적 먹는 그를 만족스럽게 쳐다봤다. 그는 심지어 미소를 흘리기까지 했다. 그리하여 그건 아주 나쁜 아이디어는 아니었다. 그랬나?

그러나 갑자기 이전의 표정으로 돌아온 그가 이렇게 거들먹거렸다. "쿠르트, 넌 이 원정에서 다른 사람보다 장비가 많아. 우리가 앉아있든, 아니면 서 있든, 도처에 이런 글씨뿐이잖아. 쿠르트 딤베르거—취급주의 … 우 파ou pas?(안 그래?)" 그리고 그는 결코 은은하지 않은 치즈를 가리켰다.

"오, 이런! 침착해." 나는 폭발 일보 직전의 친구를 진정시키려 노력했다. "내가 영상을 찍는다는 건 알잖아." 그러나 나는 영상작업이 극히 일부분이라는 걸 알고 있었다. 사실 나는 할 일이 많았다.

불행하게도 이곳 2캠프에서, 이미 검증이 된 나의 '데포 시스템depot system*'이 제대로 작동될 기회를 갖지 못했기 때문에 내가 할 일이 많다는 건 사실로 드러났다. (이 시스템을 내가 만들어냈다고 말할 수는 없다. 그러나 어디에 개인 짐을 데포해야 할지 항상 아이디어가 떠올랐다. 에베레스트에선 1캠프에 박스 하나, 2캠프에 또 하나, 3캠프에는 짐 꾸러미 하나… 이렇게 하면 어디에 있든 장비가 항상 있게 된다. 그러나 이미 말한 바와 같이, 2캠프에서 잠깐 동안 장비가 뒤엉키고 말았다) 피에르 마조는 — 마치 의회에서 대단한 연설이라도 하는 것처럼 과장된 몸짓으로 — 나의 정당성을 애써 무시했다. "쿠르트!" 그가 말했다. "진실을 숨길 순 없어 … 네 용품들을 위해선 콩코르드 광장이 필요해 … 아니, 어쩌면 그것조차 부족할지도 몰라." 그리고 나서 그는 숨을 거칠게 들이마셨다. (이상할 것도 없이, 고도 6,500미터에서의 그런 장황한 연설 때문에) "내 말은 말이야." 그가 계속 이어나갔다. "이 원정을 위한 나의 물류 시스템 말고도, 물론 나의 목표는 프랑스인을 에베레스트 정상에 올리는 거지만, 골치 아프

---

* 등산용어로 짐을 미리 가져다 놓는 것을 말함 [역쥐]

게도 쿠르트 딤베르거 너의 데포를 위한 별도의 물류 시스템이 필요하다는 거지…."

나는 불쾌했다. 내가 3캠프에 다운재킷을 올려놓으려 한 건 사실이었다. 그리고 말하자면, 1캠프나 2캠프에도 하나쯤은 있어야 했다. 물론 베이스캠프는 말할 것도 없다. 더구나, 가능하면 침낭까지도. 아니, 베이스캠프에는 침낭이 두 개는 있어야 하고, 1캠프에 하나, 그리고 4캠프에 하나. 왜냐하면 나는 항상 장비와 침낭과 매트리스를 잔뜩 짊어지고 위아래를 오르내리는 것이 싫었기 때문이다. 누가 봐도 내 시스템은 훌륭했다. "딤베르거가 이렇게 게으르다고 생각하진 않았는데…."라고 말할지 모르는 사람들을 위해 하나를 덧붙이면 이렇다. "산에서 영상을 찍으려면 짐이 꽤 많다. 무비카메라는 그냥 들고 다녀야 한다. 그리고 다른 대원들보다 더 자주 오르내려야 하고 앞뒤로 움직여야 한다."

그러니, 나의 데포 습관에 대해선 양해해주길 바란다. (분명히, 나는 피에르의 의회 설교를 다 소화하지 못했다) 하지만 나는 또 다른 긍정적인 면에 균형을 두고 싶었다. 나는 오래전 내가 꿈의 히말라야에 입성할 때부터 이런 데포 시스템을 시작했다. 심지어 수정을 캘 때부터 이렇게 했는데, 그때 나는 망치와 끌 그리고 산의 높은 곳에서 내가 찾아낸 돌멩이 샘플과 수정을 어깨에 무겁게 메고 다녔었다.

그 산군의 똑같은 장소들로 무거운 장비들을 갖고 다녀야 하는 수고로움을 덜기 위해, 나는 가장 좋은 건 아마도 그것들을 위쪽 어딘가에 적당히 숨겨놓는 것이라고 생각했다. 그리하여 몽블랑에서 내 시스템이 시작됐다. (그곳에는 수정을 캐기에 좋은 장소가 몇 군데 있었는데, 대부분이 높은 곳에 있었다. 가이드 등반을 하거나 대담한 등반을 하기에 날씨가 좋지 않은 사이사이 나는 그곳으로 올라가곤 했다. 수정 채취는 경탄할 만한 것이었다)

그러나 내 시스템은 시작에 불과했다. 마멋marmot의 굴을 찾아라! 왜냐하면 망치를 숨겨놓기에 마멋의 굴보다 더 좋은 곳이 없었기 때문이다. 눈사태로부터도 안전하고, 남의 눈에 띄지도 않고, 더구나 별도로 힘을 들일 필요도 없으니까. 망치와 끌은 이 굴에, 스토브는 저 굴에 그리고 위스키 한 병은 다른 굴에… 그래도 굴들이 널려있어 문제될 것이 없었다. 그러나 얼마 후 나는 그만 당황하고 말았다. 처음에는 숨겨놓은 굴을 쉽게 찾았는데, 사방에 굴이 100개쯤 생긴 데다 모양도 서로 비슷비슷해서 나는 닥스훈트dachshund 개처럼 이곳저곳을 뒤져야 했다. 그리하여 나는 해결책으로 망치를 넣어둔 굴 위의 바위에 단단히 표시를 해뒀다. 그리고 위스키가 숨겨진 굴은 그로부터 왼쪽으로 다섯 걸음 떨어진 곳에 있다고 마음에 새겼고, 스토브를 숨겨둔 곳은 오른쪽으로 여덟 걸음 떨어진 또 다른 서식지, 그 아래 비스듬한 곳에는…. 모든 시스템은 처음에 시행착오를 겪으면서 발전해나가는 것이지, 하늘에서 우연히 떨어지는 건 아니다.

그 후부터 나의 데포 시스템은 멋지게 작동했다. 그리하여 나는 확신을 갖고 그걸 나의 일상생활에도 적용했다. 나는 오늘날까지도 내 시스템에 대해 자신만만하다. 그러나 시간이 흐르면서 이것이 더욱 확장되고 복잡해짐에 따라, 나는 내 시스템에 결점이 있다는 걸 알아차렸다. 이런 경우 보통은 모든 것에 '오 페au fait(정통)한' 아내를 만나거나, 아니면 양심적으로 일일이 컴퓨터에 입력해야 한다. 그렇지 않으면 어디에 무엇이 있는지, 무엇이 어디에 있는지 알 수 없는 상황이 벌어진다.

예를 들면, 나는 여전히(2년 전부터 계속) 라이카 카메라 한 대를 찾고 있다. 이건 정말 작은 일이 아닌데, 벌써 2년째다. 내가 찾는 건 그것만이 아니다. 그런 수색은 감정을 한가득 불러일으킬 수 있다. 만약 광물이 풍부한 주맥을 찾았다면 그 기쁨이 얼마나 대단할지는 쉽게 짐작할 수 있을 것이다. 이제 나는 이 장章에서 '생각을 깊이 해야 할' 문제를 언급하고자 한다. 우선 데포 시스템의 장단점을 살펴봐야 하는데, 비록 내가 라이카를 여태껏 찾진 못했지만, 나는 내 시스템을 여전히 좋아한다. 나는 일단 나와 함께 로프를 묶고 잃어버린 어떤 걸 찾기 위해 나와 동행할 독자 여러분께 내 시스템을 추천하고 싶다. 자, 이제 전 세계로 떠나자.

우선 생각해야 하는 건 '그것이(그것이 뭐든) 지금 어디에 있을 것 같은가?'이다.
그러나 쉽게 떠오르진 않는다. 그럼, 우리 모두 잘 아는 바와 같이, 심장박동이 빨라진다.
그럼 다시 — 열을 받은 후에 — 부싯돌 도끼를 사냥용으로 쓴 석기시대의 조상 때부터 생긴 오래된 의문이 떠오른다. '그 발리 구두는 도대체 어디에 있지?'('도대체…'나 '그 뭣 같은 게 어디 있지?'와 같은 변주는 비교적 최근의 빈티지 버전일 수 있다. 그러나 비효율적인 건 마찬가지다)
이제 해결책은 오직 하나다. 마음을 가라앉히고 차분히 생각해야 한다.

그래서 나는 그것이 있을 만한 가장 그럴듯한 장소들을 뒤지기 시작한다. 당연히 그 장소는 집인데, 그렇다면 세 곳이다.

잘츠부르크에는 아버지가 있고,
볼로냐에는 아내가 있고,
포르토 마지오레에는 장모가 있다.

세월이 흐름에 따라, 이곳들은 돌아가면서 모두 나의 집이 되었다. 따라서 내가 뭔가를 찾는다면, 나는 책과 슬라이드필름과 등산장비는 잘츠부르크에 있다는 걸 안다. 아내가 사는 곳인 볼로냐에서는 보통 일이 어긋나진 않는다. 그리고 장모가 있는 포르토 마지오레에선 옷이나 수선할 것이라면, 나는 주위를 뒤져야 한다. (내 아내는 일의 분산을 좋아한다. 기본적으로, 그녀 자신의 데포 시스템은 더 넓은 장소로 퍼진다)
내가 이 세 곳에서도 원하는 걸 찾지 못하면, 일은 더욱 복잡해진다. 그럼 그건 카트만두나 하와이에 있을지도 모른다. 그리고 만약 내가 그걸 잠재적인 기억 속에서 끄집어내길 원한다면, 나는 소파에 앉아 — 심리학자들도 같은 방법을 쓰는데 — 몇 시간이고 곰곰이 생각해야 한다.

이 일에 대한 순서는, 아니면 순서에 대한 본능은 우리 집안의 내력이다. 아버지와 나는 정리정돈에 대한 열광적인 애호가다. 이것이 바로 우리가 많은 걸 제자리에 두지 못하는 바로 그 이유일지 모른다. 따라서 아버지는 물건의 위치를 쉽게 찾아낼 수 있는 새로운 시스템을 시간을 많이 들여 개발해냈다. 내가 생각하기에 그것 하나만으로도 아버지는 천재나 다름없다. 아버지는 항상 새로운 물류시스템에 골몰한다. 따라서 내가 집으로 돌아오면, 아버지는 최신 계획을 자랑스럽게 보여준다. 그럼 나는 감탄할 수밖에 없다. 왜냐하면 이전에는 내가 결코 찾지 못했기 때문이다. 그러나 아버지는 알고 있다. 아버지는 어떻게든 보편적인 원리를 자신의 프로그램에 적용시키려 한다. 내가 지난번에 집에 갔을 때는 장롱 2개의 내용물들이 각각의 특정한 중력에 따라 조심스럽게 정리돼 있었다. 그다음부터 내가 무엇을 찾으려 하면 그건 식은 죽 먹기였다. 그러나 이건 곁들인 말이다.

나는 소파에 앉아 이 대륙 저 대륙을 떠돌아다니며 내 친구들을 방문한다. 그리하여, 이제 나는 독자 여러분께 물건을 제대로 놓아두는 놀라운 방법을 소개하고자 한다.

이미 힌트를 준 바와 같이, 나의 시스템은 결점이 있다. 2년 동안 내 마음의 휴식기간을 끝내고 나서, 내가 비엔나에 있는 헤르베르트 티히Herbert Tichy*

---

*   전설적인 헤르만 불의 사상이 '타협 없는 등반'이었다면, "나는 알피니스트가 아니다."라고 선언한 1954년 초오유 원정대장 헤르베르트 티히의 사상은 '산에선 모두(셰르파까지도) 친구가 되는 것'이었다. 쿠르트 딤베르거의 정신적 지주는 불이었지만, 사상적으론 티히와 더 가깝다. [역주]

를 집으로 찾아가자 그는 이렇게 말했다. "우편집배원에게 줬어." 아니, 어떻게 그럴 수가? "그 의문의 옷을 놓고 꽤 오랫동안 머리를 짜냈지. 내겐 맞지 않았고…. 그런데 우편집배원에겐 아주 멋져 보였거든."

작가들의 말에는 조심해야 한다. 왜냐하면 그들은 항상 자기 얘기에 빠져있기 때문이다.

어쨌든 비엔나는 나에게 아주 만족스러운 장소는 아니었다. 최근에 등산장비와 책 몇 권 그리고 다른 개인소지품들이 딱딱한 상자에 담겨 그곳에서 왔다. 참, 잉게Inge가 결혼했지. 맞다. 시간은 정지하는 법이 없으니까. (모든 사람은 등반용 로프를 보관하는 실용적인 방법을 이해할 것이다. 내가 늘 이탈리아에서 로프를 들고 산으로 가는 건 아니다) 아, 그래, 로프 하나는 또 바르셀로나에 사는 호세 마누엘 앙글라다의 방에 있다. 그건 내 스페인 데포다. 그런데 최근에 나는 아주 큰, 길이가 60센티미터는 되는, 열쇠를 그에게 주었다. 나는 호세의 취미가 열쇠 수집이란 걸 알고 그걸 볼로냐의 벼룩시장에서 샀다. 하지만 그는 그 골동품을 한 번 쓱 보더니 이렇게 말했다. "아름다운 열쇠네. 장인의 손길이 느껴지는… 근데 말이야, 이탈리아에서 샀다면… 진짜는 아니야." 그래도 그는 매우 기뻐했다. 내가 그에게 그 가짜 가공품을 가져다줬을 때 나는 혹시 내가 나의 진짜 라이카를 그의 서랍 안에 두고 온 건 아닌지 고민했다. 혹시 그것이 마치 마멋의 굴 안에서처럼 편안하게 잠자고 있는 건 아닐까? 바르셀로나에선 모든 걸 감춰야 한다. 그곳은 스페인의 나폴리나 마찬가지다. 앙글라다가 자신의 소중한 열쇠 수집품들을 여태껏 갖고 있는 건 분명 그의 문에 달린 3개의 특별한 잠금장치 덕분이다. 따라서 그곳에 있는 건 안전하다는 의미다. 만약 내 라이카가 그곳에 있다면 아마 괜찮을 것이다.

그런데 이 시스템을 알고 나면 기분 좋게 놀랄 수도 있다.

얼마 전, 나는 뜻밖에도 스키 한 세트를 '선물'받았다. 쿠르마예에서 알베르고 스코이아톨로Albergo Scoiattolo라는 작은 호텔을 운영하는 오라치오와 안니에 부부가 자신들의 창고에서 그걸 발견했는데, 거기에 '쿠르트'라고 쓰여있었던 것이다. 그때서야 나는 생각이 났다. 그건 13년 전 내가 힌두쿠시의 티리치 미르 빙하를 스키로 내려올 때 사용한 것이었다. 이런, 어떻게 된 거지?

믿을 만한 또 다른 장소는 슈바르츠발트Schwarzwald*다. 물론 내가 그곳에 무얼 데포했는지는 정확히 알지 못한다. 그곳은 트루디Trudy가 사는 곳이다. 예순아홉 살인 그녀는 베를린 출신이다. 그녀는 얼빠진 오스트리아의 영혼을 언제나 군대식으로 바꿔놓는다. 며칠 동안 나는 그녀의 집에서 슬라이드필름 작업을 했다. 더욱이 그녀는 자연과학이라면 모르는 것이 없었다. 나는 그녀의 얘기를 몇 시간이고 들을 수 있었다. 30년 전 우리는 오스트리아 알프스의 그로스 베네디거Gross Venediger 정상을 함께 올랐었다. 사실 그녀의 집에선, 매일같이 산악인들이 출발하는 크뤼징거Krüsinger 산장에서처럼, 일찍 일어나야 한다.

그러나 집과 가까운 곳, 뮌헨으로 가보자. 그곳은 내 모든 여정의 길목이다. 그곳 율리Uli의 집에는 내 촬영장비가 거주하다시피 한다. 그리하여 나는 국경을 넘을 때마다 우리의 용감한 오스트리아 세관원들에게 꼼꼼하게 신고하는 걸 피해왔다. (여러 나라에 지사를 갖고 있는 대기업들도 마멋으로부터 배운 것이 아닐까?) 맞다. 기획자와 신은 게르다Gerda와 폴크마Volkmar가 살고 있는 바바리아의 한 호숫가에 어떤 것들이 숨겨져 있는지 알고 있다. 그곳에서 나는 최근에 이제는 자신들의 현관문을 거의 닫지도 못할 지경이라고 '옐로카드'를 받았다. 그래서 나의 장비 일부는 이제 길 건너편의 예술가 친구 헤르베르트 핀스터Herbert Finster 집에 있다. 가까운 장래에 그를 위해 아주 작은 그림 몇 점을 에베레스트 정상으로 갖고 갈 것이다. (이건 예술작품의 '페넌트'인 셈이다) 그럼 그는 작품이 세계에서 가장 높은 곳에 있다는 걸 알게

---

* '검은 숲'이란 뜻으로 독일 남서부의 삼림지대를 말한다. [역주]

될 것이다. 비록 그곳까지 올라가서 그 작품들을 감상할 관람객이 얼마 되진 않겠지만….

북쪽으로 더 가서 팔츠Pfalz로 들어가면, 그곳에는 카이저슬라우테른Kaiserslautern이 있다. 그곳의 클라우스와 브리기테의 창고에는 근처 화산지역에서 나온 자수정과 마노agate가 들어있는 트렁크뿐 아니라 나의 책『정상과 비밀Summits and Secrets』이 든 박스들이 일렬로 놓여있다. 그곳에선 미국으로 향하는 저렴한 비행기들이 있는 룩셈부르크가 그리 멀지 않다. 나의 다음 데포는 미국 뉴저지에 사는 사촌 엘케Elke의 집이다. 그러나 런던의 데포 장소인 켄 윌슨Ken Wilson의 집은 애석하게도 사라지고 말았다. 그들이 둘째를 낳자 공간이 더 필요했던 것이다.

이제 바다를 건너 하와이! 이전에 왕족이었던 카와나나코아스Kawananakoas에게 강연을 한 후 깜빡한 박스 하나가 그곳에 있다. 아우프 비더젠Auf Wiedersehen!(안녕, 또 만나!) 캐럴Carol과 듀디Dudie, 필Phil과 프랜Fran, 엘렐룰Elelule…. 나는 그 슬라이드필름들이 필요한데, 우편으로 보내지 말고 다시 보는 것이 어때?

콜로라도의 에스테스파크Estes Park. 그곳에는 등산화 한 켤레가 있다. 그러나 확실하진 않다. 마이클 코빙턴Michael Covington에게 있는지, 아니면 스티브 코미토Steve Komito에게 있는지. (서부의 산악인들에게 등산화 밑창을 팔고 있는 스티브에게 있을까?) 아니면, 내가 그걸 네바다의 백만장자 고든의 집에 두고 온 걸까? 카드 한 장을 써서 보내야 할지도 모르겠다.

캐나다의 밴프. 에벌린의 침실에 공룡 뼈가 든 박스 하나가 있다. 조금 더 있어도 문제는 없을 것이다.

LA. 여기저기에 잡다한 것들이 있다.

카트만두를 잊으면 안 된다! 홀리Hawley 여사의 집에 히말라야 장비들이 가득 든 알루미늄 박스들이 있고, 칼리코테Kalikote 씨의 집에는 더플백들이 있다. 나는 마음이 내키면 언제든지 작은 원정에 나설 수도 있다. 그럼 나는 산으로 떠나기 전에 '살아 있는 기록 보관소'인 홀리 여사와 다시 마주해야 할 것이다. 카트만두의 상징이라 할 수 있으며, 히말라야에서 일어나는 모든 일에 정통한 이 매력적인 숙녀는 오랫동안 등반 결과를 공들여 기록해왔다. 나는 우리가 때때로 논의한 그 기록 중에서 '등정 경쟁Horse Race'을 전설적인 페이지라 부르고 싶다. 그녀는 8천 미터급 고봉을 오른 모든 산악인을 순위표를 만들어 관리한다. 따라서 사람들은 이들이 등반을 어떻게 했는지 한눈에 살펴볼 수 있다. 이 산악인 2개, 그러는 동안 저 산악인은 3개, 또 다른 사람은 4개… 그 당시 5개를 오른 사람은 2명이었다. 라인홀드 메스너와 나. 우리는 한동안 정신없이 돌아다녔다. 1980년의 내 일기는 이렇게 돼있다.

내년이 되면 분명 상황이 바뀔 것이다. 왜냐하면 지금 이 순간 라인홀드는 에베레스트에 가는 중이기 때문이다. 그러나 내가 그곳에 가려면 2주는 걸려야 한다. 왜 운명은 우리로 하여금 항상 서로의 다리에 걸려 넘어지도록 만들었을까? 우리는 언제나 좋은 관계를 유지해왔고, 과거에는 등반을 놓고 즐겁게 대화를 나눴기 때문에 서로 고의적인 건 아니다. 한때는 빌뇌스Villnöss에 있는 그의 집에 여행용 가방을 두고 다닌 적도 있었지 않았나, 하는 생각까지 든다.

이제 다른 곳으로 가자. 바르샤바. 이 놀랍고 활기 넘치는 도시에는 예술가들과 박물관, 아이디어로 가득 찬 용기 있고 아름다운 사람들이 있다. 그러나 슬프게도 그곳에는 나의 데포가 없다. 강연을 하면서 이 나라를 돌아다닐 때 나는 이런 저런 걸 남겨놓고 싶었지만, 함께 있던 아내는 마지막 양말까지 모든 걸 꼼꼼하게 챙겼다. 이제야 나는 이 책의 이탈리아어판이 나오기 전부터 찾고 있던 내 라이카가 번뜩 떠올랐다. 나는 나의 데포 목록을 조심스럽게 살펴봐야 한다. 그렇지 않으면 아내는 내가 라이카를 어디에 뒀는지 묻지도 않을 것이다. 남편이 왜 그곳에 두고 왔지?

뒤셀도르프, 3캠프와 5캠프. 만약 체중이 많이 나간다면, 내 동료들이 선호하는 숲에서 조금은 더 좋은 조깅을 하는 것보다 후자를 추천한다. 왜냐하면 아마존 출신의 용감한 에리카Erica가 사는 아파트의 5층에는 엘리베이터가 없기 때문이다. 그러나 볼프강의 아파트(3캠프)에서 지난 2년간 나는 급하지 않은 사운드 트랙 작업을 마음이 내킬 때마다 해오고 있다. (그곳에는 박스가 두 개 있다. 혹시 라이카가 뒤셀도르프에 있는 건 아닐까?)

몽 뒤에Mon Dieu!(저런!) 세계 일주 소파 여행에서 어떻게 프랑스를 잊을 수 있을까? 나는 가제레Gazères에 있는 작은 보트, 프티 바토Petit Bateau를 이제껏 생각해내지 못했다. 피레네산맥 전문가인 루이 오두베르Louis Audoubert와 마르크 갈리Marc Galy는 요즘 부쩍 전 세계의 큰 산들을 돌아다니고 있다. 작고 단단한 몸집에 파란 눈을 가진 루이는 에너지 뭉치로 언제나 웃는 편인데, 혼자서 6시간 만에 브루야르 리지Brouillard Ridge로 몽블랑 정상까지 주파한 인물이다. 그는 '알프스에서 가장 거친 사제'라 할 수 있는 푸트레이 리지 전 구간을 두 번이나 등반했는데, 그중 한 번은 겨울에 해냈다. 푸트레이 리지에서는 결국 크램폰이 한 짝만 남았다. 그리고 그의 믿음. 에귀누아르 정상 직전에서 미사를 올렸다는 건 사실이다. 이제 그는 더 이상 그런 등반을 할 수 없다. 결혼을 했기 때문이다. 그에겐 사랑스러운 아내가 있다. 그리고 믿음도 여전하다. 그가 사제였을 때 나는 그의 조카의 대부가 되었다. 그리고 나는 오래됐지만 상태가 좋은 다이렌퍼스Dyhrenfurth의 책 『발토로Baltoro』를 그곳에 두고 왔다. 결국 그것은 스페인으로 흘러들어가 그곳의 산악인들이 그 책을 보고 새로운 원정대를 꾸렸다고 한다. 맞다. 피레네에 있을 때 나는 프랑스어와 스페인어를 익혔다. 그리고 비록 비흡연자이긴 하지만 3개월 동안 골루아즈Gauloise를 뻐끔거리며 피웠다. (그러나 이건 다른 얘기다) 이런 것들을 종합하면 나의 데포 시스템이 얼마나 유용한지 알 수 있다. 결점이 조금 있긴 하지만 아주 환상적이다. 나는 나의 모든 남녀 데포 매니저들에게 감사를 표하고 싶다.

이제 이탈리아로 돌아가자. 나는 지역의 클럽 알피노Club Alpino의 회원임에도, 오랫동안 트리에스테Trieste를 비웠다. 몇 번의 등반에서 날렵하게 내 로프 파트너 역할을 한 비앙카는 여행을 떠나 안타깝게도 그곳에 없었다. 그러나 트레비소Treviso에는 친절한 연상의 숙녀 텔레네Telene가 살고 있다. 그녀는 스파게티를 뛰어나게 잘 만드는데, 내가 지안니Gianni를 그의 등산화 공장으로 찾아갈 때 먼저 들르는 곳이 바로 그녀의 집이다. 지안니는 내가 원정등반을 다니던 초창기부터 내 등산화를 만들어왔다. 따라서 그곳에는 언제나 내 등산화들이 있다.

그래서 나는 바레세Varese의 토나와 아이들에게 한 번 더 갔고, 일단의 관광객들을 가이드 해야 하는 몽블랑 산행을 위해 스키와 등산장비를 챙겼다. 우리는 정원에 앉아 나무들 사이로 모습을 드러내는 우리의 산 몬테로사Monte Rosa를 바라보며 피자를 먹었다. 아리베데르치Arrivederci(안녕, 또 봐), 내 사랑!

몽블랑 산행이 끝났을 때 나는 그 산에 있는 나의 마멋 굴들을 한 번 보고 싶었다.

인내심 많은 아내 테레사가 있는 볼로냐로 돌아가기 전에….

얘기 끝에 생각난 몽블랑. 나는 최근에 그곳에 갔었다. 내가 수정 채취자의 지혜와 데포의 원칙을 발견한 바로 그곳으로, 에귀 드 트리올레Aiguille de Triolet 밑의 마멋 굴들이 있는 곳에서 나는 내가 표시해놓은 바위를 어렵지 않게 찾았다. 그리고 망치를 숨겨놓은 굴도. 망치는 꽤 녹슬어있었다. 하지만 그 사이에 2년이란 세월이 흘렀으니까. 나는 곧 스토브와 끌과 위스키 병을 찾기 시작했다. 그런데 아무것도 없었다. 내가 잘못 알고 있었나? 그럴 리가. 그때 문득 생각이 났다. 이 부지런한 마멋 놈들 같으니라고! 이 몹

쓸 놈들이 지난 2년 동안 새로운 굴을 아주 많이 만들어놓은 것이다. 나는 사면을 앞뒤, 위아래로 이리저리 찾아다녔다. 내 위스키가 어디에 있지, 내 끌이 어디에 있지, 내 스토브가 어디에 있지? 왼쪽과 오른쪽으로 몇 미터를 가야 하나? 위스키는 분명 그 사이에 잘 숙성되었겠지? 그러나 헛수고였다. 나는 찾지 못했다. 만약 누군가 그걸 찾는다면 나를 위한 건배를 잊지 마시길. 스토브도 찾지 못했다. 그렇다면 아마 발명 솜씨가 뛰어난 마멋 한 마리가 자신의 식품저장고 구조물에 그걸 포함시켰을지도 모른다. 그래서 나는 졸졸 흐르는 찬물로 목을 축였다. 최소한 녹슨 망치는 찾았으니까.

그러나 다른 것들은 여태껏 찾지 못했다. 그것이 뭐였지? 마멋 굴들에 숨겨둔 다른 것들? 기억의 길을 거꾸로 따라가려는 이 항해의 이유가 뭐였지? 아, 맞아. 누군가는 내 라이카가 있는 곳을 알고 있겠지? 나는 아직 희망을 버리지 않았다.

추신 1

이 책을 읽는 내 친구들에게 요청컨대, 서랍이나 창고를 뒤져 나에게 소포 꾸러미를 무더기로 보내지 마시길. 이미 한 친구가 전화를 걸어 자신의 집에서 낡은 등산 바지들을 찾았다고 했는데, 과연 그것들이 내 것일까? 그래서 나는 그 바지들이 우편집배원에게 맞는지 먼저 알아보는 것이 좋겠다고 충고했다.

추신 2

이 책을 인쇄하기 2주 전, 아주 뜻밖에도 나는 몽블랑에 올라가는 피에르 마조를 우연히 만났다. 전 체육부 장관인 그는 큼지막한 배낭을 메고 있었다. 그의 매력적인 동료였던 나는 놀랐다. 나에게 반갑게 인사를 건넨 그 친구는 이렇게 말했다. "샐망 윈 프티트 탕트Seulement une petite tente. (그냥 작은 텐트야.)" 그러더니 그는 내가 나의 손님과 함께 뒤따라갈 수도 없을 정도로 빨리 올라갔다.

　다음 날 나는 몽블랑 정상 근처에서 텐트를 찾았지만 헛수고였다. 그렇다면 나의 친구는 내 데포 시스템을 자기 것으로 은밀히 개조한 것이 아닐까? 데포 피에르로?

장면 1—에베레스트 정상에서

8,500미터. 헐거운 바위들이 있는 그곳에서 고소의 혹독한 기온으로 온몸이 산산이 바스러진 나는 배낭에 기댄 채 카메라를 무릎 위에 올려놓고 가쁜 숨을 몰아쉬었다. 바람이 눈을 움푹 파놓은 곳에서 나는 제대로 앉지도 못하고 그냥 쭈그려 앉아있었다. 능선 너머로, 나는 지구 최고봉의 눈 덮인 지붕 밑을 세로로 홈이 파진 동벽을 따라 내려다봤다. 3,000~4,000미터 아래쪽 깊숙한 곳에 캉슝 빙하Kangshung Glacier가 있었다. 대부분이 눈에 덮여 불규칙한 패턴을 이룬 모레인 지대는 동쪽으로 이어져, 샤르체와 페탕체Pethantse를 지난 다음, 초몰론조의 마지막 화강암 첨탑 쪽으로 흘러내리고 있었다. 그들 위로 이쪽의 모든 걸 지배하며 아룬 계곡의 남색 그림자를 가린 것이 마칼루의 아름다운 피라미드였다. 지평선 먼 곳에서 칸첸중가의 거대한 산군이 시야에 잡힐 뿐 마칼루는 근처에서 유일하게 가장 큰 산이었다. 아름다운 날이었다. 아마 신들로부터 선물을 받은 사람은 이렇게 말하고 싶은 유혹에 빠질 것이다. 세기의 날! 그리고 오늘 에베레스트 정상에 오르는 사람들은 누구나 그런 선물을 기대할 것이다. 나 역시도.

나는 혼자였다. 바로 건너편으로 세계 제4위의 고봉인 8,511미터의 로체가 가파르고 무뚝뚝하고 차갑게 마치 수정처럼 솟아있었다. 바람 한 줄기 없는 사방은 무척 고요했다. 적어도 내가 있는 이곳은….

촬영에 꼭 성공해야 해. 내 마음이 봉우리와 봉우리를 조용히 돌아다니고 아래쪽의 거대한 공간을 떠다니는 동안 이런 생각이 나를 조용히 끌어 잡아당겼다. 오늘은 의무적이라 할 정도로 이런 생각이 자주 들었다. 왜냐하면 나는 커다란 소망을 채우기 위해 초모룽마Chomolungma의 정상으로 올라가고 있었기 때문이다. 지금 여기 8,500미터에 있는 이 순간까지도 나는 나의 꿈이 실현되리라곤 믿지 못했다. 그러나 논리적으로 보면 실현 가능성은 아주 컸다. 한편, 나는 내 프랑스 동료들의 등정을 촬영하기 위해 이곳에 있었다. 정상에서의 목소리까지. 나는 프랑스인들의 카메라맨이었다.

그런데 그 녀석들은 어디에 있지?

쿠르트, 촬영해! 그들이 올라오고 있었다. 웨스턴 쿰을 배경으로 윤곽을 드러낸 그들의 오렌지색 모습을 보고, 나는 뷰파인더의 프레임 안으로 인물들을 집어넣었다. 셰르파를 앞세운 장Jean과 니콜라스Nicolas였다. 그들 위로 나와 사선을 이룬 곳에서 나는 나의 로프 파트너 피에르 마조를 카메라로 잡았다. 우리는 정상까지 날카롭게 노출된 능선을 따라갈 때는 몰라도 남봉에 올라가기 전에는 로프를 쓰지 않을 작정이었다. 우리가 서로 확보를 보지 않고 움직이는 지금 이 순간은 각자였다. 여기선 추락하거나 조금만 굴러도 곧장 수천 길 낭떠러지로 사라진다.

어쨌든 나는 자유롭게 움직여야 했는데, 로프를 쓰면 루트를 벗어날 수 없었다. 나는 검푸른 하늘을 배경으로 날카로운 능선을 올라오는 다른 사람들을 촬영하기 위해 이곳에 있었다. 아스라한 지평선은 환상적이었다. 수많은 봉우리들이 희미하게 빛나는 운해에 싸여 남쪽으로 이어지고 있었다. 그리고 그 너머는 인도였다.

나이스 샷! 인물이 흔들리지 않도록 희박한 공기 속에서 호흡을 가다듬기가 어려웠지만, 나는 마치 월척을 낚은 낚시꾼처럼 행복했고 만족스러웠다. 카메라가 돌아갔고, 내 동료들이 바로 앞을 지나 검푸른 하늘을 향해 위쪽으로 멀리 올라갔다. 아, 이런 젠장! 필름 통이 다 돼 나는 새 걸 넣어야 했다. 배낭에서 하나를 꺼내고… 내 옆에 편한 자리가… 정신이 혼미했다. 다시 찍기에는 너무 늦었을지 모르지만 나는 뚜껑을 열었다. 그러는 동안 나는 피에르 마조와 내가 믿을 만한 셰르파 다와와 함께 어제 어떻게 여기까지 올라왔는지 기억을 더듬었다. 충직한 다와는 이틀 전의 폭풍 속에서도 우리에게 남은 유일한 셰르파였다. 거의 20킬로그램이 되는 무거운 배낭을 메고 동시에 더 높이 올라가 촬영을 해야 해서 등반은 더욱 더 힘든 투쟁이었다. 잡다한 것들을 빼고도 우리 셋은 각자 산소통을 2개씩 지고 있었다. 하나는 호흡용이고, 다른 하나는… 오랜 시간이 지난 후, 피에르와 나는 우리의 야망과 산소통을 이곳에 내려놓고 대략 8,000미터인 사우스콜로 내려가기로 했다. 우리는 분당 2리터의 산소를 마시고 있었는데, 우리가 하는 일에 비하면 충분치 않은 양이었다. 사실은 너무 늦어 황혼이 지고 있었다. 꿈에 그리던 정상이 문제가 아니었다.

오늘, 우리는 이전의 모든 원정대가 마지막 캠프를 쳤던 이곳 8,500미터까지 다시 올라왔다. 그러나 우리는 독일의 카를 헤를리히코퍼 박사Dr. Karl Herrligkoffer 원정대가 했던 것처럼 이곳을 피난처로 삼지는 않기로 했다. 그들 중 셋인 한스 엥글Hans Engl, 후베르트 힐마이어Hubert Hillmaier, 제프 마크 Sepp Maag는 어제 정상에 오르는 데 성공했다. 어쨌든 피에르와 나는 앙 다와Ang Dawa의 도움 없이는 이곳에 캠프를 세울 수도 없었다. 그리하여 우리는 오늘 아침 사우스콜에서 각자 산소통을 1개씩만 갖고 다시 올라와, 우리가 남겨놓은 두 번째 산소통을 이용해 정상까지 계속 가기로 했다. 물론 아주 치명적이진 않겠지만, 우리가 이곳으로 다시 내려올 때까지 산소가 떨어지지 않길 희망했다. 고소에서의 하산은 생각만큼 산소와 노력이 들지 않는다. 그 사이에 우리는 더 이상 외롭지 않게 되었다. 셰르파 두 명과 우리의 두 젊은이인 장 아파나시에프와 니콜라스 재거Nicolas Jaeger가 우리와 함께하기로 한 것이다. 셰르파들은 남봉으로 향하는, 경사가 가파르게 시작되는 8,600미터까지 우리와 동행한 다음 돌아서기로 했다.

드디어 움직일 시간이야, 쿠르트! 뷰파인더 속에서 위로 올라가는 인물들이 아주 작아지고 있잖아! 나는 물건들을 챙긴 다음 이미 사용한 산소통은 놔두고 산소가 가득 찬 새 것에 레귤레이터를 연결하고 나서, 촬영을 더 잘하기 위해 벗었던 마스크를 다시 착용하는 아주 번거로운 일련의 준비를 했다. 그리고 한 걸음 한 걸음을 내디딜 때마다 피켈을 눈 속에 깊이 찔러 박으며 내 친구들이 있는 곳을 향해 사선으로 계속 올라갔다.

나는 그날이 내 미래의 인생을 결정하는 날이 될지, 또는 프랑스인들이 내게 붙여준 별명인 '8,000미터의 카메라맨'이라는 경력을 계속하게 될지 그때는 알지 못했다. 이 페이지는 에베레스트에서의 수많은 날들 중 그냥 하루를 묘사한 것일 뿐이다. 나는 에베레스트에 다섯 번 원정을 갔고, 그 지역 사람들을 수차례 방문했다. 그리고 정상에는 한 번 올라갔지만, 그런 것이 중요한 건 아니다. "바로 이 순간을 위해 나는 산에 와."라는 줄리 틸리스의 말은 수많은 봉우리들과 텅 빈 공간을 내려다보며 능선의 편안한 자리에서 보낸 그 짧은 순간의 나에게도 꼭 들어맞았다. 우리의 생각은 아주 비슷했다. 그리고 그녀는 촬영과 등반을 위한 나의 파트너가 되었다. 줄리는 자신의 책『양쪽에서 몰려오는 구름Clouds from Both Sides』에 우리의 에베레스트 경험을 솔직하게 풀어냈다.

1974년 처음 산을 영상에 담은 후, 그리고 에베레스트의 동쪽에 있는 샤르체의 리지를 헤르만 와트, 나왕 텐징과 함께 힘들게 올라가며 거대한 커니스와 고드름이 주렁주렁 매달린 우리의 얼굴을 영상으로 포착한 후 나는 초모룽마와 그 지역 사람들에 대한 영상을 6개 이상 만들었다. 그중 가장 최근 것으론 1993년 겨울 딸 힐데가르트와 함께 이 산의 북동쪽으로 가서 티베트 사람들과 그들의 풍습을 찍은 걸 들 수 있다. 그 사이의 20년이라는

8,000미터의 마법 같은 풍경. 에베레스트 사우스콜에 강풍이 기묘한 패턴을 만들어놓았다. 햇빛을 받고 있는 마칼루가 위쪽에 보인다..

세월은 히말라야에 많은 변화를 가져왔다. 그러고 보니 내가 지난 35년 역사의 생생한 증인이었다. 그동안 고산에선 속도나 경쟁 등반 등 새로운 분야뿐만 아니라 진정한 발전도 있었다. 그러나 에베레스트에선 꽃다발처럼 혼합된 다양한 스타일이 여전히 성행하고 있다. 그걸 여기에서 거론하기에는 지면이 부족하다. 피터 길먼Peter Gillman이 초등 40주년을 기념해 편집한 책*은 아주 뛰어나다. 그러나 나는 그 문제에 대한 나의 개인적인 경험과 생각을 여기에서 간결하게 요약하는 것도 나쁘지 않다고 생각한다.

1978년 프랑스인들의 프로젝트는 많은 셰르파들을 동원하고 고정로프와 보조산소를 사용한 대규모 포위전법 스타일의 원정등반이었다. 그때 더그 스콧은 인근의 눕체Nuptse를 순수한 알파인 스타일로 시도하고 있었다. 훗날 더 빠른 등반 보고가 등장해 색이 바래기는 했지만, 나는 사람들이 우리의 촬영 시도에 당연히 미소를 지을 것이라고 생각했다. 그러나 그들이 과연 그 무거운 산소통을 메고 벌이는 분투를 상상이나 할 수 있을까? 요즘은 보조산소에 상당히 의존하는 등반이 성행하고 있다. 하지만 그들의 산소통은 옛 '영국의 공기'†나 우리가 사용한 프랑스제 레귤레이터의 현대적 모델보다 무게가 더 나가진 않는다. 1990년대의 러시아제 티타늄 산소통의 무게는 2.2~2.3킬로그램에 불과했다. (그에 반해, 1970년대에 우리가 사용한 것은 7킬로그램이었다. 따라서 산소통 2개의 무게는 레귤레이터 등을 포함해 모두 16킬로그램이나 되었다) 무게가 거의 50퍼센트나 줄어든 건 최근 나의 '전통적인' 등반에 아주 중요한 요소가 되었다. 결국 시간이 좀 더 흘러가자, 에드먼드 힐러리와 텐징 노르가이가 벌인 분투에 감사할 줄 아는 사람이 거의 없게 되었고, 그들의 루트는 늘 붐비는 고속도로가 되었다.

---

* 『Everest: The Best Writing and Pictures of Seventy Years of Human Endeavour』 Peter Gillman(Little Brown, 1993)

† 1920년대 초에 영국 에베레스트 원정대가 사용한 산소를 말한다. 『Fallen Giants』 (하루재클럽, 2015) 501쪽 참조 [역주]

1981년 에드먼드 힐러리가 미국 원정대의 일원으로 우리와 함께 에베레스트 동벽에 갔을 때(그때 나의 역할은 영상감독이었다) 등반기술은 비약적으로 발전해있었다. 그렇지 않았더라면, 우리는 우리가 '헬멧'이라고 부른, 괴물 같은 얼음 밑에 있는 수직의 헤드월을 뚫고 나갈 수 없었을 것이다.(그로부터 2년 후에는 로켓의 도움으로 그곳에 케이블이 설치됐다) 그 첫 번째 시도에서 우리는 정상 등정에 성공하지 못했다. 그러나 우리의 영상은 에미상*을 받았다. 그곳은 눈사태가 빈번한 지역으로, 1921년 조지 맬러리George Mallory 와 그의 동료들을 그 산의 북쪽으로 허겁지겁 달아나게 한 곳이기도 하다. 1924년 조지 맬러리와 샌디 어빈은 정상 근처에서 구름 속으로 사라져 돌아오지 못했다. 그로부터 29년 후, 힐러리와 텐징은 남쪽에서 에베레스트를 오르는 역사적인 위업을 이뤘다. 그러나 맬러리와 어빈이 과연 정상에 올랐는지는 아무도 확실히 알지 못한다.

그리고 또 다른 2명의 위대한 산악인들이 에베레스트 역사에 자신들의 이름을 영원히 아로새겼다. 1978년 이른 여름 라인홀드 메스너와 페터 하벨러가 그 산을 처음으로 보조산소 없이 오른 것이다. 또 다른 2인조인 에라르 로레탕Erhard Loretan과 장 트로이에Jean Troillet는 1986년 그 산을 가장 순수한 현대 알파인 스타일로 올랐다. 텐트도 없이, 비박용 구덩이를 팔 수 있는 눈삽 하나만 갖고 북벽으로 에베레스트 정상에 오르는 데 성공한 것이다. 그러나 남쪽에선 거대한 쿰부 아이스폴 때문에 경량 등반이 만만찮다. 순수주의자들은 자신들의 사상을 포기하고, 그를 합리화하는 데서 일어난 충격을 받아들여야만 했다. 그리고 그들은 후에 가서야 자신들의 스타일에 맞는 등반을 시작했다. 내가 이탈리아인들과 함께 있었던 1980년 라인홀드 메스너가 그런 것처럼. 그의 셰르파가 떠나서, 나는 나의 카메

라 포터인 나왕 텐징을 그에게 '빌려'줬다. 나왕은 메스너의 단독등반을 위해 텐트를 로체 사면의 3캠프까지 친절하게 날라다줬다. 끊임없이 무너져 내리고 하루에 1미터 정도씩 움직이는 얼음의 폭포를 두세 사람이 한 동의 로프로 우아하게 돌파하는 건 거의 불가능에 가까웠다. 더그 스콧조차 마이클 코빙턴, 조 태스커Joe Tasker와 함께 눕체를 알파인 스타일로 밀어붙이기 전에 위스키 2병을 갖고 프랑스 팀의 베이스캠프로 찾아왔다. "당신들의 사다리를 이용하는 대가로 여기 가벼운 선물을 가져왔습니다."라고 그는 말했다. 아이스폴에 대한 그의 반응은 매우 인간적이고 환영받을 만한 것이었다. 나는 어려운 루트들이 결정적으로 그런 기술로부터 방해받아 왔다고 생각한다. 물론 나의 주장은 산에 대한 존경의 문제이기도 하다. 1985년 잉글랜드-스코틀랜드 팀의 에베레스트 북동릉 등반을 촬영했을 때, 그 3년 전에 크리스 보닝턴과 피터 보드맨Peter Boardman, 조 태스커, 딕 렌쇼Dick Renshaw가 능선을 산산조각 낸 끔찍한 태풍에 대한 최고의 피난처라 생각하고 파놓은 설동 안으로 줄리 툴리스와 나는 몇 번이나 기어들어 갔다.

나는 산이 그곳에 있는 이유가 대가를 막론하고 어떤 사람이 특별한 기술을 보여주거나, 자신의 출중한 능력을 과시하기 위한 것이 아니라고 생각한다. 내가 보기에 그건 산을 악용하는 것이나 다름없다. 산은 기술을 시험하기 위한 무대가 아니라, 그보다 훨씬 더 큰 어떤 존재이다. 이를테면 개미탑 옆에 있는 커다란 나무다. 산에서 인간은 도전을 통해 가끔 무언가를 깨달을 수 있을 뿐이다. 우리가 그곳에 있으면 말이나 기준이 필요 없다.

남봉! 대략 8,750미터. 따라서 지구상의 다른 어느 곳보다도 더 높다. 나는 날카로운 리지와 뾰족한 봉우리들과 그들 너머의 무한한 심연과 그 뒤쪽의 흐릿한 회청색 숲을 눈으로 더듬었다. 이곳에서의 고도감은 아찔할 정도로 현기증이 났다. 이곳은 아득히 먼 아래 세계와는 너무나 동떨어져 있었다.

아래쪽에서 등반 루트를 같이 쓰는 로체조차도 이제는 더 낮아 보였다. 남봉의 눈 덮인 리지에서 혼자 작업하는 동안 처음에는 어느 누구도 시야에 들어오지 않고, 오직 날카로운 마지막 리지만이 내 앞의 하늘을 향해 솟아올라 있었다. 나는 높이를 알 수 없는 천 길 낭떠러지를 내려다봤다. 이곳은 그야말로 고독의 세계였다.

그때 피에르가 눈에 띄었다. 그는 눈이 작은 곡선을 이룬 곳 건너편에 앉아 무언가를 곰곰이 생각하고 있었다. 그는 이제부터 우리가 사용할 로프를 천천히 풀고 있었다. 그는 오늘의 믿을 수 없는 선물을 생각하고 있던 것일까? 우리 주위를 감싼 이 모든 공간을? 내가 고개를 돌려 마칼루를 바라보는 순간 나는 행운의 여신이 우리와 함께하고 있다는 걸 직감했다. 행운의 여신을 어떤 이름으로 부르든 그녀는 옆에 있었다. 대기를 통해 강렬한 감정이 다가왔다. 양레? 그곳에서부터 여신의 마법과 같은 축복이 마칼루의 정상까지 닿았었는데, 과연 여기까지도 올까?

그때 피에르가 잠시 생각에 빠진 나를 도로 낚아챘다. 그는 우리 위쪽이 진정한 정상, 가장 높은 곳인지 알고 싶어 했다. 나는 마치 전에 그곳에 올라보기라도 한 것처럼 확신에 차 고개를 끄덕였는데, 사진에서 본 것과 너무나 흡사했다. 마지막 리지는 힐러리 스텝Hillary Step의 짧지만 인상적인 융기 위쪽으로 바위가 뒤섞인 커니스였다. 이제 우리의 두 '젊은이'인 장과 니콜라스가 하늘을 배경으로 뚜렷하게 모습을 드러냈다. 앞장선 그들은 정상 리지에서 작은 점이 되어 더 높이 올라갔다.

피에르와 나는 로프를 연결했다. 우리는 서로를 쳐다봤다. 그의 생각도 나와 같을까? 에베레스트가 실제론 우리의 '몽블랑'이라고, 우리가 서로 알고 지낸 지도 어느덧 15년이란 세월이 흘렀다. 그동안 우리는 하얀 산을 함께 등반하자는 계획을 수없이 세웠지만, 성사된 적이 없었다. 이제 에베레스트는 우리가 함께 공유하는 정상이 될 터였다. 피에르가 앞장 서 우리는 출발했다. 높고 어둡고 파란 하늘이 지구의 가장 높은 곳을 돔처럼 부드럽게 둘러싸고 있었다. 티베트의 무한한 공간 위로.

팔천팔백오십 미터. 우리는 세계의 지붕 위에 섰다. 우리는 말을 하고 기침을 하고 서로를 껴안았다. 우리는 웃고, 눈 덮인 정상의 이쪽 가장자리에서 저쪽으로 걷고 (조금 건들건들하면서) 아래를 내려다봤다. 티베트는 회갈색의 고원지대 위로 눈 덮인 산들이 마치 떠다니는 작은 섬들 마냥 점점이 박혀 있었다. 그 서쪽 경계선에는 초오유(8,188m)가 얼음의 긴 파도 위에 마지막으로 용트림한 커다란 너울처럼 치솟아있었다. 그리고 더 멀리 시샤팡마(8,027m)가 있었다. 동남쪽으론 마칼루(8,485m)와 아득히 먼 지평선 위로 칸첸중가(8,586m)가 보였다. 그 사이에 있는 수천 개의 봉우리들과 수백 개의 계곡들⋯. 맞아, 마치 대양의 해안선 같다고나 할까.

우리는 천상에서 지상을 내려다봤다. 우리는 천상에 있는 기분이었다. 수많은 날들 중 단 하루!

우리는 마스크를 벗고, 산소통의 꼭지를 잠갔다. 최고점에서 몇 미터 아래 남쪽 사면의 바람이 불지 않는 곳은 추위를 느낄 수 없을 정도로 따뜻했다. 둥그스름한, 그래서 마치 벤치처럼 앉을 수 있는 정상만이 북쪽의 티베트 고원지대에서 끊임없이 불어오는 찬바람에 노출되는 곳이었다. 중국인들의 삼각대는?* 보이지 않았다. 아마 없어진 것 같았다. 나의 프랑스 동료들은 워키토키로 베이스캠프와 교신했다. 그리고 무전 담당자는 그들의

---

* 　1975년 5월 티베트 여성 판톡이 8명의 중국인들과 북동릉의 세컨드 스텝에 알루미늄 사다리를 놓고 올라 정상에 금속 삼각대를 세웠다. [역주]

말(그리고 우리가 함께 공유한 행복)을 파리로 중계했다. 수염에 서리가 잔뜩 달라붙은 피에르는 흥분한 듯 자신의 얘기를 — 마치 의회에서 연설이라도 하는 것처럼 완벽한 제스처를 섞어가며 — 프랑스 사람들에게 전했다. 그 나라 사람들은 단지 몇 초의 시차를 두고 이곳에서 일어나는 일을 알 수 있었다. 그건 에베레스트 정상에서 이뤄진 '세계 최초'의 생중계였다. 우리는 위성을 이용했는데, 1978년에는 생소한 '연결'이었다.

이날 또 하나의 세계 최초가 이뤄졌다. 최초의 영상작업 '박수'가 나온 것이다. 이 일을 하는 사람들은 흔히 이렇게 말한다. "장면 1." 얘기를 나누고, 웃고, 이곳에서 느끼는 바를 말하는 사람들을 영상으로 담은 작품은 처음이었다. 나의 방법은 간단했다. 나는 미니-나그라-SNMini-Nagra-SN과 16mm 벨 & 호웰Bell & Howell 잡지용 카메라를 썼는데, 이것들은 태엽장치를 일일이 손으로 감아야 했다. 8,600미터에서 우리는 짐을 조금 나눴다. 우리는 클래퍼보드clapperboard를 정상으로 가져오지 않았지만, 이것이 문제가 될 것으론 예상하지 못했다. 고원지대에선 동시녹음을 하기 위한 신호로 그냥 손바닥을 마주치면 된다. 그러나 이제 세계의 꼭대기에서 자신의 장갑을 벗으려는 좋은 동료는 아무도 없었다. 더구나 오리털 '박수' 소리는 우리가 갖고 있던 작은 마이크에 감지되지도 않았다. 그래서 나는 그들로 하여금 장갑을 낀 채 녹음이 들어가기 시작할 때 손을 한 번 크게 휘두르며 "챠크Chac!"라고 소리치도록 했다. 그건 어느 정도 효과가 있었다. 그러나 차가운 카메라 기계장치의 덜거덕거리는 소리가 혼합되자 파리에 있는 편집자들은 온 신경을 기울여 편집할 수밖에 없었다. 그래도 결과는 훌륭했다. 사람들은 나의 동료들이 비틀거리고, 기쁨에 어쩔 줄 몰라 하고, 손을 흔들고, 헐떡거리며 "차크"를 외치는 모습과 소리를 보고 들을 수 있다. 그리고 피에르의 열정적인 말들도…. 분명 프랑스 음성 버전에선 정교한 기술로 많은 기침소리를 제거했을 것이다. 그러나 내가 장담하건대, 프랑스

에베레스트 정상에서 산의 신들에게 감사의 기도를 드리는 모습

인들이 세계의 지붕에 올라선 건 그때가 처음이었다.

장면 1, 장면 2, 장면 3!

그 위에서 찍은 장면 중에는 티베트 위의 정상 가장자리에서 내가 손을 흔드는 그림자가 들어가 있었다. 그건 일종의 장난이었지만, 세계에 보내는 커다란 신호나 다름없었다. 아마도 내가 장관(피에르)의 행동에 감염됐는지도 모른다.

우리는 정상에서 1시간 정도를 보냈다. 잠깐 동안 나는 가장 높은(그리고 가장 추운) 공원 벤치에 앉아, 그냥 사방을 내려다보고 생각에 잠겼다. 여전히 믿을 수 없다는 표정을 짓고 있는 피에르의 얼굴을 본 건 바로 그때였다. 그러나 우리는 여기에, 정말 여기에 있었다. 수많은 날들 중 어느 날 세계의 정상에!

그런 환상적인 장소를 떠나는 건 쉽지 않다. 나는 그 감정을 영원히 간직하고 싶었다. 일어나! 쿠르트! 나는 나 자신에게 명령한 다음 무릎을 돌려가며 세계 정상에서의 무한한 파노라마를 렌즈 안으로 끌어들였다. 마칼루, 인도, 네팔, 티베트 그리고 다시 마칼루로. 그래도 나는 여전히 그곳을 떠나고 싶지 않았다.

그러나 나는 일어나야 했다. 내려가야 하는 순간이 점점 더 다가오고 있는 바로 그때 카메라를 핑계로 현상을 유지하려는 어떤 정신착란 같은 것이 나를 사로잡았다. 장면 6! 장면 7! 장면 8! 모두 찍어. 한순간도 놓치지 말고 모두 찍어. 너는 할 수 있잖아?

그때서야 우리는 그 장소를 떠났다. 그래야만 한다고 생각한 그 마지막 순간에…. 나는 정상의 눈에 엎드려 얼굴을 대고 산의 신들에게 감사의 기도를 드렸다.

겨울의 데스밸리

파리한 잔디는 소금의 저지대 위로 자라난 색 바랜 금발머리 같다. 심층의 눈. 아니면 소금?

비단처럼 빛나는 광채.

바람이 지나갈 때마다 바스락거리는 소리가 들린다. 수풀이 바람의 물결을 이기지 못하고 쓰러지지만 곧바로 다시 일어선다. 그때 단지 몇 개의 줄기들만이 불안하게 앞뒤로 흔들린다.

데스밸리 위에 있는 산의 능선마루인 해발 2,000미터의 이곳은 춥다. 바위로 그림자가 생긴 곳은 눈이 그대로 남아있다. 마치 면사포처럼. 그러나 부지런한 캘리포니아의 태양은 그걸 곧 녹여 없애버릴 것이다.

우리는 바람을 피해 계곡과 태양을 볼 수 있는 안락한 곳에 앉아있다. 레나타는 다운재킷을 입고 있다. 우리의 얼굴은 12월 햇빛의 엷은 따사로움을 느낀다. 방향을 잃은 빛이 가볍게 와 닿는 이곳은 약간 따뜻하다.

계곡 건너편의 황량한 산들은 눈에 덮여있었다. 그리고 마치 눈처럼 보이는 소금의 저지대는 아래쪽 깊은 곳에, 해수면보다도 더 낮은 곳에 자리 잡고 있었다. 지난여름 계곡 바닥을 감쌌던 부드럽고 연한 안개는, 그 불명확한 건 우리가 닿을 수 없는 어떤 것처럼 느껴졌었는데, 사라지고 없었다. 대신 지금은 이해할 수 없을 정도로 투명했다. 파란 하늘이 침략한 이 풍경은 바위와 산이 일일이 새겨진 듯 정교하기 짝이 없었다. 그리고 자갈들이 널려있는 곳의 빛은 마치 펜과 잉크로 그림을 그리려고 골라낸 듯했다.

내가 이런 장면을 보러 유럽에서 이곳까지 왔나?

충분히 납득할 만큼 투명하고 여전히 인상적이었지만 나는 이렇게 말했다. "정교한 독일인들의 풍경으로 바뀌었네."

레나타는 말없이 가볍게 웃기만 했다.

나는 일련의 사진으로 한 장의 파노라마를 만들기 위해 튀어나온 바위로 발걸음을 옮겼다. 데스밸리에서 파노라마 사진을 찍는 건 처음이었다. 나는 어떻게 해서든 계곡을 그냥 놔두지 않고 나의 것으로 간직하고 싶었다. 계곡은 여전히 우리 것일까? 우리가 그걸 잃고 있는 건 아닐까?

"저 밑으로 내려가자."

나는 우리가 알고 있는 계곡은 여전히 어딘가 모르는 곳에 존재하고 있다고 느꼈다.

우리가 메마른 캐니언을 통해 계곡의 바닥으로 차를 몰아가고 있을 때 꽤 길들여진 것 같은 작은 야생 당나귀 몇 마리가 우리를 쳐다봤다. 아퀘베리 포인트Aquereberry Point의 그놈들도 '우리의' 것일까? 우리가 차를 세우자 한 놈이 차창으로 다가왔다. 좋아, 네게 줄 것이 있지. 그 동물이 레나타가 준 비스킷을 어적어적 씹는 동안, 나는 우리가 옛 채금자의 오두막 근처로 가는 긴 자동차 여행 도중 멈췄던 패나민트Panamint 계곡에서 지난밤에 들었던 당나귀 울음소리가 생각났다. 눈이 쌓인 텔레스코프피크Telescope Peak의 높은 능선들이 달빛 속에 드러내는 실루엣은 꿈만 같았다. 그리고 당나귀의 희미한 울음소리는 그 아래쪽 계곡이 얼마나 넓은지를 알려줬다.

우리는 북쪽으로 수많은 언덕을 지나 데스밸리의 바닥으로 내려갔다.

물이 있는 곳으로.

그곳은 우리가 지난번에 마지막으로 본 곳이었다. 그리고 12월에 내가 나의 데스밸리를 다시 발견하게 되리라고 기대한 유일한 곳이었다. 우리의 데스밸리….

　물이 있는 곳을 생각할 때마다, 사막의 캐니언 한가운데에서 흘러나오는 물이 나에겐 의미심장하게 다가왔다. 그건 물과 나무를 생각하게 만들었다. 멀지 않은 곳에 나무가 몇 그루 있다면, 분명 물줄기가 있다는 말이었다. 이 둘의 관계는 결코 예사롭지 않았다.

　연못 주위를 둘러싸고 나무들이 있었다. 얼핏 보니 아주 색다른 것들이었다. 나는 이 나무들이 땅에서 나오지 않았다는 사실을 깨달았다. 거대한 가지들과 비스듬히 누운 줄기에서 나온 수많은 뿌리들. 몸통이 거의 1미터나 되는 나무들은 같은 곳에서 나와 땅 위에 눕거나, 때론 마치 잠자는 공룡처럼 연못 주위에서 몸통을 비비 꼬고 있었다. 나뭇잎들이 천장을 이룬 곳을 올려다보면 이상한 존재라고 생각되지만, 그건 한 그루의 나무였다.

　바닥은 발이 푹푹 들어갈 정도로 마른 나뭇잎들이 두껍게 쌓여 있었다. 그곳을 가로질러 가자니, 발걸음을 옮길 때마다 마치 파도가 밀려오는 것 같이 휙휙 소리를 냈다. 불길한 장소로 여겨질 수도 있지만, 사실은 그렇지 않았다. 나에게, 연못의 중심은 절대적인 조화, 소우주나 마찬가지였다. 가끔 새 한 마리가 나타나 가죽 같은 갈색 나뭇잎들 사이에 있는 거무스름한 흙에서 거의 알아차리지 못할 정도로 새어나오는 물의 가장자리를 가볍게 쳤다. 그놈은 나무의 몸통을 향해 종종 걸음으로 다가가더니, 마른 나뭇잎들이 층층이 쌓여있는 곳 속으로 다시 사라졌다. 이 작은 연못은 아주 특별하고 절대적으로 고요했다. 그 물은 불로장생의 약처럼 땅에서 솟아나고 있었다. 아주 깨끗하게. 사실이 그랬다.

연회색 나뭇잎들이 달린 이 이상한 나무는 딱딱한 껍질을 서로 비비며 엉켜있었다. 겨울 특유의 파란 하늘에서 불어오는 바람이 이곳까지 불어왔지만 그리 춥지는 않았다. 이번에는 조금 다른 공기의 파장이 느껴졌다. 이어서 느린 빗줄기가 나무라고 하는 것의 이 가지에서 저 가지로, 이 줄기에서 저 줄기로 옮겨 다니며 나뭇잎을 타닥타닥 두드리는 소리가 들렸다. 오락가락하는 빗줄기가 때론 이곳에 있는 우리를 감싸기도 하고, 이어 다른 방향에서 바스락거리며 다가오기도 하고, 후두두 소리를 내며 나무 전체를 흔들어대기도 했다.

우리는 두 손을 얕은 물속에 담그고 나서 검은 바닥을 내려다봤다. "겨울의 데스밸리는 달라." 레나타가 말했다. 그녀는 손으로 물을 한 움큼 담아 얼굴을 적셨다. 주위는 여전히 완벽하게 고요했다. 조용히, 물이 바닥에서 새어나왔다.

"오랜만에 찾아왔어도 여긴 변한 게 없네."라고 말하고 나서 나는 위를 쳐다봤다. 깊고 푸른 하늘을 배경으로 나뭇잎들이 천천히 움직이기 시작했다. 그리고 한 줄기 바람이 나무를 타고 내렸다. 나는 오랫동안 아주 먼 곳에 있었다. 나는 히말라야를 생각했다.

"아마도 변한 건 우리일 거야."

나뭇잎들은 서로를 타닥타닥 부딪치는 게임을 하고 있었다. 나뭇잎들은 얼마나 오랫동안 매달려있을 수 있을까? 나뭇잎들이 떨어진 자리에는 새싹들이 돋아난다. 땅에서 물이 솟아오르는 한. 나무는 아주 오랫동안 이 자리에 있었던 것이 틀림없었다.

아직도 나에게 할 말이 있는 걸까?

더 이상 할 말이 없잖아?

…

조용히 해. 소리가 들리잖아? 나뭇잎 소리.

쉿! 조용히 들어봐.

그 소리에는 사랑이 담겨있지. 그리고 그 소리는 살랑거리는 나뭇잎을 통해 무한한 창공으로 사라져.

거울의 데스밸리가 죽음의 계곡이라고?

8부

힐데가트의 봉우리—아일랜드피크

오래전 나는 힌두쿠시에서 어느 6천 미터급 봉우리를 토나와 함께 오른 적이 있었다. 그건 초등이어서, 우리는 딸의 이름에 따라 그 봉우리를 힐데가트피크라고 부르고 싶었다. 그러나 불행하게도 불가능했다. 늘씬한 금발의 힐데가트가 오늘 자신의 정상을 오르고 있었다. 그 애는 산에 그런 이름을 붙이는 건 적절치 않다고 주장했다. 산은 단지 그 정상에 선 그 순간만 자신의 것이 될 수 있다는 것이었다. 힐데가트에게 더 중요한 건 그 아래쪽에 사는 사람들이었다. 그러나 나는 그 애가 6천 미터급 산을 처음 올랐을 때 너무나 기뻐했던 모습을 여전히 기억하고 있다. 임자 콜라Imja Khola의 넓은 계곡 위로 하늘 높이 치솟은 얼음 절벽 아일랜드피크Island Peak는 거대한 산들에 둘러싸여 있다. 위치만 아니라면, 이 산은 빙하와 모레인과 초원으로 이뤄진 이 계곡의 중심추로서 주위를 완전히 압도했을 것이다.

파상과 내가 아일랜드피크 아래에 도착했을 때는 어느덧 해가 넘어가고 있었다. 힐데가트는 나를 열심히 따라왔다. 키가 큰 그 애는 긴 금발머리와 색이 바랜 다운재킷 탓에 멀리서도 한눈에 알아볼 수 있었다. 그 재킷은 헤르만 불이 마지막 원정등반에서 입었던 명예로운 유품이었다. 힐데가트는 자신의 목격담을 풀어놨다. 그리고 걀첸Gyaltsen과 은가 템바와 여성 셰르파 3명으로부터 배운 말까지도. 이제 힐데가트는 정상에 대한 기대감으로 들떠있었다. 나는 그걸 그 애의 눈동자에서 볼 수 있었고, 질문에서 느낄 수 있었다. 잠시, 나는 토나와 함께 힐데가트의 첫 6천 미터급 산으로 출발하던 때가 생각났다.

한스 엥글러트Hans Englert와 에르하르트 스필러Erhard Spiller는 컨디션이 좋았다. 나는 헤센지역의 이 두 산악인을 손님으로 데리고 사흘 후 정상에 오를 작정이었다. 나는 파상 푸타르Pasang Phutar와 또 다른 팀을 이룰 딸을 믿기로 했다. 걀첸과 은가 템바는 여성 셰르파 3명과 함께 내일 우리와 동행해 오직 파상만이 장소를 알고 있는 다음 캠프까지 동행하기로 했다. 파상은 아일랜드피크를 이미 두 번이나 오른 경험이 있었다. 그리고 그들은 파상과 함께 정상에 갔다 오는 나머지 사람들을 기다리기로 했다.

황혼이 짙어가며 달이 떠오르자 작은 모닥불이 타닥타닥 타올랐다. 셰르파들은 목소리를 높여 가며 얘기꽃을 피우고 농담을 주고받았다. 그때 갑자기 힐데가르트가 이곳이 너무나 아름답고 완벽해 사흘 만에 돌아가는 걸 생각조차 할 수 없다고 말했다. 셰르파들과 그들의 삶에서 아주 많은 걸 배운 그 애는 이곳으로 다시 돌아오고 싶다고 힘주어 말했다. 그 애는 보통 딸들이 아버지로부터 무언가를 얻어내려 할 때처럼 알 듯 모를 듯 애원하는 표정을 지어 보였다. (힐데가르트는 훗날 민족학자가 되었다)

여성 셰르파 3명 가운데 한 사람인 칸치Kantschi가 자신의 긴 머리를 빗질하고 있었다. 내일 그녀는 2명의 동료들처럼 20킬로그램을 산 위로 져나를 예정이었다. 나는 마칼루 원정과 샤르체로 향하던 어프로치가 생각났다. 그때 남성과 여성 셰르파들은 같은 무게의 짐을 졌었다. 그들은 먼 곳에서 온 한마을 출신들이었다. 그러나 에베레스트 지역은 많은 원정대의 영향으로 상당히 변해있었다. 셰르파는 포터로부터 시작해 고소 포터가 되고, 만약 그럴 정신력이 있고 조직을 다루는 데 소질이 있으면 사다에 이른다. 그러나 여성 셰르파들은 똑같은 경력을 쌓을 수 없다. 그들은 포터로 계속 남게 되는데, 영어를 거의 구사하지 못하기 때문이다. 외국인들이 수준 높은 작업과 조직을 관리하는 일을 남성들에게 위임하길 좋아하기 때문에 여성들은 영어를 배울 기회가 거의 없다. 그래서 에베레스트의 사우스콜까지 가장 무거운 짐을 져 나른 파상이, 가벼운 하루 분량의 짐을 지고 무게에 짓눌려 허리를 구부린 여성 셰르파는 아랑곳하지도 않고, 이곳의 가파른 바위지대를 태평스럽게 올라갔다. 그녀는 결국 한낱 포터에 불과했다.

우리는 현수빙하 가장자리에 있는 5,600미터의 돌출부에 도착했다. 걀첸과 은가 템바가 텐트를 두 동 설치하는 동안 파상은 빙하에서 얼음을 한가득 퍼왔다. 그런 일이 결코 쉽지 않았지만, 그에겐 전혀 문제될 것이 없었다. 마침내 물을 얻은 우리는 차를 끓여 마시고 수프를 만들어 먹었다. 힐데가르트와 젊고 잘 생긴 걀첸이 그것들을 준비했다. 그 애가 셰르파들의 삶에 흥미 있어 하는 모습을 보는 건 즐겁기 짝이 없었다. 그 애는 벌써 나에게 그들 중 일부의 가정환경에 대해 말해줄 정도였다. 우리는 매트리스 위에서 다리를 편안하게 뻗고, 따뜻한 차를 부드럽게 마시면서, 발끝 너머의 아름다운 산들과 그 산들의 벽 아래에서 뻗어 나온 돌멩이투성이의 빙하를 감탄하며 바라봤다. 갈색과 녹색과 파란색의 빙하 호수들이 마지막 저녁 햇살에 반짝거리며 빛났다. 모든 사람의 컨디션이 좋아 우리는 내일 정상에 올라갈 수 있을 것 같았다. 여성 셰르파들은 빛이 희미해지는 가운데 아래로 내려갔다. 곧 에르하르트의 코 고는 소리가 밤의 정적을 깨뜨렸다.

"크램폰을 차. 여기가 좋아." 내가 동료들에게 외쳤다. 우리는 아일랜드피크의 바위로 된 능선 끝부분에 도착했다. 시간이 좀 걸리기는 했지만 우리는 로프 두 동 길이의 마지막 빙하 표면에 발을 들여놨다. 파상은 힐데가르트와 로프를 연결하고, 나는 에르하르트와 한스를 이끌었다.

6,000미터! 힐데가르트는 양 볼이 빨갛게 변하고 눈동자가 빛났다. 심장이 격렬하게 뛰고 있겠지! 우리는 마지막 사면에 도착했다. 가팔라 보였다. 45도 경사에 150미터 정도. 아일랜드피크는 보기보다 쉽지 않았다. 전혀. 물론 앞장서는 사람은 안전을 위해 사면의 밑에서부터 고정로프를 설치해야 한다. 나는 꼭대기까지 고정로프가 필요 없었다. 우리는 위로 천천히 올

라갔다. 나는 처음에는 아이스스크루로, 그리고 나서 스노바로, 그리고 마지막으로 또 하나의 스노바로 안전하게 확보를 볼 수 있었다.

파상과 힐데가트는 그들끼리 잘하고 있었다. 몸무게가 많이 나가는 에르하르트는 가쁜 숨을 내쉬었지만 최선을 다하고 있었다. 조금 더 가볍고 몸도 좋은 한스는 별 문제가 없어 보였다. 그런데 능선 바로 밑은 불확실하지만 상당히 깊은 신설에 경사가 급한 구간이었다. 불쌍한 에르하르트는 몸무게 때문에 불리하게 되었다. 그러나 나는 능선마루에서 그를 확실하게 확보해줬다. 휴…우…우! 나는 저항하는 변호사 사무실의 서기를 마지막 몇 미터 위로 재빨리 끌어올렸다. 능선마루는 숨을 한껏 몰아쉴 수 있을 만큼 넓은 자리가 있었다. 그런 다음의 마지막 10분간은 기쁨 그 자체였다. 이제는 더 이상 어려움이 없었고, 대신 둥근 능선의 양쪽 계곡으로 멋진 전망이 펼쳐졌다. 그리고 멀리 아마다블람과 마칼루가 눈에 들어왔다. 우리 위쪽에선 금발의 힐데가트와 작은 파상이 정상에 이미 도착해있었다. 그들은 우리를 향해 손을 흔들고 나서 서로를 껴안았다. 그리고 그들은 한 번더 껴안았다. 그리고 또 다시! 그 정도면 됐어, 힐데가트! 그렇지 않으면 너는 불쌍한 파상을 정상에 그대로 박아놓게 될 거야!

너는 정상에 올라섰어! 네 엄마가 피크 데르토나Peak Dertona를 올랐을 때보다도 89미터나 더 높이. 그런데 내가 모르는 것이 있었나? 왜 내 딸은 파상을 계속 껴안는 걸까? 정상의 비밀…. 맞아, 오직 하늘의 정기만이 우리가 누구와 손에 손을 맞잡고 산 너머로 갈지 알고 있다.

우리는 마지막 걸음을 옮겨 모두 정상에 올라섰다. 정상은 우리의 것이었다. 파상의 봉우리, 힐데가트의 봉우리, 한스의 봉우리, 에르하르트의 봉우리 그리고 나의 봉우리. 물론… 우리들의 아일랜드피크.

우리는 작은 봉우리에서도 커다란 기쁨을 느낄 수 있다.

푸른 섬광

해가 지면서 드넓은 태평양이 내 앞에서 저녁 빛으로 붉게 물들고 있었다. 나는 저녁 햇살을 받는 야자나무 잎사귀들과 오렌지색으로 연하게 빛나는 난초들 사이로 대양을 내려다봤다. 내가 있는 곳은 해수면에서 몇백 미터 높이에 불과했지만, 가까이에는 완만한 사면을 이룬 4,000미터의 마우나 로아Mauna Loa가 솟아있었다.

며칠 전, 나는 달 같은 풍경을 무한히 외롭게 걷고, 식물이 거의 없는 곳과 딱딱하게 굳은 용암을 오르고, 화산의 형태를 원형으로 간직한 세계로 들어가고, 그 자리에서 곧장 굳어버려 집단적으로 화석의 형상이 된 곳을 지나, 하와이의 '길고 넓은 산Long Wide Mountain'으로 불리는 그 정상에 올라갔었다. 그 정상 가까이의 바위 구멍에서 몸을 웅크리고 보낸 얼음같이 차가웠던 그날 밤은 내 생전 가장 추운 비박이었다. 세계에서 가장 거대한 화산의 벌집 안에서 방한용 재킷과 반바지만 입고(그리고 우산 하나만 갖고!) 하룻밤을 보내고 다음 날 아침 일어나보니, 하와이에선 상상하기 힘들지만, 좁은 바위틈에 얼음조각들이 삐져나와 있었다. 바다 밑의 뿌리부터 측정한다면, 이 산은 10,000미터 이상이 되어 에베레스트를 능가한다. 갈색의 용암 줄기와 수백 개의 구멍은 — 나는 그 위를 조심스럽게 걸어가며 내 발걸음에 따라 울리는 소리에 귀 기울였는데 — 마침내 거대한 분화구 안에서 화석이 된 용암 호수의 검은 표면으로 이어졌다. 나는 시간을 잊고 아주 오랫동안 그곳에 있었다. 사방은 말로 표현할 수 없을 정도로 외로웠다. 크기와 단조로움, 영원한 반복과 고요함은 대단히 인상적이었다. 후에, 새

469

로운 날의 이글거리는 열기를 찾아 손으로 더듬다시피 하며 돌아서서 마우나 로아와 마우나 케아Mauna Kea를 잇는 안부로 내려갔을 때 나는 바위의 팔레트를 보고 비틀거리지 않을 수 없었다. 보라색, 초록색, 빨간색, 푸른빛을 띤 녹색 그리고 반짝거리는 은빛과 금빛까지! 놀람과 흥분으로 입을 다물지 못한 나는 성인의 머리통만 한 바윗덩어리를 집어 들었는데, 무게가 거의 느껴지지 않았다. 부석…. 나는 그걸 도로 내려놨다. 그날은 백만장자가 되려다 만 하루였다.

해수면의 지름은 100킬로미터를 자랑하지만 그 아래 바다 바닥은 무려 400킬로미터에 달하는 거대한 산의 사면에 서서, 나는 태양이 태평양으로 가라앉으며 빚어내는 색의 향연을 생각하고 있었다. 이제 나는 더 이상 외롭지 않았다.

　"곧 푸른 섬광을 보게 될 거예요." 섬들이 있는 이곳의 원주민인 엘렐룰이 속삭였다. 오아후Oahu에 사는 그녀는 하와이에서 며칠씩을 보내지만, 그녀의 고백처럼, 그녀의 마음에는 절대적 녹색의 섬이며, 이 군도 중 가장 축축한 곳인 카우아이Kauai가 있었다. 이곳은 만이 많고 풍성한 식물이 바위를 모두 덮고 있었다. 엘렐룰은 마우나 로아의 정상에 가본 적이 없었다. 그곳은 또 다른 세계야, 올라가 보자! 그녀의 세계는 아닐지 모르지만…. 그녀가 미소를 지었다. 큰 키, 결코 서두르는 법이 없는 자연스러운 제스처, 관대하고 상냥한 말투, 거무스레한 얼굴 등 이 모든 것들은 용암이 수많은 형상으로 영원히 굳어버려 속살을 적나라하게 드러낸 풍경의 모호한 잔인성과 극명하게 대조됐다. 그녀는 하와이의 모든 걸 알고 있었다.

　그렇다면 이 푸른빛은 뭐지? 나는 바로 몇 분 전에야 그것에 대해 알았다. 아주 드물게 태양 위의 하늘에 구름이 하나도 없어 시야가 까마득히 멀리까지 뻗치는 날에 수평선 아래로 가라앉는 태양이 이글거리는 마지막 불꽃을 내뿜으면, 그 직후에 태양을 가볍게 꿰뚫는 단 하나의 빛줄기인 찬란

하와이의 양치식물

하고 푸른 섬광이 보인다는 것이다.

"당신은 운이 좋을 거예요." 엘렐룰이 조용히 속삭였다. 밝은 분위기로 검은 머리카락이 빛나 보이는 그녀는 눈동자를 고정한 채 대양을 바라보고 있었다. 그녀는 오직 한번 그 푸른 섬광을 본 적이 있었다.

태양! 그 붉은 테가 물속으로 가라앉고 있었다. 과연 그런 현상이 일어날까? 시야가 무한히 뻗어 나가는 그곳에 작은 구름이 한 점이라도 있는지는 구분하기가 힘들었다.

위대한 원형이 사라지고 있었다. 아니, 그건 내 눈앞에서 반짝이는 잔상일 뿐이었다. 바로 그때 갑자기 내 눈에 그것이 보였다! 섬광! 푸르디푸른 에메랄드빛 푸르름.

마치 레이저처럼 그 빛은 나의 머리를 관통해 곧바로 나의 영혼 안으로 들어왔다. 아주 잠깐 동안… 그것이 달려들어… 나를… 세상의 모든 것과 연결했다.

나는 내 숨결을 느꼈다.

참, 신기했다. 바다와 태양이… 하나가 되다니!

하늘의 정기 II

'가셔브룸'은 아름답게 빛나는 산이라는 말이다. 해가 질 무렵이면 석양을 받아 황금빛 수정체로 빛나는 그 환상적인 석회암 벽을 볼 수 있다. 가셔브룸4봉은 이 산군 중에서 가장 높은 봉우리는 아니지만, 그 이름에 가장 잘 어울린다.

나의 다섯 번째 8천 미터급 고봉이 마법의 8,000미터를 넘나드는 4개의 봉우리와 몇 개의 7천 미터급 '꼬마'들로 이뤄진 이곳에 있었다.

완벽한 대칭에 아름다운 피라미드인 가셔브룸2봉은 8,035미터이다. 나는 지난봄에 마칼루를, 지난가을에 에베레스트를, 이제 다시 가셔브룸2봉을 올라 15개월 만에 8천 미터급 고봉 3개를 올랐다는 것이 도저히 믿기지 않았다. 놀라운 행운이라고나 할까.

며칠 전 나는 나의 오스트리아, 바바리아 그리고 '독일의 다른 지역'(내 이웃들은 바바리아 북쪽을 이렇게 부르길 좋아한다) 동료들과 함께 그 정상에 올랐다. 사실, 그 다른 지역의 동료들은 라인하르트 카를Reindhard Karl 못지않게 원정대에 기여했다. 히말라야라면 철저하기로 소문난 내 친구 한스 셸Hanns Schell이 조직한 원정대였다. 라인하르트는 (어느 누구도 공감하지 않은) '발토로 마라톤'이라는 아이디어에 집착했다. 그는 우리의 산 바로 옆에 솟아있는 히든피크 단독등반을 꿈꾸고 있었다. 라인하르트는 시대를 앞서는 아이디어 꾼이었다. 그러나 그건 많은 논쟁을 불러일으켰다. 그곳에는 아는 사람들이 많아서 1950년대의 고즈넉한 분위기는 더 이상 찾아볼 수 없었다. 새로운 시대를 상징하듯 장-마르크 브와뱅Jean-Marc Boivin은 발토로 빙하의 하늘을 행글라이더로 높이 떠다니고 있었다. 그 모습을 보고 발티Balti 포터들은 놀라움을 감추지 못했다.

그러나 우리는 내가 22년 전 브로드피크에서 했던 방식, 즉 보조산소와 고소포터의 도움을 받지 않고 오르는 방식에서 크게 벗어나지 않았다. 마침 우리의 워키토키는 예전과 다르게 11킬로그램까지 나가진 않았고, 이중화 역시 새로운 제품이었다. 그럼에도 카라코람의 날씨는 항상 예측불허라서, 우리는 무척 고생하며 폭풍으로 한 번 이상 후퇴했다. 나는 일기를 이렇게 썼다.

이제야 모든 피로가 가셨다. 가셔브룸2봉은 우리의 것이었다. 브로드피크 때를 생각하니, 나의 인생은 그때부터 시작됐다는 느낌이 들었다. …

마칼루에서 그랬던 것처럼, 내가 다시 거대한 산 밑에 서서 구름을 보고 내가 그곳을 오르도록 해달라고 요구할 수 있을까?

오늘이 이곳에서의 마지막 날, 마지막 아침이었다. 그런데 이상한 일이 일어났다. 갑자기 거대한 산 위 검푸른 하늘에서 정교한 원과 타래와 리본 모양이 나타나 천천히 움직여 급상승하더니 사라진 것이다. 요정의 베일에 가린 가셔브룸2봉의 환상적이고 아름다운 피라미드는 매혹적일 정도로 그 모습을 계속 바꾸었다. 히든피크 역시 끊임없이 반짝이는 섬유로 된 둥근 모자를 쓰고 있었는데, 그 모자는 뒤쪽으로 서서히 날아가 산산이 흩어졌다.

폭풍이 다가오고 있는 걸까?

이제는 시아 캉그리Sia Kangri가 다양한 색상으로 빛나기 시작했다. 파란색, 보라색, 오렌지색….

나는 마음 속 깊이 감동을 느끼며 베일이 춤추는 모습을 바라봤다.

하늘의 정기가 나에게 인사하고 있었다.

새로운 지평선

가셔브룸2봉 정상에서 내려다보인 중국 쪽의 황량한 산악지대는 나의 세계를 바꾸어놓았다. 그곳에는 사막 같은 계곡들과 수많은 첨탑 사이를 흐르는 커다란 유빙들이 있었다. 그때 새로운 동경이 생겼다. 나는 그곳에 가보고 싶었다.

도대체 어떻게 저리 될 수 있을까?

카라코람의 '신들의 황혼Götterdämmerung'.* 나는 이 8천 미터급 고봉을 오르며 내 일기에 이렇게 썼다.

나는 내 인생에서 이토록 우울하게 정상에 올라본 적이 없었다. 고도와 피로에 지친 우리는 자주 쉬어야 했다. 가셔브룸2봉도 결국은 8천 미터급 고봉이었다. 우리는 정말로 세계에서 가장 아름다운 봉우리 중 하나를 오르고 있었다. 그러나 오늘은? 멀리까지 전망이 좋지만 모든 걸 뒤덮은 위쪽으로 색다른 황혼 빛이 나타났다. … 나는 브로드피크의 정상에 섰을 때 헤르만 불과 내가 경험한 환상적인 저녁노을이 생각났다. 그건 우리의 영혼을 파고 든 천상의 빛의 향연이었다. 그때 신들은 우리 가까이에 있었다. 그러나 오늘은 그렇지 않았다. 신들이 사람들을 피해 신장新疆의 먼 공간으로 물러난 걸까? 이 무한한 산들은 창조가 시작될 때처럼 사람이 없는 지평선 끝까지 펼쳐져 있었다. …

내 뒤의 파키스탄 쪽에 있는 발토로 빙하에는 헤르만 불과 내가 즐겼던 완벽한 고독과는 달리 많은 원정대들이 있었다. 내가 스물다섯 살에 경험한

---

* 바그너의 「니벨룽겐의 반지」 중 마지막 작품 [역주]

줄리 툴리스와 나는 세계 최고의 고산 전문 촬영 팀이었다.

곳은 이제 더 이상 존재하지 않았다. 아마 그래서 내가 새로운 지평선을 찾는지도 모른다. 나는 마흔다섯 살에 가셔브룸2봉 정상에서 신장을 내려다보며 그걸 찾았다. 내 발밑으로 펼쳐진 샥스감은 만 개나 되는 봉우리들이 숲을 이룬 곳에 있는 깊고 주름진 계곡이었다.

그해 내 인생이 묘하게 바뀌었다. 나는 몇 년 동안 평범하게 알고 지내던 줄리를 다시 만났고, 그녀와 나는 이제 서로 뗄 수 없는 로프 파트너가 되었다. 1950년대에 명성이 자자한 팀으로 볼프강 슈테판과 함께 알프스를 '섭렵'했을 때와 마찬가지로 이제는 영국 출신의 줄리 툴리스와 팀을 이루게 되었다. 다만 다른 점이라면 그 무대가 히말라야와 카라코람이라는 것이었다. 그리고 알프스에서 보낸 위대한 나날들의 학생 같은 라이프 스타일 대신 이제는 색다른 원동력이 있었다. 그건 다름 아닌 영상 촬영이었다. 우리는 곧 세계에서 가장 높은 촬영 팀이 되었다. 나는 카메라 작업을 했고, 줄리는 사운드를 담당했다. 그리고 아이디어는 함께 찾아 나갔다. 우리가 1982년 낭가파르바트에서 첫 다큐멘터리를 만들었을 때(이건 국제적인 상을 3개나 받았다) 많은 사람의 눈에 우리는 풋내기가 아니었다. 나는 쉰 살이었고, 줄리는 마흔세 살이었다. 그러나 우리는 나이를 상관하지 않았다. 우리 앞에는 새로운 지평선이 열려있었다.

신비한 샥스감

둔탁한 저음이 울려 퍼졌다. 돌로미테의 바위처럼 생긴 가파른 벽들로 완벽하게 단절된 거대한 계곡에서 이런 소리가 쉴 새 없이 계속되자 섬뜩한 느낌이 들었다. 더구나 강바닥에 자갈들이 정신없이 널려있는 곳이어서 기분마저 이상했다. 북부 가셔브룸 빙하가 끝나가고 있다는 사실을 알 수 있는 지저분한 얼음과 모래와 진흙의 모퉁이를 돌아나가면서 우리는 거의 동시에 발걸음을 멈췄다. 우리가 바닥을 걸어가는 이 어마어마한 보루는 해발고도가 대략 4,200미터에 폭은 2킬로미터가 넘었다. 빙하의 길이는 20킬로미터로, 그 안쪽에 있는 얼음덩어리들은 엄청난 힘에 밀려 앞쪽이 맞은 편 산자락에 거의 닿아있었다. 그리하여 샥스감강은 때때로 몇 갈래로 갈라지기도 하며 좁은 물길을 따라 뱀처럼 굽이굽이 흘러내리고 있었다. 얼마 전 우리가 이른 아침에 이곳을 지나갔을 때 우리는 졸졸거리는 물소리만 들을 수 있었다. 그런데 지금 이 이상하고 공허한 소리는 도대체 뭘까?

"무슨 소리지?" 줄리가 나를 쳐다보며 물었다. 그녀의 검은 눈은 당황한 표정이 역력했다.

"처음 듣는 소린데." 강과 관련이 있는 것 같기도 했다. 늦은 오후가 되자 그 소리는 더욱 거칠게 들려왔다. 바람이 우리 위쪽에 있는 벽들에 갇혀 울부짖는 소리인가?

우리는 가끔 빙하가 수직을 이룬 곳을 멀찍이 돌아 계속 위로 올라갔다. 그런 곳에서는 바위나 얼음사태가 갑작스럽게 일어날 수 있기 때문이었다. 이제 그 둔탁한 소리가 점점 더 커져 계곡의 다른 어떤 소리보다도 더 요란하게 들렸다.

"저기 봐!" 줄리가 앞쪽을 가리키며 갑자기 외쳤다. 바위사태가 성벽을 이룬 곳 뒤에서 나타난 건 이상한 '발전소'였다. 그건 자갈과 모래를 공중에 날리는 굵고 힘 센 분수로, 물은 버섯 같은 모습으로 다시 떨어져 내리고 있었다. 알고 보니, 그 사악한 소리가 마치 다른 세계에서 온 어떤 존재처럼 공간을 가득 채우고 있었다. 그 광경이 너무나 이상하고 비현실적이어서, 우리는 아주 잠깐 동안 놀라고 긴장하여 그 자리에 얼어붙고 말았다. 그것은 우리가 물과 빙하의 요정이 만나는 곳에, 인간이 사는 세상과는 동떨어져 그런 요정들이 여전히 나타나는 곳에 미처 알지도 못하고 들어왔을 때 느끼는 두려움과 같은 것이었다.

"가까이 가볼까?" 마침내 입이 떨어졌을 때 나는 이렇게 말하고 나서 그 요정을 향해 살금살금 다가갔다. 우리가 너덜바위지대를 조심스럽게 올라가자 모든 걸 관통하는 듯한 그 둔탁한 소리가 공기 전체를 진동시키며 우리를 점점 더 에워쌌다. 끊임없이 위로 던져지는 자갈들은 한 무더기의 검고 빛나는 점이 되어 강바닥으로 크고 둔탁한 소리를 내며 떨어지고 있었다. 그러는 동안 빙하 물로 된 분수는 힘차게 솟구쳐 오르고 있었다. 신비에 가득 찬 샥스감강에서 새로운 물줄기의 탄생을 목격한 우리는 그만 벌린 입을 다물지 못했다.

포효하듯 자갈을 굴리고 뱉어내는 괴물 앞에서 우리는 마법에 걸린 듯 잠시 동안 꼼짝도 하지 못했다. 물은 끊임없이 솟아올라, 가파른 얼음 표면에 난 시커먼 구멍에서 홍수처럼 쏟아져 나오는 다른 물줄기와 합류했다. 물은 사방으로 넘쳐흘렀다. 그 물은 비록 30분 정도만 흘러내려 가지만, 우리가 과연 이곳에서 그 물을 뚫고 지나갈 수 있을지, 나는 자신하지 못했다. 또 무엇이 우리를 놀라게 할까?

중국 신장의 샥스감 계곡 안으로 낙타를 몰
고 가는 위구르족들. 가셔브룸과 K2까지 이
어지는 이곳은 거대한 빙하의 세계이다.

얼마 후 우리는 베르가모Bergamo 출신의 곰같이 힘이 센 친구 피에란젤로Pierangelo를 발견했다. 그는 물이 차오른 지류의 건너편 둑에서 손에 로프를 들고 우리에게 신호를 보내고 있었다. 우리는 그 지류 때문에 빙하의 가장자리로 갈 수 없는 곤란에 빠져있었다. 좋았어! 피에란젤로는 작은 베이스캠프에서 올라와 우리를 도와주려 했다. 그는 얼마나 오랫동안 기다렸을까! 그는 길쭉한 돌멩이를 로프의 한쪽 끝에 묶어 건너편의 우리에게 던졌다. 그와 내가 로프를 팽팽하게 고정시키자, 줄리가 급류 속으로 들어가 손으로 로프를 번갈아 잡아가며 건너기 시작했다. (나는 줄리를 우리의 로프로도 연결했다) 그러나 그녀는 몇 걸음을 옮기고 나서 숨을 헐떡거리며 뭐라고 중얼거리더니 되돌아왔다. 허벅지까지 차오른 물살이 너무 세서 건널 수 없었던 것이다. 나는 첫 번째 상류에 이어 빙하를 가리킨 다음 피에란젤로에게 소리쳤다. "나중에 봐!"

우리가 유일하게 할 수 있는 방법은 '물의 버섯'으로 다시 돌아가, 빙하의 얼음 램프를 올라간 다음, 모레인 언덕과 장애물들을 마지막 빛이 남아있을 때까지 오르고 내리고, 또 오르고 내리는 것뿐이었다.

우리는 숨도 제대로 쉬지 못할 정도로 지치고 흠뻑 젖어, 마침내 작은 베이스캠프에 도착했다. 그건 아주 먼 길이었다. 우리는 얼음의 탑들 사이에서 몇 시간을 헤맨 후 빙하 위쪽에 있는 양호한 바위를 통해 올라올 수 있었다. "멋진 하루였어."라며 줄리가 웃었다. 우리의 동료들은 차와 비스킷과 브레사올라bresaola*로 우리를 환영했다. 탐험적인 우리 미니 팀은 환상적이었다. 대규모 이탈리아 원정대는(우리는 그 원정대 소속으로 돼있었다) 우리의 서쪽 어딘가에 전진베이스캠프를 설치하기 위해 5일 동안 운행에 나가있었다. 우리가 쌀쌀한 밤을 피해 침낭 안으로 기어들어가 있는 동안 멀리 가셔브룸의 거대한 벽에서 정체를 알 수 없는 희미한 불빛이 반짝거렸다. 지금까지 그곳을 오른 사람은 아무도 없었다. 그 산맥은 히든피크에서

---

*   소고기에 각종 스파이스와 소금을 넣어 절인 후 건조시킨 것 [역주]

부터 시작해 가셔브룸2봉과 3봉 그리고 브로드피크까지 이어져 있고, 그 봉우리들은 모두 8천 미터를 넘나들었다. 그리고 가까운 곳에 있는 6천 미터급 산들의 복잡한 실루엣 사이로 창백하게 솟아오른 K2도 보였다. 그건 어두운 하늘을 지배하는 거대한 수정이어서 한눈에 알아볼 수 있었다.

우리가 이 빙하에서 보내는 마지막 밤이었다. 우리가 가셔브룸2봉 북벽 밑의 이곳까지 올라오는 데는 모두 5일이 걸렸다. 미지의 외딴 곳에 인간으로서 최초로 발을 들여놓은 건 굉장한 경험이었다. 심지어 우리는 후에, 아마도 몇 년 후에 대단히 어려운 등반을 위해 텐트를 칠지도 모르는 한 곳을 눈여겨봐 두기도 했다.

빙하 표면의 복잡한 특성으로 인해 빙하에 남은 마지막 지역까지 갈 수 있을 만큼 시간이나 식량이 충분치 않다는 사실을 우리는 깨달았다. 그곳까진 아무리 못해도 20킬로미터가 넘었다.(아, 그곳에 얼마나 많이 가보고 싶어 했는지!) 우리는 '낙타의 혹' 즉, 7천 미터급 정도로 보이는 2개의 분명한 산을 향해 조금 더 올라갔다. 신이시여! 좋습니다. 우리는 어떻게 해서든 이곳으로 다시 돌아오고 말겠습니다.

이제 우리는 침낭 속으로 들어가 텐트 입구에 쪼그려 앉아서, 우리의 마음이 가셔브룸 빙하에서 보낸 날들의 이미지를 더듬는 동안, 온갖 형상을 드러낸 밤을 바라봤다. 위로 떠오르는 듯한 정상들, 빛나는 얼음의 바늘들, 청록색 첨탑들, 작은 호수들을 사이사이에 거느린 일련의 지붕과 뾰족한 탑과 이빨과 주사위가 만드는 만화경. 그건 차라리 빛나는 형상들의 완벽한 행렬이었다. 그리고 갈색과 회색과 검은색으로 보이는 리본 모양의 모레인 지대가 끝없이 펼쳐지는 모습. 빙하의 가장자리 여기저기에는 꽃과 달래가 있었다. 우리는 수백 만 년 전에 대양이었던 이곳에서 산 물레고둥류의 거대한 화석을 발견했다. 우리는 그걸 커다란 바위 탑 밑에서 찾았는데, 그곳이 혹시 산호초는 아닐까, 하는 의문이 들었다.

다음 날 밤은 전혀 달랐다. 우리는 비박색을 둘둘 말아 감고 모레인 지대의 바위 사이에 나란히 누웠다. 잠자리는 불편했지만 오히려 따뜻했다. 아침이 되자 얼어서 달라붙은 얼음들이 움직일 때마다 달그락거리며 떨어졌다. 내 수염은 겨울 산의 요정인 뢰베잘Rübezahl의 그것과 다름없었고, 줄리는 머리에 서리가 잔뜩 끼어 마치 크리스마스 천사처럼 보였다. 우리는 사방이 창백한 그림자 속에서 여전히 어둠에 잠겨있는 시간에 첫 아침햇살이 K2를 비추는 모습을 바라보고, 그 햇살이 서서히 내려와 마침내 우리에게 닿는 모습을 보았다. 그리고 우리 앞에 있는 7천 미터급 또는 8천 미터급 봉우리들의 거대한 벽에 어디로 어떻게 루트를 내며 올라갈까를 생각하니….

돌아설 때의 어려운 결정과 우리가 여기서 보내는 시간이 끝나간다는 안타까움까지도.

그러자 의문과 확신이 동시에 들었다. 우리는 돌아올 수 있을까? 우리는 분명 돌아올 것이다.

'끝없는 매듭Endless Knot'의 의미를 알 수 있는 장소들이 있다. 이 빙하의 풍경이 연출하는 빛과 어둠의 리본들은 우리를 영원히 붙잡았다.

돌아서야 하는 곳에서 오랫동안 앉아, 우리는 놀라운 얼음 보석들을 바라봤다. 그것들은 투명한 부적처럼 멋지고 가는 받침대 위에서 햇빛에 반짝거렸다.

그로부터 3년 후, 줄리와 내가 계획된 등정 시도를 하루 앞두고 환상적인 날씨 속에 K2의 '숄더'에 올랐을 때 브로드피크 뒤쪽 멀리에서 리본 모양의 거대한 빙하가 시야에 들어왔다. 우리는 아찔한 허공에 매달려, 심연에서 우리를 향해 올라오고 있는 듯한 그 빙하를 내려다봤다. 우리는 돌아올 수 있을까? 우리는 분명 돌아올 것이다.

다시 6년이라는 세월이 흘렀다. 그리고 나는 내 마음을 사로잡은 샥스감으로 돌아왔다. 내가 가파른 스퍼spur를 오르자, 발밑으로 마치 얼어붙은 행렬처럼 수많은 얼음 타워들과 뾰족한 첨탑들이 앞서거니 뒤서거니 길게 늘어서 있었다. 내 위로 눈 덮인 안부가 보였는데, 그건 안부라기보다는 오히려 이름 모를 커다란 흰 산의 숄더였다. 그 산은 썩고 가파른 검은 바위지대 위로 하늘 높이 솟아있었다. 그곳에선 K2가 아주 가까이 보일 것 같았다. 아니, 여전히 K2는 파키스탄과 중국의 국경을 이루고 있는 커다란 산이 갈라진 틈, 즉 셀라 고개Sella Pass 너머에 있었다. 해발고도가 6,000미터인 그곳은 넘을 수는 있을 것 같았지만, 이쪽에서 성공한 사람은 아무도 없었다. 그럼에도 산 중의 산인 그 산이 아주 가까이 있다고 느껴졌다. 줄리가 그곳에 있었다. 영원히…. 그 산은 모든 걸 빼앗아갔다. 나의 등산화가 딱딱한 눈의 표면을 깨뜨릴 때마다 깊은 눈 안에서 내 발자국 소리가 들렸다. 그림자와 얼음처럼 차가운 대기가 나를 둘러쌌다.

대각선 위쪽에 크레바스 하나가 지금 내가 올라가고 있는 둥근 스퍼 방향으로 이어져 있었다. 그리고 표면이 움푹 들어간 곳이 스퍼가 곡선을 이룬 곳에서 자취를 감추고 있었다. 일반적으로 보면 루트는 안전했다. 그러나 혼자인 나는 조심할 필요가 있었다.

나는 걸음을 자주 멈췄다. 나의 시선은 톱날 같은 산의 그림자가 아래의 빙하에 만들어놓는 환상적인 선을 따라갔다. 산의 검은 그림자들은 마치 반대편에서 거친 바위의 형상과 부드러운 눈의 능선으로 떠오르고 싶어하는 것처럼 점점 더 커졌다. 그리고 나의 시선은 멀리 샥스감 계곡에서 뚜렷하게 드러나는 골짜기와 안쪽 빙하에 깊숙이 숨겨진 외딴 곳까지 이리저리 돌아다녔다. 그곳은 9년 전에 6,000미터와 거의 7,000미터에 달하는 '낙타들'의 실루엣으로 인해 우리가 볼 수 없었던 곳이었다. 우리는 그 이름

없는 봉우리들을 처음 발견하고 즐거운 마음으로 그렇게 이름을 붙였었다. 그곳은 우리가 그토록 보고 싶어 한 브로드피크 아래의 비밀스러운 계곡이었다. 우리는 그 지역을 둘러보는 최초의 인간으로서, 이전에 어느 누구도 발을 들인 적이 없는 그 비밀스러운 성역 안으로 들어가 보고자 하는 강렬한 욕망을 느꼈었다. 그리고 지금 나는 그 안쪽을 위에서 내려다보고 있었다. 줄리와 나는 그곳에 무엇이 있는지 알고 싶은 갈망에 불타올랐었다. 우리는 할 수 없이 발길을 돌리면서 다시 돌아오겠다고 약속했었다.

자박자박 내 발걸음이 더 높이 올라가는 소리가 들렸다. 피켈을 손에 든 나는 혼자였다. 나를 둘러싸고 있는 건 넓은 공간이었다. 내 눈은 햇빛의 희미한 가장자리를 따라 그 위쪽으로 뚜렷하게 윤곽을 드러낸 리지로 향한 다음, 리본처럼 곡선을 이룬 모레인 지대를 빠르게 훑어 내려갔다. 그곳에는 얼음이 들쭉날쭉한 선을 이루고 있었다. 그때 만족스러운 어떤 감정이 마음속에서 일어났다. 그러자 가끔 나를 짓누른 외로움이 말끔히 사라졌다. 지난 봄 카탈루냐에서는, 그곳에서 나는 브로드피크를 미지의 벽으로 오르고 싶다는 속내를 내비쳤었는데, 가능성이 충분한데도 내가 원정대에서 나이가 가장 많아, 8천 미터급 고봉의 정상 공격조로 선택될 것 같지 않았다. 그러나 그건 중요한 문제가 아니었다. 이곳 샥스감에 다시 와보고 싶은 마음이 더 컸으니까. 그리하여 우리의 아이디어를 채우고, 우리가 꿈꾸어온 걸 그녀를 위해 실현해보고 싶었다. 나는 잠깐 쉬면서, 세락들로 부서진 눈의 거대한 램프를 쳐다봤다. 센트럴피크Central Peak의 높은 곳에 위치한 플라토로 이어진 다음, 동벽과 북동벽의 황량한 얼음지대를 가로지르는 그곳은 환상적인 루트, 우리의 루트였다. 그 위쪽에 보일락 말락 작은 점으로 변한 나의 동료들이 있었다. 수염이 텁수룩한 조르디는 언제나 자발적이다. (정중하든 퉁명스럽든 간에) 조르디 마그리냐Jordi Magriña는 카탈루냐 원정대를 이끌고 1991년 이곳에 왔다. 그때 우리는 히든밸리Hidden Valley

를 지나갔었다. 일반적으로 사려가 깊고 조용하고 친절한 오스카 카디아치 Oscar Cadiach는 원정대를 조직하는 데 뛰어난 수완을 발휘하는 산악인이다. 우리의 '얼음 예술가' 알베르토 손치니Alberto Soncini는 화려한 색상을 좋아하는 이탈리아인이다. 언제나 웃음 짓는 눈매와 걸레 같은 머리의 루이스 라폴스Lluis Rafols는 아이디어가 넘치는 막내 대원이다. 마지막으로, 날렵하고 강인한 엔리크 달마우Enric Dalmau는 처음으로 8천 미터급 고봉을 오르고자 하는 마음이 남다른 산악인이다. 우리들의 셰르파인 밍마와 도르제, 텐징도 정상으로 향할까? 나는 배낭에서 워키토키를 꺼내 브로드피크를 호출했다. 그러나 응답이 없었다. 나는 다시 샥스감 계곡 먼 곳에 떨어져 있는 우리의 무전기사 조안 젤라베르트Joan Gelabert를 불렀다. 하지만 그 역시도 연결이 되지 않았다. 그래서 나는 워키토키를 배낭에 다시 집어넣었다. 멀지 않은 날에 나는 7,000미터의 그 플라토까지 올라보고 싶었다. 그리하며 만약 반쯤 하늘로 올라간 그 유리한 고지에서 수많은 봉우리들이 바다를 이룬 신장新疆을 내려다본다면 얼마나 굉장할까! 그러나 오늘은 내 친구들이 할 수 없는, 사진을 찍는 데 집중할 것이다. 히든밸리와 그 위쪽에 있는 우리의 산. 그리고 아마 미답의 가셔브룸 벽에 대한 새로운 전망까지도. 수수께끼를 풀 수 있을까? 물론 나를 밀어붙이는 건 그것만이 아니다. 그건 셀라 고개 너머에 있는 K2다. 내가 K2를 볼 수 있을까? 그리고 이쪽에서 셀라 고개까지 올라갈 수 있을까?

늦은 시간이었다. 계곡으로 드리워진 정상의 검은 그림자들이 저녁놀에 빛나는 봉우리들 사이로 자꾸만 위로 올라오고 있었다. 멈추지 마, 쿠르트. 그럼 너는 능선까지 올라갈 수 없어.

　모레인 지대를 걷기 좋은 가벼운 등산화를 신고 있어서 그랬는지 발이 시렸다. 나는 여기까지 거의 1,000미터를 올라온 것이 분명했다. 내가 몸을 돌리자 6천 미터급인 '작은 낙타' 너머가 눈에 들어왔다. 그곳까진 그리

멀지 않았다. 내 머리 위로 둥글게 생긴 커니스가 점점 더 가까이 다가왔다. 나는 숄더로 곧장 가지 않고 그곳을 그냥 목표물로 삼아야 했다. 왜냐하면 측면을 가로질러 크레바스가 있을지 모른다는 공포감이 들었기 때문이다.

그러나 너무나도 분명하게, 커니스를 넘어 능선으로 올라갈 수 있는 가능성이 전혀 없었다. 그건 10미터나 되는 오버행이었다. 그러나 그 아래쪽은 횡단할 수 있을 것 같았다. 건너편을 내려다보려면 숄더에 올라서야만 했다. 그것이 바로 내가 원한 것이었다.

분설이었다. 허리까지 빠지는 얼음같이 차가운 분설. 파란색의 그림자. 나는 이를 으드득거렸다. 발이 아팠다. 아직도 모든 발가락에 감각이 있을까? 그러나 지금은 그런 걸 걱정할 때가 아니었다. 둥글게 말린 커니스의 끝부분이 머리 바로 위에 있었다. 조심스럽게 그리고 상당한 노력을 기울이며 나는 몸을 옆으로 돌려 가파른 분설을 올라갔다. 나는 동작을 신중하고도 천천히 했지만 매번 가쁜 숨을 몰아쉬어야 했다. 그리고 발을 내디딜 때마다 내 체중을 감당할 수 있도록 불안정한 하얀 눈을 발로 다져야 했다. 깊이를 알 수 없는 눈에 피켈을 힘껏 찔러 박았다. 심장이 쿵쾅거리는 소리가 귀에까지 들렸다. 내 밑의 가파른 사면은, 아래쪽은 눈에 보이지도 않는 허공이었다. 조심해, 쿠르트! 아주 천천히 움직여. 끝이 없나? 그때 갑자기 햇빛이 보였다. 눈이 부시도록 밝은 모습이라니! 나는 얼음의 그림자에서 빠져나왔다.

그리고 K2가 보였다.

한 번 더 위로 올라갔다. 그리고 한 번 더. 이제는 눈 상태도 좋고 경사도 급하지 않았다. 나는 크레바스 바로 앞에 앉아 희박한 공기로 숨을 헐떡거리며 노력과 감정으로 몸을 떨었다.

절대적인 피라미드.

K2가 있었다. 그리고 그 가까운 곳에 태양도.

여기에 올라왔군. 아주 멀리. 그리고 아주 가까이!

이곳에선 훨씬 더 가까웠다. 너무나도.

밝은 빛으로 물든 능선 숄더의 눈 표면이 내 앞에 펼쳐져 있었다. 그 위쪽으로 무시무시하게 갈라진 협곡(완전한 빙하 계곡) 뒤편에 셀라 안부가 솟아 있었다. 6,000미터 높이로. 그리고 그 뒤에는 하늘을 꽉 채운 K2가 있었다.

각양각색의 얼음덩어리들로 온통 뒤범벅이 된 작은 얼음폭포가 움푹 들어간 곳, 즉 안부 아래쪽에서 가파른 벽으로 둘러싸인 분지로 접근하는 길을 막고 있었다. 하지만, 봐, 보라고! 그때 바로 오른쪽에서 가능성이 보였다. 그곳으로 안부를 가로지르고 싶은 유혹이 마음 깊숙한 곳에서 일어났다. 왜? K2에 더 가까이 다가가려고? 안부를 가로질러 그 위에 서보려고? 아니, 그건 사뭇 다른 것이었다. 그건 그 너머 다른 쪽으로 나를 밀어붙이는 말로 표현할 수 없는 열망 같은 것이었다. 비록 그곳에 무엇이 있는지 모른다 해도. 아마 어쩌면 K2가 여전히 그곳에 있다는 것이 이유일지도 몰랐다. 한때 우리의 영원한 꿈이었으니까.

나는 알지 못했다. 나는 눈으로 자세히 더듬어 안부로 나 있는 루트를 따라 올라갔다. 그리고 루트를 바라보는 동안 내가 그곳을 알고 있다는 사실에 만족했다. 나는 그곳으로 갈 작정이었다. 만약 이번이 아니라면, 적어도 나는 루트와 방법은 알고 나서 돌아가고 싶었다.

태양이 K2 너머로 사라지고, 쌀쌀한 저녁 공기가 나를 감싸기 전에 나는 마지막으로 넘어가는 저녁햇살 속의 이 경탄할 만한 풍경을 카메라에 여러 장 담았다. 마음이 아주 흐뭇했다. 주위가 그대로 생동하고 있었다. 그림자의 선은 끌로 정교하게 다듬은 예술작품이었다. 빛은 산의 측면을 디자인 하고 있었다. 그리고 내 눈이 이 풍요로움을 즐기고 새로운 과제들을 조사 하는 동안 나는 나 자신에게 이렇게 말했다. '늦어지면 좀 곤란해지겠지만, 그럴 만한 가치가 충분해. 시간이 허락하는 한 이곳으로 다시 돌아와.'

눈앞에 펼쳐진 풍경에 취해있는 동안 나는 어느새 K2의 차가운 그림 자 속으로 빨려 들어갔다. 그리고 나는 시간에 대해 말하고 있었다. 서둘 러. 지금 곧바로 내려가! 가능하면 빨리 1,000미터의 사면을 내려가란 말 이야.

어둑어둑했다. 나는 서둘렀지만 눈이 쌓인 스퍼에서 내 발자국 하나하나를 따라가며 극도로 조심했다. 이제 나를 멈출 수 있는 건 아무것도 없었다. 자갈밭을 '미끄러지듯' 건너고, 얼음사태가 난 사면을 날듯이 내려가고, 바 위들을 크게 도약해 건너뛰고, 작은 폭포가 있는 가파른 홈통(이곳은 처음이 었다)을 따라, 그리고 얼음의 가장자리를 표시하는 깨지기 쉬운 편암조각들 이 길게 쌓여 있는 곳을 따라 아래로 또 아래로 내려갔다. 오늘 아침에 올 라온 길을 그대로 따라 내려가는 건 불가능했다. 지금 가장 중요한 건 빙하 로 들어서는 가장 빠른 길을 찾는 것이었다. 그리고 너무 어둡기 전에 얼음 타워들 사이에 있는 탈출로를 찾아내는 것이었다.

그러나 어둠이 한 발 더 빨랐다. 그건 내가 얼음사태가 난 벽을 간신히 미 끄러져 내려와 빙하의 가장자리에 도착하자마자 나를 덮쳤다. 그곳까지 내 려오긴 했지만 밤이었다. 얼음 타워들. 늪지대. 그때 어둠을 뚫고 물소리가 들렸다. 콸콸 흘러내리고, 떨어지고, 맹렬하게 흐르고. 반반한 얼음 벽. 막 다른 골목이었다. 사방이 카오스에⋯. 한낮이라도 이곳을 통과하는 건 결 코 만만찮아 보였다. 계곡을 따라 베이스캠프까지 거의 2킬로미터를 더 내 려가야 하는 길을 찾기 위해선 집중적인 노력이 필요했다. 그러나 나는 그만 여기서부터 길을 잃고 말았다. 마치 얼음으로 만들어진 크리스마스트리의 숲속에, 그 나무줄기들 사이에 있는 것 같았다. 루트는 너무나 헷갈렸다. 나는 과연 이곳을 벗어날 수 있을까? 특히 밤에 더 심해지는 헛된 망상이 나래를 폈다. 그러나 현실은 달랐다. 희망과 의구심 사이를 헤매던 나는 헤드램프 불빛에 의존해 얼음 타워를 벌써 2개나 올랐다가 한 번 더 후퇴해야 했다. 그러고 나서 발견한 것이 앞길을 가로막은 호수였다. 나는 그 호수를 돌아 얼음이 형성된 곳으로 다시 나아갔다. 이제 분지로 내려갔는데, 그곳은 3개의 가파른 도랑을 통해서만 탈출할 수 있는 곳이었다. 다행히 나는 몇 년 전에 현대적인 신형 피켈을 얻었는데, 그건 밤에도 재미를 선사했다. 딱 한 번만 찍어도 믿을 만한 홀드를 만들어줬으니까. 그 옛날에 이런 장비가 있었다면…. 나는 기대감에 부풀어, 짧고 가파른 도랑을 조금씩 올라가 가장자리 위로 머리를 내밀었다. 그러자 빛줄기가 물에 반사됐다. 내 앞의 쪼개진 틈은 이쪽 벽에서 저쪽 벽까지 물구덩이였다. 나는 도로 내려왔다. 만약 이곳에서 탈출하는 길을 찾지 못한다면, 유일한 방법은 비박색 속에서 아침까지 기다리는 것이었다. 나는 쭈그려 앉아 견과류를 씹어 먹으며 잠시 쉬었다. 그러나 희망을 버리지 않았다. 정말 절망적인 상황도 동시에 흥미진진했다. 적어도 지금까지는. 그러는 사이에 2시간이 후딱 지나갔다. 그때 갑자기 우리의 무전기사 조안이 나를 걱정하고 있을지 모른다는 생각이 퍼뜩 떠올랐다. 그러나 워키토키 호출은 응답이 없었다. 그가 벌써 잠이 들었나? 두 번째 얼음 도랑을 시도해보면 어떨까? 나는 그 안으로 헤드램프 불빛을 비췄다. 그건 정말 아주 높았다!

나는 앞으로 계속 이어지는 마루에 올라섰다. 희망이 있다는 말일까? 나는 크램폰을 신중하게 디디며 한 걸음 한 걸음 올라갔다. 양쪽으론 깊숙한 곳으로 물이 거칠게 흘러내리고 있었다. 마치 팽팽한 로프 위를 걷는 사람처럼 헤드램프 불빛에 의지해 나의 '다리'를 따라갔다. 그러자 점점 더 넓어졌다. 아이쿠! 내가 이 미로를 빠져나온 걸까?

나는 다시 내려갔다가 지그재그로 된 얼음 리지를 올라갔다. 별이 총총한 하늘에서 나는 내 앞에 있는 '작은 낙타'의 실루엣을 분간할 수 있었다. 좋아. 나는 올바른 방향으로 가고 있었다. 그리고 이제 그렇게 어렵지도 않았다. 검은 호그백hogback*이 마지막으로 반짝이는 형체들 뒤로 어렴풋이 나타났다. 가운데에 있는 모레인이었다. 벗어났어! 나는 마침내 벗어났다. 이제는 텐트만 찾으면 끝이었다.

희미한 빛이 텐트 천을 뚫고 밖으로 새어나왔다. 돔형 텐트가 은은하게 빛났다. 어느새 자정이었다. 내가 굴리는 돌멩이소리가 들렸다. 그리고 텐트 안에서 셰르파들의 목소리가 들렸다. 텐징의 곱슬머리가 텐트 문 밖으로 나타났다. "만세! 이제 오셨군요." 우리는 차를 끓여 마셨다.

✳

한 달 후, 우리는 얼음에 뒤덮인 카프카Kafka 성 정상에 올랐다. 우리 팀의 4명이 해낸 것이다. 오스카, 루이스, 알베르토, 엔리크. 그것도 철수를 위해 낙타들이 베이스캠프에 도착하기 직전 4번째 시도 만에. 그들은 모든 걸 마지막 한 장의 카드에 걸고, 야간에 등반을 감행해 거의 8,000미터에서 비박한 다음 중앙봉Central Summit을 등정했다. 그러나 예측이 불가능한 날씨는 다시 나빠지려 하고 있었다. 결국 그들은 하산을 시작한 지 얼마 되지 않아 폭풍에 갇히고 말았다. 우리의 등반은 샥스감 역사에서 하나의 이정표가 되었다. 10년 전인 1982년 일본 팀이 K2를 북쪽에서 도전했을 때 그등반은 카라코람의 북쪽에서 최초로 시도된 새롭고 대단한 기록이었다. 그러고 나서는 1992년의 우리 팀으로, 우리의 루트는 브로드피크의 비밀스러운 동벽을 치고 올라가는 것이었다.

---

*   지층이 노출돼 생긴 비대칭의 깎아지른 산등성이 [역쥐]

얼음에서 겪은 말도 못하는 어려움과 언제 닥칠지 모르는 눈사태의 위험은 내 동료들의 머리에서 떠나지 않았다. 나는 한번 2캠프까지 올라갔지만, 7,000미터의 플라토까지 올라가 보고자 한 나의 시도는 날씨로 인해 좌절되고 말았다. 그래서 나는 나의 젊은이들이 영광스러운 결론에 이르는 아이디어를 실현할 수 있도록 내버려두고 혼자만의 탐험에 나선 것이다. 마침내 위험한 돌진(달리 표현할 방법이 없다)을 하는 동안, 나는 그들을 위해 기도했다. 신과 모든 하늘의 정기에게. 그리고 줄리에게. 나는 거대한 산에서 너무나 많은 사람들의 운명이 그들 자신이 아니라 환경에 의해 좌우됐다는 사실을 잘 알고 있었다. 우리 팀의 넷은 안전하게 하산했다.

가끔 나는 빙하의 세계 위쪽 높은 곳에 있는 샥스감 돌로미테의 어느 봉우리 능선마루에서 보낸 시간을 생각한다. 나비 한 마리가 따뜻한 햇볕 속에서 내 주위를 돌며 가볍게 춤을 추었다. 마침내 위에서 내려앉은 나비가 창백한 흰색의 날개를 펼치고, 사람의 눈같이 이상한 반점을 드러냈다.

나비는 저 위에서 무엇을 찾으려 한 걸까?

어쩌면 나와 같은 생각이었을지도 모른다.

"알고 싶어요."

나는 왜 여기에 있는 걸까?

…

우리는 이미 전생에서 만났으니까,

나는 혼자가 아니다.

자료실

{ 연도별 주요 등반기록 }

1948년

오스트리아 호헤 타우에른Hohe Tauern의 람코글Larmkogl(3,014m)은 수정이 아닌 등산을 목적으로 열여섯 살 때 내가 오른 첫 번째 산이다.

1952년

마터호른, 브라이트호른, 몬테로사, 베르니나-비안코그라트Bernina-Biancograt, 피츠 로제그Piz Roseg를 에리흐 바타Erich Warta, 군들 야보르니크Gundl Jabornik와 함께 할아버지의 1909년식 자전거를 타고 다니며 등반했다.

1953~1955년

친구인 볼프강 슈테판Wolfgang Stefan과 함께 알프스의 바위와 얼음에서 어려운 등반을 많이 했다.

1956년

마터호른 북벽을 등반하고, 쾨니그슈피체 디레티시마Königspitze Direttissima를 초등했다. 거대한 커니스인 자이언트 메링거Giant Meringue는 그 당시 알프스의 눈과 얼음 중에서 가장 어려운 곳이었다.

1957년

헤르만 불, 마르쿠스 슈무크Marcus Schmuck, 프리츠 빈터슈텔러Fritz Winterstelle와 함께 브로드피크로 첫 히말라야 원정등반에 나섰다. 우리는 소위 '서부 알파인 스타일 west alpine style'(고소포터나 보조산소를 사용하지 않는 등반)로 8천 미터급 고봉을 초등하는 쾌거를 이뤘다. 서부 알파인 스타일이라는 개념과 사상은 헤르만 불로부터 나왔다.

1958년

프란츠 린트너Franz Lindner와 함께 아이거 북벽, 그랑드조라스 북벽(워커 스퍼), 몽블 랑의 푸트레이 리지에서 촬영 작업을 했다. 그중 알프스에서 가장 대단한 리지인 푸트레이의 '인테그랄레intégrale'를 5일 동안 종주하며 찍은 영상은 현재도 남아있 다. 나는 이 영상으로 1962년 트렌토산악영화제에서 최초로 상을 받았다.

1960년

스위스 국제원정대에 참가해 다울라기리(8,167m)를 무산소로 초등했다. 그때 우리 가 이용한 4인승 필라투스Pilatus PC6 포터 비행기는 불시착했지만 아무도 다치지 않았다.

1965~1969년

아프리카(마운트 케냐와 세미엔semyen 고원지대), 그린란드(세 번), 힌두쿠시(두 번)로 원 정등반을 갔다. 힌두쿠시에선 2인조로 팀을 이뤄 티리치의 네 번째 서봉(7,338m) 을 북쪽에서 초등했고, 티리치 미르(7,708m)를 비롯한 다른 봉우리 5개도 초등했 다.

1974년

네팔의 샤르체Shartse(7,502m)를 초등했다.

1978년

봄에는 마칼루(8,485m), 가을에는 에베레스트(8,848m)를 등정했다.

1979년

가셔브룸2봉(8,035m)을 등정했다.

1980년

에베레스트 원정대에 참가해 사우스콜까지 촬영 작업을 했다. 이때 나는 촬영을 하느라 로체를 등정할 기회를 놓쳤다. 그 2년 전 나는 에베레스트 정상에서 최초 로 동시녹음 촬영에 성공해, 8,000미터의 카메라맨이 되었다.

1981년

미등의 동벽에 도전장을 내민 미국 에베레스트원정대에 영상감독으로 참가했다. 이 영상으로 나는 1982~1983년 에미상Emmy Award을 받았다.

1982년

샥스감에서 K2(8,611m)와 가셔브룸 산군을 탐험했고, 후에 프랑스의 낭가파르바트원정대에 참가해 촬영 작업을 했다. 이때 나는 줄리 툴리스Julie Tullis와 처음으로 함께 작업했다. 이 영상은 1983년 디아블레레츠영화제Diablerets Film Festival에서 상을 받았다.

1983년

샥스감 쪽에서 도전한 이탈리아 K2원정대에 참가했다. 줄리와 나는 8,000미터까지 등반도 하고 촬영도 해 세계에서 가장 높은 곳에서 촬영 작업을 하는 팀이 되었다. 그런 다음 우리는 가셔브룸 산군을 북쪽에서 탐험했다.

1984년

줄리와 함께 K2의 아브루치 능선을 7,350미터까지 등반하며 촬영 작업을 해, 「K2, 오르기 힘든 정상K2, The Elusive Summit」이라는 영상을 만들었다. 우리는 다시 브로드피크로 가서 함께 등반했다.

1985년

에베레스트 북동릉과 북쪽 능선에서 줄리와 함께 등반하며 촬영 작업을 했다. 그 후 낭가파르바트(8,126m)를 7,600미터까지 등반하고 나서, 티베트의 타시강Tashigang 마을을 촬영했다.

1986년

줄리와 함께 타시강을 다시 촬영했다. 그런 다음 우리의 꿈의 산인 K2에 세 번째로 갔다. 두 번째 시도에서 우리는 정상 등정에 성공했지만, 하루를 늦는 바람에 8,000미터에서 끔찍한 폭풍에 갇히고 말았다. 이때 줄리와 다른 산악인 넷이 죽었다. 나는 K2의 등반기록을 『끝이 없는 매듭—꿈과 운명의 산The Endless Knot: Mountain of Dreams and Destiny』(그라프톤Grafton, 1991)이라는 책으로 썼다.

1987~1990년

히말라야와 카라코람에서 주로 과학적 목적을 가진 원정과 탐험에 참가했다. 아르디토 데지오 교수Prof Ardito Desio의 1987년 K2-에베레스트 이탈리아조사협회(CNR) 원정대에 참가해, GPS 측정 작업을 촬영했다. 그런 다음 샥스감과 낭가파르바트로 갔다.

1991~1992년

카탈루냐 산악인들의 샥스감 원정에 두 번 참가했다. 그들은 처음에는 탐험을 했고, 두 번째에는 브로드피크 북동벽을 초등했다.

1993년

겨울에 딸 힐데가트와 함께 티베트에서 민족학을 조사하며 촬영 작업을 했다.

1994년

샥스감으로 들어가, 북부 가셔브룸 빙하에서부터 K2의 북쪽 빙하까지 최초로 횡단했다. 그리고 가셔브룸의 벽을 중국 쪽에서 오를 수 있는지 그 가능성을 조사했다.

1998년

이탈리아의 낭가파르바트 디아미르 원정대에 참가해 킨스호퍼Kinshofer 벽을 6,000미터까지 단독 등반했다.

{ 참고문헌 }

Benoît Chamoux, *Le vertige de l'infini*, Albin Michel, Paris 1988

Miles Clark, *High Endeavours* (life of Miles and Beryl Smeeton), Grafton Books, London 1991

George Cockerill, *Pioneer exploration in Hunza and Chitral* (in *The Himalayan Journal* 11), 1939

H. P. Cornelius, *Grundzüge der allgemeinen Geologie*, Vienna 1953

Adolf Diemberger, *The problem of Istor-o-Nal* (in *The Himalayan Journal* 29), 1970

Hildegard Diemberger, *Beyul Khenbalung — the Hidden Valley of the Artemisia*, Institut für Völkerkunde, University of Vienna 1991

Hildegard Diemberger in, *Von fremden Frauen* (proceedings of the *Arbeitsgruppe Ethnologie Wien*), Suhrkamp, Frankfurt 1989

Kurt Diemberger, *Summits and Secrets*, George Allen & Unwin, 1971; new edition Hodder & Stoughton, London 1991

Kurt Diemberger, *The Endless Knot — K2, Mountain of Dreams and Destiny*, Grafton Books, London 1991

Kurt Diemberger, *Some climbs from the Upper Tirich Glacier* (in *The Alpine Journal* 71), London 1966

Günter Oskar Dyhrenfurth, *Der Dritte Pol. Die Achttausender und ihre Trabanten*, Nymphenburger Verlagshandlung, Munich 1960

Peter Gillman, Everest, *the best writing and pictures of seventy years of human endeavour*, Little Brown, London 1993

Leroy and Jean Johnson, *Escape from Death Valley* (from accounts of William Lewis Manly and other 49ers), University of Nevada Press, Reno, Nevada 1987

Reinhold Messner, *All 14 Eight-thousanders*, Crowood Press, Marlborough 1988

Reinhold Messner, *The Challenge*, Kaye & Ward, London 1977

Pierre Mazeaud, *Everest 78*, Editions Denoël, Paris 1978

Arne Naess, *The Norwegian expedition to Tirich Mir* (in *The Alpine Journal* 58) 1951/52

Jill Neate, *High Asia — an illustrated history of the 7000-metre Peaks*, Unwin Hyman, London 1989

Josep Paytubi, *Tirich Mir, Quaderns d'alpinisme* Nr 5; Servei General d'Informacio de Muntanya, Sabadell 1994

Reginald Schomberg, *Derdi and Chapursan Valleys: Mountains of NW Chitral* (in *The Alpine Journal* 48), Nov. 1936

Doug Scott, *Himalayan Climber*, Diadem, London 1992

Eric Shipton, *Blank on the Map*, Hodder & Stoughton, London 1938, and in the collection *The Six Mountain Travel Books*, Diadem Books, Macclesfield 1985

Ernst Sorge, *With Plane, Boat & Camera in Greenland*, Hurst & Blackett, London 1935

Julie Tullis, *Clouds from Both Sides*, Grafton Books, London 1986, n/e 1987

R. Vogeltanz, M. A. Sironi-Diemberger, *Receptaculites neptuni DEFRANCE* from *Devon des Hindu Kusch* in Anz. Österr. Akad.d. Wiss., math,-naturwiss, Klasse.Jg. 1968, Nr.5

Hermann and Dietlinde Warth, *Makalu, Expedition in die Stille*, EOS Verlag, St Otilien 1979

Hermann Warth, *Tiefe überall*, Rosenheimer Verlaghaus, Rosenheim 1986

Else Wegener with Fritz Loewe (ed), *Greenland Journey: the story of Wegener's German Expedition to Greenland in 1930-31*, as told by members of the expedition and the leader's diary, Blackie, London 1939

{ 찾아보기 }

{ 쿠르트 딤베르거의 알피니즘 }

옮긴이의 말

쿠르트 딤베르거는 산악인 중에서도 보기 드문 인물이다. 등산 지식이나 기술 능력은 그렇다 치고, 그가 체험한 세계가 남다르다는 얘기이다.

딤베르거는 고산 등반가로서도 특이한 존재지만, 그가 걸어온 길에는 다른 알피니스트에게서 볼 수 없는 활동무대가 있었는데, 거기에 사색의 깊이와 그것을 표현하기에 충분한 문재文才까지 있었다. 이번에 옮긴 그의 책『Spirits of the Air』는 그런 그의 남다른 기록이다. 다만, 표지 이미지는 이 책의 독일어판인『Gipfel und Geheimnisse』의 것을 썼다.

이 책의 표제는 '산의 비밀'로 평범하지만 그 뉘앙스는 깊고 넓다. 딤베르거는 어려서부터 산에 끌려, 끝내 그 속에서 빠져나오지 못했다. 그러나 그의 산과의 만남은 고소 지향성에서 온 것이 아니다. 대자연을 남달리 보는 그는 정서와 열정으로 시종했다. 그런 생활 태도와 체험을 기록한 것이 이 책『산의 비밀』인데, 내용 중에 "하늘의 정기에 끌려"라는 말이 나온다. 크리스 보닝턴은 정상에 설 때마다 지평선을 바라봤지만, 딤베르거는 산 너머 저쪽 하늘의 정기에 끌린 셈이다.

그의 산과의 만남은 1940년대에서 1990년대에 걸친 반세기를 점하고 있다. 그리고 그 범위는 지구상의 단순한 고산군에서 그치지 않고, 문명 사회와 거리가 먼 대자연의 오지에까지 이른다. 아프리카는 물론 그린란드와 아마존과 미국의 거대한 사막지대가 그 안에 들어있다. 그는 등산가이면서 탐험가였다.

딤베르거는 한때 라인홀드 메스너와 어깨를 견주며 히말라야 8천 미터급 고봉을 오른 적도 있다. 그러나 그는 히말라야 자이언트 중 다울라기리(8,167m)를 1960년에 무산소로 초등했으며, 그보다 앞서 1957년에는 브로드피크(8,047m)를 헤르만 불 등과 넷이 알파인 스타일로 올랐다. 그는 이때 오늘날 고소등반의 요체요 주류를 이루고 있는 알파인 스타일과 무산소 등반을 해냈다.

알피니즘은 지구상 고산군과의 싸움을 예상하고 전제한다. 고소 등반가들이 히말라야에 끌려, 그 고봉과 대결하는 건 너무나 당연한 일이며, 이미 히말라야에는 더 오를 데가 없어졌지만 히말라야 미답의 벽으로 그 대열은 계속 이어지고 있는 것이 현실이다. 그런데 쿠르트 딤베르거는 달랐다. 그는 누구보다도 일찍 히말라야 개척에 나섰지만 끝까지 그 길을 가지 않았다. 그는 특히 K2와 마칼루를 떠날 수 없을 정도로 히말라야 고봉에 애착했지만 그와 산의 관계는 남들과 달랐다.

딤베르거의 『산의 비밀』의 영역판 표제는 'Spirits of the Air'인데, 이건 그 원본 부제에 나오는 말이다. 딤베르거는 이 말을 그린란드의 끝없는 빙원을 개썰매로 달리는 늙은 에스키모에게서 배웠다고 했는데, 그들의 생활 감정과 지혜에 딤베르거가 끌린 것이다.

'Spirits of the Air'는 우리말로 옮기기가 쉽지 않으나, 그 뉘앙스로 보아 '하늘의 정기精氣'라고 해서 안 될 것도 없을 것 같다. 딤베르거 본인은 지난날 세 번이나 그린란드를 탐험하면서, 특이한 감성이 그곳에서 발전했는지 모른다. 실은 나 자신도 지난 1970년대 후반에 북극을 탐험하면서 그린란드의 내륙빙원을 개썰매로 달린 적이 있어 에스키모의 생활의식이나 감정을 어느 정도 알 것 같기도 했다.

산 너머에 무엇이 있을까라는 궁금증이 딤베르거의 등산관인 것 같다. 그의 『산의 비밀』은 필시 그런 등산관의 산물이 아닌가 싶다. 딤베르거의 알피니즘에는 다분히 환상적인 면이 강하게 느껴진다. 그의 글에는 '환상적'이라는 말이 자주 나오는데, 이런 감성은 일찍부터 싹튼 것 같다.

그는 어려서 몽블랑에서 수정을 자주 캤다. 수정은 일반 등산로 근처에는 없으며, 등산가들의 발길이 먼 험하고 높은 구석에 있었다. 그런 데를 딤베르거는 어려서 끌과 망치를 갖고 힘들게 오르내렸다. 이렇게 시작한 그와 산과의 만남은 점차 발전하여, 북극지방의 피오르와 순록의 나라로 뻗었고, 이어서 그린란드며 북미의 데스밸리와 그랜드캐니언 등을 탐사하게 되었다. 그때 기록은 일반 등반기는 물론이고 흔한 기행문과도 다르다. 그의 독특한 감성이 그대로 엿보인다는 얘기이다.

쿠르트 딤베르거는 특히 우리 한국과 관계가 깊다. 1986년 K2 원정에서 그런 인연이 맺어진 셈인데, 당시 K2는 히말라야 등산사에서도 보기 드문 양상을 빚었다. 즉, 그곳에 모인 9개 나라의 원정대 가운데 13명의 인명 피해가 있었던 것이다. 우리 한국 원정대는 전통적인 어프로치로 원정을 원만히 마쳤는데, 이때 딤베르거는 동반자를 잃고 본인도 고소에서 빈사상태에 빠졌다. 이 사실을 우리 한국 원정대가 알고 그를 구출했는데, 그는 그 뒤 "나는 지옥에서 살아 돌아왔다."라고 글에 쓴 적이 있다. 딤베르거는 이때의 등반기로 『K2—Traum und Schicksal(K2─꿈과 운명)』을 썼으며, 그 속에 한국 원정대 얘기가 자세히 나온다. 그러나 이 책은 하나의 등반기에 지나지 않아, 딤베르거의 알피니즘의 세계를 알기에는 충분치 않다.

사실 딤베르거는 특이한 알피니스트로 히말라야에 남다른 족적을 남겼지만, 산악영상 작업으로 더욱 큰일을 해냈다. 그러나 그것도 그가 알피니스트였기에 가능했다. 무거운 촬영 장비를 지고 8,000미터 고소를 오르내렸다는 것이 그걸 증명한다. 뿐만 아니라, 그는 몽블랑에서 가장 어려운 곳이라는 푸트레이 리지를 5일간이나 종주하며 등반 상황을 기록하여 국제 산악영화상을 최초로 수상했으며, 에베레스트 정상에서 세계 최초로 동시에 녹화·녹음을 하는 기록도 세웠다.

쿠르트 딤베르거는 지난날 헤르만 불과 마지막 등반을 한 중인이기도 하지만, 그가 끝내 잊을 수 없는 건 우리 한국의 산악인들이 아닐까 싶다.

나는 그의 책을 여러 권 갖고 있지만 굳이 우리말로 옮길 생각은 없었는데, 2019년 9월 그가 드디어 우리나라의 울주국제산악영화제에 오게 되어, 부랴부랴 그의 책을 옮기게 되었다. 나는 긴 세월 외국의 등반기를 여러 권 번역했지만, 이번에 딤베르거의 책을 옮기며 새삼스러운 것이 많았다. 그 가운데서도 딤베르거의 등산관에 새로운 시야가 열리는 기분이었는데, 그는 "산이란 자기 체력이나 기술을 과시하는 곳이 아니며, 산악인은 나무와도 같아야 한다."라고 했다. 그가 말하는 큰 나무란 어떤 걸까? 오랜 풍설을 이겨내며 혼자 자라 우뚝 선 그런 나무가 아닐까 싶다. 나는 이 한마디로 쿠르트 딤베르거가 어떤 인간인가를 알 것 같았다.

김영도

세로 토레

메스너, 수수께끼를 풀다

파타고니아의 얼음 벌판 위에 우뚝 치솟은 세로 토레. 돌로미테의 거미로 불리던 유능한 등반가 체사레 마에스트리는 1959년 처음으로 그 산에 올랐다고 했다. 그러나 함께 등반한 토니 에거는 눈사태로 실종되었고 어디에도 초등의 증거는 없었다. 이후 토레를 향한 도전은 계속되었고, 마에스트리의 등정 의혹은 커져만 갔다. 1970년 마에스트리는 엉뚱한 방법으로 다시 토레를 오른다. 그러나 결국 자신의 주장이 거짓이었음을 증명하고 만다.

라인홀드 메스너 지음 | 김영도 옮김 | 26,000원

Fallen Giants

히말라야 도전의 역사

에드먼드 힐러리 경과 셰르파 텐징 노르가이의 1953년 에베레스트 초등은 잘 알려진 이야기다. 하지만 이 두 사람 말고도 높고 위험한 히말라야의 여러 산에서 기술과 담력을 시험하려 했던 모험가들이 있었다. 이 책에서 역사가 모리스 이서먼과 스튜어트 위버는 생생하고 풍부한 삽화, 사진과 함께 50년 만에 최초로 히말라야 도전의 방대한 역사를 모두 다루었다. 이들은 1980년대 이후에 이루어진 주요 등반에 대해 체계적이면서도 자세하게 설명했으며, 특히 그 시대의 사회적·문화적인 배경에 비추어 가면서 이야기를 풀어냈다.

모리스 이서먼, 스튜어트 위버 지음 | 조금희, 김동수 옮김 | 62,000원

FREEDOM CLIMBERS

자유를 찾아 등반에 나서는 폴란드 산악인들의 놀라운 여정

제2차 세계대전과 그에 이은 억압적 정치상황을 뚫고 나와, 히말라야 등반을 주도한 아주 특별한 폴란드 산악인들. 비록 전쟁의 상흔 속에서 희망도 없이 살았지만, 목표의식과 호기심 그리고 숙련된 기술을 가진 이들은 공산 정권에 맞서 스스로 자유경제시장을 만들고, 해방을 위한 길을 찾아 등반에 나섰다. 불행한 폴란드인들이 철의 장막에 갇혀 있을 때 이 겁 없는 산악인들은 극한의 모험을 찾아 알래스카와 남미, 유럽에 있는 높고 인상적인 산들을 찾았다. 결국 이들은 아프가니스탄과 인도, 파키스탄과 네팔을 제2의 고향으로 만들면서, 세계에서 가장 강인한 히말라야 산악인들로 거듭났다.

버나데트 맥도널드 지음 | 신종호 옮김 | 43,000원

중국 등산사

중국 등산의 기원과 발전 과정에 대한 철저한 기록

중국 등산사는 기존 역사서와 다르다. 일반적인 민족사나 통사도 아니며 등산백과사전과도 거리가 있다. 이 책은 중국 등산의 기원과 발전 과정, 변천, 역사를 정리하는 데 중점을 두되 중국인들이 행하는 등산의 발전 상황과 대중의 삶에 미친 영향, 중국 등산의 국제적 지위 및 역할 등을 반영하고 있다. 중국 등산사는 고대, 근대, 현대를 아우르는 자료를 최대한으로 수집하고 정리해서 다음 세대를 위한 역사적 근거와 간접 경험을 제공하고자 국가 차원에서 기획하여 만들어진 세세하고 철저한 등산 역사서이다.

장차이젠 지음 | 최유정 옮김 | 47,000원

일본 여성 등산사

후지산에서 에베레스트까지 일본 여성 산악인들의 등산 역사 총망라

산이 신앙의 대상이었던 시절의 여인금제와 차별의식, 사회적·경제적 약자의 입장, 체력적인 열세 등 일본 여성이 산에 오르는 데는 치명적인 장애가 많았다. 이 책은 일본 여성 산악인들이 이러한 어려움을 극복해가는 위대한 발걸음의 궤적이며 그렇기에 단순한 스포츠 사료 이상의 의미가 있다. 부조리한 관습에 대한 소극적 저항이 아닌 여성해방에 대한 적극적 의지로 이루어낸 근대 알피니즘의 여명기까지를 중심으로 현대 해외 등산에 이르기까지 이 책은 7년에 걸쳐 방대한 자료를 수집하고 정리하여 완성한 최초의 일본 여성 등산사이다.

사카쿠라 도키코, 우메노 도시코 지음 | 최원봉 옮김 | 31,000원

더 타워

세로 토레 초등을 둘러싼 논란과 등반기록

광활한 빙원과 끝없이 펼쳐진 대초원 사이에 얼음을 뒤집어쓴 3,128미터 높이의 타워, 세로 토레! 1959년 이탈리아 클라이머 체사레 마에스트리의 초등 주장 이래 세로 토레를 둘러싼 논란은 끊임없이 이어져왔다. 그의 파트너는 하강 도중 죽었고, 세계 정상급 클라이머들이 세대를 이어가며 마에스트리의 등반선을 따라가 보려 했지만 발견한 것은 오직 마에스트리의 거짓말뿐이었다. 자만심과 영웅주의, 원칙과 고생스러운 원정등반이 뒤범벅된 이 책은 인간의 조건을 내밀하게 들여다보게 하며, 표면적으로만 보면 아무 가치가 없는 극한의 노력을 추구하는 사람들이 왜 존재하는지 그 이유를 적나라하게 파고든다.

켈리 코르데스 지음 | 권오웅 옮김 | 46,000원

에베레스트 정복

에베레스트 전설적인 초등 당시의 오리지널 사진집
〈흑백사진 101점 + 컬러사진 62점〉

1953년 5월 29일 에드먼드 힐러리와 텐징 노르가이는 인류 최초로 세계 최고봉 에베레스트 정상에 올라섰다. 이 책은 에베레스트 등반에서 핵심적인 역할을 하면서 사진까지 찍었던 조지 로우가, 세계에서 가장 장엄한 산에서 거둔 승리의 순간들을 찍은 뛰어난 독점 사진들과 개인 소장의 사진들을 모아 에베레스트 초등 60주년을 기념하기 위해 펴냈다.

조지 로우, 휴 루이스 존스 지음 | 조금희 옮김 | 59,000원

꽃의 계곡

아름다운 난다데비 산군에서의 등산과 식물 탐사의 기록

뛰어난 등산가이자 식물학자이며 저술가였던 프랭크 스마이드. 등산사에 빛나는 뛰어난 성취를 이룬 산악인답게 의무로서의 등반과 즐거움으로서의 등반의 차이를 명확하게 알고 있었고, 등반과 휴식과 사색을 한가지로 볼 줄 아는 철학적 안목을 가졌던 그가 세상에서 가장 아름다운 인도 난다데비 산군에서 등산과 식물 탐사를 하며 행복하게 지냈던 넉 달간의 이야기가 펼쳐진다.

프랭크 스마이드 지음 | 김무제 옮김 | 43,000원

캠프 식스

에베레스트 원정기의 고전

에베레스트 초등이 이루어지기 20년 전인 1933년 프랭크 스마이드는 이전에 어느 누구도 도달하지 못한 에베레스트 최고점을 혼자서 올랐다. 로프도, 산소도 없이 악천후를 뚫고 이루어낸 그의 등반은 에베레스트 등반역사에서 가장 위대한 시도 중 하나였다. 이 책은 당시 스마이드와 함께했던 1933년 에베레스트 원정대에 대한 따뜻한 기록이다. 산악인이자 훌륭한 작가인 스마이드는 마지막 캠프까지 가져가서 썼던 일기를 토대로, 이 책에 등반의 극적인 상황과 산의 풍경에 대한 생생한 묘사를 담았다.

프랭크 스마이드 지음 | 김무제 옮김 | 33,000원

하늘에서 추락하다

마터호른 초등에 얽힌 소설 같은 이야기

1865년 에드워드 윔퍼가 이룬 마터호른 초등은 비극으로 얼룩졌다. 하산 도중 자일이 끊어지면서 일행 중 4명이 1,200미터 아래로 추락해 사망했기 때문이다. 이로써 등산이라는 스포츠가 처음으로 사회적인 관심과 비난의 대상이 된다. 윔퍼가 체르마트에서 마터호른으로 출발한 지 며칠 후, 브로일 출신의 가이드인 장 앙투안 카렐도 이탈리아 쪽에서 정상으로 향한다. 동반자이면서 동시에 경쟁자였던 장 앙투안 카렐과 에드워드 윔퍼를 주인공으로 하여, 세계적인 산악인 라인홀드 메스너가 마터호른 초등에 얽힌 이야기를 소설처럼 재미있고 생생하게 들려준다.

라인홀드 메스너 지음 | 김영도 옮김 | 40,000원

무상의 정복자

위대한 등반가 리오넬 테레이의 불꽃 같은 삶과 등반 이야기

고산과의 싸움은 자신을 위한 것일 뿐 결코 보상을 바라지 않는다는 것으로 일관했던 리오넬 테레이. 알프스의 그랑드조라스 워커릉, 아이거 북벽에 이어 안나푸르나, 마칼루, 파타고니아 피츠로이, 페루 안데스, 히말라야 자누, 북미 헌팅턴까지 위대한 등반을 해낸 그의 삶과 등반 이야기가 감동적으로 펼쳐진다.

리오넬 테레이 지음 | 김영도 옮김 | 46,000원

나의 인생 나의 철학

세기의 철인 라인홀드 메스너의 인생과 철학

라인홀드 메스너는 수많은 원정을 통해 사람이 어떻게 살아남을 수 있는지를 실험해왔다. 이제 칠순을 맞은 그가 일찍이 극한의 자연에서 겪은 체험과 산에서 죽음과 맞서 싸웠던 일들을 이 책에서 돌아보고 있다. 그는 이 책에서 용기와 정열, 책임과 양심, 수치 같은 개념들을 깊이 있게 다룬다. 자만심이 얼마나 위험한가를 그리고 산에서의 우정과 고독을 이야기하며, 히말라야와 뉴기니 등 자신에게 진한 인상을 남긴 지구의 오지에 사는 사람들의 모습도 그리고 있다. 메스너는 악몽과 비박, 새로운 출발에 대해 진술하게 풀이했고, 자기의 예술관과 산악박물관에 대한 이야기도 털어놓았다. 그리고 마지막에 이르러서는 해방감에 대해 이야기한다.

라인홀드 메스너 지음 | 김영도 옮김 | 41,000원

엘리자베스 홀리

히말라야의 영원한 등반 기록가

불굴의 여성 엘리자베스 홀리의 생애와 업적은 지난 40년간 히말라야 등반의 역사 속에 고스란히 담겨 있다. 엘리자베스 홀리의 생애를 세심하게 연구한 버나데트 맥도널드는 흡입력 있는 글과 능수능란한 세부묘사로 네팔 왕국에서 비범한 삶을 산 홀리의 이야기와 세계 최고 산악인들의 삶을 생생하게 복원시킨다. 에드먼드 힐러리와 텐징 노르가이의 에베레스트 초등부터 현재에 이르기까지 히말라야 등반의 방대한 역사를 알고 있는 엘리자베스 홀리는 모든 유명 산악인들과의 만남을 토대로 정보로 이루어진 거대한 산을 만들었다.

버나데트 맥도널드 지음 | 송은희 옮김 | 38,000원

RICCARDO CASSIN

등반의 역사를 새로 쓴 리카르도 캐신의 50년 등반 인생

전설의 이탈리아 등반가 리카르도 캐신은 세계에서 가장 위대한 산악인 중 한 명이다. 그의 이름은 곧 전설이며, 등반의 역사에서 중요한 초등 몇 개는 그의 이름과 동의어다. 최고 수준의 알피니즘과 원정등반을 통한 캐신의 반 세기 활동은 세계 등반사를 이끈 놀라운 기록이다. 초창기의 그리냐와 돌로미테 등반에서 시작해 피츠 바딜레, 워커 스퍼와 데날리 초등을 상세히 다루고 풍성한 사진 자료들을 보여주는 이 책은 많은 산악인들에게 대담하고 굳건하고 오직 한마음으로 추구한 알피니즘의 매니페스토manifesto로서 끝없이 영감을 불러일으킬 것이다.

리카르도 캐신 지음 | 김영도 옮김 | 36,000원

하루를 살아도 호랑이처럼

알렉스 매킨타이어와 경량·속공 등반의 탄생

알렉스 매킨타이어에게 벽은 야망이었고 스타일은 집착이었다. 그는 다울라기리와 창가방 같은 히말라야의 거벽에서 어려운 신루트를 개척했고, 알프스와 안데스에서도 많은 초등을 이룩했다. 그러나 그가 무엇을 올랐느냐보다 어떻게 올랐는지가 훨씬 중요하다. 그는 보이텍 쿠르티카를 비롯한 몇몇 동시대 클라이머들과 세계의 최고봉들에서 가장 순수한 형태의 알피니즘을 공유한, 산악계의 예언자였다. 존 포터는 이 책에서 알렉스와 동시대 클라이머들의 이야기를 통해 유머와 지각이 있는 등반을 다루면서도 삶의 본질을 치열하게 파헤쳐 들려준다.

존 포터 지음 | 전종주 옮김 | 45,000원

마터호른의 그림자

마터호른 초등자 에드워드 윔퍼의 일생

겨우 스물다섯 살의 나이에 에드워드 윔퍼는 마터호른을 초등하여 혜성 같은 등반 기록을 세웠다. 하지만 하산 중에 일어난 비극적인 사고로 그에게 남은 것은 씻을 수 없는 오명과 가눌 수 없는 슬픔이었다. 윔퍼는 그 후로 관심을 북극으로 돌려 북서부 그린란드로 두 차례 모험적인 원정을 감행했다. 에콰도르 원정은 찬란한 성공이었다. 그곳에서 윔퍼는 안데스 고봉들을 오르고 화산 테두리에서 야영을 하면서 원정등반에 대한 기준을 확립했다. 이 책은 걸출한 판각공이자 뛰어난 저술가이며 세계 등반사에 굵직한 획을 그은 에드워드 윔퍼의 업적에 대한 새로운 평가와 더불어 그가 소년 시절에 가졌던 젊은 혈기가 어떻게 야망으로 펼쳐져 탐험가가 되는지 보여준다.

이언 스미스 지음 | 전정순 옮김 | 52,000원

ASCENT

알피니즘의 살아 있는 전설 크리스 보닝턴의 등반과 삶

영국의 위대한 산악인 크리스 보닝턴은 세계에서 가장 높고 거친 산들을 오르며 일생을 보냈다. 1962년 영국인 최초로 아이거 북벽을 올라 유명인사가 된 그는 히말라야로 눈을 돌려 안나푸르나2봉과 눕체를 오르고, 안나푸르나 남벽(1970년)과 에베레스트 남서벽(1975년) 원정대를 성공적으로 이끌어 등반역사를 새롭게 썼다. 이 책은 가족에 대한 사랑과 더불어 사선을 넘나들며 불굴의 정신으로 등반에 바쳐온 보닝턴의 삶과 놀라운 모험 이야기가 파노라마처럼 펼쳐진다.

크리스 보닝턴 지음 | 오세인 옮김 | 51,000원

프리솔로

엘 캐피탄을 장비 없이 홀로 오른 알렉스 호놀드의 등반과 삶

한 세대에 한 번 나올까 말까 한 클라이밍 천재 알렉스 호놀드는 극한의 모험 등반을 추구한다. 그는 2017년 6월 3일 914미터에 이르는, 요세미티의 거벽 엘 캐피탄을 프리솔로(free solo)로 올랐다. 프리솔로 등반은 안전도구인 로프나 파트너 또는 어떤 장비(피톤, 너트, 캠 등)도 없이 맨몸으로 기어오르는 행위이다. 암벽 등반 세계에서 오랫동안 불가능한 것으로 여겨져 왔던 이 프리솔로 업적으로 호놀드는 역사상 최고의 암벽등반가 지위를 획득하게 되었다. 호놀드의 등반경력 중 가장 놀라운 일곱 가지 성과와 소박한 일상생활을 담은 이 책은 엄청난 추진력과 자제력, 진솔한 열정과 자기 성찰, 겸손에 대해 영감을 준다.

알렉스 호놀드, 데이비드 로버츠 지음 | 조승빈 옮김 | 37,000원

8000미터의 카메라맨 쿠르트 딤베르거와 알피니즘

산의비밀

초판 1쇄 2019년 8월 28일

지은이   쿠르트 딤베르거Kurt Diemberger
옮긴이   김영도

펴낸이   변기태
펴낸곳   하루재 클럽
주소   (우) 06524 서울특별시 서초구 나루터로 15길 6(잠원동) 신사 제2빌딩 702호
전화   02-521-0067
팩스   02-565-3586
이메일   haroojaeclub@naver.com
출판등록 제2011-000120호(2011년 4월 11일)

윤문   김동수
편집   유난영
디자인   장선숙

ISBN   979-11-962490-9-0 03900

* 책값은 뒤표지에 있습니다.